D1662564

**Praxiswissen Softwaretest –
Testmanagement**

Andreas Spillner ist Professor für Informatik an der Hochschule Bremen, Fachbereich Elektrotechnik und Informatik. Er war über 10 Jahre Sprecher der Fachgruppe TAV »Test, Analyse und Verifikation von Software« der Gesellschaft für Informatik e.V. und ist Mitglied im German Testing Board e.V. Seine Arbeitsschwerpunkte liegen im Bereich Softwaretechnik, Qualitätssicherung, Testen und objektorientierte Softwareentwicklung.

Thomas Roßner ist Mitgründer der imbus AG und in deren Vorstand verantwortlich für Forschung und Technologie des Unternehmens. In dieser Funktion leitete er in den vergangenen Jahren mehrere internationale Forschungsprojekte, u.a. zum Thema Softwarezuverlässigkeit und modellbasiertes Testen. Darüber hinaus arbeitet er aktiv in Testmanagementprojekten und Beratungsprojekten zum Thema Testprozessverbesserung.

Mario Winter ist Professor am Institut für Informatik der Fachhochschule Köln und dort Mitglied des Forschungsschwerpunktes »Software-Qualität«. Zuvor war er von 1983 bis 1987 mit der Durchführung und Leitung industrieller und tech.-wiss. Softwareprojekte und von 1994 bis 2002 als wiss. Mitarbeiter am Lehrstuhl »Software Engineering« der FernUniversität Hagen beschäftigt.

Zurzeit ist er Sprecher der Fachgruppe »Test, Analyse und Verifikation von Software« im Fachbereich Softwaretechnik der Gesellschaft für Informatik (GI) und Mitglied im German Testing Board e.V.

Seine Lehr- und Forschungsschwerpunkte sind Softwareentwicklung und Projektmanagement, insbesondere Entwicklung und Qualitätssicherung objektorientierter Software.

Tilo Linz ist Vorstand der imbus AG, einem führenden Dienstleister für Softwaretest. Er ist Leiter des German Testing Board e.V. und war von 2002 bis 2005 Vorsitzender des ISTQB. Zu seinen Arbeitsschwerpunkten zählen die Themen Berufsbild und Ausbildung im Softwaretest sowie die Optimierung von Softwaretestprozessen.

Andreas Spillner · Thomas Roßner · Mario Winter · Tilo Linz

Praxiswissen Softwaretest – Testmanagement

Aus- und Weiterbildung zum Certified Tester – Advanced Level nach ISTQB-Standard

dpunkt.verlag

Andreas Spillner
spillner@informatik.hs-bremen.de

Thomas Roßner
thomas.rossner@imbus.de

Mario Winter
winter@gm.fh-koeln.de

Tilo Linz
tilo.linz@imbus.de

Lektorat: Christa Preisendanz
Copy-Editing: Melanie Hasselbring, Oldenburg
Satz & Herstellung: Birgit Bäuerlein
Umschlaggestaltung: Helmut Kraus, www.exclam.de
Druck und Bindung: Koninklijke Wöhrmann B.V., Zutphen, Niederlande

Bibliografische Information Der Deutschen Bibliothek
Die Deutsche Bibliothek verzeichnet diese Publikation in der Deutschen Nationalbibliografie;
detaillierte bibliografische Daten sind im Internet über <http://dnb.ddb.de> abrufbar.

ISBN 3-89864-275-5
ISBN-13 978-3-89864-275-0

1. Auflage 2006
Korrigierter Nachdruck 2007
Copyright © 2006 dpunkt.verlag GmbH
Ringstraße 19
69115 Heidelberg

Vorwort

Der Erfolg des Buches »Basiswissen Softwaretest« [Spillner 05] hat uns sehr ermutigt, auch für die auf diesen Grundlagen aufbauenden Kurse ein Buch zu schreiben. Wie beim »Basiswissen«-Buch wollen wir eine Mischung aus Praxis und Theorie gewährleisten. Wir, damit sind Tilo Linz und Andreas Spillner gemeint, konnten Thomas Roßner von der imbus AG und Mario Winter von der FH Köln als Mitautoren für das vorliegende Buch gewinnen. Wir – und ab hier sind alle vier Autoren gemeint – hoffen, dass es uns damit wieder gelungen ist, die dargestellten Themen im Testmanagement aus theoretischer und praktischer Sicht abzudecken.

Der Inhalt des vorliegenden Buches zum Testmanagement ist konform mit dem Lehrplan zum Aufbaukurs »Advanced Level – Testmanager« (Version 1.2 [URL: GTB CTA]). An einigen Stellen haben wir es als sinnvoll angesehen, über den reinen Lehrstoff des Lehrplans hinaus, dem Leser nützliche Hinweise an die Hand zu geben. Das vorliegende Buch ist somit umfassender als der Lehrplan.

Aktueller Lehrplan

Die Aus- und Weiterbildungsmaßnahmen nach dem »ISTQB Certified Tester« Standard [URL: ISTQB] wurden in Deutschland sehr gut angenommen. Insgesamt wurden bisher ca. 3.500 Prüfungen zum »Foundation Level« und ca. 500 Prüfungen zum »Advanced Level« durchgeführt (Stand April 2006).

ISTQB-Standard

Aktuell sind mehr als 25 Nationen im »International Software Testing Qualifications Board« (ISTQB, [URL: ISTQB]) vertreten. Damit hat sich die Zahl der beteiligten Länder in den beiden letzten Jahren nahezu verdoppelt. Folgende Länder bzw. Länderverbunde arbeiten im ISTQB mit: Australien/Neuseeland, Bangladesch, Brasilien, China, Dänemark, Deutschland, England, Finnland, Frankreich, Indien, Israel, Japan, Kanada, Korea, Lateinamerika, Niederlande/Belgien, Norwegen, Österreich, Polen, Portugal, Russland, Schweden, Schweiz, Spanien, Südost-Europa, Ukraine und USA. Die Internationalisierung des

Weltweit anerkannt

ISTQB, und damit die zwischen den Ländern abgestimmten Lehrinhalte, sind somit gegeben, und die von den Prüflingen erworbenen Zertifikate (insgesamt ca. 35.000 bis Mai 2006) sind weltweit anerkannt. Näheres zur Struktur des ISTQB findet sich in Kapitel 1.

In Deutschland sind derzeit zehn Trainingsprovider vom »German Testing Board« [URL: GTB] akkreditiert, wovon vier Trainingsprovider auch Kurse für den »Advanced Level« anbieten. Die von den Trainingsanbietern unabhängigen Prüfungen werden von der iSQI GmbH [URL: iSQI] und der Dienstleistungsgesellschaft für Informatik mbH (DLGI [URL: DLGI]) abgenommen. Somit ist sichergestellt, dass Prüfungen zum Erwerb der Zertifikate unabhängig von den Trainingsprovidern und auch unabhängig vom Besuch eines Kurses abgenommen werden.

Hochschulausbildung   Der Lehrstoff zum »Foundation Level« ist von zahlreichen Hochschulen in die Lehrpläne aufgenommen worden. Hier zeichnet sich die Etablierung eines gemeinsamen Curriculums in der Hochschulausbildung im Bereich Softwaretest ab. Der Anteil der studentischen Teilnehmer an den Prüfungen hat in den letzten Jahren kontinuierlich zugenommen. Auf dem Weg zum Ziel, das David Parnas im Vorwort zur 1. Auflage »Basiswissen Softwaretest« formuliert hatte, nämlich eine Vereinheitlichung und Festlegung der Ausbildungsinhalte in der Informatik, sind wir im Bereich Softwaretest somit einen guten Schritt vorangekommen.

Danksagung   Wir möchten hier unseren herzlichen Dank an die Reviewer aussprechen, für die zahlreichen Anmerkungen und hilfreichen Kommentare zu unseren verschiedenen Manuskriptversionen. Besonders bedanken wir uns bei Frau Dr. Klaudia Dussa-Zieger/method park Software AG, Frau Isabell Jaki und Herrn Stephan Jaki/COMSOFT GmbH, Herrn Dr. Ralf Kneuper/Beratung für Softwarequalitätsmanagement und Prozessverbesserung, Rechtsanwalt Dr. Thomas Lapp, Frau Maud Schlich/IT-PROJECT-SERVICE, Frau Rita Weinreich-Sukhana/Lufthansa Systems Passenger Services GmbH und den imbus Kolleginnen und Kollegen Doris Rubruck, Thomas Rumi, Arne Becher und Matthias Daigl. Besten Dank für die tatkräftige Unterstützung und die geopferte Zeit.

Bedanken möchten wir uns bei Frau Dr. Ulrike Wilkens und Herrn Ralf-Peter Balke vom Multimedia-Kompetenzzentrum der Hochschule Bremen für die hilfsbereite Unterstützung bei der Benutzung der Lehr- und Lernplattform »AULIS«, die wir zum Austausch unserer Dateien und zur Koordination unserer Arbeiten verwendet haben. Uns wurde dadurch sehr viel an Koordinations- und Versionsaufwand abgenommen.

Dem dpunkt.verlag gilt ebenfalls unser Dank für die Unterstützung bei der Erstellung des Buches. Besonders möchten wir Frau Christa Preisendanz danken, die mit viel Geduld und Fingerspitzengefühl uns die gesamte Zeit der Bucherstellung, die ja nicht sehr kurz war, begleitet hat und uns beim Umschiffen von so manch schwierigen Stellen tatkräftig zur Seite stand.

Herzlich danken möchten wir auch Anton Schlatter, Business Unit Manager Testing bei LogicaCMG Deutschland und Gründungsmitglied im German Testing Board e.V., für sein Geleitwort zu diesem Buch.

Uns bleibt nun noch zu hoffen, dass dieses Buch zum Testmanagement eine ähnliche breite Zustimmung erfährt, wie sie für das Buch »Basiswissen Softwaretest« vorhanden ist. Wir hoffen, dass Sie, liebe Leserin und lieber Leser, viele nützliche Anregungen für Ihre tägliche Arbeit beim Management des Testprozesses finden werden und wünschen Ihnen viel Erfolg bei deren Umsetzung.

Andreas Spillner, Thomas Roßner, Mario Winter, Tilo Linz

Bremen, Möhrendorf, Wuppertal
Juli 2006

Geleitwort von Anton Schlatter

Unternehmen sowie staatliche Verwaltungen unterliegen in der heuti- *Trends*
gen globalisierten Welt einem anhaltend starken Wettbewerbsdruck
und sind mit zunehmenden regulatorischen Anforderungen konfron-
tiert. Die Innovationszyklen für neue Produkte und Services werden
weiter verkürzt. Alles soll schneller, leichter, sicherer, aufregender werden. Diese Versprechen sollen Kunden binden und Umsätze steigern.
Software spielt dabei eine zentrale Rolle.

Während die Produktivität bei der Entwicklung von Software in
den letzten Jahren durch neue Methoden und Tools stark gesteigert
werden konnte und diese Trends unterstützt, müssen wir feststellen,
dass die Produktivität beim Testen von Software nahezu stagniert. Vor
diesem Hintergrund erweist sich das Testen in der Praxis oft als Fla-
schenhals.

Eine in 2005 europaweit durchgeführte Studie zeigt auf, dass das *Testing Studie 2005*
Testen im Rahmen der Neuentwicklung von Produkten und Services
zwar als strategisch angesehen wird, aber die gelebte Praxis unzureichend ist[1]. Die IT-Manager berichteten, dass viele Produkte und Services ohne ausreichende Tests auf den Markt kommen – mit hohen
Fehlerraten, die vermeidbar wären. 68 % aller IT-Verantwortlichen
gaben zu Protokoll, dass Produkte und Services ohne ausreichende
Tests ausgeliefert werden; 89 % der Befragten stellten fest, dass binnen
48 Stunden nach Inbetriebnahme problematische Fehler auftraten. Als
größte Herausforderungen wurde von 85 % die mangelnde Verfügbarkeit von leistungsfähigen Testressourcen und von 78 % der Befragten
das fehlende Testwissen identifiziert.

---

1. Die Ergebnisse der LogicaCMG Studie »Testing Times for Board Rooms«, die im
    September 2005 veröffentlicht wurden, basieren auf 255 detaillierten Interviews.
    Diese wurden von der unabhängigen Marktforschungsunternehmung Coleman
    Parkes in UK, den Niederlanden und Schweden durchgeführt.

Auf der anderen Seite sind sich 88 % der Interviewten sicher, dass ein besserer Testprozess zu einer Reduzierung der gesamten Softwareentwicklungskosten führen würde, und 74 % glauben, dass ein strukturierter und insbesondere risikobasierter Testansatz wesentlich dazu beitragen würde, die Entwicklungszeiten zu reduzieren.

Herausforderungen fürs Testmanagement

Diese Studienergebnisse verdeutlichen insbesondere die zentrale Rolle und die gestiegene Verantwortung des Testmanagements bei der Bewältigung der aktuellen Herausforderungen:

- Struktur und Sicherheit in den Testprozess bringen!
- Produktivität und Effizienz im Testprozess steigern!
- Testen an den geschäftlichen Anforderungen ausrichten!
- Testmitarbeiter für den Umgang mit den sich wandelnden Herausforderungen kontinuierlich qualifizieren!
- Testen als eigenständige Profession vorantreiben und »vermarkten«.

Zur Bearbeitung dieser Themen bedarf es auf Seiten des Testmanagers einer fundierten Qualifizierung und eines eigenen ausgeprägten Selbstverständnisses als Testprofessional. Dies setzt mindestens voraus, dass das »Testmanagement« als Beruf entlang eines definierten Ausbildungsprogramms erlernbar ist, was in der Vergangenheit nicht der Fall war.

ISTQB Certified Tester – allgemein –

Mit dem »ISTQB Certified Tester«-Qualifizierungsprogramm steht mittlerweile international ein Ausbildungsschema zur Verfügung, das den Testprofessionals vielerorts bereits als Grundlage für eine fachliche Laufbahnplanung dient. Bei der notwendigen weitergehenden Professionalisierung steht nun zunächst die Rolle des Testmanagers selbst im Mittelpunkt.

ISTQB Certified Tester – Testmanagement –

Die Inhalte des vorliegenden Buches verdeutlichen, dass die obigen Themen im ISTQB-Qualifizierungsmodul als Kernelemente dessen verstanden werden, was heute zum Praxiswissen eines fortgeschrittenen Testmanagers gehören soll. Damit ist dieses Buch nicht nur ein Lehrbuch für diejenigen, die im Beruf des Testmanagers arbeiten oder sich auf eine Zertifizierung vorbereiten, sondern darüber hinaus interessant für alle, die sich über die Aufgaben eines modernen Testmanagements informieren wollen.

Damit ist es ein Buch, auf das ich seit langem gewartet habe und dem ich viele interessierte Leser und Leserinnen wünsche!

Anton Schlatter
Business Unit Manager Testing
LogicaCMG Deutschland

Inhaltsverzeichnis

1 Einleitung

Unser Alltag ist wie nie zuvor abhängig von Software und softwarebasierten Systemen. Es gibt kaum noch Geräte, Maschinen oder Anlagen, deren Funktion oder Steuerung nicht über Software bzw. Softwareanteile realisiert wird. Aber auch Verwaltungsvorgänge in Industrie und Staat werden durch oft komplexe IT-Systeme getragen. Die Verwaltung von Versicherungspolicen, das Mautsystem »TollCollect«, biometrische Merkmale in Pass und Personalausweis oder die elektronische Gesundheitskarte sind hierfür Beispiele.

Große Abhängigkeit von Software

Diese starke Abhängigkeit von Software erfordert immer höhere Investitionen in qualitätssichernde Maßnahmen, damit die IT-Systeme möglichst zuverlässig ihre Aufgaben erfüllen. Das Testen von Software entwickelt sich vor diesem Hintergrund zu einer spezialisierten, eigenständigen Fachrichtung und Berufsdisziplin der Informatik.

Testen von Software ist eine eigenständige Berufsdisziplin

Innerhalb der Disziplin Softwaretest hat das Thema »Testmanagement« besondere Bedeutung. Das Testmanagement umfasst klassische Methoden des Projektmanagements und des Risikomanagements sowie das Wissen um den zweckmäßigen Einsatz wohldefinierter Testmethoden. Mit diesem Handwerkszeug ausgerüstet, kann der Testmanager[1] geeignete Maßnahmen zielgerichtet auswählen und umsetzen, die sicherstellen, dass eine bestimmte Mindestproduktqualität erreicht wird. Er verfolgt dabei ein ingenieurmäßiges Vorgehen.

Testmanagement

Während die Ausbildung zum Projektmanager etabliert ist und eine Vielzahl von Studiengängen, Ausbildungsprogrammen und Spezialliteratur existiert (s. beispielsweise [Hindel 06]), waren die Ausbildungsinhalte zum »Software Testmanager« bislang kaum definiert oder gar standardisiert. Angesichts der steigenden Verantwortung, die

Ausbildung für Testmanager

---

1. Wir verwenden im Buch die männliche Form und wollen damit Frauen selbstverständlich nicht ausschließen bzw. ausgrenzen.

Testmanager im Rahmen ihrer Tätigkeit übernehmen, war das ein wenig erfreulicher Zustand.

ISTQB Certified Tester
Advanced Level
– Testmanager

Mit dem »ISTQB Certified Tester – Advanced Level – Testmanager« steht erstmals ein international anerkanntes Ausbildungsschema zur Verfügung, das auch für den Beruf des Testmanagers Lehrinhalte und Qualifizierungsmodule definiert. Das vorliegende Buch »Praxiswissen Softwaretest – Testmanagement« vermittelt diese Lehrinhalte und kann als Lehrbuch bei der Vorbereitung auf die entsprechende Zertifizierung dienen.

Foundation Level

Das »ISTQB Certified Tester«-Qualifizierungsprogramm ist dreistufig aufgebaut. Die Grundlagen des Softwaretests sind im Lehrplan »Foundation Level« beschrieben [URL: GTB CTF]. Dieser Lehrstoff ist im Buch »Basiswissen Softwaretest« [Spillner 05] ausführlich dargestellt.

Advanced Level

Der »Advanced Level« Lehrplan [URL: GTB CTA] umfasst weiterführende Kenntnisse im Prüfen und Testen von Software und zeigt Spezialisierungsmöglichkeiten auf:

- die vertiefte Behandlung von verschiedenen Blackbox- und Whitebox-Testverfahren in den »Advanced Level« Modulen »Technical Tester« und »Functional Tester« sowie
- die vertiefte Darstellung von Methoden und Techniken des Testmanagements im Modul »Testmanager«.

Diese Aufteilung entspricht auch der Struktur[2] des Lehrstoffs, wie sie von vielen akkreditierten Weiterbildungsanbietern vorgenommen wird. Da der Lehrstoff des »Advanced Level« sehr umfassend ist, wird dieser im vorliegenden Buch nicht komplett behandelt, sondern ausschließlich das Modul »Advanced Level – Testmanager«, allerdings ohne Berücksichtigung des Themas »Reviews«[3].

Expert Level

Die dritte Stufe »Expert Level« wird von Arbeitsgruppen derzeit definiert und umfasst Inhalte wie beispielsweise die Besonderheiten beim Testen von objektorientiert entwickelter Software, fundiertes Wissen zu TTCN-3 (Testing & Test Control Notation, [URL: TTCN-3]), vertiefte Kenntnisse zu Vorgehensweisen bei der Testprozessverbesserung und andere Spezialgebiete des Softwaretests.

International Software
Testing Qualifications
Board (ISTQB)

Das »ISTQB« [URL: ISTQB] sorgt für die Einheitlichkeit und Vergleichbarkeit der Lehr- und Prüfungsinhalte unter allen beteiligten Ländern. In ihm sind mittlerweile weltweit mehr als 25 nationale Initi-

---

2.   Die derzeit in Entwicklung befindliche neue Version des »ISTQB Advanced Level Syllabus« wird diese Modulstruktur aller Voraussicht nach übernehmen und fortführen.

3.   Zum Thema Reviews siehe beispielsweise [Gilb 96].

ativen und Verbände zusammengeschlossen (s. Abb. 1–1, Stand vom Mai 2006). Weitere nationale Boards werden hinzukommen.

Die nationalen Testing Boards sind in ihrem Land als unabhängige *Nationale Testing Boards* Expertengremien dafür zuständig, Ausbildung (Akkreditierung der Weiterbildungsanbieter) und Prüfungen (Zertifizierung durch eine unabhängige Institution) in den jeweiligen Sprachen und Ländern zu ermöglichen und die Einhaltung der ISTQB-Standards zu überwachen.

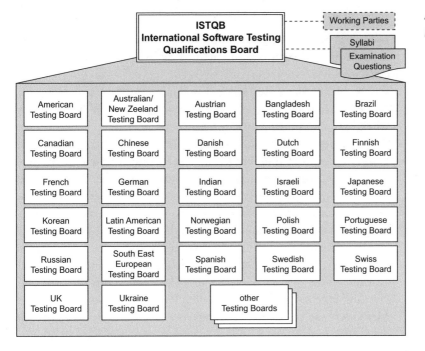

Abb. 1–1

ISTQB-Struktur

Die drei ISTQB-Ausbildungsstufen bauen aufeinander auf. Das vorlie- *Basiswissen wird* gende Buch »Praxiswissen Softwaretest – Testmanagement« setzt den *vorausgesetzt* Stoff des »Foundation Level« voraus. Lesern, die neu in das Thema Softwaretest einsteigen, wird daher empfohlen, sich den Stoff des »Foundation Level« anzueignen. Dies kann durch den Besuch eines akkreditierten Seminars erfolgen oder durch das Durcharbeiten des Buches »Basiswissen Softwaretest« [Spillner 05]. Im vorliegenden Buch werden lediglich knappe Wiederholungen der wichtigsten Grundlagen geboten.

1.1   Basiswissen – komprimiert

Im Folgenden wird der Inhalt des Lehrplans »Foundation Level« und somit auch das Buch »Basiswissen Softwaretest« kurz zusammengefasst.

Maßnahmen zur Verbesserung der Softwarequalität

Es gibt eine Vielzahl von Ansätzen und Vorschlägen, die Qualität der Software durch vorbeugende (konstruktive) Maßnahmen und den Einsatz von prüfenden (analytischen) Verfahren und Methoden zu verbessern. Zu den wichtigsten Maßnahmen gehören:

- Definierte Softwareentwicklungsprozesse, die zu einer strukturierten und nachvollziehbaren Erstellung der Softwaresysteme beitragen.
- Ein wohldefinierter Testprozess und ein geordnetes Änderungs- und Fehlermanagement als Voraussetzungen, um die Testarbeiten wirtschaftlich und wirksam durchzuführen.
- Verwendung von Metriken und Qualitätskennzahlen, die helfen, Softwareprodukte und Entwicklungsprozesse objektiv zu bewerten, Verbesserungspotenziale aufzudecken und die Wirksamkeit von Korrektur- oder Verbesserungsmaßnahmen zu überprüfen.
- Der Einsatz von formalen Methoden, die eine präzise Formulierung der Entwicklungsdokumente und damit deren Überprüfbarkeit bzw. Auswertung durch Werkzeuge ermöglichen.
- Methoden zur systematischen Ermittlung und Durchführung von Testfällen, die für eine effiziente Erkennung von Fehlern und Unstimmigkeiten in den entwickelten Programmen sorgen.
- Methoden zur statischen Prüfung, in erster Linie Reviews, durch die Fehler und Mängel frühzeitig in den erstellten Entwurfsdokumenten aufgedeckt werden.

Qualitätsziele und Qualitätsmerkmale

Testmanager müssen diese Methoden, Techniken und Prozesse beherrschen oder zumindest kennen, um im Projektverlauf die der jeweiligen Situation angemessenen Maßnahmen auswählen und anwenden zu können. Die Eignung von qualitätssichernden Maßnahmen ist aber auch abhängig von den jeweils gesetzten Qualitätszielen. Das geforderte Qualitätsniveau kann dabei anhand verschiedener Qualitätsmerkmale definiert werden. Einen Katalog solcher Qualitätsmerkmale (z.B. Funktionalität, Zuverlässigkeit oder Benutzbarkeit) definiert die Norm [ISO 9126].

Testorakel

Wann liegt ein Defekt oder Fehler vor und was ist unter diesen Begriffen zu verstehen? Eine Situation oder ein Ergebnis kann nur dann als fehlerhaft eingestuft werden, wenn vorab festgelegt wurde, wie die erwartete, korrekte Situation bzw. das erwartete Ergebnis aussieht. Wird eine Abweichung zwischen dem erwarteten Istverhalten und dem beobachteten Sollverhalten festgestellt, liegt ein Fehler vor. Um Sollwerte bzw. das Sollverhalten zu ermitteln, ist ein so genanntes Testorakel erforderlich, das dem Tester als Informationsquelle dient. Anforderungsdokumente, eine formale Spezifikation oder auch das Benutzungshandbuch sind Beispiele für solche Informationsquellen.

Der Begriff »Fehler« ist unpräzise. Es ist zwischen Fehlhandlung (*error*), Fehlerzustand (*fault*) und Fehlerwirkung (*failure*) zu unterscheiden. Eine Fehlhandlung einer Person führt beispielsweise zu einer fehlerhaften Programmierung. Dadurch enthält das Programm einen Fehlerzustand, der zu einer »außen« sichtbaren Fehlerwirkung führen kann, aber nicht zwangsläufig führen muss. Meist kommt ein Fehlerzustand erst bei nicht alltäglichen Situationen zum Tragen, z.B. kommt eine fehlerhafte Berechnung des Schaltjahrs erst am 29. Februar eines Schaltjahrs zur Wirkung. Abbildung 1–2 soll den Zusammenhang zwischen Fehlhandlung, Fehlerzustand und Fehlerwirkung veranschaulichen und darstellen, welche Gegenmaßnahmen bzw. Methoden zur Aufdeckung angewendet werden können.

Fehlerbegriff

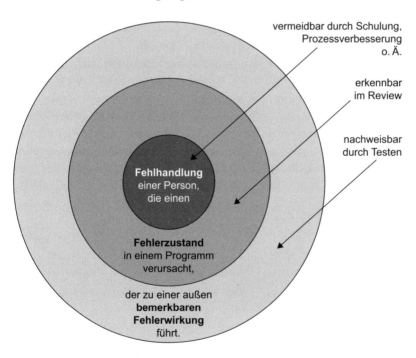

Abb. 1–2
Zusammenhang zwischen den Fehlerbegriffen

Ähnlich dem Fehlerbegriff ist auch der Begriff »Testen« mit verschiedenen Bedeutungen belegt. Mit Testen wird oft der gesamte Prozess bezeichnet, ein Programm auf systematische Weise zu prüfen, um Vertrauen in die korrekte Umsetzung der Anforderungen[4] zu gewinnen und um Fehlerwirkungen nachzuweisen. Es ist auch ein Oberbegriff

Testbegriff

für alle Tätigkeiten und (Test-)Stufen im Testprozess. Jede einzelne Ausführung eines Testobjekts unter spezifizierten Bedingungen zum Zwecke der Überprüfung der Einhaltung der erwarteten Ergebnisse wird ebenso als Testen bezeichnet.

Fundamentaler Testprozess

Testen umfasst eine Vielzahl von Einzelaktivitäten. Folgender fundamentaler Testprozess ist im Lehrplan »Foundation Level« definiert. Zum Prozess gehören folgende Aktivitäten:

- Testplanung und Steuerung,
- Testanalyse und Testdesign,
- Testrealisierung und Testdurchführung,
- Testauswertung und Bericht,
- Abschluss der Testaktivitäten.

Teststufen

Beim Testen kann das zu testende Produkt (Testobjekt) auf unterschiedlichen Abstraktionsebenen bzw. auf der Basis unterschiedlicher Dokumente und Entwicklungsprodukte betrachtet werden. Die entsprechende Bezeichnung ist Teststufe. Es wird zwischen den Stufen Komponententest, Integrationstest, Systemtest und Abnahmetest unterschieden. Jede Teststufe zeichnet sich durch charakteristische Testziele, Testmethoden und Testwerkzeuge aus.

Testarten

Daneben werden →Testarten unterschieden, die sich wie folgt abgrenzen lassen: funktionaler Test, nichtfunktionaler Test, strukturbezogener Test und änderungsbezogener Test [Spillner 05, Kap. 3.7].

Statische und dynamische Prüfung

Beim Testen kann unterschieden werden, ob das Testobjekt zur Prüfung ausgeführt wird oder ob »nur« der zugehörige Programmtext oder die zugrunde liegende Spezifikation oder Dokumentation geprüft wird. Im ersten Fall sind es so genannte dynamische Prüfungen (mit den Vertretern Blackbox- und Whitebox-Testverfahren) [Spillner 05, Kap. 5], im zweiten Fall sind es statische Prüfungen (vertreten u.a. durch verschiedene Reviewarten) [Spillner 05, Kap. 4].

Unabhängigkeit zwischen Test und Entwicklung

Unabhängig davon, welche Methoden zum Testen eingesetzt werden, gilt, dass Entwicklung/Programmierung und Test organisatorisch möglichst getrennt bzw. unabhängig voneinander ablaufen sollen. Denn ein Entwickler, der sein eigenes Programm testet, ist »blind« gegenüber eigenen Fehlhandlungen. Wer weist sich schon gerne seine eigenen Fehler nach?

Testwerkzeuge

Für das Testen von Software gibt es eine Vielzahl unterstützender Werkzeuge. Je nach Einsatzzweck werden verschiedene Werkzeugklassen unterschieden: u.a. Werkzeuge für Management und Steuerung

---

4. Mit Testen kann nicht nachgewiesen werden, dass die Anforderungen zu 100% erfüllt sind, da Testen nur stichprobenartige Überprüfungen vornimmt.

von Tests, Werkzeuge zur Testspezifikation, zum statischen und dynamischen Test und für nichtfunktionalen Test [Spillner 05, Kap. 7].

Im »Foundation Level« werden auch schon die grundlegenden Aspekte des Testmanagements behandelt. Neben Testplanung, Teststeuerung und Berichtswesen gehören hierzu auch die Themen Fehler-, Änderungs- und Konfigurationsmanagement sowie das Thema Wirtschaftlichkeit des Testens [Spillner 05, Kap. 6]. Das vorliegende Buch vertieft diese Aufgaben des Testmanagements.

Testmanagement

Zur Veranschaulichung des Stoffs wird in diesem Buch das Fallbeispiel aus dem »Basiswissen«-Buch fortgesetzt:

Ein Automobilkonzern entwickelt ein neues elektronisches Verkaufssystem, genannt *VirtualShowRoom* (VSR). Das Softwaresystem soll in der Endausbaustufe weltweit bei allen Händlern installiert sein. Jeder Kunde, der ein Fahrzeug erwerben möchte, kann dann unterstützt durch einen Verkäufer oder vollkommen selbstständig sein Wunschfahrzeug am Bildschirm konfigurieren (Modellauswahl, Farbe, Ausstattung usw.).

Fallbeispiel **»VirtualShow-Room« – VSR**

Das System zeigt mögliche Modelle und Ausstattungsvarianten an und ermittelt zu jeder Auswahl des Kunden sofort den jeweiligen Listenpreis. Diese Funktionalität wird vom Teilsystem *DreamCar* realisiert.

Hat sich der Kunde für ein Fahrzeug entschieden, kann er am Bildschirm die für ihn optimale Finanzierung kalkulieren (*EasyFinance*), das Fahrzeug online bestellen (*JustInTime*) und bei Bedarf auch die passende Versicherung (*NoRisk*) abschließen. Das Teilsystem *ContractBase* verwaltet sämtliche Kundeninformationen und Vertragsdaten. Abbildung 1–3 zeigt eine schematische Darstellung des Systems.

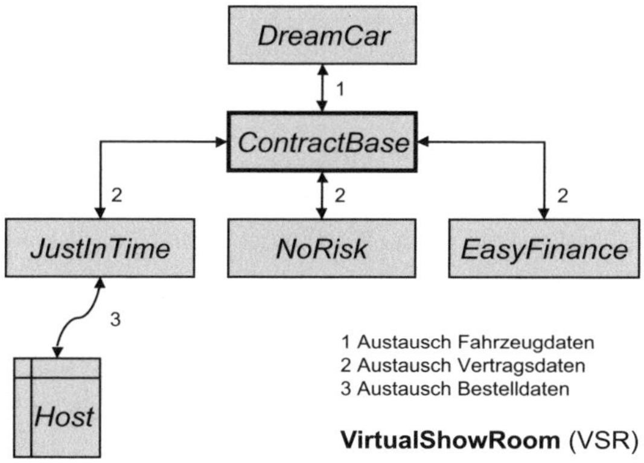

Abb. 1–3
Architektur des VSR-Systems

1 Austausch Fahrzeugdaten
2 Austausch Vertragsdaten
3 Austausch Bestelldaten

VirtualShowRoom (VSR)

Jedes Teilsystem wird von einem eigenen Entwicklungsteam separat entworfen und entwickelt. Insgesamt sind ca. 50 Entwickler und weitere Mitarbeiter aus den jeweils betroffenen konzerninternen Fachabteilungen an dem Projekt beteiligt sowie externe Softwarefirmen.

Im »Basiswissen«-Buch wurden die verschiedenen →Testtechniken und Vorgehensweisen beschrieben, um das System gründlich zu testen, bevor das VSR-System in Betrieb geht.

Die Entwicklung des *VSR-2* folgt einem iterativen Entwicklungsprozess. Aus dem vorhandenen *VSR-1* soll mit vier aufeinander folgenden Iterationen der *VSR-2* entstehen. Dafür ist eine Entwicklungsdauer von einem Jahr vorgesehen. Es wird also etwa quartalsweise eine Zwischenversion geben.

Jede neue Version soll die Funktionalität der Vorgängerversion weiterhin korrekt bereitstellen. Allerdings kann dem eine andere, vielleicht bessere oder effizientere Implementierung zugrunde liegen. Zusätzlich implementiert jede Version erstmalig einen Satz neuer Funktionen.

Der Produktmanager erwartet vom Testmanager daher zweierlei:

▪ Zum einen muss das Testteam sicherstellen, dass jede *VSR-2*-Version die bisherige Altfunktionalität korrekt enthält.

▪ Zum anderen soll das Testteam möglichst schnell eine objektive Beurteilung abgeben, ob bzw. wie gut ein neues *Feature* umgesetzt ist.

Die Aufgaben, die bei einer solchen Problemstellung vom Testmanager zu erfüllen sind, werden in den folgenden Kapiteln behandelt und anhand obigen Beispiels jeweils verdeutlicht.

1.2   Praxiswissen Testmanagement – Übersicht

Praxiswissen-
Kapitelübersicht

Die Themen des Buches und die Inhalte der einzelnen Kapitel sind im Folgenden kurz beschrieben.

▪ In Kapitel 2 werden der grundlegende Testprozess und die Arten von Werkzeugen, die im Testprozess eingesetzt werden können, erörtert. Beides ist im Buch »Basiswissen Softwaretest« bereits behandelt worden.

▪ Wie das Testen in Verbindung zum Softwarelebenszyklus steht, wird in Kapitel 3 dargestellt. Unterschiedliche Vorgehensmodelle der Softwareentwicklung werden diskutiert und die jeweilige Bedeutung des Testens im Modell bewertet.

▪ Welchen Stellenwert das Testen in einer Organisation einnimmt, ist von großer Bedeutung für den Testmanager. Qualitäts- und Testpolitik der Organisation müssen von Management festgelegt werden. Kapitel 4 behandelt diesen Themenkomplex.

▪ Kapitel 5 geht näher auf die Testplanung ein, eine der wichtigen, wenn nicht sogar die wichtigste Aufgabe des Testmanagers.

▪ Die Planung muss während des Projekts angepasst werden. Eine Steuerung des Testprozesses auf Grundlage von Berichten über den Testfortschritt ist für den Testmanager eine entscheidende Maßnahme, um den Testprozess erfolgreich durchführen zu können. Kapitel 6 geht auf diesen Aspekt ein.

▨ Der Entwicklungs- und Testprozess selbst kann bewertet und verbessert werden. Welche Verfahren und Vorgehensweisen anzuwenden sind, wird in Kapitel 7 beschrieben.

▨ Wie ist mit den beim Testen gefundenen Abweichungen und Fehlerwirkungen umzugehen? Antworten hierzu gibt Kapitel 8.

▨ Risikobewertung und risikobasierte Tests sind für den Testmanager wichtige Instrumente zur Verteilung der beschränkten Testkapazitäten und dienen zur risikomindernden Steuerung des Testprojekts. In Kapitel 9 sind entsprechende Hinweise zum Vorgehen zu finden.

▨ Ohne Mitarbeiter mit den erforderlichen Fähigkeiten und Qualifikationen – ohne Berücksichtigung des »Faktors Mensch« – kann der Testmanager eine Aufgabe nicht erfolgreich durchführen. In Kapitel 10 wird beschrieben, was bei der Zusammenstellung des Testteams zu berücksichtigen ist.

▨ Testmetriken helfen, Kriterien für die Beendigung des Testens festzulegen und Aussagen über die Qualität des Testobjekts zu ermitteln. Beispiele hierfür werden in Kapitel 11 gegeben.

▨ Mit entsprechender Werkzeugunterstützung lässt sich der Testprozess meist effizienter durchführen. Wie der Testmanager die Werkzeuge auswählt und einführt, wird in Kapitel 12 beschrieben.

▨ Im letzten Kapitel des Buches werden die relevanten Normen und Standards vorgestellt.

Das Glossar enthält alle hier im Buch neu verwendeten Begriffe. Die Glossareinträge aus dem Buch »Basiswissen Softwaretest« [Spillner 05] finden Sie auch unter [URL: GTB Glossar].

2 Testprozess und Testwerkzeuge

In diesem Kapitel werden der fundamentale Testprozess mit seinen einzelnen Aktivitäten und eine adäquate Werkzeugunterstützung vorgestellt[1].

2.1 Fundamentaler Testprozess

Um Tests strukturiert durchzuführen, reicht eine allgemeine Darstellung der Aufgaben, wie sie in den meisten Entwicklungsmodellen (s. Kap. 3) zu finden ist, nicht aus. Neben der Einordnung des Testens in den Entwicklungsprozess wird ein detaillierter Ablaufplan für die Testarbeiten benötigt (s. Abb. 2–1). Der »Inhalt« der Entwicklungsaufgabe »Testen« wird dazu in folgende Arbeitsabschnitte bzw. Prozessphasen unterteilt: Testplanung und -steuerung, Testanalyse und -design, Testrealisierung und -durchführung, Testauswertung und -bericht sowie Abschluss der Testaktivitäten. Obgleich die Darstellung und die Beschreibung der einzelnen Aufgaben eine rein sequenzielle Reihenfolge im Testprozess suggeriert, können sie sich überschneiden und teilweise auch parallel durchgeführt werden.

2.1.1 Testplanung und -steuerung

Die Planung einer so umfangreichen Aufgabe wie dem Testen soll so früh wie möglich zu Anfang des Softwareentwicklungsprojekts beginnen. Aufgaben und Zielsetzung des Tests müssen ebenso festgelegt werden, wie die benötigten Ressourcen. Dazu gehören die Mitarbeiter zur Durchführung der Aufgaben, die zu veranschlagende Zeit sowie

Planung der Ressourcen

---

1. Eine ausführlichere Einführung in den grundlegenden Testprozess und Werkzeuge sind in [Spillner 05, Kap. 2.2 und Kap. 7] zu finden. Für Leser, die den Inhalt kennen, bringt dieses Kapitel keine zusätzlichen Informationen.

die Hilfsmittel und Werkzeuge. Die entsprechenden Festlegungen sind im Testkonzept (engl. *test plan*) zu dokumentieren. Eine Organisationsstruktur mit dem entsprechenden Testmanagement soll vorhanden sein und ist ggf. anzupassen.

Abb. 2–1
*Fundamentaler
Testprozess*

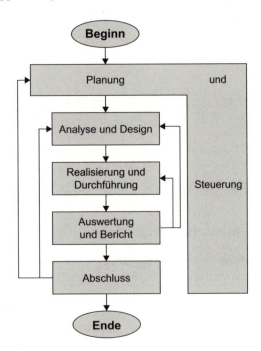

Dem Testmanagement obliegt die Verwaltung des Testprozesses, der Testinfrastruktur und der Testmittel (engl. *testware*). Regelmäßige Kontrollen, ob Planung und Projektverlauf übereinstimmen, sind vorzunehmen sowie Aktualisierungen und Anpassungen der Planungsvorgaben daraus abzuleiten, um steuernd auf den Testprozess einzuwirken. Grundlage der Steuerung des Testprozesses ist eine Berichterstattung der Mitarbeiter oder Zahlenmaterial und Auswertungen durch entsprechende Werkzeuge.

*Festlegung der
Teststrategie*

Da ein vollständiger Test nicht möglich ist, müssen Prioritäten gesetzt werden. Bei der Bestimmung der Teststrategie sind gemäß dem Risiko unterschiedliche Testverfahren und Testendekriterien festzulegen. Kritische Systemteile müssen intensiv getestet werden. Bei den weniger kritischen Teilen reicht ein nicht so umfangreicher Test oder sogar ein Verzicht auf das Testen aus. Die Festlegungen müssen sehr fundiert getroffen werden, um eine optimale Verteilung der Tests auf die »richtigen« Stellen des Softwaresystems zu erreichen.

Die Intensität des Tests wird bestimmt durch die eingesetzten Testmethoden und den jeweiligen angestrebten Überdeckungsgrad bei der Durchführung der Testfälle. Der Überdeckungsgrad ist eines von verschiedenen Kriterien, anhand derer ein Ende des Tests festgelegt wird.

Testendekriterien festlegen

Softwareprojekte geraten oft unter Zeitdruck, dies muss bei der Planung vorausschauend berücksichtigt werden. Eine Priorisierung der durchzuführenden Tests bewirkt, dass die kritischsten Softwareteile zuerst getestet werden, falls wegen Zeit- oder Ressourcenbeschränkungen nicht alle geplanten Tests durchgeführt werden können.

Priorisierung der Tests

Ohne passende Werkzeuge kann der Testprozess nicht optimal durchgeführt werden. Falls diese nicht vorhanden sind, muss eine Auswahl und Beschaffung der Werkzeuge frühzeitig eingeleitet werden. Darüber hinaus sind meist Teile der Testinfrastruktur selbst zu realisieren, wie beispielsweise Testrahmen (engl. *test bed*), in denen Systemteile zur Ausführung gebracht werden können. Deren Erstellung ist frühzeitig durchzuführen, damit sie rechtzeitig zum Abschluss der Programmierung der jeweiligen Testobjekte zur Verfügung stehen.

Werkzeugunterstützung

2.1.2 Testanalyse und -design

Bei der in der Planung festgelegten Teststrategie wird definiert, welche Testverfahren zum Einsatz kommen. Als erster Schritt der Testanalyse ist die Testbasis zu prüfen, d.h. ob die zu verwendenden Dokumente detailliert und präzise genug sind, um daraus, entsprechend der Teststrategie und somit der einzusetzenden Testverfahren, Testfälle abzuleiten.[2] Aus der Spezifikation des Testobjekts ergibt sich sein erwartetes Verhalten. Daraus leitet der Testdesigner die Voraussetzungen und Anforderungen der Testfälle ab.

Prüfung der Testbasis

Je nach Analysebefund kann es erforderlich sein, die Testbasis zu überarbeiten, um als Ausgangsbasis für die in der Teststrategie festgelegten Testverfahren dienlich zu sein. Ist beispielsweise eine Spezifikation ungenau, ist zuerst eine Nachbesserung erforderlich. Manchmal ist auch die Teststrategie geeignet abzuändern, z.B. wenn die angegebenen Testverfahren gar nicht auf die Testbasis anwendbar sind.

Während des Testdesigns werden dann unter Anwendung der Testverfahren die entsprechenden Testfälle festgelegt und in der Testspezifikation dokumentiert. Der Testprojekt- oder Testplan (engl. *test schedule*) bestimmt schließlich die zeitliche Reihenfolge der Testdurchführung und die Zuordnung der Testfälle zu den einzelnen Testern.

---

2. Die Prüfung kann bereits bei der Festlegung der Teststrategie vorgenommen werden und diese beeinflussen, falls die Dokumente zu diesem Zeitpunkt bereits vorliegen.

Logische und konkrete Testfälle

Bei der Spezifikation der Testfälle sind zuerst logische Testfälle zu definieren. Danach werden diese konkretisiert, d.h., die tatsächlichen Eingabe- und erwarteten Ausgabewerte werden festgelegt. Dies erfolgt allerdings erst im nächsten Schritt des fundamentalen Testprozesses, der Realisierung.

Blackbox- und Whitebox-Verfahren

Die logischen Testfälle können aus der Spezifikation der Testobjekte ermittelt (Blackbox-Verfahren) oder auf Grundlage des Programmtexts erstellt werden (Whitebox-Verfahren). Die Spezifikation der Testfälle erfolgt somit zu ganz unterschiedlichen Zeitpunkten im Softwareentwicklungsprozess (vor oder nach bzw. parallel zur Programmierung), abhängig von den in der Teststrategie ausgewählten Testverfahren. Viele der im nächsten Kapitel dargestellten Vorgehensmodelle zeigen in diesem Sinne nur Testdurchführungsphasen (z.B. das allg. V-Modell). Testplanungs- und Spezifikationsarbeiten können und sollen parallel zu früheren Entwicklungsaktivitäten erfolgen, wie es im W-Modell oder beim Extreme Programming explizit verdeutlicht wird.

Testfälle umfassen mehr als nur die Testdaten

Bei der Spezifikation der Testfälle muss die jeweilige Ausgangssituation (Vorbedingung) für jeden Testfall beschrieben werden. Die Randbedingungen, die für den Test gelten und einzuhalten sind, müssen klar sein. Vor der Testdurchführung ist in der Nachbedingung festzulegen, welche Ergebnisse bzw. welches Verhalten erwartet wird.

Testorakel

Um die erwarteten Ergebnisse zu bestimmen, wird ein Testorakel »befragt«, das die jeweiligen Sollergebnisse vorhersagt. Als Testorakel ist meist die entsprechende Spezifikation des Testobjekts heranzuziehen. Aus ihr lassen sich die erwarteten Ergebnisse zu den jeweiligen Testfällen herleiten.

Positive und negative Testfälle

Testfälle lassen sich nach zwei Kriterien unterscheiden:

- Testfälle zur Prüfung der spezifizierten und vom Testobjekt zu liefernden Ergebnisse und Reaktionen (inkl. der Behandlung von spezifizierten Ausnahme- und Fehlersituationen) und
- Testfälle zur Prüfung der Reaktion des Testobjekts auf ungültige und unerwartete Eingaben bzw. Randbedingungen, für die keine Ausnahmebehandlungen (engl. *exception handling*) spezifiziert wurden und die das Testobjekt auf Robustheit prüfen.

Aufbau der Infrastruktur

Die benötigte Testinfrastruktur, um das Testobjekt unter Benutzung der spezifizierten Testfälle ablaufen zu lassen, ist parallel zu den anderen Aktivitäten aufzubauen. Dadurch wird verhindert, dass es bei der Durchführung der Testfälle zu zeitlichen Verzögerungen kommt. Die Testinfrastruktur soll bereits zu diesem Zeitpunkt so weit wie möglich aufgebaut, integriert und geprüft sein.

2.1.3 Testrealisierung und -durchführung

In diesem Schritt des Testprozesses ist die Bildung der konkreten Testfälle aus den logischen Testfällen vorzunehmen, und diese sind auszuführen. Zur Testdurchführung sind Testinfrastruktur und Testrahmen
erforderlich, deren Realisierung bereits erfolgte. Die einzelnen Testläufe sind durchzuführen und zu protokollieren.

Unter Berücksichtigung der zuvor festgelegten Prioritäten ist der
konkrete Ablauf der Tests vorzunehmen. Die einzelnen Testfälle werden zweckmäßigerweise zu Testsequenzen bzw. zu Testszenarien gruppiert, um die Testfälle effizient durchführen zu können und eine über-
sichtlichere Struktur der Testfälle zu erhalten. Die benötigten
Testrahmen müssen in der Testumgebung installiert sein, bevor die
Testfälle ausgeführt werden können. Eine werkzeuggestützte Testdurchführung ist auf den »unteren« Teststufen Komponententest und
Integrationstest gegenüber einer manuellen Durchführung sinnvoll
(z. B. Einsatz von JUnit [URL: JUnit]).

Ablauf der Testfälle

Bei der Testdurchführung erfolgt zunächst eine Prüfung auf prinzi-
pielle Start- und Ablauffähigkeit des Testobjekts mit einer anschließenden Überprüfung der Hauptfunktionen (*smoke test* oder auch Akzeptanztest bei Eingangsprüfung der einzelnen Teststufen). Zeigen sich
hier bereits Fehlerwirkungen, ist ein tiefes Einsteigen in den Test wenig
sinnvoll.

*Prüfung auf
Vollständigkeit der
Hauptfunktionen*

Die Durchführung der Tests ist exakt und vollständig zu protokollieren. Anhand der Testprotokolle muss die Testdurchführung nachvollziehbar sein und der Nachweis erbracht werden, dass die geplante
Teststrategie tatsächlich umgesetzt wurde. Welche Teile wann, von
wem, wie intensiv und mit welchem Ergebnis getestet wurden, sind
weitere Bestandteile des Protokolls.

*Tests ohne Protokollierung
sind wertlos*

Bei jeder im Testprotokoll aufgezeigten Fehlerwirkung ist zu entscheiden, ob die Ursache innerhalb oder außerhalb des Testobjekts
liegt. Beispielsweise kann auch der Testrahmen fehlerhaft oder der
Testfall nicht korrekt spezifiziert worden sein. Liegt eine Fehlerwirkung vor, ist sie entsprechend zu dokumentieren und einer Fehlerklasse
zuzuordnen.

*Auswertung der
Testprotokolle*

Anhand der Fehlerklasse ist die Priorität der Fehlerbehebung zu
bestimmen. Der Erfolg der Korrektur des Fehlerzustands ist zu prüfen:
Ist die Fehlerwirkung beseitigt und sind keine weiteren Fehlerzustände
hinzugekommen?

Korrektur erfolgreich?

Die zuvor festgelegte Priorisierung der Testfälle bewirkt, dass die
wichtigsten Testfälle zuerst zur Ausführung kommen und somit
schwerwiegende Fehlerwirkungen frühzeitig erkannt und behoben

*Die wichtigen Testfälle
zuerst*

werden. Eine Gleichverteilung der beschränkten Testressourcen auf alle Testobjekte des Projekts nach dem Gießkannenprinzip ist wenig sinnvoll, da bei einem solchen Vorgehen kritische und unkritische Programmteile gleich intensiv getestet werden.

2.1.4   Testauswertung und -bericht

Testende erreicht? Es ist zu kontrollieren, ob die in der Planung festgelegten Testendekriterien erfüllt sind. Diese Prüfung kann zur Beendigung der Testaktivitäten führen, aber auch ergeben, dass Testfälle blockiert waren und deshalb nicht alle geplanten Testfälle ausgeführt werden konnten, oder dass zusätzliche Testfälle erforderlich sind, um den Kriterien zu genügen. Eine nähere Analyse kann allerdings auch ergeben, dass der notwendige Aufwand zur Erfüllung aller Endekriterien nicht angemessen ist und dass auf weitere Testfälle oder Testläufe verzichtet wird. Das damit verbundene Risiko ist abzuschätzen und bei der Entscheidung zu berücksichtigen.

Sind weitere Tests erforderlich, ist der Testprozess wieder aufzunehmen und zu ermitteln, an welcher Stelle der Einstieg erfolgen kann. Gegebenenfalls muss die Planung überarbeitet werden, da zusätzliche Ressourcen notwendig sind. Neben den Testüberdeckungskriterien können weitere Kriterien für die Bestimmung des Endes der Testaktivitäten verwendet werden (s. Kap. 11).

Mehrere Testzyklen berücksichtigen Durch die beobachteten Fehlerwirkungen, deren Beseitigung und die dadurch notwendigen erneuten Tests entstehen Zyklen. Das Testmanagement muss solche Korrektur- und Testzyklen einplanen (s.a. W-Modell, Kap. 3.4). Andernfalls sind Projektverzögerungen die Regel. Der benötigte Aufwand für die Testzyklen lässt sich nur schwer im Voraus kalkulieren. Helfen können Vergleichsdaten aus früheren, ähnlichen Projekten oder aus den bereits absolvierten Testzyklen.

Endekriterien der Praxis: Zeit und Kosten In der Praxis bestimmen oft Zeit und Kosten das Ende des Tests und führen zum Abbruch der Testaktivitäten. Auch wenn beim Testen ggf. mehr Mittel als geplant verbraucht werden, so bewirkt das Testen insgesamt doch Einsparungen durch die Aufdeckung von Fehlerwirkungen und anschließende Beseitigung der Fehlerzustände in der Software. Fehlerzustände, die hier nicht entdeckt werden, verursachen im Betrieb meist erheblich höhere Kosten.

Testbericht Am Ende dieser Aktivität des Testprozesses ist ein zusammenfassender Bericht für die Entscheidungsträger (Projektmanager, Testmanager, ggf. Kunde usw.) zu erstellen (s.a. [IEEE 829]).

2.1.5 Abschluss der Testaktivitäten

Die abschließende Phase des Testprozesses wird in der Praxis leider meist vernachlässigt. Die während des Testprozesses gemachten Erfahrungen sollen hier analysiert und für weitere Projekte zur Verfügung gestellt werden. Unterschiede zwischen Planung und Umsetzung und deren (vermutete) Gründe sind dabei von besonderem Interesse.

Aus Erfahrungen lernen

Ein kritischer Rückblick auf die durchgeführten Tätigkeiten im Testprozess unter Berücksichtigung des Aufwands und der erzielten Ergebnisse fördert sicherlich Verbesserungspotenzial zutage. Werden diese Erkenntnisse dokumentiert und für die nachfolgenden Projekte nachvollziehbar genutzt, ist eine kontinuierliche Prozessverbesserung gegeben. In Kapitel 7 wird auf Modelle zur Analyse, Bewertung und Verbesserung des Testprozesses näher eingegangen.

Die »Konservierung« der Testware für die Zukunft gehört ebenso zu den abschließenden Tätigkeiten. Während des produktiven Einsatzes von Softwaresystemen treten trotz aller Tests weitere bisher unbekannte Fehlerwirkungen auf, oder es gibt Änderungswünsche des Kunden. Beides führt zu einer Überarbeitung des Programms und erfordert dann einen erneuten Test. Wenn die Testware (Testfälle, Testprotokolle, Testinfrastruktur, eingesetzte Werkzeuge usw.) aus der Entwicklung weiterhin zur Verfügung steht, verringert sich der Testaufwand während der Wartungs- bzw. Einsatzphase der Software.

»Konservierung« der Testware

2.2 Testwerkzeuge

Im Folgenden wird eine Übersicht über die Typen von Testwerkzeugen gegeben.[3] In »Basiswissen Softwaretest« ([Spillner 05, Kap. 7]) sind die Werkzeugtypen ausführlich beschrieben. Auf die Werkzeuge zur Unterstützung des Testmanagements wird näher eingegangen. Für den Testmanager ist besonders wichtig, wie die Auswahl und der Einsatz der Werkzeuge durchzuführen ist (s. hierzu Kap. 12).

Kurze Übersicht

Es gibt viele Werkzeuge (*Tools*) zur Unterstützung oder Automatisierung der Testaktivitäten. Alle diese Werkzeuge werden unter dem Begriff CAST-Tools (Computer Aided Software Testing) zusammengefasst, angelehnt an CASE-Tools (Computer Aided Software Engineering). Je nachdem, welche Aktivitäten oder Phasen im Testprozess unterstützt werden, können verschiedene Werkzeugtypen unterschieden werden.

CAST-Tools

---

3. Unter [URL: Tool-List] ist eine Liste mit nützlichen Links auf entsprechende Informationen zu Werkzeugen zu finden.

In der Regel wird nicht die gesamte Palette an Testwerkzeugen in einem Projekt tatsächlich eingesetzt. Die verfügbaren Werkzeugtypen sollten dem Testmanager aber bekannt sein, um entscheiden zu können, ob und wann ein Werkzeug im Projekt nutzbringend eingesetzt werden kann. Welche Funktionen die Werkzeuge der verschiedenen Typen prinzipiell bieten, erläutern die folgenden Abschnitte.

2.2.1 Werkzeuge für Management und Steuerung von Tests

Testmanagement-werkzeuge

Planung und Steuerung sind die ersten Aktivitäten im Testprozess. Die entsprechenden unterstützenden Testmanagementwerkzeuge bieten Mechanismen zur Erfassung, Priorisierung, Katalogisierung und Verwaltung von Testfällen. Der Status der Testfälle wird überwacht, es wird also festgehalten und ausgewertet, ob, wann, wie oft und mit welchem Resultat ein Testfall ausgeführt wurde.

Darüber hinaus können Ressourcen- und Zeitplanung der Tests durch diese Werkzeuge unterstützt werden. Der Testmanager kann die Tests planen und hat somit jederzeit den Überblick über hunderte oder tausende von Testfällen.

Unterstützung für weitere Managementaufgaben

Neben diesen Kernaufgaben des Testmanagements bieten Testmanagementwerkzeuge Unterstützung für beispielsweise folgende Aufgaben und Aktivitäten an:

- Anforderungsbasiertes Testen: Die erfassten Systemanforderungen (*Requirements*) werden mit denjenigen Tests verknüpft, welche die entsprechende Anforderung prüfen. Es können verschiedene Konsistenzprüfungen durchgeführt werden, z.B. ob zu jeder Anforderung mindestens ein Testfall eingeplant wurde.
- Fehlermanagement: Zur Verwaltung der Problem- bzw. Fehlermeldungen ist eine Werkzeugunterstützung unverzichtbar. Erfassung, Verwaltung und statistische Auswertung von Fehlermeldungen sollen nicht »per Hand« erfolgen, da dies zu fehleranfällig ist. Der aktuelle Stand des Projekts ist für den Testmanager mit Hilfe des Werkzeugs jederzeit ermittelbar.
- Erstellung von Testberichten und Testdokumenten: Sowohl Testmanagement- als auch Fehlermanagementwerkzeuge stellen ausführliche Analyse- und Berichtsfunktionen zur Verfügung, bis hin zur Möglichkeit, aus den verwalteten Daten die komplette Testdokumentation zu generieren (Testplan, Testspezifikation, Testbericht).

2.2.2 Werkzeuge zur Testdaten- und Testskriptspezifikation

Bei der Erzeugung von Testdaten können Test(daten)generatoren eingesetzt werden. Es lassen sich verschiedene Ansätze in Abhängigkeit
der eingesetzten Testbasis unterscheiden:

Testdaten- und Testskriptgeneratoren

- Datenbankbasierte Testdatengeneratoren erstellen auf Grundlage von Datenbankschemata oder Datenbankinhalten die Testdaten.
- Codebasierte Testdatengeneratoren analysieren den Quellcode zur Generierung der Testdaten. Sollwerte können nicht generiert werden.
- Schnittstellenbasierte Testdatengeneratoren ermitteln aus den Definitionsbereichen der Schnittstellenparameter (z.B. mittels Äquivalenzklassen- und Grenzwertanalyse) Testdaten. Auch hier besteht das Problem der nicht generierbaren Sollwerte.
- Spezifikationsbasierte Testdatengeneratoren leiten Testdaten und zugehörige Sollwerte aus einer formalen Spezifikation ab.
- Modellbasierte Testgenerierung erstellt Testskripte aus formalen Modellen. Ausgehend von beispielsweise einem UML-Sequenzdiagramm, das die Aufrufreihenfolgen von Methoden spezifiziert, kann ein Testgenerator die Testskripte erzeugen.

2.2.3 Werkzeuge für den statischen Test

Statische Prüfungen können bereits an Entwurfsdokumenten, wenn
das zu untersuchende Dokument in einer formalen Notation vorliegt,
und am (auch erst teilweise erstellten) Code durchgeführt werden, also
bevor ablauffähige Programm(teil)e vorliegen. Werkzeuge zum statischen Test helfen, Fehler und Unstimmigkeiten schon in frühen Phasen
des Entwicklungsprozesses aufzudecken. Ein Testmanager soll deshalb
den Einsatz dieser Werkzeuge in Erwägung ziehen.

Statische Analysen

- Statische Analysatoren liefern Maßzahlen zu verschiedenen Charakteristika des Programmcodes. Komplexe und damit fehleranfällige bzw. risikoreiche Codeabschnitte können identifiziert werden. Die Verletzung von Programmierrichtlinien, gebrochene bzw. ungültige Links in Webseiten u.v.a. kann statisch analysiert werden.
- Model Checker analysieren Spezifikationen, die in einer formalen Notation bzw. als formales Modell vorliegen. Es können beispielsweise fehlende Zustände, fehlende Zustandsübergänge und andere Inkonsistenzen im zu prüfenden Zustandsmodell entdeckt werden.
- Darüber hinaus gibt es Werkzeuge zur Unterstützung von Reviews, die bei der Planung, Durchführung und Ergebnisauswertung von Reviews helfen.

2.2.4   Werkzeuge für den dynamischen Test

Werkzeugunterstützung
für funktionale Tests

Testwerkzeuge zur Automatisierung der Testdurchführung entlasten den Tester von den zum Testablauf nötigen mechanischen Arbeiten. Die Werkzeuge versorgen das Testobjekt mit Testdaten, zeichnen die Reaktion des Testobjekts auf und vergleichen diese mit den Sollreaktionen und protokollieren den Testlauf.

- Ein Debugger ist im engeren Sinne kein Testwerkzeug, aber zur Fehlerursachenfindung und zur Auslösung von Ausnahmebehandlungen im Programmtext sehr nützlich.
- Testtreiber oder Testrahmengeneratoren bieten Mechanismen, um Testobjekte über deren Programmierschnittstelle (API) oder eine andere dem Endanwender nicht zugängliche Schnittstelle wie z. B. Ethernet, serielle Schnittstelle usw. anzusprechen.
- Simulatoren können die Einsatzumgebung nachbilden. Sie werden insbesondere für den Test eingebetteter Software verwendet, wenn das Zielsystem (noch) nicht zur Verfügung steht oder der Test im Zielsystem sehr aufwändig oder teuer ist.
- Testroboter oder Capture/Replay-Tools zeichnen alle manuell durchgeführten Bedienschritte (Tastatureingaben, Mausklicks) während einer Testsitzung auf und speichern diese als Testskript. Durch »Abspielen« des Testskripts kann der aufgezeichnete Test beliebig oft automatisch wiederholt werden.
- Komparatoren werden eingesetzt, um Unterschiede zwischen erwartetem und aktuellem Ergebnis festzustellen. Sie sind meist Teil anderer Werkzeuge.
- Dynamische Analysatoren ermitteln während der Programmausführung zusätzliche Informationen, z. B. die Belegung, Verwendung und Freigabe von Speicher (Memory Leaks, Zeigerzuordnungen, Zeigerarithmetik usw.).
- Überdeckungsanalysatoren liefern Maßzahlen der strukturellen Testabdeckung auf Codeebene während der Testdurchführung (s. a. Kap. 11).

Werkzeugunterstützung
für nichtfunktionale Tests

Neben den Werkzeugen zur Unterstützung des funktionalen Tests gibt es auch für den Test der nichtfunktionalen Eigenschaften des Testobjekts Testwerkzeuge:

- Last- und Performancetestwerkzeuge generieren synthetische Last, z. B. Datenbankabfragen, Benutzertransaktionen oder Netzwerkverkehr, zur Durchführung von Volumen-, Stress- und Performancetests.

▦ Monitore dienen zur Test- und Analyseunterstützung durch Ermittlung und Auswertung der benötigten Daten. In den Last- und Performancetestwerkzeugen sind diese meist integriert.

▦ Werkzeuge zur Prüfung von Zugriffs- und Datensicherheit analysieren mögliche Sicherheitslücken im Testobjekt.

2.2.5 Zu beachtende »Randbedingungen«

Die kreativen Testarbeiten können durch Werkzeuge unterstützt werden; die mechanische Testdurchführung kann automatisiert werden, was den Testaufwand reduziert oder bei gleichem Aufwand mehr Testfälle zulässt. Mehr Testfälle bedeuten aber nicht zwangsläufig auch bessere Tests.

Werkzeugeinsatz und Testprozess

Ohne guten bzw. eingespielten Testprozess und Testmethodeneinsatz können Werkzeuge nicht den gewünschten Einsparungseffekt erzielen. Die Einführung und der effiziente Einsatz von Werkzeugen erfordern eine gründliche Evaluierung des Testprozesses und begleitende prozessverbessernde Maßnahmen (s. a. Kap. 7 und 12).

Auf der anderen Seite lässt sich eine ökonomische Durchführung des Testprozesses nur mit entsprechender Werkzeugunterstützung erreichen, um beispielsweise in angemessener Zeit eine Vielzahl von Testfällen ausführen und auswerten zu können.

Alle diese »Randbedingungen« des Werkzeugeinsatzes müssen dem Testmanager bewusst sein und sein Handeln bestimmen.

2.3 Zusammenfassung

Testen muss in einzelne Arbeitsschritte aufgeteilt werden. Ein fundamentaler Testprozess gliedert sich in folgende Schritte:

▦ Testplanung und -steuerung: Die Festlegung der Ressourcen (Personen, Zeit, Werkzeuge) und die Bestimmung der Teststrategie mit der Auswahl der einzusetzenden Testmethoden, den jeweiligen Überdeckungskriterien und einer Priorisierung der Tests werden vorgenommen. Der zeitliche Ablauf der Testdurchführung wird ebenfalls im Testplan festgelegt. Während des gesamten Testprozesses ist bei Abweichungen zur Planung steuernd einzugreifen.

▦ Testanalyse und -design: Die Testbasis wird auf Vollständigkeit und ausreichende Präzision geprüft. Logische Testfälle sind unter Verwendung der Testmethoden und des Testorakels zu entwerfen. Der Aufbau der Testinfrastruktur wird begonnen.

▦ Testrealisierung und -durchführung: Die Testfälle werden konkretisiert und zu Testsequenzen oder -szenarien gruppiert, die Testinfrastruktur wird fertiggestellt. Die Durchführung soll zuerst nachweisen, dass das Testobjekt ablauffähig ist und der Aufruf der Hauptfunktionen keine schwerwiegenden Fehlerwirkungen verursacht. Alle Testläufe sind ausführlich zu protokollieren und zu bewerten.

- Testauswertung und -bericht: Die Erfüllung der Testendekriterien ist nachzuweisen, und bei Nichterfüllung ist zu entscheiden, ob weitere Tests folgen oder der Testprozess trotzdem beendet werden soll. Ein zusammenfassender Testbericht ist anzufertigen.

- Abschluss der Testaktivitäten: Lernen aus den gemachten Erfahrungen und Bereitstellen der Testware für die Wartung sind die Hauptaufgaben dieser letzten Aktivität des Testprozesses.

- Für jede Phase im Testprozess sind Werkzeuge verfügbar, die dem Testmanager und dem Tester helfen, ihre Testarbeiten qualitativ zu verbessern.

- Der Einsatz von Testwerkzeugen bringt nur Vorteile, wenn der Testprozess als solcher beherrscht wird und bereits definiert abläuft.

3 Testen im Softwarelebenszyklus

In diesem Kapitel wird der Zusammenhang zwischen Test- und Softwareentwicklungsprozess dargestellt. Neben der Klassifizierung von Prozessmodellen werden einige aktuelle Softwareentwicklungsprozesse vorgestellt und erklärt, auf welche Art das Prüfen und Testen in ihnen verankert ist.

3.1 Test- und Entwicklungsprozess

Bei der Entwicklung von Softwaresystemen kommen Softwareentwicklungsmodelle bzw. Entwicklungsprozesse[1] zur Anwendung, um eine geordnete Aufbau- und Ablauforganisation zu gewährleisten. Es wurden in den letzten Jahren eine ganze Reihe von neuen Prozessmodellen vorgestellt und in der Praxis eingesetzt. Ziel aller Modelle ist eine systematische und strukturierte Vorgehensweise bei der Entwicklung und Pflege von Softwaresystemen.

Ziel:
geordnete Aufbau- und Ablauforganisation

Wichtige Bestandteile der Modelle sind:

Bestandteile der Modelle

- die einzelnen Aktivitäten
- die zeitlichen und fachlichen Kriterien für den Übergang in die nächste Aktivität (Meilensteine, Quality Gates)
- die Festlegung von Rollen und Verantwortlichkeiten
- die bei den Aktivitäten zu erstellenden Dokumente und die dabei zu verwendenden Methoden, Richtlinien, Standards und ggf. Werkzeuge.

Je nach Entwicklungsprozess sind die jeweiligen Bestandteile unterschiedlich ausgeprägt und unterschiedlich detailliert beschrieben bzw. festgelegt. Auf einige der Modelle, bei denen das Testen oft einen sehr

---

1. Neben anderen sind auch »Vorgehensmodell« oder »Prozessmodell« weitere sehr gebräuchliche Bezeichnungen.

unterschiedlichen Stellenwert einnimmt, wird in diesem Kapitel näher eingegangen. Diese Auswahl ist weder repräsentativ noch vollständig, da es sehr viele Modelle für die Entwicklung von Softwaresystemen gibt. Für eine genauere Betrachtung einzelner Entwicklungsmodelle ist die entsprechende Literatur oder Internetseiten heranzuziehen, z.B. [Balzert 98] oder [URL: VM-UniBremen], [URL: software-kompetenz].

Enge Kopplung zum Entwicklungsprozess

Der grundlegende Testprozess, wie er bei allen Softwareentwicklungen, unabhängig vom verwendeten Modell, zur Anwendung kommen soll, wurde im vorherigen Kapitel ausführlich beschrieben. Der Testprozess hat viele Verbindungen zu Aktivitäten der Entwicklung und Pflege von Softwaresystemen. Einige werden im Folgenden exemplarisch genannt.

Anforderungen ändern sich

Davon auszugehen, dass sich die Anforderungen an ein Softwaresystem zu Beginn des Projektes vollständig festlegen lassen, widerspricht der Realität. Anforderungen ändern sich während der Entwicklung. Dies hat selbstverständlich Einfluss auf den Testprozess. Es muss darauf geachtet werden, dass bei Änderungen der Anforderungen auch die entsprechenden Anpassungen der Testdokumente[2] vorgenommen werden. Ein »Auseinanderlaufen« der Dokumente ist unbedingt zu vermeiden; denn sonst existieren für geänderte oder neue Anforderungen keine Testfälle bzw. es werden Tests durchgeführt, die nicht mehr relevante Anforderungen prüfen. Voraussetzung hierfür ist die Verfolgbarkeit (*traceability*) von Anforderungen zu den entsprechenden Stellen in den Testdokumenten. Somit unterliegen nicht nur die Entwicklungs-, sondern auch die Testdokumente einem Änderungsmanagement.

Konfigurations-management

Bei der Entwicklung und Pflege von Softwaresystemen entstehen unterschiedliche Versionen und Konfigurationen mit der entsprechenden Testware. Es liegt auf der Hand, dass sich das Konfigurationsmanagement auch auf die Testware, also alle Testdokumente und -werkzeuge, beziehen muss.

Projektmanagement

Ein Ziel des Testens ist der Nachweis von auftretenden Fehlerwirkungen. Der Tester verfasst eine Fehlermeldung, die an die Entwicklungs- bzw. Wartungsabteilung weitergereicht wird. Die Fehlerursache wird dort ermittelt, und eine entsprechende Korrektur wird durchgeführt. Danach ist erneut zu prüfen, ob die Fehlerwirkung beseitigt ist und keine neuen Fehlerwirkungen, verursacht durch die Korrektur, hinzugekommen sind. Ein weiterer Testzyklus wird durchgeführt. Das

---

2. [IEEE 829] bezeichnet die Dokumente als *test documents*. In der [ISO 12207.1] ist der Begriff weiter gefasst: *life cycle data* (*Information Item*).

Projektmanagement muss dafür sorgen, dass Entwicklungs- oder genauer Änderungs- und Testprozess so aufeinander abgestimmt sind, dass es zu möglichst wenigen Reibungsverlusten kommt.

Ähnliches gilt für Änderungen während des Einsatzes des Systems. Die Änderungen sind zu testen, bevor das System in Produktion gehen kann. Technische und Benutzer-Dokumentation sind anzupassen. Auch hier ist eine Schnittstelle zwischen Entwicklung und Test gegeben.

Durch diese enge Verzahnung zwischen Testprozess und Entwicklungs- und Wartungsprozess sind entsprechende Anpassungen vorzunehmen, um ein optimales Zusammenwirken der Prozesse zu erreichen. In diesem Zusammenhang wird auch vom generischen Testprozess gesprochen, der sich relativ flexibel an die jeweiligen Aktivitäten des verwendeten Entwicklungs- und Wartungsprozesses anpassen lässt.

Generischer Testprozess

3.2 Klassifikation der Entwicklungsprozesse

Software kann nach verschiedenen Entwicklungs- oder Prozessmodellen erstellt werden. Die Modelle werden danach unterschieden, ob ein einmaliger sequenzieller Ablauf der einzelnen Aktivitäten vorgesehen ist, wie beim »allgemeinen V-Modell«[3] (s. Kap. 3.3), oder ob das zu entwickelnde System in Iterationen entsteht (s. Abb. 3–1).

Zu den sequenziellen Modellen gehören das Wasserfall-Modell (s. [Spillner 05, Kap. 2.2]) und das allgemeine V-Modell. Ihnen gemeinsam ist die eher lineare Anordnung der Aktivitäten, die in der Regel für das gesamte System vollständig durchgeführt werden.

Sequenzielle Modelle

Die iterativen Modelle lassen sich weiter unterteilen in evolutionäre und inkrementelle Modelle.

Bei den evolutionären Modellen sind die Kernanforderungen des Kunden der Ausgangspunkt der Entwicklung. Liegt die erste Version vor, kann der Kunde aus der Nutzung dieser Version seine Wünsche und Forderungen für die nächste Ausbaustufe einbringen, wobei diese Vorgehensweise auch für weitere Produktversionen gilt. Vorteilhaft ist dabei, dass der Kunde in relativ kurzen Zeitabständen einsatzfähige Produkte erhält, wenn auch nur mit relativ langsam und nicht wirklich planbar wachsendem Funktionsumfang.

Evolutionäre Modelle

---

3. Das »V-Modell« wird mit dem Zusatz »allgemeines« versehen, um es vom »Vorgehensmodell des Bundes und der Länder« (Version 92 und 97) zu unterscheiden, das in der deutschsprachigen Literatur oft ebenfalls als »V-Modell« bezeichnet wird.

Inkrementelle Modelle

Bei den inkrementellen Modellen werden die Anforderungen an das System möglichst vollständig erfasst und auch modelliert. Jedoch wird nur ein Teil der Anforderungen für das erste Inkrement berücksichtigt und implementiert. Der Kunde erhält frühzeitig ein einsatzfähiges System, allerdings auch wieder mit eingeschränkter Funktionalität. In die nächste Ausbaustufe fließen die Erfahrungen des Kunden mit der vorherigen Ausbaustufe ein.

Abb. 3–1
Sequenzielle und iterative Systementwicklung

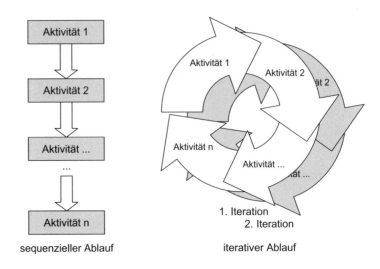

sequenzieller Ablauf   iterativer Ablauf

Agile Prozesse

Zu den inkrementellen und evolutionären Modellen gehören Rapid Application Development (RAD, s. Kap. 3.8) und Extreme Programming (XP, s. Kap. 3.7), wobei die Grenzen eher fließend sind und eine genaue Zuordnung zu den Klassifizierungen nicht immer möglich ist. So ist XP ein leichtgewichtiger Prozess, der den Entwicklern viele Freiheiten lässt. Der Rational Unified Process (RUP, s. Kap. 3.5) lässt sich auch nicht in dieses Schema einordnen, da er sowohl Phasen (Konzeptualisierung, Entwurf, Konstruktion, Übergang) als auch Iterationen in einzelnen Phasen der Softwareentwicklung definiert.

Wahl des Entwicklungsprozesses

Im Folgenden werden einige Prozessmodelle vorgestellt, wobei der Schwerpunkt der Darstellung auf den Schnittstellen zum Testprozess liegt. Für den Testmanager spielt das verwendete Entwicklungsmodell eine entscheidende Rolle, da damit auch festgelegt wird, wenn auch indirekt, welchen Stellenwert der Testprozess im Entwicklungsprozess erhält. Meist hat der Testmanager keinen oder nur sehr geringen Einfluss auf die Wahl des Entwicklungsprozesses.

3.3   Allgemeines V-Modell

Ausgangspunkt für die Entwicklung von Softwaresystemen ist die Definition der Anforderungen. In ihr werden die Wünsche und Anforderungen des Auftraggebers und der späteren Anwender dokumentiert. Zweck, Leistungsmerkmale und Qualitätsforderungen des zu entwickelnden Systems müssen aus den Anforderungen hervorgehen. Das Dokument dient als Grundlage für alle weiteren Aktivitäten der Entwicklung, insbesondere für den funktionalen Systementwurf. Das Anforderungsdokument ist ebenfalls Grundlage für die Spezifikation der Abnahmetestfälle. Die Anforderungen müssen so präzise formuliert sein, dass sich Testfälle ableiten lassen.

Anforderungsdefinition

Beim funktionalen Systementwurf werden auf Grundlage der Anforderungen die Funktionen und Dialogabläufe des zu entwickelnden Systems spezifiziert. Die dabei entstehende Dokumentation wird von den Testern zur Erstellung der funktionalen Systemtestfälle und zum Test der Benutzungsoberflächen benötigt, bevor das System dem Abnahmetest durch den Kunden unterzogen wird.

Funktionaler Systementwurf

Im technischen Systementwurf werden die Schnittstellen zur Systemumgebung definiert und die Zerlegung des Systems in überschaubare Teilsysteme sowie deren Schnittstellen und Zusammenspiel vorgenommen. Beim Integrationstest werden diese Informationen verwendet, um die Systemumgebung zu simulieren und um die Schnittstellen zwischen den Teilsystemen ausreichend testen zu können.

Technischer Systementwurf

Die Spezifikation der Komponenten beinhaltet das Verhalten und den inneren Aufbau bzw. Ablauf innerhalb der Komponente. Diese Informationen werden sowohl für die Programmierung als auch für den Test der Komponenten benötigt.

Komponenten-spezifikation

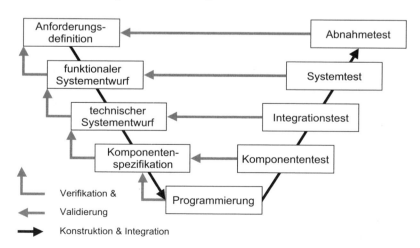

Abb. 3–2

Allgemeines V-Modell

Den Zusammenhang zwischen den Teststufen (Komponenten-, Integrations-, System- und Abnahmetest) und den korrespondierenden Entwicklungsphasen (Anforderungsdefinition, funktionaler und technischer Systementwurf und Komponentenspezifikation) verdeutlicht das allgemeine V-Modell (s. Abb. 3–2). Im Modell wird die Qualitätssicherung betont. Verifikation und Validation geben dem Modell (neben der grafischen Anordnung) den Namen »V-Modell«.

3.4   W-Modell

Im allgemeinen V-Modell wird Testen explizit in einzelnen Teststufen dargestellt, und die Testfälle werden auf Grundlage der korrespondierenden Entwicklungsaktivitäten und der dabei erstellten Dokumente erarbeitet. Die Testfälle sollen spezifiziert werden, wenn die zugehörigen Anforderungs- und Entwurfsspezifikationen vorliegen. Leider wird dieser Sachverhalt aus der grafischen Darstellung des V-Modells (s. Abb. 3–2). nicht deutlich.

W-Modell   Ein Modell, das die Parallelität von Test- und Entwicklungsprozess veranschaulicht und das Vorgehen beim allgemeinen V-Modell verdeutlicht, ist das W-Modell (s. Abb. 3–3, [Spillner 02], [Spillner 05a]). Die testvorbereitenden Aktivitäten werden parallel zu den Definitions- und Spezifikationsaktivitäten der Entwicklung durchgeführt. Unter den vorbereitenden Aktivitäten sind alle Aktivitäten des Testprozesses zu verstehen, die vor Durchführung der Testfälle auszuführen sind, also Planung, Analyse und Design sowie Realisierung der Tests (vgl. Kap. 2). Die rechte Seite des V-Modells wird ebenfalls in unterschiedliche Aktivitäten aufgeteilt: Testdurchführung und Debugging.

Testen und Debugging   Oft wird Testen und Debugging miteinander vermengt, obwohl es unterschiedliche Aufgaben sind, die von unterschiedlichen Personen(gruppen) zu erledigen sind. Tester sind im engeren Sinne für die Testdurchführung, die Testprotokollierung und die Auswertung verantwortlich. Entdeckte Fehlerwirkungen sind den Entwicklern zu melden, deren Aufgabe es ist, durch Debugging die Fehlerursachen zu ermitteln und für deren Beseitigung zu sorgen. Ein erneuter Test durch

Zyklen kommen vor   die Tester muss dann nachweisen, dass die Fehlerwirkungen nicht mehr auftreten und dass keine neuen Fehlerwirkungen durch die Änderungen der Entwickler hinzugekommen sind. Oft entstehen so Zyklen, die im W-Modell ebenfalls explizit darstellt werden.

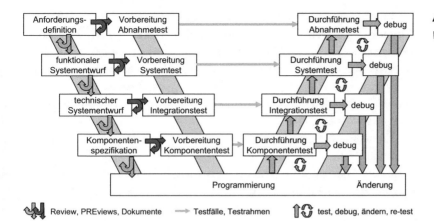

Abb. 3–3
W-Modell

Es wird auch deutlich, dass Änderungen ein »Zurückfallen« auf die Programmierebene beinhalten. Nach Fertigstellung der Änderungen ist ein »erneuter Aufstieg« erforderlich, der Zeit und Ressourcen beansprucht. Testmanagern ist dieser Umstand bekannt, Projektleitern kann die gewählte Darstellung des W-Modells helfen, sich den Umstand klarzumachen, dass Testen keine einmalige Aktivität in der Softwareentwicklung ist, wie es einige der vorgestellten Prozessmodelle möglicherweise suggerieren, sondern zyklisch wiederholt wird.

Sicherlich werden bei der Testdurchführung auch Entwurfs- oder Spezifikationsmängel festgestellt. Ein »Sprung« vom rechten in den linken Ast ist erforderlich, um die entsprechenden Fehler in den Dokumenten zu verbessern, gefolgt vom »erneuten Durchlaufen« des W's mit entsprechender Anpassung aller anderen betroffenen Dokumente. Zur besseren Übersichtlichkeit ist dieser Sachverhalt im Modell nicht grafisch dargestellt.

Im W-Modell sind die Tester vom Start des Projekts an der Entwicklung beteiligt. Sie arbeiten sich beispielsweise in die Anforderungen ein, um die entsprechenden Abnahmetestfälle spezifizieren zu können. Nach dem W-Modell sollen Fragen in Bezug auf den Abnahmetest bereits beim Review der Anforderungen gestellt werden. Die Anforderungen werden beim Review somit nicht nur im Hinblick darauf analysiert, ob die Dokumente in ausreichender Qualität vorliegen, um den nächsten Entwicklungsschritt zu beginnen (in dem Fall die funktionale Spezifikation), sondern auch ob die Anforderungen präzise genug sind, um die entsprechenden Abnahmetestfälle spezifizieren zu können. Da dies ein Blick in die Zukunft – die Durchführbarkeit des Abnahmetests – ist, kann diese Prüfung auch als »PREview« bezeichnet werden (s. a. [Spillner 04]).

PREviews

Entsprechende PREviews sind auch auf den folgenden Stufen der Entwicklung durchzuführen. Durch die Teilnahme der Tester an den PREviews werden die Dokumente mit Testfachwissen analysiert. Negative Auswirkungen auf den Test, beispielsweise ein hoher Testaufwand für eine komplexe Schnittstelle zwischen zwei Teilsystemen, können frühzeitig erkannt werden und zu entsprechenden Änderungen führen (sofern dies möglich ist).

Testfälle als zusätzliche Entwicklungsspezifikation

Ein weiterer Vorteil der PREviews ist gegeben, da die Testfallspezifikationen frühzeitig und parallel zu den Entwicklungsdokumenten entstehen. Die Testfallspezifikationen können für die weitere Entwicklung als zusätzliche Dokumente dienen, aus denen präzise Informationen, z.B. über die geforderte Funktionalität, entnommen werden können. Neben den eigentlichen Entwicklungsdokumenten liegt somit eine zusätzliche Dokumentation für den gleichen Sachverhalt vor. Dadurch können Ungenauigkeiten präzisiert und Unklarheiten geklärt werden, was zur Vermeidung von Fehlern führt.

Testmanager

Eine Einteilung der Aufgaben des Testmanagements bietet sich beim W-Modell an. Für den gesamten Prozess und für die einzelnen Teststufen sollen bei großen Projekten jeweils eigene Testmanager benannt werden. Dem Gesamtmanagement obliegt die Koordination der einzelnen Aktivitäten, wohingegen das Management der einzelnen Teststufen für die »innere« Koordination auf der jeweiligen Stufe verantwortlich ist. Je nach Stufe sind unterschiedliche Prüf- und Testmethoden auszuwählen und deren vereinbarte Anwendung und Intensität zu kontrollieren.

3.5 Rational Unified Process (RUP)

Der Name des Prozesses deutet schon darauf hin, dass dieser Prozess von der Firma Rational[4] entwickelt wurde. Mit dem RUP sollen objektorientierte Systeme unter der Verwendung von UML (*Unified Modeling Language*) entwickelt werden (s. Abb. 3–4).

Aktivitäten

Der RUP gliedert sich in vier den zeitlichen Verlauf eines Projekts unterteilende Phasen (Konzeptualisierung (Inception), Entwurf (Elaboration), Konstruktion (Construction), Übergang (Transition)), die ihrerseits wieder in mehrere Iterationen aufgeteilt sind. Jede Iteration produziert in der Regel eine ausführbare, getestete (Vor-)Version und fügt dabei der Funktionalität der vorherigen Version ein Inkrement hinzu.

---

4. Anfang 2003 von IBM übernommen

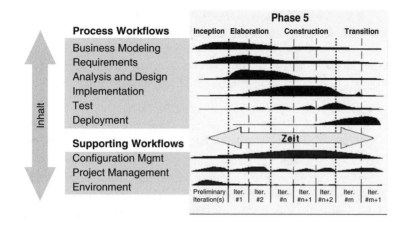

Abb. 3–4
RUP – Rational Unified Process[5]

Die neun Aktivitäten (*Workflows*[6]) werden in Prozessaktivitäten (Geschäftsprozessmodellierung, Anforderungen, Analyse & Design, Implementierung, Test und Verteilung) und in Unterstützungsaktivitäten (Konfigurations- & Änderungsmanagement, Projektmanagement und Entwicklungsumgebung[7]) unterteilt. Abbildung 3–4 verdeutlicht den Zusammenhang zwischen den Phasen mit ihren Iterationen und den Aktivitäten mit ihren jeweiligen Aufwänden in den einzelnen Phasen. Fast alle Aktivitäten erstrecken sich über alle Phasen, allerdings mit unterschiedlicher Intensität.

Die Testaktivität beginnt im RUP bereits in der Konzeptualisierung mit der Testplanung und somit frühzeitig im Projekt. Die Testaktivität ([Kruchten 99, Kap. 12]) ist so gestaltet, dass Tests nie alle auf einmal durchgeführt werden. Es wird zwischen Einzel-, Integrations-, System- und Akzeptanztests unterschieden. Die Teststufen aus dem V-Modell finden sich hier wieder.

Testaktivität

Neben den Teststufen werden im RUP auch folgende Testarten unterschieden: Benchmarktest, Konfigurationstest, Funktionstest, Installationstest, Integrationstest, Auslastungstest, Performancetest, Stresstest und Regressionstest. Im Testmodell wird dargestellt, was alles getestet werden soll. Es beinhaltet eine Auflistung aller Testfälle, Testprozeduren, Testskripte und erwarteten Testergebnisse.

Unterschiedliche Tests

Als beteiligter »Worker« werden bei der Aktivität Test der Testdesigner, der Tester, der Systemtester, der Performancetester und der Integrationstester genannt. Die wesentlichen Artefakte (Dokumente) sind der Testplan, das Testmodell, ein Auslastungsmodell für den Performancetest und die Dokumentation der Fehler.

---

5. Abbildung in Anlehnung an [Kruchten 99]
6. *Disciplines* ist ebenfalls eine häufig verwendete Bezeichnung.
7. deutsche Begriffe übernommen aus [Kruchten 99]

Testen im RUP   Wie die Aufzählung zeigt, wird dem Testen im RUP eine wichtige Bedeutung zugemessen. Leider wird die Verzahnung der Entwicklungs- und Testaktivitäten nicht deutlich. So findet sich in Kapitel 16.3 ([Kruchten 99, S. 213]) zur Erstellung eines Architekturprototyps (Entwurf, 1. Iteration) nur folgender Abschnitt zum Test:

> »Test: Planung von Integrations- und Systemtests
> Der Testdesigner plant die System- und Integrationstests. Dazu wählt er messbare Testziele aus, die die Architektur betreffen. Diese Ziele können sich beispielsweise in der Fähigkeit ausdrücken, ein Use-Case-Szenario mit einem bestimmten Antwortzeitverhalten oder einer bestimmten Systembelastung auszuführen. Der Testdesigner ermittelt ebenfalls die Testfälle und Testprozeduren (Artefakt: Testplan).«

In Kapitel 16.4 »Implementierung des Systems« ([Kruchten 99, S. 215 ff.]) als letzte Iteration vor dem Übergang finden sich mehr Aussagen zum Testen, allerdings gehen die Angaben ebenso wenig auf Details oder die Zusammenhänge mit der Entwicklung ein. Zum Integrationstest findet sich folgende sehr allgemeine Beschreibung:

> »Test: Integrationstest
> Die zuvor entwickelten Testprozeduren werden vom Integrationstester ausgeführt. Der Integrationstester führt Integrationstests durch und berichtet über die Ergebnisse. Sobald unerwartete Ergebnisse auftauchen, werden die Fehler festgehalten.«

Testmanager   Die vergleichbaren Aufgaben eines Testmanagers obliegen dem Test Engineer und erstrecken sich über den gesamten Entwicklungsprozess. Er ist verantwortlich für folgende Artefakte: Test Model, Test Case, Test Procedure, Test Evaluation und Test Plan.

Die Firma IBM bietet eine ganze Palette von Werkzeugen für den Entwicklungs- und Testprozess zur Unterstützung der entsprechenden Tätigkeiten an.

3.6   V-Modell XT

Das »Vorgehensmodell des Bundes und der Länder«, oft auch verkürzt als V-Modell bezeichnet, wurde erstmals 1992 publiziert und 1997 überarbeitet. Seit 2005 steht das aktuelle Modell mit der Bezeichnung »V-Modell XT« zur Verfügung, wobei XT für »eXtreme Tailoring« steht und auf die Anpassbarkeit des Modells auf das jeweils durchzuführende Projekt hinweist ([Rausch 06], [URL: V-Modell XT], [URL: V-Modell XT Browser]).

Im Modell wird festgelegt, »wer wann was« in einem Projekt zu *Wer, wann, was?*
tun hat. Aktivitäten (Tätigkeiten) und Produkte (Ergebnisse), die während der Entwicklung von Systemen durchzuführen bzw. zu erstellen
sind, werden ebenso definiert wie die Verantwortlichkeiten jeder am
Projekt beteiligten Person. Zielsetzung sind auch hier, wie bei allen
anderen Prozessmodellen, die Minimierung der Projektrisiken, die
Erhöhung der Qualität der (Teil-)Produkte, die Eindämmung der Kosten und die verbesserte Kommunikation zwischen allen Beteiligten.

Beim V-Modell XT sind zwei Punkte besonders hervorzuheben:

- Das Tailoring, die Anpassung des Modells an ein konkret durchzu-
  führendes Projekt und
- die explizite Einbindung des Auftraggebers und Kunden in die Projektplanung und Durchführung.

Das Tailoring schafft die Möglichkeit, das Modell für verschiedene *Tailoring*
Projektkonstellationen zuzuschneiden. Das V-Modell XT ist somit ein
generischer Standard, der an die jeweiligen Projektbedingungen angepasst werden kann. Ein Werkzeug zur Unterstützung des Tailorings,
der V-Modell XT Projektassistent, ist frei verfügbar. Anhand einer
Liste von vorgegebenen Projektmerkmalen (z.B. *Safety* und *Security*)
wird das durchzuführende Projekt zu Beginn charakterisiert. Wichtige
Merkmale sind der Projektgegenstand und die Projektrolle.

Gegenstand des Projektes kann ein zu erstellendes System oder *Projektgegenstand*
auch ein zu verbessernder organisationsweiter Prozess sein. Damit
unterscheidet sich das V-Modell XT von den bisherigen Modellen, die
sich ausschließlich auf die Erstellung von Systemen beziehen. Modelle
zur Prozessbewertung und Verbesserung werden in Kapitel 7 beschrieben.

Auftraggeber oder Auftragnehmer nehmen die Projektrolle ein *Projektrolle*
und somit die Position, die das Projekt gegenüber anderen Projekten
hat. Je nachdem, welche Rolle eingenommen wird, sind spezifische
Sichtweisen auf das Entwicklungsprojekt gegeben, verbunden mit
einer Reihe von definierten Projektaufgaben.

Für jeden möglichen Projekttyp, der sich aus dem Gegenstand und *Vorgehensbausteine*
der Rolle ergibt, stellt das Modell mindestens eine Durchführungsstra-
tegie sowie obligatorische und fakultative Vorgehensbausteine zur
Verfügung. Damit ist das Modell sehr flexibel anpassbar, da es die
Möglichkeit eröffnet, sich das zum Projekt passende Modell aus einzelnen Bausteinen »zusammenzubauen«.

Folgende drei Projekttypen werden im V-Modell XT beschrieben:

- Systementwicklung eines Auftraggebers: Diese umfasst die Erstellung einer Ausschreibung und die Auswahl des Auftragnehmers. Der Auftragnehmer entwickelt das System, liefert es aus, und der Auftraggeber nimmt das System ab.
- Systementwicklung eines Auftragnehmers: Im Projektverlauf erfolgt die Angebotserstellung und bei Übernahme des Auftrags die Entwicklung des Systems.
- Einführung und Pflege eines organisationsspezifischen Vorgehensmodells: Ein Rahmen für ein organisationsweites Qualitätsmanagement wird vom V-Modell XT bereitgestellt. Dabei wird zwischen erstmaliger Einführung einer Prozessbeschreibung und der wiederholten Durchführung von Prozessverbesserungsprogrammen unterschieden.

Bei jeder Systementwicklung sind die beiden ersten Projekttypen gegeben. Beide sind nicht separat zu betrachten, sondern sie sind über eine so genannte Auftraggeber/Auftragnehmer-Schnittstelle eng miteinander verbunden. Im V-Modell XT werden die jeweils angepassten Projektdurchführungsstrategien und die standardisierten Schnittstellenprodukte, die zwischen den Projekten ausgetauscht werden, zur Verfügung gestellt.

    Das Modell bietet eine Vielzahl von Informationen zum Tailoring, zu Rollen, Produkten (inkl. Vorlagen) und Aktivitäten. So sind beispielsweise 30 unterschiedliche Rollen[8] definiert, aber keine explizite für den Testmanager. Für den Testprozess relevante Rollen sind: Prüfer (Tester), QS-Verantwortlicher und Qualitätsmanager. Durch die Verteilung der Aufgaben des Testmanagers auf mehrere Rollen ergibt sich auch kein separat erkenntlicher Testprozess. Bei den einzelnen Tätigkeiten wird allerdings deutlich, dass die Testaktivitäten frühzeitig beginnen und einen angemessenen Stellenwert im Gesamtprozess einnehmen. Auch sind für die Durchführung eines reibungslosen Testprozesses alle notwendigen Dokumente im V-Modell XT aufgelistet.

3.7 Extreme Programming (XP)

Seit einiger Zeit sind die so genannten »leichten Prozesse« in den Mittelpunkt des Interesses und der Diskussionen gerückt. Ziel aller leichten Prozesse ist der Abbau von »Software-Bürokratie«, d.h., Dokumente nehmen keinen großen Stellenwert ein. Ein Vertreter der

---

8.   Ausführliche Beschreibungen zu den Rollen sind in der Online-Dokumentation [URL: V-Modell XT Browser] zu finden.

leichten Prozesse ist Extreme Programming ([Beck 01], [Wolf 05]). XP wird im Folgenden kurz vorgestellt (s. Abb. 3–5).

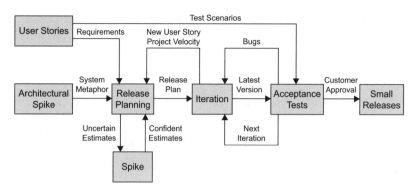

Abb. 3–5

XP-Projektübersicht[9]

Die so genannten »User Stories« – kurz »Stories« – sind Ausgangspunkt für jedes Projekt. Sie sind vergleichbar mit den Anwendungsfällen in der UML und dienen der Beschreibung der Anforderungen aus Sicht der Benutzer. Selbst alle Stories zusammen ergeben jedoch nicht eine vollständige Anforderungsdefinition, vielmehr soll eine einzelne Story die Beschreibung eines Kundenwunsches beinhalten, die als Einheit für die Planung, Realisierung und Kontrolle eines kleinen Release bzw. eines Teils davon dienen kann. Während der Projektlaufzeit kommen neue Stories hinzu, und vorhandene können verfeinert werden.

Stories

Vom Entwickler und Benutzer gemeinsam werden die Aufwandsschätzung und Planung zur Umsetzung einer Story durchgeführt. Es wird aufgrund von Prioritäten und Risikoabwägungen entschieden, welche Story in welchem Release enthalten sein soll.

Aus den Stories werden auch so genannte Testszenarien entwickelt, die beim Akzeptanztest zur Ausführung kommen. Der Akzeptanztest obliegt der Verantwortung des Benutzers bzw. Kunden. Er hat auch zu entscheiden, ob die Tests Fehlerwirkungen aufzeigen oder nicht. Um die Akzeptanztests bei jedem Release durchzuführen, ist deren Automatisierung erforderlich.

Akzeptanztest

Vor dem Akzeptanztest werden Unit-Tests durchgeführt (s. Abb. 3–6). Beim Extreme Programming werden die Testfälle vor der Programmierung eines jeden Bausteins oder Inkrements erstellt, oder genauer ausgedrückt programmiert. Als Hilfsmittel kommen Frameworks zur Erstellung und automatisierten Ausführung von Unit-Tests zum Einsatz (z.B. JUnit s.u. [URL: JUnit]).

---

9. In Anlehnung an: *http://www.extremeprogramming.org/*

Abb. 3–6
XP-Testaktivitäten[10]

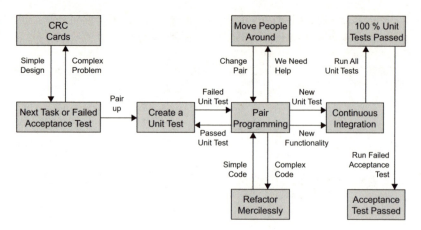

Unit-Test

Die Testfälle dienen als Spezifikation der geforderten Funktionalität der einzelnen Stories bzw. der einzelnen Inkremente des Systems. Durch die Automatisierung der Testdurchführung können neue oder geänderte Programmteile sehr schnell überprüft werden. Es ist gefordert, dass alle Unit-Tests fehlerfrei laufen, bevor die Entwicklung weiter fortgesetzt wird.

In XP hat das Testen eine hervorgehobene Bedeutung. Es wird von Projektbeginn an berücksichtigt und steht im Mittelpunkt der Überlegungen. Weitere leichte Prozesse haben diesen Ansatz aufgegriffen (Test-Driven Development oder Test-First Development, s. [URL: XUnit]).

Keine systematische Erstellung der Testfälle

Ein Problem ist, dass der Fokus bei der Entwicklung ausschließlich auf den Unit-Tests liegt, also dem Test der einzelnen »Einheit«. System- und Abnahmetests liegen in der Verantwortung des Kunden. Integrationstests[11], zur Aufdeckung von Schnittstellenfehlern, sind in XP kein Thema[12]. Ein weiteres Problem ist dadurch vorhanden, dass für die Erstellung der Testfälle keine Systematik angeboten oder vorgeschrieben ist. Es kommt somit immer darauf an, wie gut die Testfälle gewählt werden, damit das Vorgehen den gewünschten Erfolg erzielt. Im Artikel »Die trügerische Sicherheit des grünen Balkens« wird diese Problematik beschrieben [Fraikin 04]. Allerdings trifft diese Einschränkung auch ganz allgemein für die Erstellung von Testfällen zu. Testfälle sollen immer systematisch und auf Grundlage einer bzw. mehrerer Testmethoden erstellt werden.

---

10. In Anlehnung an: *http://www.extremeprogramming.org/*
11. Die Integration der Units (*continuous integration*, s. Abb. 3–6) wird zwar vorgenommen, aber es werden keine speziellen Testfälle zur Prüfung der Schnittstellen durchgeführt, sondern die Unit-Testfälle werden wiederholt.
12. Es gibt allerdings eine Reihe von Publikationen, die Vorschläge zur systematischen Durchführung der Tests machen, z.B. [Crispin 02].

Den Managementaufgaben wird in XP keine allzu große Bedeutung zuerkannt; XP-Projekte sind eher »selbstverwaltet« und von geringem Umfang. Managementaufgaben im engeren Sinne fallen daher kaum an. Es gibt die Rolle des Testers, dieser ist aber abweichend vom herkömmlichen Verständnis eher zur Unterstützung für den Kunden bei der Durchführung der Akzeptanztests zu sehen, da die Unit-Tests ja vor und während der Programmierung von den Entwicklern selbst erstellt und durchgeführt werden.

Rolle des Testers

3.8 Rapid Application Development (RAD)

Entwicklungszeiten zu verkürzen und die Qualität der Softwaresysteme zu erhöhen ist das Ziel von »Rapid Application Development« (s.a. [Martin 91]). Durch den verstärkten Einsatz von Werkzeugen über den gesamten Entwicklungsprozess soll dies erreicht werden. Als Schlagwort ist in dem Zusammenhang auch CASE – Computer Aided Software Engineering zu nennen.

Neben der intensiven Werkzeugunterstützung wird die Verkürzung der Entwicklungszeiten dadurch erreicht, dass eine iterative Entwicklung durchgeführt wird (evolutionäres Prototyping). Nur ein Teil der Anforderungen wird umgesetzt und dann dem Kunden vorgestellt, der seinen Eindruck und seine Wünsche für die nächste Iteration äußert. Eine mögliche Darstellung des RAD-Prozesses ist in Abbildung 3–7 gegeben.

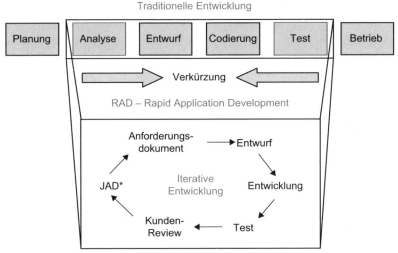

Abb. 3–7

RAD – Rapid Application Development

RAD dient inzwischen auch als Oberbegriff für eine ganze Reihe von werkzeuggestützten Entwicklungsansätzen. Zu nennen sind beispielsweise die Entwicklung von Benutzungsoberflächen mit Hilfe von entsprechenden Entwicklungsumgebungen (GUI-Builder), der Einsatz von Visual Basic (VB) oder Delphi und auch die Verwendung von Autorensystemen zur Erstellung von Multimedia-Anwendungen. Allen gemeinsam ist der Werkzeugeinsatz zur Erstellung des Systems bzw. eines Teils des Systems, oft ohne eine ausführliche Analyse- und Designphase vorab durchgeführt zu haben.

Rollen　　Explizite Rollen zum Testen oder Testmanagement sind nicht definiert. Auf der RAD-Internetseite der University of California [URL: RAD] finden sich unter den »Key Players« keine Tester oder Testmanager. Es existiert ein »SWAT-Team« aus zwei bis sechs gut ausgebildeten Entwicklern, wobei SWAT für »Skilled Workers with Advanced Tools« steht.

3.9　Dynamic Systems Development Method (DSDM)

Mitte der 90er Jahre haben sich Firmen zusammengefunden, um herauszufinden, warum RAD bei einigen Projekten erfolgreich eingesetzt werden kann und bei anderen der Erfolg versagt bleibt. DSDM verfeinert RAD um einen definierten Prozess, der große Ähnlichkeiten zu »Scrum« [URL: Scrum] aufweist, aber genauere Prozessschritte und Rollen definiert.

DSDM-Prinzipien　　Folgende neun Prinzipien sind die Grundpfeiler von DSDM[13]:

- Softwareentwicklung erfolgt im Team. Ein Produkt ist nur dann erfolgreich, wenn das Anwendungswissen des Kunden mit dem Entwicklungs-Know-how der IT-Spezialisten verknüpft wird. Der Kunde ist aktiv an der Teamarbeit beteiligt.
- In der Regel entscheidet das Team, nicht eine einzelne Person.
- Regelmäßige Lieferungen von (Teil-)Produkten sind anzustreben.
- Diese (Teil-)Lieferungen müssen für den Kunden bzw. Anwender einen im Vergleich zu vorherigen Lieferungen zusätzlichen Geschäftswert haben (relevantes Abnahmekriterium, Business-Value-Driven).
- Zur Erzielung von adäquaten Lösungen wird iterativ und inkrementell entwickelt.
- Durchgeführte Änderungen müssen leicht zurückgenommen werden können.

---

13. In Anlehnung an: [URL: DSDM2]

▨ Anforderungen werden auf einem hohen Niveau festgeschrieben.

▨ Testen wird im gesamten Entwicklungsprozess berücksichtigt.

▨ Zusammenarbeit und Kooperation aller am Projekt Beteiligten ist sehr wichtig.

Viele Parallelen zu XP (Kap. 3.7) sind offensichtlich. Es gibt eine Reihe von Techniken, die bei DSDM anzuwenden sind. Zwei sollen hier beispielhaft aufgeführt werden: *Time-Boxing & MoSCow*

▨ Time-Boxing
Bezeichnet die Technik oder das Vorgehen, alle Aktivitäten in vorab festgelegten Zeitintervallen durchzuführen. Das heißt, der Zeitrahmen ist fest, und die vorgenommenen Tätigkeiten müssen »passend« zum Zeitbudget sein. Zeitüberschreitungen werden nicht akzeptiert.

▨ »MoSCoW«-Prinzip
Anforderungen werden nach folgenden Regeln kategorisiert:

● **M**ust have – Fundamental für den Projekterfolg

or

● **S**hould have – wichtige Anforderung, aber Projekterfolg ist nicht direkt davon abhängig

● **C**ould have – kann einfach weggelassen werden, ohne das Projekt entscheidend zu beeinflussen

or

● **W**on't have – soll nicht umgesetzt werden, da es überflüssiger Ballast ist.

DSDM-Projekte werden in den folgenden fünf Phasen durchgeführt, wobei die Phasen 3 bis 5 iterativ für jedes Teilprodukt durchlaufen werden: *Fünf Phasen*

1. Machbarkeitsstudie, die auch zur Nichtdurchführung führen kann.
2. Business Study, zur Festlegung der wesentlichen Anforderungen.
3. Functional Model Iteration, Festlegung der Architektur, Spezifikation des Teilproduktes und Prototypentwicklung.
4. Design and Build Iteration, Realisierung und Test der Teilprodukte.
5. Implementierung, Übergabe des fertigen Teilproduktes an die Anwender.

Im DSDM sind zwölf Rollen auszufüllen. Die Rolle des Testmanagers ist nicht aufgeführt. Als einzige Rolle ist in diesem Bereich der Tester genannt, der für die Durchführung der »non-user«-Tests verantwortlich ist. *Rolle des Testers*

3.10 Zusammenfassung

Neben der engen Kopplung zwischen Entwicklungs- und Testprozess wurde eine ganze Reihe von unterschiedlichen Softwareprozessmodellen in diesem Kapitel vorgestellt. Dabei wurde besonders hervorgehoben, wie gut der Testprozess mit seinen einzelnen Aktivitäten im jeweiligen Modell berücksichtigt wird.

- Es wird zwischen sequenziellen und iterativen Systementwicklungsmodellen unterschieden. Bei den sequenziellen werden die einzelnen Aktivitäten nacheinander ausgeführt. Bei der iterativen Entwicklung entstehen zuerst Teilprodukte, die mit jeder Iteration erweitert werden, bis das Endprodukt vorliegt.

- Beim allgemeinen V-Modell werden Teststufen und deren Zusammenhang mit den entsprechenden Analyse-, Entwurfs- und Spezifikationsphasen hervorgehoben. Die vorbereitenden Testaktivitäten (z.B. Testplanung, Testspezifikation) werden im Modell nicht deutlich.

- Im W-Modell werden parallel zu den Analyse-, Entwurfs- und Spezifikationsphasen die vorbereitenden Testaktivitäten zu den einzelnen Teststufen klar hervorgehoben. Auch wird zwischen der Testdurchführung/-auswertung und dem Debugging unterschieden. Der Testprozess ist eng mit dem Entwicklungsprozess verzahnt.

- Ein Bindeglied zwischen den sequenziellen und iterativen Prozessen ist der RUP (Rational Unified Process). Im RUP beginnen die Testaktivitäten frühzeitig und sind begleitend zu den anderen Prozessaktivitäten, die iterationsübergreifend sind. Welche Testaktivitäten wann durchzuführen sind, ist im Modell nicht deutlich genug beschrieben.

- Das Vorgehensmodell des Bundes und der Länder in seiner Version von 2005, V-Modell XT, bietet durch das Tailoring die Möglichkeit, ein Entwicklungsmodell »passend« zum Projekt aus einzelnen vordefinierten Bausteinen zusammenzustellen. Besonderes Augenmerk wird auf die Kommunikation zwischen Auftraggeber und Auftragnehmer gelegt. Neben der Unterstützung bei der Systementwicklung bietet das Modell auch ein Vorgehen bei der Etablierung eines organisationsweiten Qualitätsmanagements und dessen kontinuierliche Verbesserung an.

- Beim Extreme Programming steht das Testen von Beginn an im Mittelpunkt der Entwicklung (test first). Testfälle dienen als Spezifikation. Iterationen erfolgen in sehr kurzen Zeiträumen. Der Kunde ist für den Akzeptanztest bei jedem Release verantwortlich. Hauptgewicht liegt allerdings auf dem Unit-Test der einzelnen Bausteine.

▒ Auch beim Rapid Application Development (RAD) wird in kurzen
Iterationen und mit Kundenbeteiligung das System entwickelt.
Hinzu kommt eine möglichst umfassende Verwendung von Werk-
zeugen.

▒ Dynamic System Development Method (DSDM) als weiteres agiles
Prozessmodell setzt die Schwerpunkte auf die Entwicklung im
Team, die enge Kooperation mit dem Kunden und die Systemer-
stellung in Iterationen, wobei die für den Kunden wichtigen Teile
zuerst zu erstellen sind, ausgewählt nach dem MoSCoW-Prinzip.
Die Einhaltung der geplanten Zeit für die einzelnen Tätigkeiten
steht im Vordergrund (Time-Boxing).

Der Testmanager hat meist keinen großen Einfluss auf die Auswahl des
Entwicklungsprozesses, er muss versuchen, mit den vorgegebenen Prozessen klarzukommen. Prozesse lassen sich auch an die Gegebenheiten
des Projektes anpassen, somit kann der Testprozess eine höhere Bedeutung erlangen, als im eigentlichen Prozess vorgesehen.

Eine Empfehlung für einen Prozess, der den Testprozess am besten
unterstützt, kann nicht ausgesprochen werden, da die Wahl bzw. die
Anpassung der Entwicklungsmodelle von ganz vielen unterschiedlichen Faktoren abhängt. Beispielsweise kann ein Modell in der Firma
über Jahre etabliert sein, und Änderungen sind nicht erwünscht, oder
das Modell, nach dem das System zu erstellen ist, wird vom Kunden
vorgeschrieben.

Welches Modell auch immer Grundlage sein mag: Der Testmanager soll dafür sorgen, dass (Phasenergebnis-)Dokumente (auch in frühen Phasen) Reviews unterzogen werden. Und er soll dafür sorgen,
dass (Phasenergebnis-)Dokumente frühzeitig an das Testteam zur Testvorbereitung geliefert werden.

4 Testpolitik und Testhandbuch

Testpolitik und Testhandbuch dienen zur zentralen, projekt-übergreifenden Definition des Testens in einem Unternehmen. Sie sollen die Erstellung von Testkonzepten und Testplänen vereinheitlichen und vereinfachen sowie in Projekten gewonnenes Know-how bündeln und somit zukünftigen Projekten zur Verfügung stellen.

4.1 Qualitätspolitik und Testpolitik

Ein Unternehmen, das (Software-)Systeme produziert, wird im Allgemeinen bestimmte Ansprüche an die Qualität seiner Produkte haben; diese Ansprüche basieren auf dem Bestreben dieses Unternehmens, mit seinen Produkten Marktanteile und Kunden zu gewinnen und Umsatz – idealerweise auch Gewinn – zu machen. Die Qualitätsansprüche des Unternehmens »an sich selbst« sind häufig in Form einer öffentlich dokumentierten Qualitätspolitik vorzufinden.

Die →Qualitätspolitik drückt aus, welche Bedeutung »Qualität« *Qualitätspolitik* für das Unternehmen hat und welchen Qualitätsanspruch es an seine Produkte, Dienstleistungen und Prozesse stellt. Daraus werden Richtlinien, Vorgaben und Hinweise zur Realisierung dieser Ansprüche sowie Vorgehensweisen für die Überprüfung der tatsächlich erreichten Qualität abgeleitet. Darüber hinaus soll die Qualitätspolitik auch die Verpflichtung des Unternehmens zur ständigen Verbesserung beinhalten.

Die Qualitätspolitik ist somit die Grundlage für die Arbeit des Qualitätsmanagement-Stabes bzw. der Qualitätsmanagement-Abteilung und der qualitätssichernden Instanzen im Unternehmen. Es ist klar, dass die Qualitätspolitik in der Verantwortung der obersten Leitung liegen muss, denn nur diese kann sicherstellen, dass die Qualitätspolitik für den Zweck des Unternehmens angemessen ist, im gesamten

Unternehmen vermittelt, verstanden und befolgt sowie auf ihre fort-
dauernde Angemessenheit bewertet wird [ISO9001].

**Beispiel einer
Qualitätspolitik**

Auszug aus der Qualitätspolitik der Kostal Gruppe [URL: Kostal]

Qualität als Grundlage

Qualität ist die Grundlage aller Aktivitäten bei KOSTAL; jeder Mitarbeiter
hat einen wesentlichen Beitrag zur Qualität zu leisten. Die Qualitätspolitik ist
die Arbeitsgrundlage jedes Mitarbeiters der KOSTAL-Gruppe weltweit.

Null-Fehler-Qualität bei allen Produkten, Prozessen und Dienstleistungen
ist die Voraussetzung zur Zukunftssicherung.

Vollständig zufriedene Kunden zu gewinnen, ist unser oberstes Ziel:
durch fehlerfreie Produkte und Dienstleistungen, durch 100 %ige Termintreue, durch kompetente und freundliche Kooperation mit den Mitarbeitern
unserer Kunden.

Kontinuierliche Qualitätsverbesserung erwartet von jedem seiner Mitarbeiter das uneingeschränkte Bekenntnis zur Qualität bei seiner individuellen
Arbeit sowie den aktiven Beitrag zur ständigen Verbesserung der Qualität
von KOSTAL-Produkten, -Prozessen und -Dienstleistungen.

Das Testen von softwarebasierten Produkten oder Prozessen als eine
Methode der Qualitätssicherung muss folglich ebenfalls auf Basis der
Qualitätspolitik des Unternehmens betrieben werden. Diese Unterneh-
mensphilosophie in Bezug auf das Testen ist die →Testpolitik.

Inhalte einer Testpolitik

Die Testpolitik umfasst im Einzelnen:

▪ Die Definition des Begriffs »Testen« im Unternehmen: Zur Lösung
welcher Probleme dient der Test, welchen Stellenwert hat er im
Gesamtentwicklungsprozess, wie wird er gegen andere qualitätssichernde Maßnahmen abgegrenzt?

▪ Eine Darstellung des Testprozesses: Aus welchen Phasen und Teil-
aufgaben besteht der Testprozess, welche Rollen sind daran beteiligt, welche Eingangs- und Ausgangsdokumente sind den Teilauf-
gaben zugeordnet, welche Teststufen sind zu berücksichtigen?

▪ Vorgaben zur Evaluierung des Testens: Welche Metriken sollen
herangezogen werden, um die Wirksamkeit der Testaktivitäten im
Projekt sicherzustellen?

▪ Das zu erreichende Qualitätsniveau: Welche Qualitätskriterien soll
der Test prüfen und welche Einstufungen des freizugebenden Systems hinsichtlich dieser Kriterien sollen erreicht werden?

▪ Einen Ansatz zur Testprozessverbesserung: Zu welchen Zeitpunkten und mit welchen Mitteln soll die Qualität des Testprozesses
beurteilt werden, anhand welcher Verfahren werden ggf. Verbesse-

rungspotenziale erkannt und Verbesserungsmaßnahmen abgeleitet, welche Ziele werden damit verfolgt?

Die Testpolitik soll ebenso wie die Qualitätspolitik Gültigkeit für die ganze Organisation haben und wird üblicherweise von einer zentralen Instanz mit Testkompetenz – Qualitätsmanagement-Stab, →Testcenter, IT-Abteilung o. Ä. – erstellt und gewartet. Sie umfasst sowohl die Anforderungen an den Test neuer Systeme als auch die Anforderungen an den Test im Rahmen der Wartung bestehender Systeme. Zudem hat die Testpolitik neben dem Charakter der Unternehmensvorgabe noch eine zweite, ebenso wichtige Rolle:

Testen ist kein beweisendes, sondern ein stichprobenorientiertes Verfahren, das u. a. auch Vertrauen in die Qualität des getesteten Systems schaffen soll. Dieses Vertrauen wird gestärkt, wenn die Grundlagen und die Ziele des Testens bekannt, dokumentiert und leicht nachvollziehbar sind und mit den firmenweiten Qualitätszielen übereinstimmen.

Da die Testpolitik oftmals ein Bestandteil der Qualitätspolitik ist, ist ihre eigenständige Wartung oft schwierig. Allerdings wird die Darstellung der Zusammenhänge zwischen Qualitäts- und Testpolitik dadurch erleichtert. In der Praxis finden sich Qualitäts- und Testpolitik oftmals unter anderem Namen und/oder nicht in Form eines geschlossenen Dokuments wieder, sondern verteilt über verschiedene andere »regulative« Dokumente des Unternehmens, wie z. B. das Qualitätsmanagement-Handbuch nach ISO 9001:2000, Prozessdefinitionen, Verfahrens- und Arbeitsanweisungen.

Qualitäts- und Testpolitik als Dokumente

Folgende Auszüge aus einer realen Testpolitik führen uns zu der Frage, wie eine »gute« Testpolitik formuliert wird:

Auszüge aus einer Testpolitik

- Zur Bedeutung des Testens: »Testen wird im Unternehmen sowohl zur Verifikation als auch zur Validierung der entwickelten Systeme eingesetzt. Testaktivitäten im Bereich der Validierung (Prüfung der Einsetzbarkeit des Systems für den beabsichtigten Zweck) sind Usability Tests, Alpha-Tests und Beta-Tests. Zur Verifikation werden basierend auf den Kundenanforderungen testbare Systemanforderungen formuliert, deren korrekte Umsetzung durch Systemtests geprüft wird. Neben Tests existieren sowohl zur Validierung als auch zur Verifikation weitere qualitätssichernde Maßnahmen, die im QM-Handbuch beschrieben sind.«
- Zum angestrebten Qualitätsniveau: »Zu jeder Systemanforderung werden eindeutige Akzeptanzkriterien beschrieben [...] Aufgabe der Verifikation ist es sicherzustellen, dass ein freigegebenes System jedes funktionale Akzeptanzkriterium in vollem Umfang erfüllt sowie jedes nichtfunktionale Akzeptanzkriterium hinsichtlich der Effizienz (lt. Definition der ISO 9126) zumindestens 95 %.«

■ Zum Ansatz für die Testprozessverbesserung: »Zur kontinuierlichen Überwachung der Wirksamkeit sowie der Verbesserung der Testprozesse werden diese im Rahmen der regelmäßigen Projekt- und Prozessaudits nach ISO 9000:2000 ff. betrachtet. Dabei lokalisierte Verbesserungspotenziale werden mit Hilfe des Modells TMM genutzt. Langfristiges Ziel der Prozessverbesserung sind die Senkung der Summe aus Fehlerfolgekosten und Qualitätssicherungskosten für die im Unternehmen erzeugten Softwaresysteme.«

4.2 Die Testpolitik zum Leben erwecken

Die eben erläuterte Grundstruktur der Testpolitik stellt ein Skelett dar, das firmen- bzw. organisationsspezifisch mit »Fleisch« zu füllen ist. Dabei sind auch Erweiterungen sinnvoll, wie z. B. um die Haltung der Organisation zur Qualifikation und Weiterbildung der im Test involvierten Mitarbeiter und deren Mitverantwortung für die Qualitätsziele.

Wesentlich hierfür sind die Akzeptanz bei den Betroffenen und die Umsetzbarkeit der in der Testpolitik definierten Grundsätze. Eine praktikable Testpolitik ist also ein kritischer Faktor für den Erfolg der Testaktivitäten. Um dies sicherzustellen, muss die Testpolitik neben den oben genannten Inhalten die im Folgenden skizzierten Anforderungen erfüllen.

Bezug zum Unternehmenszweck

Eigenschaften einer »guten« Testpolitik

Die Umsetzung der Testpolitik ist zum großen Teil eine Sache der Motivation. Werden die Forderungen, die in der Testpolitik aufgestellt werden, direkt in Beziehung zum Unternehmenszweck gesetzt, erleichtert das den Umsetzenden die unvermeidlichen Argumentationen und Diskussionen über Kosten und Notwendigkeit des Testens.

Realitätsnähe

Unrealistische Forderungen oder Erwartungen an den Test können in einer Testpolitik auftauchen, wenn diese von »Nicht-Testern« formuliert wird. Ein Negativbeispiel für eine mit überzogenen Erwartungen verbundene Definition des Stellenwerts des Testens in einem Unternehmen wäre z. B. folgende:

Überzogene Erwartungen vermeiden

»Testen in unserem Unternehmen dient dem Beweis der Fehlerfreiheit unserer Produkte zum Zeitpunkt des Markteintritts.« Zum einen ist Testen kein Beweisverfahren und zum anderen beruht das Testen auf Stichproben und kann damit die Abwesenheit von Fehlern nicht belegen.

Aber auch fachlich sinnvolle Forderungen wie z. B. »Im Test müssen 100 % Zweigabdeckung erreicht werden« können im Unternehmenskontext unrealistisch sein und dürfen dann auch in der Testpolitik nicht zum Maßstab gemacht werden.

Adäquate Reife

Eine noch so ambitionierte Testpolitik muss wirkungslos bleiben, wenn ihre Umsetzung im Unternehmen wegen mangelnder Möglichkeiten der Realisierung scheitern muss. Ein weit verbreiteter Kardinalfehler ist eine übertrieben genaue Definition des Testprozesses, z. B. durch Definition von Phasen und Rollen, die nicht durchsetzbar bzw. nicht effizient gestaltbar sind. So führen beispielsweise viele Unternehmen in ihrer Testpolitik einen Testprozess ein, der auf Testautomatisierung als Mittel zur Kostenersparnis setzt, ohne darauf Rücksicht zu nehmen, dass der Testprozess mehrheitlich von nichttechnisch ausgebildeten fachlichen Testern getragen wird.

Messbarkeit

Bei der Formulierung der Evaluierungskriterien und des durch den Test sicherzustellenden Qualitätsniveaus muss – wie bei der Definition jeder Metrik – darauf geachtet werden, dass tatsächlich (im Idealfall: mit wenig Aufwand) messbare Kriterien angegeben werden.

Folgende Formulierung eines zu erreichenden Qualitätsniveaus kann als ein Negativbeispiel dienen: »Ein System darf zum Zeitpunkt seiner Freigabe für den Markt keine funktionalen Fehler enthalten.«

Die Fehleranzahl in einem System kann nicht algorithmisch berechnet, sondern bestenfalls statistisch geschätzt werden. Eine geeignete, weil messbare, Formulierung des anzustrebenden Qualitätsniveaus wäre beispielsweise folgende: »Für ein neu auf den Markt gebrachtes System dürfen im Lauf der ersten sechs Monate nach Markteinführung maximal 100 durch Kunden gemeldete funktionale Fehler auftreten.« Auf Basis dieser Zielgröße kann dann geschätzt werden, wie viele Fehler der Systemtest oder andere Teststufen finden müssen, bevor das Produkt freigegeben werden darf.

Lebendigkeit

Eine Testpolitik ist kein in Stein gemeißeltes Manifest, sondern lebt auch vom »Feedback« aus Erfolg und Misserfolg der Umsetzung. Eine gute Testpolitik verankert im Testprozess diese notwendigen Rückkopplungsmechanismen gleich mit. Durch deren regelmäßige Anwendung, z. B. im Rahmen des Ansatzes zur Testprozessverbesserung, wird sichergestellt, dass die Testpolitik regelmäßig überprüft und zielgerichtet verbessert wird.

4.3   Testpolitik und Testhandbuch

Testhandbuch als Konkretisierung der Testpolitik

Die Testpolitik hat unternehmensweite Gültigkeit über alle Abteilungen, Projekte, Teststufen und Testphasen hinweg und ist somit notwendigerweise relativ abstrakt formuliert. Um im konkreten Anwendungsfall die Umsetzung der Testpolitik zu unterstützen, bietet sich ein weiterer Detaillierungsschritt an: die Abfassung eines Testhandbuches.

Das →Testhandbuch greift die Forderungen der Qualitätspolitik auf und adressiert diejenigen Risiken für die Qualität, die durch das Testen reduziert werden können und sollen. Bei der Planung der Tests in einem neuen Projekt kann ein Testmanager im Idealfall das Testhandbuch als Auswahlkatalog für die im konkreten Projekt umzusetzenden Testaktivitäten heranziehen. Diese konkrete Umsetzung ist dann im Testkonzept (s. Kap. 5) des jeweiligen Projekts dokumentiert.

Inhalte eines Testhandbuches

Hierfür beschreibt das Testhandbuch zunächst die möglichen Teststufen und umreißt die Testaktivitäten für jede anzuwendende Teststufe. Dabei werden für jede Teststufe folgende Aspekte berücksichtigt:

- die Eingangskriterien für den Beginn der Teststufe (diese können u.a. identisch mit den Ausgangsbedingungen der vorherigen Teststufe sein, siehe unten);
- der Ansatz für die Reihenfolgeplanung der Aktivitäten beim Integrationstest (z.B. top-down oder bottom-up);
- die zur Ableitung von Testfällen anzuwendenden →Testspezifikationstechniken unter Angabe der damit prüfbaren Qualitätsmerkmale des Systems, wie z.B. in [ISO 9126] beschrieben;
- Testendekriterien und deren Ermittlung, d.h. geeignete Metriken und Schwellwerte;
- Ausgangsbedingungen für Prozessphasen, beispielsweise die zu erstellende Prozessdokumentation und die Kriterien zu deren Freigabe;
- der Grad der Unabhängigkeit des Testens, d.h. beispielsweise, ob der Test durch Entwickler oder ein eigenständiges Testteam durchgeführt werden soll;
- einzuhaltende Standards, sowohl solche aus dem Bereich des Softwaretestens selbst als auch weiter gefasste Standards (s. Kap. 13);
- die Umgebung, in der Softwaretests durchgeführt werden – Beschreibungen von Referenz-Hard- und -Software sowie ggf. notwendigen Rüstprozeduren zur Vorbereitung der Tests;

- der Ansatz zur Testautomation, z. B. geeignete Werkzeuge und Automatisierungsmethoden, Kriterien zur Entscheidung über die Automatisierung von Tests wie z. B. Machbarkeit und Nutzen;
- der Ansatz zur Wiederverwendung von Testware zwischen aufeinander folgenden Teststufen;
- der Ansatz zur Planung von Fehlernachtests und Regressionstests (Kriterien, Umfang, Auswahl der Tests usw.);
- die Detaillierung des in der Testpolitik definierten anzuwendenden Testprozesses, inklusive der Dokumente und Testergebnisse wie z. B. Testberichte;
- die aufzuzeichnenden Maße und Metriken;
- der Ansatz für das anzuwendende Abweichungsmanagement (Statusmodell für Abweichungen, beteiligte Rollen, Format von Abweichungsberichten, einzusetzende Werkzeuge).

Die Herausforderung bei der Ausarbeitung eines Testhandbuches liegt darin, dieses auf der einen Seite so konkret zu gestalten, dass es dem Anwender tatsächlich Vorteile bringt (indem es beispielsweise Arbeit bei der Strukturierung von Aufgaben abnimmt, Entscheidungen erleichtert etc.), es aber auf der anderen Seite nicht projektspezifisch werden zu lassen.

Balance zwischen Wiederverwendbarkeit und Konkretheit

Tipp

Ein pragmatischer Ansatz besteht darin, ein im Einzelprojekt besonders bewährtes Testkonzept zu verallgemeinern und als erste Version eines Testhandbuches weiteren Projekten bereitzustellen; in der weiteren Anwendung dieses Testhandbuches werden sich die nicht übertragbaren Inhalte schnell herausstellen und ausmerzen lassen.

Eine weitere Möglichkeit, diesen Spagat zu leisten, ist die Erstellung mehrerer Testhandbücher mit abnehmendem Gültigkeitsbereich und zunehmendem Detaillierungsgrad. Beispielsweise kann ein Firmen-Testhandbuch erstellt werden, das in weitere Testhandbücher für verschiedene Produktbereiche mit stark unterschiedlichen Anforderungen an die Testintensität unterteilt wird. Motivation für eine solche Aufteilung kann beispielsweise die unterschiedliche Kritikalität der in diesen Bereichen entwickelten Systeme sein.

Ebenso wie die Testpolitik muss auch ein Testhandbuch regelmäßig durch Abgleich mit den aus ihm entstehenden Testkonzepten aktualisiert und wechselnden Gegebenheiten angepasst werden. Ein probater Weg hierfür besteht darin, am Ende von Testprojekten regelmäßige Projekt-Audits vorzusehen, während derer auch Wirksamkeit und Umsetzbarkeit von Testpolitik und Testhandbuch im Testkonzept systematisch bewertet werden und falls nötig Verbesserungsmaßnahmen vereinbart werden. Diese Feedback-Schleife wird am besten als fester

Aktualisierung des Testhandbuches

Bestandteil der Testpolitik definiert und im Rahmen des Prozessverbesserungsprogramms im Testhandbuch verankert.

4.4   Zusammenfassung

- Mit der Formulierung einer umsetzbaren Testpolitik beginnt der strategische Ansatz des Testens. Sie ist ein Bestandteil der allgemeinen Qualitätspolitik einer Organisation.
- Aus der Testpolitik wird ein Testhandbuch abgeleitet, das die generischen Testanforderungen für eine Organisation umfasst. Es adressiert die Risiken, zeigt die Verbindung von Testen und Risikominderung und beschreibt einen Prozess, mit dem diese Risiken in Übereinstimmung mit der Testpolitik angegangen werden.
- Das Testhandbuch dient als Ausgangspunkt für jedes Testkonzept und damit für die Umsetzung jeder Testaktivität. Es enthält Beschreibungen aller anzuwendenden Teststufen.
- Ein reifes Testhandbuch verankert auch den Ansatz zur Testprozessverbesserung im Unternehmen.
- Testpolitik und Testhandbuch leben von der Akzeptanz durch die Anwender, also der am Test Beteiligten. Beide Dokumente bedürfen also des Feedbacks und der daraus abgeleiteten regelmäßigen Verbesserung. Im Laufe der Zeit werden sie dadurch zu wertvollen Mitteln des Wissenstransfers von Projekt zu Projekt.
- Das Testhandbuch existiert ggf. nicht als einzelnes Dokument, sondern ist in das QM-System, die Prozessdokumentation etc. eingebunden oder über einen Satz von mehrstufigen Dokumenten wie Unternehmens-Testhandbuch und Produktbereich-Testhandbuch aufgeteilt.
- Letzteres ist insbesondere dann sinnvoll, wenn unterschiedliche Anwendungsgebiete im Unternehmen stark unterschiedlicher Testregelungen bedürfen, z.B. bei Unternehmensteilen, die sicherheitskritische Anwendungen erstellen.

5 Testkonzept und Testplanung

Dieses Kapitel erläutert die Zusammenhänge zwischen den strategischen Konzepten der Qualitäts- und der Testpolitik und deren konkreter Umsetzung im Rahmen der Testplanung. Zentrales Element der Testplanung ist die Ausarbeitung eines Testkonzepts, eines Testprojektplans und daraus abgeleiteter Teststufenpläne. Die typischen Inhalte dieser Planungsbestandteile sowie Aktivitäten zu ihrer Erstellung werden im Detail vorgestellt.

5.1 Allgemeiner Aufbau eines Testkonzepts

5.1.1 Von der Strategie zur Umsetzung

In Kapitel 4 wurden die Zusammenhänge zwischen Qualitätspolitik, Testpolitik und Testhandbuch erläutert. Während Qualitäts- und Testpolitik als strategische Unternehmensrichtlinien zu betrachten sind, stellt ein Testhandbuch im Idealfall eine Sammlung von »Best Practices« dar, die die Umsetzung dieser strategischen Vorgaben im konkreten Anwendungsfall unterstützen und deutlich erleichtern.

Diese Anwendung, also die Planung und Durchführung von konkreten Testaktivitäten, findet in den allermeisten Fällen innerhalb eines Software- bzw. Systementwicklungsprojekts statt. Die in diesem Entwicklungsprojekt durchzuführenden Testaktivitäten werden als →Testprojekt bezeichnet. Ein Projekt ist nach [DIN 69901] ein Vorhaben, bei dem innerhalb einer definierten Zeitspanne ein definiertes Ziel erreicht werden soll, und das sich dadurch auszeichnet, dass es im Wesentlichen ein einmaliges Vorhaben ist. Zentralen Eigenschaften eines Projekts sind die Planbarkeit und Steuerbarkeit der Aktivitäten.

Das Testkonzept ist die
Planungsgrundlage des
Testprojekts

Im Testprojekt findet diese Planung für alle Aktivitäten, deren Durchführung die Erreichung der Testziele verfolgt, ihren Ausdruck im Testkonzept (engl. *test plan*). Dessen Aufgabe ist es unter anderem,

- alle Aktivitäten für das Testprojekt kurz zu beschreiben, Projektkosten und Durchführungszeiten für diese Testaktivitäten zu bestimmen und in Relation zu den zu testenden Projektergebnissen zu setzen, damit auf dieser Grundlage Freigaben für Budget und Ressourcen erteilt werden können;
- die zu erzeugenden Projektergebnisse (z.B. Dokumente) zu identifizieren;
- Voraussetzungen und beizustellende Leistungen von Personen oder Abteilungen außerhalb des Testteams zu identifizieren.

Wie in Kapitel 2 nachzulesen ist, setzt sich das Testprojekt aus mehreren Phasen zusammen; diese Phasen finden üblicherweise innerhalb eines Projekts in Form von Testzyklen wiederholt statt, die sich an den zu testenden Entwicklungsständen der Testobjekte orientieren. Das Testkonzept muss also auch

- Testzyklen und deren Hauptinhalte identifizieren, die Aktivitäten in diese Zyklen einordnen und mit dem Software-Releaseplan abstimmen.

Das Testkonzept ist damit Ausgangspunkt und zentrale Planungsgrundlage des Testprojekts; es setzt die unternehmensweiten Vorgaben der Qualitäts- und Testpolitik und die generischen Maßnahmen des Testhandbuches in die Projektrealität um. Üblicherweise verweist der Projektplan eines Entwicklungsvorhabens beim Thema Planung der Testaktivitäten auf das Testkonzept.

Abbildung 5–1 veranschaulicht den Zusammenhang zwischen den Grundlagen, aus denen die Aktivitäten im Testprojekt abgeleitet werden, und zeigt ihre unterschiedlichen Lebenszyklen:

In der Abbildung sind die Inhalte bezüglich ihrer strategischen Bedeutung und damit in der Reihenfolge ihrer »durchschnittlichen Lebenserwartung« angeordnet:

- Qualitätspolitik und Testpolitik ändern sich üblicherweise selten und werden lediglich sich wandelnden Unternehmenszielen sowie langfristig in Projekten gewonnenen Erfahrungen angepasst.
- Testhandbücher werden ebenfalls in regelmäßigen Abständen durch Aufnahme von Erfahrungen aus Testprojekten überarbeitet, haben aber generell projektübergreifende Gültigkeit.
- Das Testkonzept wird als zentrales Planungsdokument zu Beginn des Testprojekts erstellt und gilt für die gesamte Laufzeit dieses

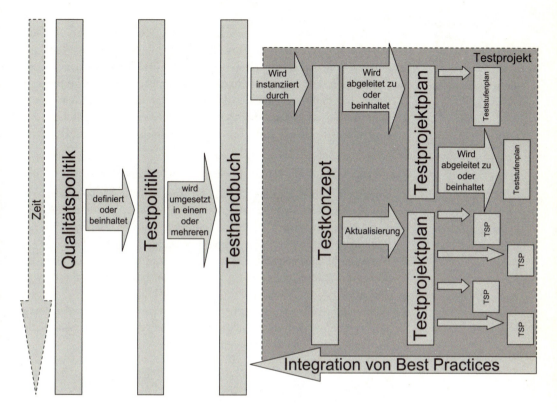

Projekts; einige seiner Planungsvorgaben sind allerdings dynamischer Natur und müssen ggf. mehrfach im Testprojekt überarbeitet und der Realität angepasst werden (die Vorgänge hierzu im Einzelnen werden in Kapitel 6 dargestellt). Diese sind:

Abb. 5–1
Von der Qualitätspolitik zum Teststufenplan

- der Testprojektplan, der alle durchzuführenden Testaktivitäten im Projekt mit konkreten Ressourcen und Terminen verknüpft. Änderungen der Verfügbarkeit der Ressourcen, aber auch Änderungen der Anforderungen an die Planung (z.B. Liefertermine der Testobjekte) führen regelmäßig zu Änderungen im Testprojektplan. In größeren Testprojekten mit mehreren umfangreichen Teststufen wird der Testprojektplan oftmals noch unterteilt in
- die Teststufenpläne; diese detaillieren die Planung für einzelne Teststufen wie Komponenten- oder Systemtest; sie werden von Testzyklus zu Testzyklus oder noch öfter überarbeitet oder sogar einfach neu erzeugt bzw. aus dem Gesamt-Testprojektplan abgeleitet oder generiert.

Monolithisches Dokument
oder granulare
Dokumentenstruktur

Wie wir in Kapitel 4 gesehen haben, müssen Qualitätspolitik, Testpolitik und Testhandbuch nicht zwingend in drei separaten Dokumenten dargestellt werden. Ebenso können die »langlebigen« Anteile des Testkonzepts, der Testprojektplan und die Teststufenpläne in einem Dokument, eben dem Testkonzept oder engl. *test plan* (s. a. [Spillner 05, Kap. 6.2]), zusammengefasst oder in mehreren Teildokumenten enthalten sein. Die im Folgenden geschilderten Anforderungen an die Inhalte eines Testkonzepts müssen in jedem Fall abgedeckt sein.

Es gibt gute Gründe, die Inhalte in mehrere Dokumente aufzuteilen:

- Durch die vorgeschlagene Aufteilung werden stufenweise strategische bzw. eher statische Inhalte von immer dynamischeren, während des Testprojekts ggf. mehrfach zu überarbeitenden Anteilen getrennt. Wiederholte Änderungen und Freigaben werden dadurch deutlich einfacher.
- Die Aufteilung ermöglicht eine Verteilung der jeweils für bestimmte Aspekte bzw. Rollen interessanten Inhalte an einen dedizierten Empfängerkreis.
- Während die strategischen Anteile üblicherweise in einem Textdokument niedergelegt werden, bietet sich zur Verwaltung der dynamischen Inhalte ein Testmanagementwerkzeug an.

5.1.2   Strategische Teile des Testkonzepts

Ein Testhandbuch
vereinfacht die Erstellung
des Testkonzepts

Das Testkonzept beschreibt, wie das Testen in einem konkreten Projekt organisiert und durchgeführt wird. Im besten Fall existiert ein reifes und mit gut anwendbaren Vorgaben gefülltes Testhandbuch, so dass das Testkonzept in vielen Bereichen auf das Testhandbuch verweisen kann und lediglich ggf. notwendige Abweichungen von diesem dokumentieren und begründen muss. Solche Bestandteile sind u. a. (s. a. Kap. 4.3):

- Testendekriterien, Ein- und Ausgangsbedingungen für die einzelnen Teststufen;
- anzuwendende Testspezifikationstechniken;
- einzuhaltende Standards und Dokumentvorlagen;
- Testautomationsansatz;
- aufzuzeichnende Maße und Metriken;
- Management von Abweichungen.

Das Testkonzept ergänzt
zum Testhandbuch die
projektspezifischen
Vorgaben

Das Testkonzept beschreibt aber zusätzlich auch die projektspezifischen organisatorischen Rahmenbedingungen des Projekts, innerhalb derer der Test »agieren« kann. Zu deren Beschreibung kann zwar auf allgemeine Vorgaben im Testhandbuch zurückgegriffen werden, aber der konkrete Projektbezug erfordert hier auf jeden Fall die Angabe von über das Testhandbuch hinausgehenden Fakten. Hierzu gehören

- projektbezogene Ziele für den Test,
- die vorgesehenen Ressourcen (Zeit, Personal, Testumgebung, Testarbeitsplätze, Testtools usw.),
- geschätzte Kosten für den Test,
- Stückliste der konkret zu erstellenden »Deliverables« wie Testfallspezifikation, Testberichte etc.,
- Voraussetzungen zur Durchführung der Tests, wie z.B. notwendige Beistellungen,
- Ansprechpartner innerhalb und außerhalb des Testteams und Kommunikationsschnittstellen zwischen diesen,
- Identifikation der Bestandteile der Testbasis, der Testobjekte und der Schnittstellen zum Test.

Das Testkonzept dokumentiert die Testziele und die für das Projekt als adäquat gewählte Teststrategie. Aus Testzielen und Teststrategie folgen die nötigen bzw. wünschenswerten Testthemen. Diese werden – zunächst schlagwortartig – aufgelistet und grob priorisiert. Ergebnis ist ein erster, »in der Breite« ausgearbeiteter →Testfallkatalog, der im Projektverlauf zu Testfallspezifikationen weiter verfeinert wird.

Das Testkonzept bildet auch das Grundgerüst für die Testspezifikation

Alle hier aufgeführten Bestandteile des Testkonzepts sind eher »statischer« Natur in dem Sinn, dass sie zu Beginn des Testprojekts definiert werden und sich üblicherweise während des Projekts nicht oder nur in sehr geringem Umfang ändern. Für die im Folgenden angesprochenen Bestandteile gilt dies nicht.

5.1.3 Der Testprojektplan

Unter Beachtung der strategischen Vorgaben müssen bei der Durchführung der Testaktivitäten den im Testfallkatalog gelisteten Testfällen konkrete technische Ressourcen, Bearbeiter und Zieltermine zugeordnet werden. Der Testmanager definiert, wer in welchem Zeitrahmen diese Testfälle zu spezifizieren, zu konkretisieren, ggf. zu automatisieren und schließlich durchzuführen hat. Erstellung und Ausführung der Testfälle werden damit in eine zeitliche Reihenfolge gebracht, und die initiale (zunächst nur aus fachlicher Sicht vorgenommene) Testspezifikation und -priorisierung wird mit den zur Verfügung stehenden Ressourcen in Einklang gebracht. Aus dem initialen Testfallkatalog entsteht durch Ergänzung dieser Zeit- und Ressourcenvorgaben der regelmäßig zu wartende Testprojektplan (engl. *test schedule*).

Der Testprojektplan bildet die generelle Planung auf konkrete Termine und Ressourcen ab

Ein Testprojektplan kann beispielsweise wie folgt aufgebaut sein:

Zeit- und Ressourcenplanung im Testprojektplan

1. Organisatorische Planung

   - Zeitplanung von Beginn und Ende der einzelnen Testzyklen, abhängig von den entwicklungsseitigen Lieferdaten für die zu testenden »Builds« der Testobjekte
   - Ressourcenplanung, bestehend aus
     - Zuordnung der Aufgaben zum Testteam
     - Belegungsplan für die Testinfrastruktur (Hard- & Software, Testware)
   - Festlegung von Zeitpunkten für die Durchführung der Akzeptanztests[1] und der Freigabetests bei der Übergabe von der vorherigen an die nachfolgende Teststufe, für die Durchführung aller mit Priorität 1 markierten Tests, für die Durchführung der voraussichtlich durchzuführenden Fehlernachtests etc.

Inhaltliche Planung im Testprojektplan

2. Inhaltliche Planung

   - Zuordnung der inhaltlichen Schwerpunkte zu den Testzyklen, abhängig vom voraussichtlich implementierten Funktionsumfang des jeweiligen Testobjekts; hier wird i. Allg. eine Mischung aus erstmaligem Test neuer Funktionalitäten, Fehlernachtests von in den vorigen Zyklen fehlerbehafteten Bereichen und Regressionstests der übrigen Bereiche angestrebt.
   - Schrittweise Verfeinerung der zugewiesenen Schwerpunkte pro Zyklus zu einer Liste aller geplanten Tests, ausgehend von den im Testkonzept genannten Testzielen. In längeren zyklisch ablaufenden Testprojekten wird sich diese Verfeinerung nicht nur auf die Durchführung von Tests, sondern auch auf die zeitgleiche Spezifikation und ggf. Automatisierung von Tests für diejenigen Testfälle erstrecken, die in den jeweils folgenden Testzyklen zur Durchführung bereitgestellt werden sollen.
   - Abschätzung des Testaufwands für jeden geplanten Zyklus als Grundlage für die zeitliche Planung. Die Verteilung des Aufwands auf Spezifikations-, Automatisierungs- und Durchführungsarbeiten orientiert sich dabei am funktionalen Umfang des Testobjekts, an Teststrategie und Testzielen sowie an den jeweils pro Zyklus zur Verfügung stehenden Ressourcen.
   - Planung einer effizienten Testreihenfolge zur Minimierung von redundanten Aktionen (beispielsweise durch Ausführen von

---

1. Gemeint sind hier diejenigen Tests einer Teststufe, die als Eingangskriterium für die Übergabe der Testobjekte aus der Entwicklung bzw. der vorhergehenden Teststufe definiert sind, nicht etwa die kundenseitigen Tests, die dieser bei der Abnahme eines Systems durchführt.

Testfällen, die Datenobjekte kreieren, vor solchen, die diese Daten manipulieren oder löschen – so dienen die einen Testfälle als Vorbedingungen für die folgenden).

* Ergänzung durch Testfälle, die ad hoc bzw. durch explorative Tests ermittelt werden, soweit die zur Verfügung stehenden Ressourcen dies zulassen.

* Testthemenspezifische Ressourcenzuordnung:

  – Testpersonal mit dem jeweiligem anwendungs- oder testaufgabenspezifischen Know-how, z.B. für explorative oder auch Ad-hoc-Tests, Lasttests etc.

  – Definition der für die gewählten Testaufgaben spezifischen Testinfrastruktur (z.B. Lastgeneratoren, Usability Lab Infrastruktur ...)

  – Bereitstellung von Testdaten(-banken)

Die notwendigen Arbeiten zur Wartung des Testprojektplans und zur Kontrolle der Einhaltung des Plans sind in Kapitel 6 beschrieben.

5.1.4   Der Teststufenplan

Das Testkonzept regelt die Vorgehensweise beim Testen für ein komplettes Testprojekt; dabei sind mehrere Teststufen wie z.B. Komponententest, Integrationstest und Systemtest zu durchlaufen. In großen oder komplexen Testprojekten, bei denen ggf. unterschiedliche Teams die verschiedenen Teststufen betreuen, kann es sinnvoll sein, stufenbezogene Teilpläne zu erstellen. Der Teststufenplan detailliert den Planungsansatz für eine bestimmte Teststufe und stellt die Umsetzung und Konkretisierung der Vorgaben des Testkonzepts auf dieser Teststufe dar. Er umfasst damit die gleichen Inhalte wie der Testprojektplan, allerdings bezogen auf eine einzelne Teststufe. Bei Nutzung einer Testmanagementsoftware existieren die Teststufenpläne eventuell gar nicht als Dokument, sondern nur als reine Planungsinformation im Werkzeug.

Vom Testkonzept zum Teststufenplan

5.1.5   IEEE 829 – Standard für Testdokumentation

Der Standard [IEEE 829] definiert den strukturellen Aufbau und den Inhalt einiger Standarddokumente, die im Test benötigt werden; eines davon ist der so genannte *test plan*, also nach unserer deutschsprachigen Nomenklatur das Testkonzept. Dient bei der Erstellung eines Testkonzepts die Normgliederung als Grundlage, so ist sichergestellt, dass alle wesentlichen Aspekte der Testplanung für das Projekt abgedeckt werden.

Norm für Standardgliederung und -inhalte von Testkonzepten

Neben der Struktur des Testkonzepts liefert der Standard IEEE 829 auch Vorgaben für die weiteren im Testprojekt zu erzeugenden typischen Dokumente wie Testspezifikation, Testprotokoll, Abweichungsmeldung und Testergebnisbericht. Aufgabe des Testkonzepts ist es unter anderem auch zu regeln, welche davon von wem und wann erzeugt werden müssen und ob sie in Struktur und Inhalt diesem Standard oder anderen Vorgaben entsprechen sollen.

Der aktuelle, in der Abstimmung befindliche Entwurf des neuen IEEE 829 (2005) liefert für die Planung komplexer Testprojekte deutlich verbesserte Vorlagen in Form von »Master« und »Level«-Dokumenten, beispielsweise eine Gliederung für einen »Master Test Plan« (Testprojektplan) und eine für einen »Level Test Plan« (Teststufenplan)[2].

Gliederung des Testkonzepts nach IEEE 829

Die Gliederung des Testkonzepts umfasst nach dem Standard folgende in der Tabelle angegebenen Punkte (es ist zusätzlich vermerkt, wo die geforderten Inhalte in diesem Buch im Detail besprochen werden). Wird diese Liste mit den Ausführungen zu statischen und dynamischen Bestandteilen der Testplanung verglichen, so ist festzustellen, dass das IEEE 829-Testkonzept beides abdeckt – die wesentlichen Kapitel für dynamische Inhalte sind Kapitel 10 (Testaufgaben) und 14 (Zeitplan).

Kapitel lt. IEEE 829	Siehe Abschnitt Nr.
Testplan Nr.	5.2.1
Einführung	5.2.2
Zu testendes System und Testobjekte	5.2.3
Qualitätsmerkmale, die getestet werden	5.2.4
Qualitätsmerkmale, die nicht getestet werden	5.2.5
Teststrategie	5.2.6
Testendekriterien	5.2.7
Abbruchkriterien und Wiederaufnahmebedingungen	5.2.8
Dokumente und Berichtswesen	5.2.9
Testaufgaben	5.2.10
Testumgebung	5.2.11
Zuständigkeiten	5.2.12
Mitarbeiterprofile und Schulungsmaßnahmen	5.2.13
Zeitplan	5.2.14
Risiken	5.2.15
Genehmigungen	5.2.16

2. Für die Teststrategieplanung in komplexeren Projekten bietet alternativ der [IEEE 1012] eine Gliederung für einen »Verifikations- und Validierungsplan«.

5.2 Inhalte des Testkonzepts im Einzelnen

Im folgenden Abschnitt gehen wir auf die Inhalte des Testkonzepts im Detail ein; Reihenfolge und Benennung der Unterkapitel entsprechen dabei der Gliederung des Standards IEEE 829. Dabei konzentrieren wir uns in diesem Buch auf diejenigen Aspekte, die nach dem ISTQB Advanced Level-Lehrplan im Detail darzustellen sind und die nicht bereits in [Spillner 05] erschöpfend behandelt werden.

5.2.1 Bezeichnung des Testkonzepts

Die Bezeichnung des Testkonzepts muss sicherstellen, dass das Testkonzept in allen anderen Projektdokumenten klar und eindeutig referenziert werden kann. Je nach den allgemeinen Dokumentenkennungsvorgaben des Unternehmens können etliche unterschiedliche Benennungsanteile definiert sein, anhand derer Ablage und Auffinden des Testkonzepts geregelt werden. Mindestens sinnvoll sind Name, Version und Bearbeitungsstatus des Testkonzepts.

Die Bezeichnung stellt die eindeutige Referenzierbarkeit des Testkonzepts sicher

5.2.2 Einführung

Die Einführung soll jeden potenziellen Leser des Testkonzepts an das Projekt heranführen und ihn anleiten, welche für seine Rolle relevanten Informationen er wo findet. Typische Leser eines Testkonzepts (neben dem Testteam selbst) sind beispielsweise Projektmanager, Entwickler, aber auch ggf. der Endkunde des zu testenden Systems.

Die Einführung soll jeden Leser in seiner Rolle ans Konzept heranführen

Daneben müssen auch alle externen Informationsquellen, die zum Verständnis des Testkonzepts notwendig sind, aufgeführt werden, wie z. B.

- Projektdokumente (Projektplan, Qualitätsmanagementplan, Konfigurationsmanagementplan etc.);
- Normen und Standards (s. Kap. 13);
- zugrunde liegende Qualitätspolitik, Testpolitik und Testhandbuch;
- Kundendokumente.

Es ist auf die Angabe der jeweiligen referenzierten Versionen dieser Quellen zu achten.

Die Einführung soll auch eine Übersicht über die Testobjekte und die Testziele enthalten.

5.2.3 Zu testendes System und Testobjekte

Identifikation der Testobjekte

Dieser Abschnitt liefert die detaillierte Beschreibung der Testbasis und der zu testenden Objekte:

- Dokumente, die die Testbasis bilden und somit Eingangsprodukte für Testanalyse und -design sind. Hierunter fallen Anforderungs- und Designspezifikationen für die Testobjekte, aber auch alle Handbücher zum System.
- Komponenten, aus denen das Testobjekt besteht, d.h. eine Auflistung aller Bestandteile, die vorhanden sein müssen, um die zugeordneten Tests durchzuführen. Dies umfasst auch Angaben zu den Versionen der Testobjekte.
- Auch die Art der Übergabe der Testobjekte von der Entwicklung an den Test soll hier beschrieben werden – erfolgt diese z.B. per Download, per CD/DVD oder anderem Medium?

Wenn einzelne Bestandteile des Systems explizit keine Testobjekte sind, jedoch zum Testbetrieb der Testobjekte benötigt werden, soll dies ebenfalls hier Erwähnung finden. Einige Systembestandteile werden beispielsweise ggf. von Zulieferern erstellt und in getestetem Zustand abgegeben, so dass sie innerhalb des Projekts nicht nochmals getestet werden müssen.

5.2.4 Qualitätsmerkmale, die getestet werden

Identifikation der Testziele

Die Projektziele bei der Entwicklung eines Systems umfassen Ziele für das Realisierungsprojekt selbst, wie den angestrebten Freigabetermin, Gesamtbudget etc., aber vor allem auch die Vorgaben für das angestrebte Qualitätsniveau, also die Art und Umsetzung der einzelnen Qualitätsmerkmale des Systems.

Das Testkonzept stellt in Bezug auf die Qualitätsmerkmale eine Art Kontrakt zwischen Projektleitung und Testmanagement dar. Das vom Testmanagement erstellte Testkonzept legt fest, welche der Qualitätsmerkmale in welcher Weise im Test nachgewiesen werden, was also die Testziele des Projekts sind.

Um eine nachvollziehbare und über alle Teststufen einheitliche Zuordnung von Qualitätsmerkmalen zu Testzielen und den zu deren Prüfung geeigneten Testverfahren zu erreichen, wird am besten auf ein wohldefiniertes Qualitätsmodell wie die [ISO 9126] zurückgegriffen. Diese Norm gliedert die Eigenschaften von Softwaresystemen in sechs Haupt- und 21 Unter-Qualitätsmerkmale (s.a. [Spillner 05, Abschnitt 2.1.3]).

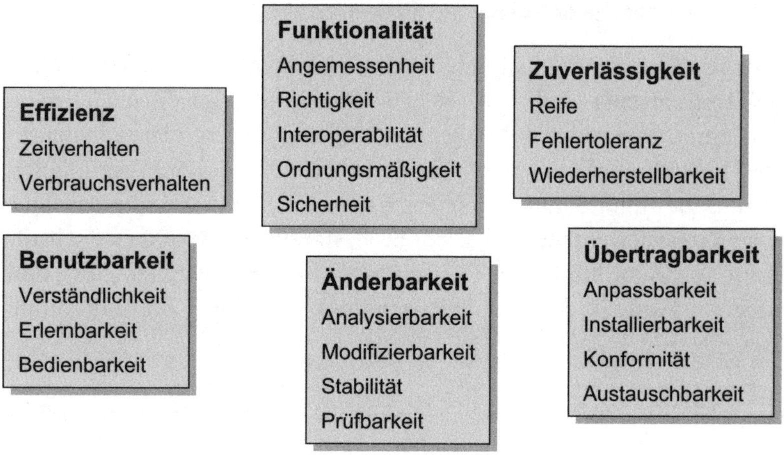

Funktionalität
Angemessenheit
Richtigkeit
Interoperabilität
Ordnungsmäßigkeit
Sicherheit

Zuverlässigkeit
Reife
Fehlertoleranz
Wiederherstellbarkeit

Effizienz
Zeitverhalten
Verbrauchsverhalten

Benutzbarkeit
Verständlichkeit
Erlernbarkeit
Bedienbarkeit

Änderbarkeit
Analysierbarkeit
Modifizierbarkeit
Stabilität
Prüfbarkeit

Übertragbarkeit
Anpassbarkeit
Installierbarkeit
Konformität
Austauschbarkeit

Abb. 5–2
Qualitätsmerkmale
von Software nach
ISO 9126

Durch dieses Schema sind die Eigenschaften der Software (funktionale wie nichtfunktionale) gut beschreibbar; insbesondere die Angabe geeigneter Prüfverfahren und die Quantifizierung von Akzeptanzkriterien werden durch diese Norm unterstützt (s.a. Abschnitt 5.2.6).

Das Testkonzept für VSR enthält beispielsweise für das Teilsystem *DreamCar* die folgenden Aussagen:

Beispiel:
Testziele des
VSR-Testkonzepts

▨ Das Qualitätsmerkmal »Funktionalität« wird im Rahmen der verschiedenen Teststufen so vollständig getestet, wie es mit den verfügbaren Testmethoden erreichbar ist. Es stellt den Schwerpunkt der Testaktivitäten dar, da die Exaktheit der berechneten Fahrzeugpreise wichtigstes Leistungsmerkmal ist. Das Testziel ist, möglichst alle funktionalen Anwendungsfälle mit möglichst allen zur Verfügung stehenden Fahrzeug-, Sondermodell- und Zubehördaten durch Tests abzudecken.

▨ Da *DreamCar* von Autohändlern und Kaufinteressenten gleichermaßen ohne vorherige Einarbeitung bedient werden soll, wird dem Qualitätsmerkmal »Benutzbarkeit« ebenfalls ein hoher Stellenwert eingeräumt, der allerdings erst im Rahmen des Systemtests adressiert werden soll.[3] Dort soll eine Benutzbarkeitsprüfung unter Beteiligung von mindestens 5 Repräsentanten von Fahrzeughändlern sowie 5 zufällig gewählten »Leuten von der Straße« durchgeführt werden.

---

3. Da vorher bereits ein Benutzungsprototyp erstellt wurde, kennen die späteren Anwender schon die Benutzungsoberfläche. Ansonsten wäre ein erster Test der Benutzbarkeit auf der Systemteststufe sehr riskant, weil es durch den Test zu erheblichen Änderungen des Systems kommen kann.

5.2.5   Qualitätsmerkmale, die nicht getestet werden

Identifikation der
Nicht-Ziele des
Testprojekts

Hier wird beschrieben, welche Projektziele explizit nicht Bestandteil des Testkonzepts sind, d.h. welche Qualitätsmerkmale nicht einem Test unterzogen werden können oder sollen. Insbesondere die deutliche Darstellung der nicht zu verfolgenden Ziele und die Begründung, warum bestimmte Qualitätsmerkmale und/oder Systembestandteile nicht getestet werden, sind wichtige Bestandteile, sorgt dies doch für die klare Zuordnung der Verantwortlichkeiten zwischen Test und anderen Formen der Qualitätssicherung, z.B. die Prüfung durch Reviews.

Beispiel:
Nicht-Testziele bei
VSR DreamCar

Das Testkonzept für VSR sieht zum Beispiel für das Teilsystem *DreamCar* vor:

- Änderbarkeit und Übertragbarkeit sind keine testbaren Qualitätsmerkmale, sondern müssen durch Reviews oder andere statische QS-Maßnahmen geprüft werden.
- Die Effizienz der Implementierung von *DreamCar* spielt keine wesentliche Rolle, so dass sie nicht getestet wird.
- Außerdem vermerkt das Testkonzept, dass die Datenbank, die die Fahrzeugdaten enthält, von einem Unterauftragnehmer zugeliefert wird, der diese als Standardprodukt vermarktet; aufgrund des Vertrauensverhältnisses zu diesem Unterauftragnehmer und der Verbreitung der Datenbank am Markt wird davon ausgegangen, dass diese ausreichend getestet und fehlerarm ist.

Es dient der Lesbarkeit, wenn in diesem Abschnitt neben den nicht zu testenden Qualitätsmerkmalen auch die nicht zu testenden Systembestandteile (s. Abschnitt 5.2.3) nochmals aufgeführt bzw. der Abschnitt referenziert wird – auf diese Weise wird alles innerhalb eines Abschnitts gefunden, was nicht durch das Testkonzept abgedeckt ist.

5.2.6   Teststrategie

Die Teststrategie ist das »Herzstück« des Testkonzepts, und ihre Ausarbeitung ist eng mit anderen Themen wie der Abschätzung des durch die Strategie bedingten Testaufwands und der Organisation und Koordination der unterschiedlichen Teststufen verbunden; daher ist diesem Thema ein separater Hauptabschnitt in diesem Kapitel gewidmet (s. Kap. 5.3).

5.2.7 Testende- und Abnahmekriterien

Für jede Teststufe und für das gesamte Testprojekt muss klar geregelt werden, wann ein Testobjekt als getestet zu betrachten ist und somit die entsprechenden Testaktivitäten beendet werden.

Testendekriterien und Metriken gehören zusammen

Grundsätzlich ist diese Frage einerseits eng mit der Definition und Anwendung passender Metriken verknüpft; Kapitel 11 nennt entsprechende Metriken, und Kapitel 6 erläutert deren Anwendung im Rahmen der Teststeuerung und -berichterstattung. Andererseits hängt die Definition von Ein- und Ausgangskriterien auch von der Organisation der Teststufen ab; hierzu bietet Kapitel 5.5 weitere Informationen; dort finden sich auch Beispiele für Ein- und Ausgangskriterien.

Wie die Teststrategie, so sollen sich auch die Testende- und Abnahmekriterien am Projekt- und Produktrisiko des zu testenden Systems orientieren, und zwar sowohl bei der Schärfe der anzuwendenden Kriterien (also der erforderlichen Exaktheit der Metriken) als auch bei der Definition der Freigabeschwellen auf Basis der gewählten Metriken (also der zu erzielenden Messwerte, die für ein Testende bzw. eine Abnahme vorliegen müssen).

Manchmal ist es sinnvoll, zwischen Testendekriterien und Abnahmekriterien wie folgt zu unterscheiden: Testendekriterien werden in jedem Testzyklus angewendet, um das Ende dieses Testzyklus zu bestimmen; sie beziehen sich i.Allg. ausschließlich auf den Testfortschritt, aber nicht auf die Ergebnisse der Tests. Abnahmekriterien dienen dagegen dazu, die Lieferfähigkeit der Testobjekte an die jeweils nächste Teststufe bzw. an den Kunden zu bestimmen. Diese umfassen ggf. deutlich weiter greifende Kriterien, wie beispielsweise die Ergebnisse der Tests, das Vorhandensein von Releasedokumenten, offizielle Freigabeunterschriften etc.

Tipp

5.2.8 Abbruchkriterien und Wiederaufnahmebedingungen

Ist ein Testobjekt nicht reif genug, um eine Teststufe vollständig zu durchlaufen (d.h. bis zum Erreichen der Testendekriterien), so besteht die Gefahr, dass innerhalb der Teststufe bei der Abarbeitung des Teststufenplans sinnlos Aufwand erbracht wird. Der wesentlich sinnvollere Schritt in einer solchen Situation besteht darin, das Testobjekt zur Nachbesserung durch Entwicklung und vorgelagerte Teststufen zurückzuweisen.

Eine Teillösung dieses Problems besteht in der Definition und Anwendung von Abbruchkriterien, eine zweite in der von Eingangskriterien für die Teststufe (durch deren Anwendung das Eintreten einer

Testabbruchkriterien und Testeingangskriterien ergänzen sich

solchen Situation verhindert oder die Wahrscheinlichkeit dafür zumindest reduziert wird). Solche Eingangskriterien sind auch geeignet als Wiederaufnahmekriterien einer unterbrochenen Teststufe. Auch hierzu liefert Kapitel 5.5 mehr Informationen.

5.2.9   Dokumente und Berichtswesen

Das Testkonzept muss klare Aussagen darüber machen,

- welche Dokumente im Projekt erzeugt werden sollen,
- welches die formalen (Vorlagen) und inhaltlichen Vorgaben (Freigabekriterien) für diese Dokumente sind.

Wie in Abschnitt 5.1.5 erwähnt, bildet IEEE 829 eine gute Ausgangsliste für notwendige bzw. dringend zu empfehlende Dokumente im Testprojekt; weitere, wie z.B. Testautomatisierungen, können projektspezifisch zu ergänzen sein.

Auch Test-Hilfswerkzeuge und Testautomatisierungen müssen wie Dokumente behandelt werden; das Gleiche gilt für ggf. notwendige Referenz-Datenbanken für den Test.

Testdokumente im Konfigurations- management verwalten   Wie jedes andere Software-Entwicklungsdokument müssen auch die Testdokumente dem (projektweiten oder lokal im Testteam betriebenen) Konfigurations- und Versionsmanagement unterworfen werden. In kleineren Testprojekten wird dafür in den meisten Fällen der Autor selbst verantwortlich sein (wie auch für deren Verteilung an die im Testkonzept definierten Empfänger), in größeren Projekten gibt es dafür manchmal einen hauptverantwortlichen Testware-Konfigurationsmanager. Dieser ist dann i.Allg. auch verantwortlich für die Versionierung der Lieferstände des Testobjekts innerhalb der Testumgebung und für deren Zuordnung zu den Testware-Ständen (zur Frage der Verantwortlichkeiten siehe auch Abschnitt 5.2.12).

5.2.10   Testaufgaben

Die Darstellung der Testaufgaben ist ein dynamischer Bestandteil des Testkonzepts   In diesem Teil des Testkonzepts werden die Vorgaben der Teststrategie zu einzelnen Aktivitäten heruntergebrochen, die zur Vorbereitung und Durchführung der Tests notwendig sind. Die Verantwortlichkeiten für diese Aktivitäten sowie Abhängigkeiten zwischen ihnen sowie von äußeren Einflüssen und Ressourcen müssen ebenfalls betrachtet werden.

Neben der reinen Auflistung der Aktivitäten ist auch die Verfolgung von deren Bearbeitungszuständen, Soll- und Ist-Terminen wichtig. Daher ist es dringend zu empfehlen, diesen Bestandteil des Testkonzepts im Sinne des o.g. Testprojektplans bzw. einer Anzahl von

Teststufenplänen (Abschnitte 5.1.3 und 5.1.4) als separates Dokument oder noch besser als Testmanagement-Datenbank zu führen. Pflege, Überwachung und Berichterstattung im Rahmen des Testprojektplans werden in Kapitel 6 erläutert.

5.2.11 Testumgebung

Hier ist darzulegen,

Testplattform = Basis-SW und -HW und sonstige Voraussetzungen

- welche Anforderungen an die Testplattform, z. B. in Form von Hardware, Betriebssystem und sonstiger Basissoftware, bestehen,
- welche sonstigen Voraussetzungen, z. B. Referenzdatenbanken oder Konfigurationsdaten, für den Test notwendig sind.

Darüber hinaus müssen auch die folgenden Themen behandelt werden:

Testschnittstellen und -werkzeuge

- Welches sind die »Points of Control« und die »Points of Observation«, d. h., über welche Schnittstellen wird das Testobjekt bei der Testdurchführung angereizt bzw. seine Reaktionen überprüft?
- Welche begleitende Soft- und Hardware ist dafür notwendig? Hierzu gehören beispielsweise Monitoring- und Protokollumgebungen, Simulatoren, Debugger, Signalgeneratoren.
- Welche Ansätze zur Testautomatisierung sind in dieser Umgebung möglich und sollen ggf. genutzt werden?

Die Antworten auf diese Fragen werden für das gleiche Testobjekt je nach Teststufe durchaus unterschiedlich ausfallen. So wird die Software eines Embedded System während des Komponententests evtl. in einer Host-Entwicklungsumgebung unter Zuhilfenahme einer typischen Komponententestumgebung wie CPPUnit [URL: CPPUnit] oder Tessy [URL: Tessy] getestet, im Systemtest aber integriert auf der Target-Hardware in einem speziell konfigurierten Testrahmen unter Verwendung typischer Umgebungen für den Test eingebetteter Systeme wie z. B. Simulatoren oder Prüfstände. Die Definition der Testumgebungen wird dabei zum einen beeinflusst durch das technisch Machbare, zum anderen aber auch durch die Testaufgaben und daraus resultierenden Testverfahren, und zu guter Letzt auch durch die zur Verfügung stehende und budgetierbare Hard- und Software sowie die darüber vorhandenen Kenntnisse der Testmitarbeiter.

Zur Entwicklung und Durchführung der Tests sind neben dem Testteam weitere Ressourcen notwendig. Typische Ressourcen sind Testrechner, Testnetze und -komponenten, Spezialhardware wie Hardware-Debugger, Protokollmonitore etc., aber auch Lizenzen von Test-

Ressourcenmanagement der Bestandteile der Testumgebung

software wie Testmanagement- oder Testautomatisierungswerkzeugen. Deren Management erfordert je nach Anzahl der (parallelen) Nutzer und Einsatzszenarien mehr oder weniger Koordinationsaufwand.

Eine Ressourcenverwaltung – sei es über einen einfachen Belegungsplan in Form einer Tabellenkalkulation, eine Ressourcennutzungs-Datenbank oder die Abbildung in einem Projektmanagementwerkzeug – ist angeraten. Teil des Risikomanagements (Abschnitt 5.2.15 bzw. Kap. 9) müssen dann auch Strategien zur Behandlung fehlender Ressourcen sein.

Teile der Testumgebung sind auch dem Konfigurationsmanagement zu unterwerfen

Das Management von Softwarebestandteilen der Testumgebung erfordert neben der Ressourcenkoordination auch die Einbindung ins testseitige Versions- und Konfigurationsmanagement. Nur zu oft ist die Lauffähigkeit von Testumgebungen von einer exakten Kombination bestimmter Versionen von Betriebssystem, Testautomatisierungswerkzeug, Analysewerkzeugen und Testobjekt-Ständen abhängig, und in einigen Branchen wie Medizintechnik, Automobil-, Luftfahrt- und Raumfahrtindustrie oder auch Bahntechnik erfordern strenge Nachweispflichten die Aufbewahrung aller Testumgebungsbestandteile für zehn oder mehr Jahre (s. hierzu Kap. 13.4). Auch dies ist im Testkonzept niederzulegen.

Ein effizientes Management von Testplattformen ist ein leicht umzusetzender Faktor für Effizienzgewinn. Durch projektübergreifende Bereitstellung von schnell einzuspielenden »Images« für Testhardware mit oft benötigten Kombinationen aus Betriebssystem, Testsoftware und anderen Plattformbestandteilen (z. B. Office-Paket) und den Einsatz einer entsprechenden Imaging-Software und Image-Management-Umgebung [URL: Imaging] lassen sich in Testcentern die Rüstzeiten für Testläufe signifikant reduzieren; in Kombination mit Virtualisierungslösungen wie VMWare oder Plex86 [URL: Virtualization] lassen sich diese Standard-Images auf virtuelle Hardware abbilden und somit weitgehend unabhängig von der kurzlebigen Hardwareentwicklung im PC-Sektor machen. Die Technologie kann außerdem eingesetzt werden, um snapshots des Rechnerzustands vor Beginn längerer Testläufe anzufertigen und so Wiederaufsetzpunkte zu erzeugen, auf die bei Scheitern des Testlaufs zurückgefallen werden kann.

5.2.12 Zuständigkeiten

Die generellen Zuständigkeiten umfassen das Management, die Spezifikation, Vorbereitung, Durchführung und Nachbereitung der Tests. Weitere Zuständigkeiten betreffen die testprojektinterne Qualitätssicherung, das Konfigurationsmanagement und die Bereitstellung und

Wartung der Testumgebung. Die organisatorische Einbindung des Testpersonals in das Gesamtprojekt, die Weisungsbefugnis im Testteam und ggf. die Aufteilung/Organisation des Testteams in verschiedene Testgruppen und/oder Teststufen müssen hier geregelt werden.

Die meisten dieser Aktivitäten sind mit der Erzeugung von Dokumenten verbunden (s. Abschnitt 5.2.9). Werden die Zuständigkeiten nur auf der Ebene »Personen X, Y und Z haben die Rolle R« geregelt, dann reicht dies nicht aus, um die termingerechte Entstehung und die adäquate Qualität dieser Dokumente sicherzustellen. Zusätzlich muss für jedes Dokument explizit personell geregelt werden,

Zuständigkeiten umfassen auch das Dokumentenmanagement

- wer verantwortlicher Autor ist und wer in welcher anderen Rolle am Dokument mitwirkt,
- wie, wann und durch wen die Freigabe des Dokuments erfolgt,
- wie, wann und durch wen es nach Freigabe zu verteilen ist.

Dieser Dokumentenplan kann entweder in Abschnitt 5.2.9 oder 5.2.12 angelegt werden.

5.2.13   Mitarbeiterprofile und Schulungsmaßnahmen

Für jede Rolle bzw. Zuständigkeit ist nun anzugeben, wie hoch der Bedarf an personeller Ausstattung ist, um die Testplanung umsetzen zu können, und wie die rollen- und projektspezifische Ausbildung und Einweisung des Personals durchzuführen ist.

In reifen Testprozessen sind Rollen und zu deren Einnahme notwendige Qualifikationen bereits durch das Testhandbuch definiert[4]. Das Testkonzept kann dann bei der Auflistung der notwendigen Ressourcen einfach auf die vordefinierten Rollenbeschreibungen verweisen. Ebenso erleichtert die Angabe eines standardisierten Ausbildungsschemas wie des »ISTQB Certified Tester« die Erstellung dieses Kapitels; ein solches Ausbildungsschema bietet eine Referenz, durch deren standardisierte Ausbildungsinhalte die für eine bestimmte Tätigkeit im Testprozess notwendigen Qualifikationen sichergestellt werden können. Gleichzeitig lassen sich den so definierten Rollen auch die Verantwortlichkeiten für die o.g. Standarddokumente zuordnen. Details zu den Rollenqualifikationen liefert Kapitel 10.2.

Heranziehen von standardisierten Ausbildungsschemata erleichtert die Angabe der notwendigen Qualifikation

Neben diesen testspezifischen Qualifikationen benötigen die Beteiligten in vielen Fällen zusätzlich umfangreiche fachliche Qualifikationen,

---

4.   Typischerweise ist die Definition und Einhaltung von Standard-Skill-Profilen eine Eigenschaft von SPICE Level 3-konformen Testprozessen.

um gute Testspezifikationen zu erstellen und um bei der Durchführung das Systemverhalten beurteilen und auch mal »links und rechts schauen« zu können, d. h. über die vorgegebene Testspezifikation hinaus Auffälligkeiten erkennen, beschreiben und adäquat priorisieren zu können. Weitere wünschenswerte »Soft Skills« listet und erläutert Kapitel 10.

5.2.14 Zeitplan

Hier wird zunächst ein grober Zeitplan der Testaktivitäten auf Meilensteinebene angelegt. Wegen der zwangsläufigen Dynamik von Zeitplanungen dient dieser Grobplan allerdings nur als Startpunkt für eine regelmäßig zu aktualisierende Detailplanung aller Aktivitäten.

Die Meilensteine umfassen geplante Liefertermine für Dokumente, Zieltermine für (Teil-)Freigaben der Testobjekte und deren Liefertermine von der Entwicklung an den Test.

Vom Meilensteinplan (Ziel) wird der Testprojektplan (Umsetzung) abgeleitet

Ausgehend von diesen Meilensteinen wird dann der detaillierte Testprojektplan, bzw. in umfangreichen Projekten eine Anzahl von Teststufenplänen, ausgearbeitet. Diese Planung muss in den Projektplan des Projektmanagers Eingang finden. Eine regelmäßige Abstimmung zwischen Projektmanager und Testmanager muss gegeben sein: Der Testmanager muss über Lieferverzüge der Entwicklung informiert werden und auf diese in seiner Detailtestplanung reagieren. Der Projektmanager muss auf Testergebnisse reagieren und ggf. Meilensteine verschieben, weil zusätzliche Korrekturzyklen vorgesehen werden müssen.

Kapitel 6 erläutert dieses Wechselspiel zwischen Entwicklung und Test sowie die Aufgaben des Testmanagers bei der Steuerung und Plananpassung.

5.2.15 Risiken

Produktrisiko ist Sache der Teststrategie, Testprojektrisiko-management ist Gegenstand dieses Kapitels im Testkonzept

Ein Ziel des Tests ist es, das Produktrisiko zu minimieren. Dies wird durch eine passend gewählte Teststrategie abgedeckt. Ein Testkonzept muss aber auch das Projektrisiko adressieren, d. h., alle Faktoren, welche die planmäßige Erreichung der Testziele im Testprojekt bedrohen, müssen identifiziert, analysiert und möglichst vermieden werden. Der Testmanager muss – nicht nur in diesem Bereich – denken und handeln wie ein Projektmanager. Auch hierzu finden sich Details in Kapitel 9 dieses Buches.

Die Hürde zur Einführung eines vollständigen formalen Risikomanagements ist hoch. Ein leichter Einstieg in diese Thematik besteht darin, bekannte Risiken im Teststatusbericht einfach aufzulisten und damit zu visualisieren und ins Bewusstsein der Beteiligten zu bringen – ohne ggf. bereits Methoden zur Risikobewertung und -behandlung einführen zu müssen.

5.2.16   Genehmigungen

Namen und Rollen aller Personen, die das Testkonzept unterzeichnen sollen, sind aufzuführen. Die Unterschriften dieser Personen dienen dem Nachweis der Kenntnisnahme. Aus dieser Kenntnisnahme folgen je nach Rolle des Unterzeichnenden unterschiedliche Konsequenzen:

- Die Unterschrift des Projektmanagers dient i.Allg. der Freigabe des zur Umsetzung des Konzepts erforderlichen Budgets – oder in der Realität leider oftmals der Kenntnisnahme der Darstellung des Testmanagers, dass das zur Verfügung stehende Budget nicht ausreicht, um die zur Erreichung der Qualitätsziele notwendigen Maßnahmen durchzuführen, und welche Risiken daraus entstehen.
- Die Unterschrift des Entwicklungsleiters dient der Bestätigung, dass die dargestellten Tests adäquat sind, sowie ggf. der Zustimmung zu Mitwirkungen und Beistellungen durch das Entwicklungsteam.
- Die Unterschrift des Endkunden dient der Bestätigung der vorgeschlagenen Qualitätssicherungsmaßnahmen für sein Produkt sowie ggf. der Freigabe der geplanten Akzeptanztests.
- Nicht zuletzt soll auch das Testteam das Testkonzept gegenzeichnen und somit sein »Commitment« zum gemeinsamen Vorgehen abgeben.

5.3   Definition einer Teststrategie

Die Teststrategie definiert die zur Prüfung der Testobjekte einzusetzenden Testverfahren, den Ansatz zur Verteilung der zur Verfügung stehenden Ressourcen auf die zu testenden Teile und Qualitätsmerkmale und die Reihenfolge der durchzuführenden Aktivitäten.

Die Prüfung der für das System geforderten Qualitätsmerkmale erfordert je nach Merkmal völlig unterschiedliche Vorgehensweisen und Testverfahren, die auf den verschiedenen Teststufen angewendet werden müssen. Testen ist im Kontext der ISO 9126 ein Vorgang, mit dem der Grad der Erfüllung von Qualitätsmerkmalen gemessen wer-

Strategie zur Auswahl geeigneter Testverfahren

den soll. Qualitätsmerkmale nach ISO 9126 können aber im Allgemeinen nicht direkt gemessen werden. Die Norm liefert aber auch eine abstrakte Definition für diesen Bewertungsprozess (s. Abb. 5–3):

Abb. 5–3

Bewertungsprozess

für Software nach

ISO 9126

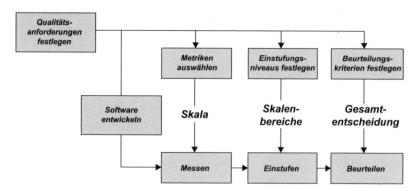

Testen kann in diesem Prozess aufgefasst werden als Abfolge der Tätigkeiten:

- Metriken auswählen (d.h. die dazu geeigneten Testverfahren festlegen)
- Einstufungsniveaus festlegen (d.h. Akzeptanzkriterien definieren)
- Messen (d.h. Testfälle durchführen)
- Einstufen (d.h. Vergleich des Ist-Verhaltens mit den Akzeptanzkriterien)

Die Teststrategie ordnet jedem zu testenden Leistungsmerkmal eine Spezifikation der anzuwendenden Methoden zu, mit denen dieses Leistungsmerkmal angemessen geprüft wird, sowie das zur Akzeptanz des Merkmals nachzuweisende Einstufungsniveau.

In einer reifen Testorganisation kann diese Aufgabe auch auf der Ebene des Testhandbuches erledigt werden – dieses enthält dann Informationen über die allgemeine Testentwurfsstrategie und ordnet hierfür die allgemeinen Qualitätsmerkmale und die im Unternehmen verfügbaren Testverfahren einander zu.

Beispiele für
Testverfahren

Folgende zwei Beispiele illustrieren diese Zuordnung von Merkmalen, Methoden und Einstufungsniveaus:

1 »Richtigkeit«
Das funktionale Qualitätsmerkmal »Richtigkeit« ist definiert als »Merkmale von Software, die sich beziehen auf das Liefern der richtigen oder vereinbarten Ergebnisse oder Wirkungen« (z.B. benötigte Genauigkeit berechneter Werte).

Geeignetes Testverfahren ist auf der Ebene des Systemtests der anwendungsfallbasierte Test ([Spillner 05, Abschnitt 5.1.5]) unter ergänzender Anwendung von Äquivalenzklassenanalyse und Grenzwertanalyse ([Spillner 05, Abschnitt 5.1.1 und 5.1.2]).

Geeignete Metrik zur Bestimmung des Einstufungsniveaus ist beispielsweise die Abweichung zwischen berechnetem und erwartetem Wert eines Ausgabeparameters.

Denkbare Einstufungsniveaus für die Akzeptanz:

- 0 .. 0.0001: akzeptabel
- > 0.0001:   nicht akzeptabel

2   »Bedienbarkeit«

Das nichtfunktionale Qualitätsmerkmal »Bedienbarkeit« ist definiert als »Merkmale von Software, die sich auf den Aufwand für den Benutzer bei der Bedienung und Ablaufsteuerung beziehen«.

Geeignetes Testverfahren hierfür ist ein Usability Test, bei dem die Haupt-Anwendungsfälle des Systems durchgespielt werden.

Geeignete Metrik ist die Messung des mittleren Zeitaufwands für jeden dieser Hauptanwendungsfälle für unterschiedliche Klassen von Benutzern (z.B. Neuanwender, Profis).

Die Einstufungsniveaus sind dann sinnvollerweise spezifisch für jeden Anwendungsfall festzulegen; beispielsweise könnte für den Anwendungsfall »neuen Fahrzeugtyp in der *DreamCar*-Konfiguration anlegen« angegeben werden:

- < 1 Minute: hervorragend geeignet
- 1 – 2 Minuten: akzeptabel
- 2 – 3 Minuten: bedingt akzeptabel
- > 3 Minuten: nicht akzeptabel

Viele Testverfahren sind grundsätzlich skalierbar, d.h., durch Investition eines höheren Aufwands kann eine höhere Testabdeckung erreicht werden. Im Normalfall muss diese Skalierbarkeit bei der Verteilung der zur Verfügung stehenden Ressourcen auf die Testaktivitäten genutzt werden, da nicht alle möglichen Testaufgaben gleich intensiv bearbeitet werden können.

Strategie zur Verteilung von Testaufwand und -tiefe

Zur Abwägung zieht der Testmanager folgende Grundlagen heran:

- Informationen über das Produktrisiko. Kapitel 9 erläutert die hierzu notwendigen Basismechanismen der Risikoidentifikation, -analyse, -bewertung und -behandlung. Im Vordergrund steht hier der Anspruch, durch den Test möglichst schnell und mit möglichst wenig Aufwand das Produktrisiko[5] zu reduzieren. Abbildung 5–4 veranschaulicht diesen Zusammenhang.

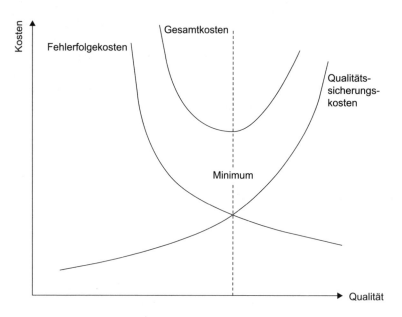

Abb. 5–4
Qualitätskosten und
Risiko, nach [Juran 88]

Balance zwischen Test-
und Fehlerkosten finden

Testen erhöht die Gesamtqualität des Produkts, verursacht aber mit zunehmender Qualität überproportional steigende Kosten. Auf der anderen Seite wird das vor Testbeginn sehr hohe Produktrisiko über die Senkung der zu erwartenden Fehlerfolgekosten sukzessive reduziert. Betriebswirtschaftlich gesehen liegt der optimale Zeitpunkt, um mit dem Testen aufzuhören, im Schnittpunkt der beiden Kurven – hier ist das Minimum der Summe aus Qualitäts- und Nichtqualitätskosten erreicht. Um die Risikosenkung möglichst schnell wirksam werden zu lassen, müssen die geplanten QS-Maßnahmen in der Reihenfolge der durch sie adressierten Produktrisiken durchgeführt werden.

Dieses Minimum quantitativ und methodisch anzusteuern ist eine sehr komplexe Aufgabenstellung; Ansätze hierzu liefert der Abschnitt über »Precision Testing« in Kapitel 9.

▨ Berücksichtigung des Projektrisikos. Das Entstehen von Fehlern in einem System wird durch etliche im Entwicklungsprojekt steckende Risikofaktoren beeinflusst. Solche Einflussfaktoren sind u.a. Kommunikationsprobleme in verteilt arbeitenden Teams, unterschiedliche Prozessreife verschiedener an der Entwicklung beteiligter Abteilungen, hoher Termindruck und Anwendung neuer, nicht sicher beherrschter Entwicklungsverfahren. Wie beim Produktrisiko muss der Testmanager auch hier versuchen, das Wis-

---

5. Wahrscheinlichkeit einer Fehlfunktion des Produkts gewichtet mit dem durch die Fehlfunktion verursachbaren Schaden

sen über diese Faktoren zu quantifizieren, um darauf basierend die →Testtiefe bzw. den Testaufwand für die unterschiedlichen Testaufgaben zu bestimmen.

Die Informationen über Produkt- und Projektrisiko muss der Testmanager nun geeignet zur Verteilung des Aufwands heranziehen, am besten dadurch, dass alle bekannten Einflussfaktoren auf Produkt- und Projektrisiko eines bestimmen Leistungsmerkmals des Systems über eine eindeutige algorithmische Abbildung zu einer Maßzahl für den diesem Leistungsmerkmal zuzuordnenden Testaufwand verrechnet werden. Solche Berechnungsverfahren sind beispielsweise in [Gutjahr 95] oder [Schaefer 96] (zu beiden s.a. Kap. 9) beschrieben; besonders das zweite Verfahren ist sehr praxisnah und gut beherrschbar. Natürlich kann sich der Testmanager auch eigene, ggf. einfachere oder die konkrete Projektsituation abbildende Berechnungsvorschriften definieren.

Aufwandsverteilung unter Berücksichtigung der Risiken

Eine allgemeine Formel für eine solche Abbildung lautet:

$$TA_{(LMx)} = f(RProdukt_{LMx}, R_1Projekt_{LMx}, \ldots, R_nProjekt_{LMx})$$

wobei:

LMx	=	Leistungsmerkmal x des zu testenden Systems
TA	=	Maßzahl für den zuzuordnenden Testaufwand
f	=	Abbildung zwischen Risiken und Testaufwand
$RProdukt_{LMx}$	=	Produktrisiko des Leistungsmerkmals x
$R_yProjekt_{LMx}$	=	unterschiedliche Projektrisiken bei der Umsetzung des Leistungsmerkmals x

Einige Grundregeln zur Konstruktion einer solchen Abbildung:

Grundregeln für pragmatische Risikoberücksichtigung

- Es gibt meistens mehr tatsächliche Einflussfaktoren, als mit vertretbarem Aufwand berücksichtigt werden kann; einige dieser Faktoren sind leicht quantifizierbar, andere vielleicht gar nicht mit dem zur Verfügung stehenden Wissen. Grundsätzlich gilt: lieber mit wenigen, aber gut einschätzbaren Faktoren beginnen; diese decken erfahrungsgemäß 80% des Einflusses ab (das Pareto-Prinzip[6] gilt auch hier).

- In den meisten Fällen sind weder Produkt- noch Projektrisiko vollständig quantifizierbar. Stattdessen reicht es auch aus, mit Klassifizierungen zu arbeiten (z.B. 1 = »Risiko gering«, 2 = »Risiko mittel«, 3 = »Risiko hoch«). Die Klassifizierung soll nicht zu fein sein (also lieber mit 3 statt mit 8 Risikoklassen arbeiten).

---

6.   allgemeine Beobachtung, dass in vielen Situationen mit 20 % des Gesamtaufwands 80 % der Ziele erreicht werden können.

- Zu komplexe Algorithmen bei der Verrechnung der Risikofaktoren sollen vermieden werden – einfache Multiplikation und Addition reicht normalerweise aus. Im Zweifelsfall kann mit nichtlinearen Gewichtungen für die Klassifizierungen gearbeitet werden (also 1 = »Risiko gering«, 3 = »Risiko mittel« und 10 = »Risiko hoch«). Eine solche Übergewichtung hoher Risiken führt zu einer guten Differenzierung zwischen den unterschiedlichen Aufwandsmaß-zahlen.

- Zur praktischen Verwendung der ermittelten Aufwandsmaßzahlen muss eine einfache Abbildung zwischen Maßzahl und Skalierung der Testverfahren definiert werden. Ein Beispiel unter der Annahme, dass die Aufwandsmaßzahlen zwischen 0 und 1000 liegen können (hängt von der Funktion f ab):

- $0 < TA_{(LMx)} < 100$:   kein Test
- $100 \leq TA_{(LMx)} < 300$:   »Smoke Test«
- $300 \leq TA_{(LMx)} < 700$:   normaler Test, z.B. Anwendung von Äquivalenzklassenzerlegung
- $700 \leq TA_{(LMx)}$:   intensiver Test, Anwendung mehrerer Testverfahren parallel

Strategie zur Bestimmung der Reihenfolge und der Zeitpunkte der Aktivitäten

Neben dem Aufwand für die Testaufgaben muss die Teststrategie auch deren Reihenfolge definieren und geeignete Zeitpunkte für den Start der Aktivitäten festlegen. Grundsätzlich ist es aus fachlicher Sicht sinnvoll, diejenigen Testaktivitäten zuerst durchzuführen, die die größte Risikominderung bewirken. Zusätzlich gibt es aber meistens technische Abhängigkeiten, die die Reihenfolgeplanung mit beeinflussen, und nicht zuletzt bildet die Reihenfolge der Lieferung der Leistungsmerkmale seitens der Entwicklung eine wichtige Planungsgrundlage. Diese Grundlage ist allerdings dynamischer Natur, weswegen sich die Auslagerung der Reihenfolgeplanung in ein separates Dokument bzw. idealerweise ein Testmanagementwerkzeug anbietet (siehe Abschnitte 5.1.3 und 5.1.4).

Einbeziehung von Heuristik, Kreativität und Zufall

Eine ausschließlich formal aufgebaute Teststrategie reduziert die Wahrscheinlichkeit, Fehler zu finden, die im »blinden Fleck« von Anforderungs- und Risikoanalyse liegen, d.h. im Bereich der impliziten Anforderungen. Spätestens bei der Nutzung des Systems ist es der uneingeschränkten »Kreativität« der Endanwender ausgesetzt. Häufig ist dann ein massiver Anstieg der Fehlerfindungsrate zu beobachten. Der zufallsbasierten und intuitiven Testfallerstellung soll also im Rahmen der Gesamttestplanung genügend Freiraum gelassen werden.

Hierfür existieren wohldefinierte Methoden, d.h., kreatives oder zufallsbasiertes Testen bedeutet nicht unstrukturiertes oder chaotisches Vorgehen! In [Spillner 05] werden diese Verfahren in Kapitel 5.3

erläutert, sie sind dazu geeignet, das Nutzungsprofil der Endanwender im systematischen Testumfeld vorwegzunehmen. Die Aufdeckungsrate derjenigen Fehlerwirkungen, deren Sichtbarkeit beim Endanwender am höchsten ist, wird dadurch gesteigert – eine recht wirksame Maßnahme zur Erhöhung der Kundenzufriedenheit.

Neben der Einbeziehung von Kreativität und Zufall spielt auch die Heuristik eine gewichtige Rolle für eine gute Teststrategie. In [Spillner 05] werden in Abschnitt 6.4.2 mehrere heuristische Planungsansätze genannt und erläutert, so dass auf eine Wiederholung an dieser Stelle verzichtet wird.

Die Ausarbeitung einer passenden Teststrategie ist ein aufwändiger und komplexer Vorgang, der – wie erwähnt – den iterativen Abgleich von Testzielen, Aufwand und Organisationsstrukturen erfordert. Umso wichtiger ist es, dass eine so gewonnene Strategie gut dokumentiert und – von projektspezifischen Anteilen befreit – zur Wiederverwendung in das Testhandbuch der Organisation(-seinheit) aufgenommen wird. Kandidaten für eine solche Wiederverwendungsstrategie sind zumindest:

Wiederverwendbarkeit von Teststrategien

- die Definition von Testverfahren und deren Zuordnung zu Qualitätsmerkmalen;
- das Verfahren zur Berechnung der Testtiefe auf Basis der Risikofaktoren.

5.4 Abschätzung von Testaufwand

Die Abschätzung des zu erwartenden Testaufwands stellt meist eine näherungsweise Beurteilung auf der Basis von Erfahrungswerten dar – entweder eigenen oder denen anderer Personen oder Institutionen.

Je nach zugrunde liegender Informationsbasis und geforderter Präzision und Granularität der Schätzungen kommen unterschiedliche Schätzverfahren zum Einsatz. In diesem Abschnitt werden betrachtet:

- pauschale Modelle bzw. Analogieschätzungen;
- detaillierte Modelle auf der Basis von Testaktivitäten;
- formelbasierte Modelle auf der Basis des zu testenden funktionalen Volumens.

5.4.1 Pauschale Modelle

Die einfachste Methode zur Testaufwandsschätzung ist die Beaufschlagung des Entwicklungsaufwands mit einer prozentualen Pauschale, z. B. 40 %, für den Testaufwand. Ein solches simples Modell ist besser als nichts und eventuell – z. B. bei einer Neuentwicklung in einem bis-

Prozentuale Pauschale als Startpunkt

her nicht vom Unternehmen bearbeiteten Geschäftsfeld – sogar die einzige Möglichkeit, zu einer Schätzung zu gelangen.

Außerdem verursacht diese einfache Schätzung des Testaufwands selbst deutlich weniger Aufwand als mit komplexeren Vorgehensweisen – daher mag sie auch für insgesamt kleine Projekte adäquat sein. Voraussetzung ist natürlich, dass (abgesehen von einem stimmigen Beaufschlagungsfaktor) der Entwicklungsaufwand genau genug geschätzt wurde bzw. bekannt ist.

Die konsequente Verfolgung des Ist-Aufwands und die iterative Verbesserung des Schätzmodells durch deren Vergleich mit der Planung nach Projektende sind hierbei noch wichtiger als in allen anderen Vorgehensweisen zum Schätzen des Testaufwands. In das nächste Testprojekt wird dann zumindest mit einem besser passenden Prozentwert für die Schätzung hineingegangen.

Für einen Start mit einem solchen Pauschalmodell können Erfahrungswerte aus ähnlichen Projekten, Technologien, Firmen- oder Branchenvergleichen und natürlich allgemeinen Literaturquellen herangezogen werden. Quellen mit entsprechenden Beaufschlagungsfaktoren sind u.a. [Jones 98], [URL: Rothman] oder [Rashka 01]. Bei der Suche nach vergleichbaren Quellen sind diverse Faktoren zu berücksichtigen:

Vergleichsdaten nutzen

- Die Vergleichsquelle soll zur Aufgabenstellung passen, d.h. die eigenen eingesetzten Softwaretechnologien berücksichtigen. Quellen, die den Aufwand in funktional programmierten Systemen abschätzen, sind beispielsweise zur Abschätzung objektorientierter Softwareentwicklung schlecht geeignet.
- Die Authentizität der Quelle ist zu prüfen, insbesondere in Hinblick auf die Genauigkeit der Datenerfassung.
- Sinnvollerweise sind mehrere Quellen heranzuziehen. Wenn sich die Angaben grob widersprechen, kann mit Mittelwert und Standardabweichung ein Abgleich erfolgen, oder die Quellen sollten (sicherheitshalber) verworfen werden.

5.4.2   Detaillierte Modelle auf Basis von Testaktivitäten

Wenn mit pauschaler Schätzung nicht zufrieden stellend gearbeitet werden kann, muss das Testprojekt als Aneinanderreihung einzelner Aktivitäten betrachtet und ggf. unterschiedliche Schätzmethoden für Einzelaktivitäten verwendet werden. Diese Vorgehensweise orientiert sich an klassischen Methoden des Projektmanagements.

Klassischer Ansatz des Projektmanagements

Hierfür gibt es viele unterschiedliche Ansätze; zur Orientierung seien aber einige Kriterien für das Herunterbrechen genannt, die unterschiedliche Arten von Ressourcen berücksichtigen, die zur Durchführung der Aktivitäten benötigt werden:

- Arbeitskraft
- Zeit
- Hard- und Software für die Testumgebung
- Testware wie z. B. Testautomatisierungswerkzeuge

Diesen Aufwand zu schätzen erfordert im Allgemeinen eine Kombination aus Intuition, Erfahrungs- und Vergleichswerten und formalen Kalkulationsmethoden. Faktoren, die je nach anzustrebender Genauigkeit in die Aufwandsabschätzung eingehen können, sind u.a:

- die Anzahl der Tests (bedingt durch die Art, Anzahl und Komplexität der Anforderungen an das Testobjekt, aber auch durch die geplante Testtiefe, resultierend aus der Risikoabschätzung), *Vielfältige Einflussfaktoren*
- die Komplexität und Beherrschbarkeit der Testumgebung und des Testobjekts (insbesondere bei dessen Installation und Konfiguration),
- die geschätzte Anzahl der Testwiederholungen je Teststufe, basierend auf Annahmen über den Verlauf der Fehlerfindung,
- die Reife des Testprozesses und der verwendeten Methoden und Werkzeuge,
- die Qualität der zur Verfügung stehenden Dokumentation für System und Testumgebung,
- die geforderte Qualität und Exaktheit der zu erstellenden Dokumente,
- die Ähnlichkeit des abzuschätzenden Projekts zu vorangegangenen Projekten,
- damit einhergehend die Wiederverwendbarkeit von Lösungen aus vorangegangenen Projekten,
- die (Test-)Reife des zu testenden Systems – bei schlechter Qualität des zu testenden Systems wird der Aufwand zur Erreichung der Testendekriterien nur schwer zu bestimmen sein,
- die Termintreue von Testobjektlieferungen,
- die Komplexität der Zeitplanung von ggf. erfolgenden Teillieferungen – insbesondere im Integrationstest – und
- die Ergebnisse ggf. vorangegangener Teststufen und Testphasen.

Ein »beliebter Anfängerfehler« bei der Aufwandsabschätzung ist, diese Skalierungsfaktoren zu berücksichtigen, aber nicht alle Aufwandsarten zu betrachten, die damit skalieren. Solche Aufwandsarten orientieren sich im Wesentlichen an den Phasen des Testprozesses; zu betrachten ist Aufwand für: *Verschiedene Aufwandsarten*

- die Testplanung (unter anderem auch der Aufwand, den die Erstellung der Aufwandsabschätzung selbst macht),
- die Testvorbereitung (Entgegennahme, Konfigurationsmanagement und Installation des Testobjekts, Bereitstellung der notwendigen Dokumente und Vorlagen, ggf. Testdatenbanken, Einrichten der Testumgebung etc.),
- die personelle Besetzung, z.B. Einarbeitung und/oder Schulung von Testpersonal,
- die Testspezifikation auf allen Teststufen – die Schätzverfahren können sich je nach zu testenden Qualitätsmerkmalen und somit einzusetzenden Testverfahren und -werkzeugen deutlich unterscheiden,
- ggf. die Testautomatisierung für ausgewählte Tests – hier gilt sinngemäß das Gleiche wie für die Testspezifikation, allerdings gibt es hier zusätzlich noch Variationen bei den Kosten für Testautomatisierungswerkzeuge,
- die Testdurchführung in allen Teststufen, ebenfalls unter Berücksichtigung unterschiedlicher Schätzverfahren für verschiedene Testarten,
- die Dokumentation der Durchführung, also Berichte und Abweichungsmeldungen,
- die Fehleranalyse und Fehlernachtests – dieser skaliert naturgemäß mit der Zahl der gefundenen Abweichungen und macht somit ein separates Schätzen der Fehlerzahl, der Fehlerfindungsrate und der Fehlerbehebungsrate notwendig,
- das Erheben von Testmetriken,
- die Kommunikation im Testteam und zwischen Test- und Entwicklungsteam (Meetings, E-Mails, Pflege von Abweichungsmeldungen, Change Control Board etc.).

Abzuschätzende Aufgaben klein halten
Innerhalb dieser Aufwandsarten müssen anschließend einzelne Aufgaben identifiziert und einzeln abgeschätzt werden. Solche Aufgaben sollen klein genug sein (einige Personentage) und jeweils sowohl mit einem konkreten Startereignis als auch mit der Erstellung eines Ergebnisses verbunden sein, damit bei der Durchführung der Ist-Ressourcenverbrauch anhand von Start- und Endzeitpunkt möglichst einfach ermittelt werden kann.

Auch bei dieser Vorgehensweise gilt: Manche Abschätzungen sind extrem schwierig. Die einzelnen verwendeten Verfahren und die darin einfließenden Annahmen müssen daher dokumentiert werden, der Ist-Aufwand genau aufgezeichnet und Abweichungen analysiert werden, um nachfolgende Abschätzungen zu verbessern.

Abschätzungen im Team behandeln
Bei allen Schätzverfahren darf nicht vergessen werden: Testen ist ein Teamprozess. Daraus folgt:

- Aufwandsschätzung darf der Testmanager nicht im Elfenbeinturm betreiben. Annahmen und Schätzungen sollen im Team diskutiert werden, die Teammitglieder sollen die ihnen zugeordneten Aktivitäten ebenfalls schätzen. Dann kann mit Durchschnittswerten dieser Schätzungen oder mit Minimal- und Maximalwerten parallel weitergearbeitet werden.
- Es muss bedacht werden, dass die spätere Durchführung der Arbeiten ebenfalls Schwankungen unterliegt, genauso wie die Schätzungen. Arbeiten, die nicht derjenige durchführt, der sie abgeschätzt hat, dauern erfahrungsgemäß immer länger als geschätzt.
- Der Aufwand hängt nicht nur von Qualifikation und Wissen der Beteiligten ab, sondern auch von deren Motivation!
- Auch die Qualitäts- und Testpolitik, d.h. der Stellenwert des Tests im Unternehmen und beim Management, beeinflussen die Schätzung oder zumindest das Risiko von Fehleinschätzungen.
- Die Reife der zu testenden Software bestimmt den Aufwand ebenfalls sehr stark; unreife, stark fehlerhafte Software kann den Aufwand für einen einzigen Testlauf leicht vervielfachen.

Auch bei diesen Schritten helfen Erfahrungswerte aus der Vergangenheit – allerdings erfordert die Vielzahl von Einzelabschätzungen auch eine Vielzahl an historischen Daten für die Einzelaktivitäten und somit die vorherige Etablierung eines praktikablen Satzes an Testmetriken (s. Kap. 11).

Erfahrungswerte nutzen

Hilfreich kann es sein, vor Beginn eines komplexen Projekts eine »Vorstudie« durchzuführen. Hierzu werden stichprobenhaft einige Testfälle aus dem Testplan ausgewählt, diese werden umgesetzt und durchgeführt, und der dazu notwendige Aufwand wird erfasst. Die Ergebnisse werden zur Validierung des Schätzverfahrens verwendet oder zur Extrapolation des Gesamtaufwands.

5.4.3 Modelle auf der Basis des funktionalen Volumens

Diese Klasse von Modellen geht von der Abschätzung des Umfangs des zu testenden Objekts bzw. seiner Funktionalitäten aus; es wird versucht, diesen durch Rückführung auf möglichst wenige, aber aussagekräftige Parameter mathematisch zu modellieren.

De facto arbeiten auch solche Formelmodelle mit Erfahrungswerten, die meist in Form von festen Koeffizienten bzw. Faktoren in die Formeln einfließen. Somit stellen sie einen praktikablen Kompromiss zwischen den genauen, aber aufwändigen Modellen auf der Basis der Schätzung der Einzelaktivitäten und den kostengünstigen, aber unge-

Kompromiss zwischen Pauschale und Einzelabschätzungen

nauen und riskanten Pauschalmodellen dar. Die Norm [ISO 14143] liefert hierfür ein detailliertes Rahmenwerk, anhand dessen eine konkrete Metrik zur Bestimmung des funktionalen Volumens beurteilt werden kann.

Als Beispiel einer solchen Methode betrachten wir zunächst die

Funktionspunktanalyse (FPA)

Diese Methode (s. z.B. [Poensgen 05]) wird für Aufwandsschätzungen in der Systementwicklung allgemein verwendet und ist weit verbreitet. Da die Funktionspunktanalyse auf den Systemanforderungen aufsetzt, kann sie bereits sehr früh in einem Softwareentwicklungsprojekt eingesetzt werden. Die Methode selbst ermittelt allerdings nur die Anzahl der Funktionspunkte des Produkts. Um daraus Informationen über den zu erwartenden Aufwand zur Erstellung dieses Produkts zu gewinnen, werden unternehmensspezifische, aus der Erfahrung gewonnene Werte über den Aufwand pro Funktionspunkt benötigt.

Schrittweise Analyse und Abschätzung Die Funktionspunktmethode arbeitet in drei Schritten:

- Im ersten Schritt werden nach festgelegten Regeln die zu realisierenden Funktionen und die zu verarbeitenden Daten gezählt; diese werden in die Kategorien Input, Output, Abfrage, interface file und internal file eingeteilt und als einfach, mittel oder komplex gewichtet. Das Ergebnis (also die gewichtete Summe) dieser Zählung wird als »unjustierter Funktionspunktwert« bezeichnet. Er ist ein Maß für den funktionalen Umfang des Systems aus Sicht des Anwenders.
- Im zweiten Schritt wird unabhängig davon das zu realisierende System anhand von 14 nichtfunktionalen Eigenschaften bewertet, beispielsweise einem Maß für die Performanz oder die Effizienz der Benutzerschnittstelle. Jeder dieser Einflussfaktoren wird mit einem Wert von 0 (unwichtig) bis 5 (sehr wichtig) gewertet und aufsummiert. Das Ergebnis wird als Prozentwert betrachtet, mit 0,65 addiert und mit dem Ergebnis des ersten Schritts multipliziert. So entsteht der »justierte Funktionspunktwert«, der einen Basisfaktor für den zu erwartenden Entwicklungsaufwand darstellt.
- Im letzten Schritt müssen die Funktionspunkte nun in Aufwand, also Personenmonate, Kosten etc. umgerechnet werden. Genau hier muss die Methode unternehmensspezifisch angepasst werden, denn die Umrechnung erfordert den Vergleich mit Zahlenmaterial aus vergangenen Projekten.

Die Ableitung des Testaufwands kann beispielsweise durch folgende Umrechnung geschehen [URL: Longstreet]: sei FP die Zahl der Funktionspunkte, dann ist die

Testaufwand ergibt sich durch Pauschale aus Funktionspunkten

- Anzahl der Systemtestfälle = $FP^{1.2}$
- Anzahl der Akzeptanztestfälle = $FP \times 1.2$

Das Ergebnis der Abschätzung ist also lediglich die Zahl der Testfälle; diese wird in der Realität nicht ausreichen, um eine komplette Aufwandsabschätzung durchzuführen. Zur Anwendung wird zumindest eine Pauschale zur Beaufschlagung der Zahl der Testfälle mit einem mittleren Aufwand für alle Testaktivitäten benötigt, oder die Testfallanzahl wird als Parameter für ein aktivitätsbasiertes Schätzmodell genutzt.

Testpunktanalyse (TPA)

Basierend auf der Funktionspunktanalyse wurde von der Firma Sogeti B.V. [URL: Sogeti] die Testpunktanalyse entwickelt. Im Prinzip werden bei dieser Methode die wesentlichen Faktoren, die bereits im Abschnitt über aktivitätsbasierte Modelle aufgelistet wurden, als Faktoren verwendet, mit denen die Zahl der ermittelten Funktionspunkte des Systems multipliziert werden. Die dabei zum Einsatz kommenden Formeln sind recht kompliziert und enthalten etliche erfahrungsbasierte Parameter. In diese Parameter fließen Erfahrungswerte für die Gewichtung der Qualitätsmerkmale, gewisser Eigenschaften der Funktionen, der Umgebung, der Erfahrung und Ausrüstung des Testteams und der Organisationsstruktur ein [Pol 02].

Die Vorteile der Methode: Die Klassifikation der Testpunkte basiert auf der ISO 9126 und passt somit gut zu den in Abschnitt 5.2.4 sowie Kapitel 5.3 geschilderten Methoden zur Erstellung der Teststrategie. Die Erfahrungsfaktoren bilden sehr viele mögliche Einflussfaktoren ab, ohne die Abschätzung unübersichtlich werden zu lassen – TPA kann beispielsweise sehr leicht in Form einer Tabellenkalkulation implementiert werden. TPA liefert eine komplette Aufwandsabschätzung in Teststunden – eine Beaufschlagung mit weiteren Werten wie bei der FPA ist nicht notwendig.

TPA harmoniert mit ISO 9126

Ähnlich wie die FPA lebt die TPA von der Güte der Erfahrungswerte; für eine erstmalige Aufwandsschätzung in einem neuen Unternehmen oder Geschäftsfeld ist sie also kaum geeignet. Werden aber Datensammlung und regelmäßiger Abgleich zwischen Schätzung und Ist-Aufwand regelmäßig vorgenommen und Erfahrungsfaktoren entsprechend nachjustiert, so wird die Methode im Lauf der Zeit immer exakter.

TPA basiert auf FPA   Allerdings erfordert TPA zwingend den Einsatz von FPA – es ist also im Einzelfall abzuwägen, ob auf die komplexe TPA oder auf die oben erwähnten einfachen Formeln zur direkten Ableitung des Testaufwands aus der Funktionspunktanalyse gesetzt wird.

Die Testpunktanalyse verläuft im Einzelnen nach folgendem Schema (s. Abb. 5–5):

Abb. 5–5

Ablaufschema der

Testpunktanalyse

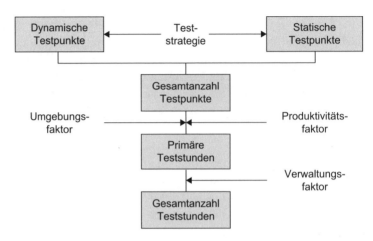

Schätzung von
Testpunkten durch
Qualitätsmerkmale

▨ Dynamische Testpunkte: Für diesen Wert wird für jede einzelne Funktion ermittelt

- der Wert der Funktionspunkte für diese Funktion,
- ein Aufschlag für die Qualitätsmerkmale, die für diese Funktion gefordert werden (Funktionalität, Sicherheit, Integrationsfähigkeit und Leistung)
- und ein Faktor, der die Priorität der Funktion, die Anwendungshäufigkeit, die Komplexität und den Einfluss der Funktion auf das restliche System zusammenfasst.

Diese drei Faktoren werden pro Funktion miteinander multipliziert und die Ergebnisse addiert. Diese Summe, die dynamischen Testpunkte, spiegeln den Aufwand für den dynamischen Test wider.

▨ Statische Testpunkte: Für jedes nicht dynamisch testbare Qualitätsmerkmal (Flexibilität, Testbarkeit, Nachweisbarkeit) wird die Gesamtzahl der Funktionspunkte mit einem Faktor multipliziert und die Zwischenprodukte aufaddiert. Das Ergebnis ist ein Maß für den Aufwand der statischen Prüfungen.

Dynamische und statische Testpunkte werden summiert und anschließend mit Umgebungsfaktoren gewichtet:

Multiplikation mit diversen Einflussfaktoren

- mit dem Umgebungsfaktor, der die Produktdokumentation, vorhandene Entwicklungs- und Testwerkzeuge, Testdokumente, Testware und Testinfrastruktur als aufwandsmindernde oder -steigernde Einflüsse enthält,
- und mit dem Produktivitätsfaktor, der die Qualität von Personal, Prozessdokumentation und Unternehmenskultur anrechnet.
- Abschließend wird der Verwaltungsfaktor beaufschlagt, der mit zunehmender Teamgröße wächst, aber bei Vorhandensein von Teamkoordinationswerkzeugen abgedämpft wird.

Das Ergebnis, wie eingangs erwähnt, ist dann die Zahl der zu erbringenden Teststunden.

5.5 Organisation von Testteams und Teststufen

Sind die Testaufgaben identifiziert und abgeschätzt, so besteht die nächste wichtige Aufgabe darin, sie sinnvoll auf mehrere Teststufen – vom entwicklungsnahen Komponententest bis zum kundennahen Akzeptanztest – zu verteilen. Welche Teststufen können mit den verfügbaren Ressourcen welche der Testaufgaben am wirtschaftlichsten erledigen und welche Testverfahren können dort sinnvoll genutzt werden? Wie kann vermieden werden, dass unnötig redundante Arbeiten entstehen – können vielleicht auch Bestandteile der Testware der einzelnen Stufen auf anderen Stufen wiederverwendet werden?

In großen Softwareprojekten und insbesondere bei Herstellern von Standardsoftware wird es nicht nur mehrere Teststufen, sondern pro Stufe auch mehr als nur ein Testteam geben. Hierarchie und Organisationsstruktur dieser Teams orientieren sich dabei in der Regel an der Architektur bzw. Struktur des zu testenden Systems.

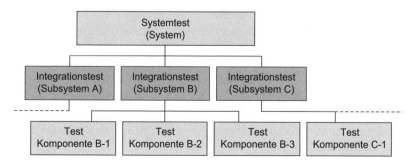

Abb. 5–6
Allgemeine Struktur einer Testorganisation

Die verschiedenen Testteams müssen in hohem Maße kooperieren und sich gegenseitig abstimmen. Zur Minimierung des Testgesamtaufwands bei Maximierung der erzielbaren Testabdeckung müssen die Testpläne der verschiedenen Teams möglichst überschneidungsfrei angelegt werden. Wenn die Teams unterschiedliche Testobjekte testen, wird sich das bei Testteams auf einer Teststufe mehr oder weniger von selbst ergeben. Sobald sich Testobjekte überschneiden, weil mehrere Teams dieselbe(n) Komponenten benötigen und im Test ansprechen müssen, besteht die Gefahr, dass Testfälle unnötig mehrfach erstellt, gepflegt und durchgeführt werden. Zwischen den Teststufen ist eine solche Abstimmung noch wichtiger und muss aktiv herbeigeführt werden. Auch hier wird deutlich, wie wichtig die Berücksichtigung der Testware im Konfigurationsmanagement ist.

Die zugrunde liegende Aufgabenteilung zwischen den Teststufen und die daraus sich ergebende Zuordnung von Testzielen müssen im Testkonzept klar herausgearbeitet werden. Auf Basis des Testkonzepts wird ein Gesamttestplan erstellt. Dieser wird in Teilpläne je Testteam heruntergebrochen. Diese Pläne sollen einem Review unter Beteiligung aller Testmanager unterzogen werden. Dabei haben die Testmanager abzustimmen und zu entscheiden, welche Tests sie aus niedrigeren Stufen (evtl. abgewandelt) in höheren Stufen wiederverwenden wollen, welche Tests nicht übernommen werden und welche Tests ausschließlich in der eigenen Teststufe vorkommen sollen. Im späteren Testverlauf sind dann regelmäßige Abstimmungsrunden zwischen den Testmanagern notwendig, um Testplanänderungen zu koordinieren. Der Ablauf über mehrere Teststufen hinweg soll am Beispiel erklärt werden:

Beispiel:
Ein Testteam für
alle Teststufen

Das Testteam bekommt aus der Entwicklung ein neues Produktrelease »DreamCar v4.5.001« (Release 4.5, Build 1). Zuerst arbeitet das Testteam[7] die Komponententests jeder Komponente ab. Werden Fehlerwirkungen entdeckt, geht das Release zurück an die Entwicklung zur Überarbeitung.

Ist der Komponententest erfolgreich durchgeführt (d.h. die Testendekriterien erreicht), werden die Komponenten an den Integrationstest übergeben und dort integriert. Dann wird der Integrationstest durchgeführt. Werden dabei Fehlerwirkungen entdeckt, welche die Integration blockieren, wird der Test von »v4.5.001« abgebrochen und ein verbesserter Build (d.h. ein funktional gleichwertiges, aber fehlerbereinigtes Release) aus der Entwicklung angefordert. Der Test von »v4.5.002« beginnt dann erneut mit den Komponententests.

Ist der Build stabil und gut genug, so dass die Endekriterien des Komponententests und danach die des Integrationstests erreicht werden, wird er an

---

7. Hier wird angenommen, dass die Entwickler die Komponententests nicht selbst durchführen.

den Systemtest weitergegeben. Wird auch der Systemtest bestanden, wird das Produktrelease v4.5 freigegeben. Verhindern jedoch Fehlerwirkungen die Freigabe, so erhält die Entwicklung den Auftrag für Build 3. Der Test von »v4.5.003« muss wieder mit den Komponententests beginnen.

Im geschilderten Verfahren werden die Teststufen sequenziell absolviert und jeder Build durchläuft einen vollständigen Regressionstest. Das heißt, für jede Teststufe werden alle dort vorhandenen Testfälle an jedem Build wiederholt. Abbildung 5–7 zeigt den Ablauf schematisch:

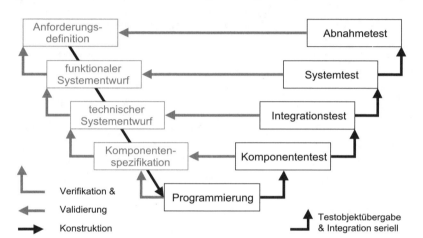

Abb. 5–7
Sequenziell arbeitende Teststufen

Mit diesem einfachen, sequenziellen Verfahren kann sehr fehlerarme Software erreicht werden. Die Testdauer, also die Zeitspanne zwischen Beginn des ersten Komponententests und der Produktfreigabe nach letztmaligem Systemtestzyklus, kann jedoch sehr lang sein und ist abhängig von der Anzahl der nötigen Builds.

Solange es nur ein einziges Testteam gibt, ist das sequenzielle Vorgehen unvermeidlich. Stehen jedoch, wie häufig in größeren Softwareentwicklungsprojekten, mehrere Testteams zur Verfügung (zum Beispiel je Teststufe ein eigenes, unabhängiges Team mit jeweils eigener, auf die Anforderungen der Teststufe zugeschnittenen Testumgebung und passenden Werkzeugen), so wäre ein paralleles Arbeiten aller Testteams und damit aller Teststufen denkbar (s. Abb. 5–8):

Ein Testteam je Teststufe

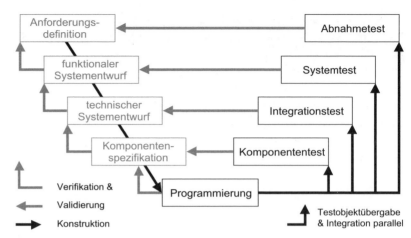

Abb. 5-8

Parallel arbeitende

Teststufen

Nach der Fertigstellung eines Build geht dieser gleichzeitig in alle Teststufen, und jede Testgruppe beginnt unmittelbar »ihre« Testfälle abzuarbeiten. Weil nicht auf den Abschluss von Tests in vorgelagerten Stufen gewartet werden muss, kann das Verfahren sehr schnell sein.

Da aber jede Teststufe auf demselben ungetesteten Build aufsetzt, ist die Wahrscheinlichkeit hoch, dass eine Teststufe durch im Build enthaltene, testbehindernde Fehlerwirkungen gebremst oder gar blockiert wird. Bei sequenziellem Test wäre ein hoher Anteil solcher testblockierenden Fehlerwirkungen auf einer niedrigeren Teststufe entdeckt und dann beseitigt worden. Die höhere Teststufe hätte sich mit dem für sie unzureichenden Build gar nicht beschäftigt. Daraus folgt auch unmittelbar das Risiko, dass – ggf. sogar unterschiedliche – Fehlerwirkungen zeitgleich von verschiedenen Teststufen entdeckt und gemeldet werden, die auf den gleichen Fehlerzustand zurückzuführen sind.

Paralleles Testen bei unreifen Builds ineffizient

In der Praxis bedeutet dies, dass bei »unreifen« Builds parallel arbeitende Teststufen ineffizienter als sequenziell arbeitende sind. Letzten Endes werden genauso viele Build-Zyklen benötigt wie im sequenziellen Verfahren. Die höheren Teststufen verschwenden jedoch einen großen Teil ihres Aufwands mit Tests, die auf Blockaden laufen und am nächsten Build wiederholt werden müssen. Die Tests höherer Stufen sind ineffizient, weil das Testobjekt für die betroffene Teststufe zu früh und zu unreif übergeben wurde.

Koordination der Teststufen durch Übergabetests

Wie können mehrere Testteams dennoch effizient zusammenwirken, ohne allzusehr aufeinander warten zu müssen? Das Problem kann gelöst werden, indem jede Teststufe bzw. jede Testgruppe lokale »Übergabetests« einführt. Hierzu definiert jede Teststufe aus allen ihren Testfällen zwei möglichst kleine Teilmengen. Der →Übergabetest ist somit eine Teilmenge der Tests einer Teststufe.

Die erste Übergabetest-Teilmenge sind die so genannten lokalen »Akzeptanztests«. Der Akzeptanztest ist der Übergabetest der annehmenden Teststufe. Erhält die Teststufe ein neues Testobjekt, so führt sie zunächst diese Akzeptanztests durch. Nur wenn alle bestanden werden, beginnt die Teststufe mit der Durchführung der weiteren für diese Teststufe vorgesehenen Tests. Die Akzeptanztests sind so zu wählen, dass instabile Testobjekte oder Testobjekte, welche die in dieser Teststufe nötige Basisfunktionalität nicht besitzen, mit hoher Wahrscheinlichkeit identifiziert und zurückgewiesen werden.

Akzeptanztests der annehmenden Teststufe

Als zweite Übergabetest-Teilmenge definiert jede Teststufe lokale »Freigabetests«. Der →Freigabetest ist der Übergabetest der abgebenden Teststufe. Sobald im Zuge des Testbetriebs alle Testfälle, die als »Freigabetest« markiert bzw. ausgezeichnet sind, erstmalig bestanden sind, gibt die Teststufe der nachfolgenden Teststufe das Signal zum Start der dortigen Tests. Die nachfolgende Stufe beginnt ihre Akzeptanztests. Sie selbst führt den Testbetrieb weiter, bis ihr lokaler Testplan komplett abgearbeitet ist. Während dieser Zeitspanne arbeiten beide Teststufen parallel bzw. überlappend.

Freigabetests der abgebenden Teststufe

Der Nutzen ist klar: Unnötige Testblockaden in höheren Teststufen können zwar nicht ausgeschlossen, aber stark reduziert werden. Und je nachdem, wie groß die Akzeptanztest- und Freigabetestpakete gewählt werden, kann gezielt gesteuert werden, wie stark die Überlappung bzw. Parallelisierung der Testarbeiten sein soll. Die Testgesamtdauer bzw. Testdurchlaufzeit kann gegenüber dem sequenziellen Verfahren verkürzt werden.

Allerdings hat das Verfahren auch seinen Preis: Abstimmungs- und Ressourcenbedarf steigen deutlich an. Das Vorgehen lohnt nur, wenn eine möglichst kurze Testdurchlaufzeit (»time to market«) wichtiger ist als minimierte Testkosten. Das Vorgehen wird auch als »getriggerte« Übergabe des Testobjekts an die Teststufen bezeichnet und ist in Abbildung 5–9 schematisch dargestellt.

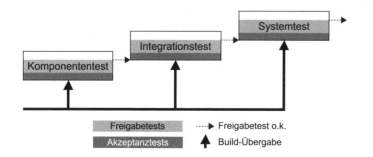

Abb. 5–9

Getriggert arbeitende Teststufen

Auswahlstrategie für
Übergabetests

- ◼ **Akzeptanztests:** Es ist ein (kleiner) Querschnitt aus allen Testfällen der Teststufe so zu wählen, dass die Hauptfunktionen und die für diese Teststufe entscheidenden Funktionen und Anforderungen überprüft werden; die Durchführung dieser Akzeptanztests ist zu automatisieren, so dass sie im Anschluss an jede Testobjektübernahme bzw. -installation vollautomatisch und schnell ausgeführt werden kann.
- ◼ **Freigabetests:** Um Freigabetests zu ermitteln, sind die folgenden Überlegungen notwendig. Für die Testfälle der nachfolgenden Teststufe sind möglicherweise Vorbedingungen einzuhalten. Wenn es Testfälle in der eigenen Teststufe gibt, die diese Vorbedingungen nachweisen, dann sind diese Testfälle für den Freigabetest auszuwählen. Testfälle, die Freigabetestfälle sind, werden im Testplan als solche markiert und zeitlich möglichst früh und mit hoher Priorität eingeplant. Das erlaubt, möglichst frühzeitig ein Freigabesignal an die nächste Teststufe geben zu können.
- ◼ **weitere Tests:** Wenn die Freigabetests erfolgreich gelaufen sind, setzt die Teststufe ihr weiteres Testprogramm fort. In das Testergebnis der Teststufe gehen die Resultate und Erkenntnisse aus allen drei Tests (Akzeptanz-/Freigabe-/weitere Tests) ein.

5.6 Testplanung als entwicklungsbegleitender, iterativer Prozess

Testen ist keine
einmalige Angelegenheit

Kaum ein Produkt wird heutzutage als »Big Bang« mit einem Wasserfallmodell realisiert, d.h. in einem »Rutsch« entwickelt, einmal getestet und dann ausgeliefert. Test- und Entwicklungszyklen werden üblicherweise miteinander verzahnt (s. Kap. 2), um den immer viel zu kurzen Zeitraum bis zur Auslieferung an den Kunden nutzen zu können und um durch das Herunterbrechen der gesamten Testaufgaben auf mehrere Teilzyklen die Planbarkeit und die Reaktionsfähigkeit auf Änderungen zu erhöhen – bei gleichzeitiger Senkung des Projektrisikos. Testplanung wird damit zu einer entwicklungs- und testbegleitenden Optimierungsaufgabe des Testmanagements.

5.6.1 Testaktivitäten frühzeitig beginnen und stufenweise verfeinern

Frühzeitig mit
Testplanung beginnen

Die Testplanung kann – und muss – sehr früh beginnen, und zwar parallel zu den frühen Phasen der Softwareentwicklung, d.h. dem Anforderungsmanagement und dem Design, auch wenn zu diesem Zeitpunkt noch nicht alle Informationen vorliegen, die zum Abschluss der Planung notwendig sind (s. insbesondere das W-Modell in Kap. 2).

Da weitere Testzyklen und damit auch Planungsphasen für den Test folgen, kann die erste Testgrobplanung stufenweise ergänzt und konkretisiert werden. Basierend auf den bereits stabilen Plandaten kann parallel dazu mit weiteren Aktivitäten, wie dem Einrichten der Testumgebung, der Spezifikation und sogar der teilweisen Automatisierung von Tests begonnen werden. Das Testteam gewinnt Zeit und kann idealerweise bereits bei Vorliegen der ersten Testobjekte mit der Testdurchführung beginnen.

Informationen aus der Testplanung können frühzeitig nach außen gegeben werden, um sie in einem Review durch andere Projektbeteiligte prüfen zu lassen. Teiltestpläne können so stufenweise freigegeben und die aus ihnen folgenden Aktionen angestoßen werden.

Außerdem werden für den Test notwendige Beistellungen oder Mitwirkungsleistungen rechtzeitig kommuniziert, und potenzielle Probleme hiermit werden früher sichtbar und können behandelt werden.

Verzahntes Arbeiten erleichtert die gegenseitige inhaltliche und planerische Abstimmung zwischen Entwicklungs- und Testprozessen. Beispielsweise kann die Planungsinformation aus dem Test genutzt werden, um die Lieferreihenfolge von Komponenten des zu testenden Systems optimal auf die geplante Strategie beim Integrationstest dieser Komponenten abzustimmen. Spezifikationsdokumente sind begleitend zur Anforderungs- und Designphase des zu entwickelnden Systems zu erstellen. Erfahrungsgemäß kann die Testdesignspezifikation basierend auf einem hinreichend stabilen Stand der Anforderungsdokumente erzeugt werden, die Testfall- und Testprozedurspezifikationen basierend auf den Ergebnissen des Softwaredesigns. Das frühzeitige Verfassen von Testplänen und Testspezifikationen ist zudem eine effiziente Verifikationsmaßnahme für das Testobjekt und seine Dokumentation (s.a. hier die Dokumentation zum W-Modell in Kap. 2).

5.6.2   »Plan-do-check-act«-Zyklen im Testen

W. Edwards Deming prägte in den Fünfzigerjahren des 20. Jahrhunderts den Begriff des »PDCA-Zyklus« für die kontrollierte Änderung von Geschäftsprozessen. Er verfeinerte damit ein Konzept von Walter A. Shewhart aus den Zwanzigerjahren:

PDCA auf verschiedenen Ebenen

- Plan: Untersuche die gegenwärtige Situation, plane die Veränderung, analysiere die Änderungsauswirkungen und prognostiziere die Prozessergebnisse.
- Do: Setze die Änderungen um, und zwar in einer kontrollierten Umgebung und in kleinen Schritten.

Check: Prüfe die Umsetzung und die Ergebnisse des geänderten Prozesses.

Act: Wenn die Änderung des Prozesses die erwarteten (verbesserten) Resultate geliefert hat, etabliere die Änderung als Standard.

Diese Vorgehensweise finden wir im Testprozess auf verschiedenen Ebenen wieder:

Auf der Ebene der Testprojekt- und Teststufenpläne, die kontinuierlich an die Erkenntnisse angepasst werden müssen, die bei der Testdurchführung gewonnen werden; Ausgangspunkt hierfür sind geeignete Metriken zur Feststellung von Planabweichungen. Plan- und insbesondere Strategieänderungen müssen an die jeweiligen Projektverantwortlichen deutlich und rechtzeitig kommuniziert werden. Alle hiermit verknüpften Aktivitäten sind in Kapitel 6 geschildert – die Grenzen zwischen der Steuerung von Tests (basierend auf einer vorgegebenen Planung) und der erneuten Planung bzw. Überarbeitung der Planung sind fließend.

Auf der Ebene des Testkonzepts, das bei solchen Planabweichungen ebenfalls angepasst werden muss, wenn diese teststufenübergreifende Auswirkungen haben, wenn das Projekt von den Testzielen abweicht oder wenn die Abweichungen auf systematische Fehler im Testkonzept zurückzuführen sind.

Auf der Ebene von Testhandbuch und Testpolitik, in die schrittweise die Erfahrungen und wiederverwendbaren Lösungen (Best Practices) aus den Testkonzepten beendeter Testprojekte einfließen.

5.7 Zusammenfassung

Testen erfolgt in der Regel in Form von abgeschlossenen Testprojekten, die wiederkehrende Aktivitäten in Form von Testzyklen beinhalten.

Aufgabe des Testkonzepts als konkrete Anwendung des Testhandbuches ist es, die strategischen Forderungen der Testpolitik im konkreten Projekt abzubilden.

Neben der Dokumentation von Abweichungen vom Testhandbuch im konkreten Projekt beinhaltet das Testkonzept u. a.:

- kurze Beschreibungen aller geplanten Testaktivitäten sowie der geschätzten Kosten und Durchführungszeiten dieser Aktivitäten

- notwendige Voraussetzungen und Beistellungen von Personen oder Institutionen außerhalb des Testprojekts

- die Planung der einzelnen Testzyklen und deren Abstimmung mit dem Softwarereleaseplan
- eine Aufzählung und kurze Inhaltsangabe aller zu erzeugenden Projektergebnisse

Die Vorgaben des Testkonzepts wiederum werden im Testprojektplan in konkrete Ressourcen- und Terminzuordnungen abgebildet.

Bei umfangreichen Projekten erfolgt dies ggf. in mehreren Teststufenplänen, von denen jeder das Testkonzept auf die Ebene einer einzelnen Teststufe abbildet.

Der Standard IEEE 829 gibt zur Erstellung von Testkonzepten eine Struktur vor, die alle wesentlichen Aspekte der Testplanung abdeckt.

Wesentliche Bestandteile dieser Gliederung sind:

- die Teststrategie,
- die Testaufwandsabschätzung und
- die Testorganisation.

Aufgabe der Teststrategie ist die Zuordnung der für das System geforderten Qualitätsmerkmale, der zu deren Verifikation einzusetzenden Testverfahren, der Verteilung der zur Verfügung stehenden Ressourcen auf die Aktivitäten und die Anordnung dieser in einer sinnvollen Reihenfolge. Im Fokus steht dabei die Minimierung des Produktrisikos.

Zur Abschätzung des Aufwands der Testaktivitäten können unterschiedliche Techniken verwendet werden:

- Intuition oder Raten
- Erfahrung
- Firmenstandards
- einer detaillierten Aufschlüsselung aller Testaktivitäten
- Formeln
- Funktionspunktmethode
- Testpunktmethode
- einer einfachen prozentualen Bezifferung relativ zum Entwicklungsaufwand
- Metriken
- vergleichbarer Projekte (insbesondere zur Abschätzung von wiederholten Testzyklen)
- Berechnung des mittleren Aufwands pro Testobjekt oder pro Testfall aus vorhergehenden Testdurchläufen und Multiplikation mit der geschätzten Anzahl im aktuellen Testdurchlauf

▨ Durch geschickte Verteilung des Aufwands auf verschiedene Teststufen und Testteams können die zur Verfügung stehenden Ressourcen optimal genutzt werden; Erfolgsfaktoren hierfür sind
dabei:

- die gewählte Organisationsstruktur,
- die möglichst überschneidungsfreie Aufgabenteilung zwischen
den Testteams und Teststufen und
- die Übergabe der Testobjekte an die nächste oder vorherige
Teststufe zum richtigen Zeitpunkt; zu regeln durch geeignete
Ein- und Ausgangskriterien.

▨ Testplanung endet nicht mit dem Beginn der ersten geplanten Aktivität im Projekt; vielmehr ist Testplanung ein iterativer Prozess, der
entwicklungsbegleitend abläuft.

▨ Die Planung muss so früh wie möglich beginnen, um Projektrisiken
möglichst ausschließen zu können oder zumindest frühzeitig sichtbar zu machen, und um genügend Zeit zur Vorbereitung der eigenen Aktivitäten und zur Lieferung von Beistellungen zu lassen; dies
muss auch geschehen, wenn zu diesem Zeitpunkt noch nicht alle
Informationen vorliegen.

▨ Die Planung muss stufenweise verfeinert werden, sobald diese
neuen Informationen vorliegen; auch auf Basis einer ersten und
noch groben Planung müssen bereits Aktivitäten wie eine frühzeitige Testspezifikation gestartet werden können.

▨ Die Planung muss genutzt werden können, um die Entwicklungs-
planung der Softwarekomponenten zu beeinflussen, d.h., Abhängigkeiten der Testaktivitäten von den übrigen Entwicklungsaktivitäten müssen sichtbar gemacht werden.

6 Teststeuerung

In den vorangegangenen Kapiteln wurde erläutert, wie die Testarbeiten konzipiert und geplant werden. Dieses Kapitel erläutert nun, wie der Testmanager die Testarbeiten im Testverlauf steuert, um sicherzustellen, dass der Testplan planmäßig umgesetzt wird. Abschließend werden Hinweise und Tipps für ein angemessenes Berichtswesen gegeben.

Der beste Plan ist nur so gut wie seine Umsetzung. So wie Projektmanager daran gemessen werden, welche Projektresultate am Ende erbracht worden sind, werden Testmanager daran gemessen, ob und wie gut es gelungen ist, die strategischen Vorgaben des Testkonzepts und die operativen Vorgaben des Testprojektplans tatsächlich umzusetzen.

Dazu muss der Testmanager die Testarbeiten aktiv steuern. Die Teststeuerung (engl. *test control*) umfasst die Ermittlung und Umsetzung aller Maßnahmen, die notwendig sind, um während des Testverlaufs sicherzustellen, dass die Testarbeiten planmäßig abgearbeitet und die Testziele erreicht werden. Dies bedingt das rechtzeitige Initiieren der Testaufgaben, das kontinuierliche Überwachen des Testfortschritts und das angemessene Reagieren auf Testergebnisse und ggf. veränderte Rahmenbedingungen. Aufgrund der gewonnenen Erkenntnisse ist dann zu bewerten, ob der Testprozess beendet werden kann. Die Testergebnisse und Informationen über den Testverlauf sind im Testbericht zu kommunizieren.

Testarbeiten aktiv steuern

Aus jedem Durchlauf durch den Testprozess (Testzyklus) resultieren in der Regel Fehlerkorrektur- oder Änderungsaufträge für die Entwickler. Werden Fehlerzustände korrigiert oder Änderungen umgesetzt, entsteht eine neue Version der Software, die wiederum getestet werden muss. In der Regel wird der Testprozess deshalb mehrfach – in Zyklen – durchlaufen. Weiterhin läuft der Testprozess (u.U. parallel) in jeder der verschiedenen Teststufen ab. Je nach Projektgröße kann für jede Teststufe ein eigener Testmanager zuständig sein (vgl. Kap. 5).

Die folgenden Abschnitte erläutern die verschiedenen Steuerungsaufgaben des Testmanagers teilweise vereinfacht aus der Perspektive eines einzelnen Testzyklus. Der iterative Charakter und der möglicherweise parallele Ablauf des Testprozesses in weiteren Teststufen führen in der Praxis zu weiterem Management- bzw. Steuerungsbedarf.

6.1 Initiieren der Testaufgaben

Testaufgaben
klar zuweisen
Die im Testprojektplan vorgesehenen Aufgaben müssen initiiert werden. Das heißt, der Testmanager muss dafür sorgen, dass geplante Aufgaben an Mitarbeiter übertragen werden und diese Mitarbeiter ihre zugedachte Aufgabe verstehen, annehmen und mit der Bearbeitung zeitgerecht beginnen. Es wäre naiv anzunehmen, dass alle Aufgaben, nur weil sie im Plan aufgelistet sind, auch schon bei ihren Bearbeitern »angekommen« sind. Bei der Zuordnung der Bearbeiter zu den Testaufgaben kann der Testmanager im Prinzip zwischen zwei Strategien wählen:

- Feste Zuweisung bestimmter funktionaler oder anwendungsspezifischer Testthemen an einzelne Mitarbeiter: So kann z.B. ein Mitarbeiter das fachliche Thema »VSR-Vertragsmanagement« über den gesamten Testzeitraum betreuen, d.h., Spezifikation, ggf. Automatisierung und Durchführung der zugehörigen Testfälle erfolgen durch denselben Tester. Vorteil dieser Strategie: Der Tester kann und wird sich tief in das Testobjekt einarbeiten und umfassendes Wissen über das zu testende System sammeln und demgemäß auch nutzen können. Diese Strategie funktioniert jedoch nur mit umfassend testfachlich ausgebildeten Mitarbeitern. Zudem besteht eine Gefahr darin, dass die Testspezifikation, aber auch die Testergebnisse personenabhängig werden können. Damit kann sowohl die Nachvollziehbarkeit als auch die Vollständigkeit des Tests leiden.
- Testphasen- bzw. rollenorientierter Einsatz der Testmitarbeiter: Testdesigner spezifizieren die Testfälle, Testautomatisierer implementieren die Testautomatisierung, und Tester sind zuständig für die Durchführung der Tests und das Erstellen von Fehlermeldungen. Dazu müssen die Tests personenunabhängig, also hinreichend genau und ausführlich spezifiziert werden. Die Vorgehensweise sichert eine sehr hohe Nachvollziehbarkeit und Regressionstestfähigkeit.
- Wenn das Sollverhalten des Testobjekts unklar ist oder sich das Testobjekt noch stark ändert, oder bei extremem Zeitdruck, kann es schwierig oder zu aufwändig sein, genaue Testspezifikationen zu erstellen. Eine personengebundene Aufgabenzuordnung, wie oben beschrieben, kann dann zweckmäßiger sein.

In der Praxis werden beide Strategien angewendet. Beispielsweise werden dedizierte Tester für fachlich besonders anspruchsvolle, risikobehaftete und erfolgskritische Themen eingesetzt, während parallel zur Effizienzgewinnung »in der Breite« mit phasen- bzw. rollenorientierter Aufgabenzuordnung gearbeitet wird.

Durch die bloße Zuordnung einer Aufgabe im Plan ist diese aber an den betreffenden Mitarbeiter noch nicht übertragen. Der Testmanager muss sicherstellen, dass jeder Mitarbeiter seine ihm zugedachten Aufgaben versteht, annimmt und mit der Bearbeitung zeitgerecht beginnt. In manchen Fällen wird ein »Zuruf« oder ein kurzes Telefonat ausreichen. In anderen Fällen wird es angebracht sein, einen Einarbeitungsplan zu vereinbaren. Vielleicht ist es auch erforderlich, einen »freien Schreibtisch« zu beschaffen oder andere organisatorische Hürden aus dem Weg zu räumen, damit der Mitarbeiter produktiv tätig werden kann. Derartige allgemein organisatorische Arbeiten werden in diesem Buch nicht weiter dargestellt. Dennoch kann ein großer Anteil der Arbeitszeit des Testmanagers durch solche organisatorischen Tätigkeiten »aufgefressen« werden. Das muss der Testmanager bei der Planung seiner eigenen Arbeitspakete einkalkulieren.

Sicherstellen, dass Testaufgaben verwendet werden

6.2 Überwachen des Testfortschritts

Die Überwachung des Testfortschritts muss einsetzen, sobald die erste grobe Version des Testprojektplans vorliegt. Dabei geht es nicht nur um die Überwachung der Testdurchführung, auch alle testvorbereitenden Aufgaben müssen überwacht werden. Beispielsweise ist sicherzustellen, dass die Testfälle rechtzeitig spezifiziert werden (auch solche, die erst später, z.B. für die nächste Version des Testobjekts eingeplant sind). Oder dass für Tests, die später automatisiert ablaufen sollen, rechtzeitig eine Testautomatisierung aufgebaut wird. Und nicht zuletzt ist sicherzustellen, dass die Testobjekte an den Test übergeben und in der Testumgebung installiert werden.

Es genügt also nicht, nur auf die Testdurchführung zu achten, denn Verzögerungen bei der Testspezifikation oder der Testautomatisierung führen unweigerlich zu Verzögerungen in späteren Testzyklen. Zu beantworten sind also Fragen hinsichtlich dreier Aufgabenkategorien:

Testfortschritt gegenüber Testprojektplan

- Wie viele der im Plan enthaltenen Testfälle sind bereits spezifiziert? Wie viele und welche müssen noch spezifiziert werden? Wie lange wird das voraussichtlich dauern? Können die Arbeiten rechtzeitig abgeschlossen werden?

- Welche Tests sind fertig automatisiert? Passt diese Automatisierung noch zur aktuellen Version des Testobjekts, oder muss die Automatisierung angepasst werden? Welche weiteren fertig spezifizierten Tests eignen sich zur Automatisierung? Rechnet sich der Automatisierungsaufwand? Wann muss diese erweiterte Automatisierung bereitstehen?
- Welche Tests (automatisierte oder manuelle) sind gelaufen? Welche Tests sind offen, verspätet oder blockiert?

Jede dieser Fragen sollte jederzeit für jeden einzelnen Testfall beantwortet werden können. Dazu muss das Team den Bearbeitungsstatus jedes Testfalls im Testprojektplan dokumentieren und aktuell halten. Es ist klar, dass dies nur gelingt, wenn ein gut strukturierter und aktuell geführter Testprojektplan vorliegt.

Testprojektplan Template

Für kleinere Projekte (bis ca. 5 Testmitarbeiter) kann hier ein Tabellenkalkulationsblatt ausreichen. Ein Beispiel für ein solches Testprojektplanblatt findet sich zum Herunterladen unter [URL: Templates]. Bei größeren Projekten, in denen viele Teammitglieder parallel nach dem Testprojektplan arbeiten bzw. diesen aktualisieren, wird hingegen schon allein wegen technischer Beschränkungen ohne ein datenbankbasiertes Testmanagementwerkzeug nicht auszukommen sein.

Aus einem zeitnah geführten Testprojektplan lassen sich vielfältige Auswertungen über den erreichten Testfortschritt ermitteln und Antworten zu beispielsweise folgenden Fragen gewinnen: Wie viel Prozent der Testfälle haben einen bestimmten Status erreicht (z.B. »durchgeführt«)? Sind die Arbeiten im Plan? Falls nein, wie stark weicht der Fortschritt vom Plan ab? Wie viel Aufwand hat das Team noch vor sich?

Beispiel:
Verfolgung des
Testfortschritts
im Projekt VSR

Der Testmanager des VSR-Projekts präsentiert im Rahmen seines Testberichtes die Testfortschrittstatistik der letzten 3 Testzyklen. Jeder Testzyklus dauert 3 Wochen, wobei (mit dem vorhandenen Testteam) je Woche maximal 250 Testfälle durchgeführt werden können. Die Auswertung dokumentiert folgenden Testverlauf (s. Abb. 6–1):

Im ersten Zyklus (KW 24–26) waren 350 durchgeführte Testfälle als Zielmarke vorgegeben. Gewisse Anlaufschwierigkeiten waren also eingeplant. Wegen des funktional unvollständigen und noch sehr unreifen Testobjekts konnten aber lediglich 150 Testfälle abgearbeitet werden. Nur 45 Testfälle davon liefen fehlerfrei.

Der zweite Zyklus startete in KW 27 mit einem stark überarbeiteten und erweiterten Testobjekt. Von den nun je Woche geplanten 200 Testfällen konnten 50 % – 70 % tatsächlich durchgeführt werden. Die Quote bestandener Testfälle lag bei knapp 75 %. In der Summe konnten 266 der geplanten 600 Testfälle, also 44 %, erfolgreich absolviert werden.

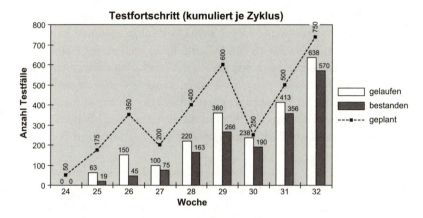

Abb. 6–1

Testfortschritt über drei Testzyklen

Zyklus 3 erhielt in KW 30 ein fehlerkorrigiertes, stabiles Testobjekt und verlief zunächst nahezu planmäßig. Da in KW 31 ein Tester krankheitsbedingt ausfiel, sank der Testfortschritt leider unter die Zielmarke zurück. In der Summe konnten 638 der geplanten 750 Testfälle (85 %) absolviert werden. 76 % der geplanten Tests sind damit fehlerfrei gelaufen.

Die oben beschriebene Verfolgung des Testfortschritts bezieht sich ausschließlich auf den Inhalt des Testprojektplans (testplanorientierte Testabdeckung). 100 % Testfortschritt bedeuten damit »alle geplanten Tests sind durchgeführt«. Das genügt aber nicht. Denn wie wird sichergestellt, dass alle nötigen Tests auch geplant und im Testprojektplan enthalten sind? 100 % Testfortschritt bezogen auf den Testprojektplan bedeuten also nicht unbedingt, dass das Testobjekt hinreichend getestet wurde.

Testabdeckungskonzepte

Daher werden zusätzlich geeignete Testabdeckungsmaße (»Coverage«-Metriken) benötigt. Diese messen den Testfortschritt gegenüber dem Produkt- bzw. Testobjektumfang (testobjektorientierte Testabdeckung). Entsprechende Metriken stellt Kapitel 11 vor.

Testfortschritt gegenüber Produktumfang

Der Produktumfang kann auf verschiedenen Abstraktionsebenen betrachtet und gemessen werden. Wichtig ist, dass die gewählte Metrik der Abstraktionsebene entspricht, auf der in der jeweiligen Teststufe (vgl. Kap. 3) gearbeitet wird. So werden Code-Coverage-Maße vorzugsweise im Komponententest angewendet; architekturbezogene Maße eignen sich für den Integrationstest. Im System- und Abnahmetest wird in erster Linie die Anforderungsabdeckung (»Requirements Coverage«) gemessen. Existieren Anforderungen ohne zugeordneten Testfall, fehlen offensichtlich Tests im Testplan. Existieren andererseits Testfälle, die keiner Anforderung zugeordnet werden können (oder evtl. nur auf einer Ebene sehr grob formulierter Anforderungen), dann fehlen Anforderungen. Die Tester haben dann offenbar Anwendungsfälle identifiziert, über die sich die Anforderungsformulierer (z. B. Kunde oder Systemdesigner) noch keine Gedanken gemacht haben.

Die testobjektorientierte Abdeckung kann analog zur testplanorientierten Abdeckung ausgewertet werden, beispielsweise zur Beantwortung der folgenden Fragen: Wie viel Prozent der Bezugseinheiten (Codezeilen, Architekturkomponenten, Anforderungen) wurden durch ausgeführte Testfälle geprüft? Entspricht dies dem Plan? Falls nein, wie stark weicht der Fortschritt vom Plan ab? Wie viel Aufwand liegt noch vor dem Team?

Die Messung und Auswertung sind jedoch schwieriger, weil Bezugsgröße und Testfälle miteinander verknüpft betrachtet werden müssen. Mit modernen Testmanagementwerkzeugen kann das jedoch realisiert werden.

Wie eingangs erwähnt, helfen testobjektorientierte Abdeckungsmaße festzustellen, ob Testfälle fehlen. Daher soll der Testmanager nicht nur prüfen, ob sich mit fortschreitendem Test die Abdeckung hinreichend erhöht. Er soll auch alle schwach abgedeckten Teile der Software daraufhin überprüfen, ob Testfälle in der Testdesignspezifikation fehlen. Falls sich das herausstellt, muss diese ergänzt und die ergänzten Tests müssen nachgeholt werden. Eine hilfreiche Metrik hierzu ist die »Test Design Verification« Metrik (s. Kap. 11).

Zeitpunkte für die Testfortschrittskontrolle

Neben der Frage, wie der Testfortschritt ermittelt und dargestellt wird, stellt sich auch die Frage, wann dies zu tun ist. Hierzu folgende Empfehlungen:

- Der testplanorientierte Testfortschritt soll kurzfristig ausgewertet werden, z. B. wöchentlich oder in »heißen Testphasen« sogar täglich. Hier sichtbar werdende Verzögerungen haben meist ihre Ursache in unreifen Testobjekten oder in Abstimmungsfehlern im Testteam. Hier ist kurzfristiges Reagieren wichtig.
- Testobjektorientierte Abdeckungsmaße sollten zum Testzyklusende betrachtet werden. Sind alle im Testzyklus vorgesehenen Testfälle durchgeführt und ist die Abdeckung dann nicht ausreichend, so müssen Testfälle ergänzt werden. Diese kommen dann im folgenden Testzyklus zur Durchführung, oder der aktuelle Zyklus wird entsprechend verlängert.

Beispiel: Messung und Auswertung der Anforderungsabdeckung

Das Testkonzept im VSR-Projekt fordert, dass die jeweils erzielte Anforderungsabdeckung gemessen und für jeden Testzyklus verfolgt wird. Um diese Forderung zu realisieren, wird das Testmanagementwerkzeug »TestBench« [URL: TestBench] eingesetzt, das eine Schnittstelle zum Anforderungsmanagementwerkzeug bietet. Der Testmanager importiert die Anforderungsliste in das Testmanagementwerkzeug. Um abzubilden, welche Testfälle welche

Anforderungen validieren, ordnen die Testdesigner jedem Testfall eine oder mehrere Anforderungen zu.

Die folgende Abbildung zeigt dies am Beispiel von Testfall »2.1.1. Endpreis berechnen ohne Rabatt«. Mit diesem Testfall sind vier Anforderungen verknüpft. Drei Anforderungen davon sind als »bearbeitet« markiert, was bedeutet, dass der Testfall 2.1.1. diese tatsächlich validiert. Die vierte Anforderung soll ebenfalls durch Testfall 2.1.1 validiert werden. Dazu muss Testfall 2.1.1. jedoch noch überarbeitet und ergänzt werden. Die Anforderungsverknüpfung ist daher noch »unbearbeitet«.

Abb. 6–2

Verknüpfung von Anforderungen mit Testfällen

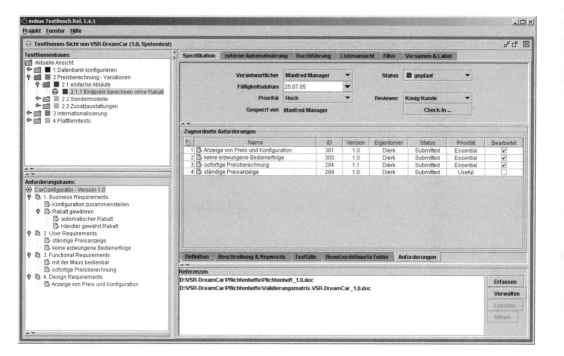

Wenn sich Anforderungen ändern oder neue hinzukommen, kann der Testmanager den Testplan mit der aktuellen Version der Anforderungsliste (Baseline) synchronisieren. Über eine Filterabfrage zeigt TestBench, welche Testfälle von geänderten Anforderungen betroffen sind oder welchen Anforderungen noch gar keine Testfälle zugeordnet sind. Die Testdesigner können so sehr schnell feststellen, wo Testfälle zu ändern oder zu ergänzen sind. Auf Basis dieser Verknüpfungen zwischen Anforderungen und Testfällen bzw. Testspezifikation ermittelt der Testmanager nach jedem Testzyklus, welche Anforderungen im Testlauf tatsächlich geprüft wurden und mit welchem Ergebnis.

Abbildung 6–3 zeigt die Tool-generierte Auswertung über die erreichte Anforderungsabdeckung. Die Tabelle zeigt beispielsweise, dass Anforderung 301 durch drei verknüpfte Testfälle geprüft werden soll, jedoch einer dieser drei Testfälle fehlerhaft gelaufen ist. Damit kann die Anforderung noch nicht als »validiert« betrachtet werden:

Abb. 6–3

Auswertung der
Anforderungsabdeckung

Requirements				Test Cases			
Id	Key	Vers.	Prio	passed	failed	open	total
301	Anzeige von Preis und Konfiguration	1.0	1	2	1	0	3
300	keine erzwungene Bedienerfolge	1.0	1	1	0	0	1
298	Händler gewährt Rabatt	1.0	1	3	1	0	4
297	automatischer Rabatt	1.0	1	1	0	0	1
295	Rabatt gewähren	1.0	1	0	0	2	2
294	sofortige Preisberechnung	1.1	1	3	0	0	3
296	mit der Maus bedienbar	1.0	2	0	0	0	0
299	ständige Preisanzeige	1.0	3	1	0	1	2
292	Konfiguration zusammenstellen	1.0	3	2	0	1	3

	ok	failed	open

Die im VSR-Projekt eingesetzten Werkzeuge unterstützen den bidirektionalen Datenaustausch zwischen Anforderungsmanagement- und Testmanagementwerkzeug. Der Testmanager kann damit den Validierungsstatus je Anforderung nach jedem Testlauf in das Anforderungsmanagementwerkzeug zurück übertragen. So erhalten auch alle Projektbeteiligten außerhalb des Tests eine für sie bewertbare Rückkopplung über den im Projekt erreichten Testfortschritt.

6.3   Reagieren auf Testergebnisse

Anhand der bei der Fortschrittsüberwachung gewonnenen Erkenntnisse müssen Testmanager ggf. zielgerichtete Korrekturmaßnahmen einleiten. Zeigt sich beispielsweise, dass die Testdurchführung dem Plan hinterherhinkt, ist zu ermitteln, wie viele Testfälle und welche Mitarbeiter betroffen sind. Daraus kann abgeleitet werden, ob und auf welche anderen Mitarbeiter Tests verlagert werden können. Ist eine Arbeitsumverteilung als Maßnahme nicht ausreichend, müssen Ressourcen aufgestockt werden. Der Bedarf dazu kann anhand der Daten belegt und so dem Management gegenüber argumentiert werden.

Gelingt aber weder eine Umverteilung noch eine Ressourcenaufstockung, so müssen Testfälle terminlich verschoben, neu priorisiert oder ganz gestrichen werden. Bei allen diesen Planänderungen ist es wichtig, die Nachvollziehbarkeit der Plananpassungen und ihrer Ursachen sicherzustellen, um durch nachgeschaltete Analysen wie Projektreviews, metrikbasierte Auswertungen etc. aus solchen Situationen zu lernen und in Folgeprojekten die Planungsgenauigkeit erhöhen zu können.

Für die schnelle Zuteilung oder Umverteilung von Aufgaben ist die tabellarische Darstellung der Testprojektplandaten gut geeignet. Der Testmanager filtert den Plan beispielsweise nach »nicht gelaufenen« Tests zum Thema »Vertragsmanagement«. Indem er in dieser Teilliste den Testfallbearbeiter neu zuweist, und ggf. neue Zieltermine einträgt, ist die Umplanung aufwands- und fehlerarm zu erledigen. Der betroffene Tester bekommt anschließend seine neue Aufgabenliste beispielsweise als Ausdruck, per E-Mail oder als persönliche Tabellenansicht im Testmanagementwerkzeug übermittelt.

Aufgabenzuweisung über Testprojektplantabellen

Die Ermittlung und Auswertung des Testfortschritts anhand des Testprojektplans oder anhand von Abdeckungsmetriken ist nur ein Aspekt. Die »Qualität« des Testobjekts, also die konkreten Ergebnisse der Testdurchführung, dürfen keinesfalls vernachlässigt werden. Denn das Ziel des Testens ist es, möglichst viele Fehler im Testobjekt aufzuspüren. Wer stur dem Testplan folgt, ohne im Testverlauf auf die Testergebnisse zu achten und abhängig von diesen den Testplan nachzujustieren, wird dieses Ziel nicht erreichen. Der Testmanager muss also neben den Daten über den Testfortschritt auch die Testergebnisse auswerten und als Steuerungsgrößen heranziehen.

Dazu steht eine Reihe fehlerbasierter Metriken zur Verfügung: Anzahl gefundener Fehler, Anzahl Fehler im Zeitverlauf oder nach Testintensität (Fehlertrend), Anzahl Fehler bezogen auf Testobjektumfang (Fehlerdichte), Anzahl Fehler nach Kritikalität (Fehlerschwere), Anzahl Fehler je Status (Fehlerbehebungsfortschritt) u.a. Kapitel 11 diskutiert diese Metriken genauer.

Fehlerbasierte Metriken

Grundlage fehlerbasierter Auswertung und Steuerung ist die zeitnahe, systematische Fehlererfassung. Dazu wird ein Abweichungs- oder Fehlermanagementsystem (Fehlerdatenbank) benötigt. Details dazu finden sich in Kapitel 8 »Abweichungsmanagement«. Um brauchbare Auswertungen zu erhalten, muss sichergestellt werden, dass alle Abweichungsmeldungen – unabhängig vom jeweiligen Autor – gleichartig und nach vergleichbaren Bewertungsmaßstäben klassifiziert werden. Nur dann ist es sinnvoll, z.B. die durchschnittliche Fehlerschwere in verschiedenen Komponenten miteinander zu vergleichen und daraus Rückschlüsse zu ziehen.

Um diese Vergleichbarkeit sicherzustellen, muss auf der einen Seite ein praktikables Verfahren zur Fehlerklassifizierung genutzt werden; das Kapitel »Abweichungsmanagement« beschreibt als Beispiel hierzu den Fehlerklassifikationsprozess nach IEEE 1044. Zum anderen soll der Testmanager personenabhängig unterschiedliche Klassifizierungen dadurch minimieren, dass er selbst oder ein beauftragter Testteammitarbeiter jede Meldung nachklassifiziert. Ausreißer in der Einstufung können so entdeckt und angepasst werden. Zusätzlich ist es sinnvoll,

Vergleichbarkeit der Fehlermeldungen sicherstellen

am Projektanfang und zum Ende eines Testzyklus im Testteam Fehler-meldungen zu besprechen und so im Team zu einem einheitlichen Bewertungsmaßstab zu kommen.

Auf die Testergebnisse reagieren

Wie können die Testergebnisse bzw. die Fehlerdaten zur Steuerung des Tests eingesetzt werden? Dazu drei Thesen:

▨ **Wo einige Fehler sind, sind auch noch mehr:** Wenn sich an bestimmten Stellen im Testobjekt (Methoden, Komponenten usw.) oder bei bestimmten Testthemen Fehlerzustände häufen, dann ist die Wahrscheinlichkeit hoch, dass im Umfeld weitere Fehlerzu-stände zu finden sind. Die Fehlerhäufung kann vielleicht sogar ein Symptom für vollkommen falsch verstandene Anforderungen sein. Die Reaktion des Testmanagers kann in zwei Richtungen gehen:

- Die Tests der fehlerträchtigen Stellen intensivieren: Dazu sind folgende Fragen zu beantworten: Was hat der Entwickler falsch verstanden? Was hat er deshalb vielleicht falsch umgesetzt? Geeignete Testfälle werden ergänzt, die diese Vermutungen widerlegen oder unterstützen können. Diese werden an der vorliegenden Testobjektversion und im Fehlernachtest, also nach der Korrektur der bisher ermittelten Fehlerzustände, durchgeführt. Werden keine weiteren Fehlerwirkungen aufge-deckt, kann die Priorität dieser zusätzlichen Testfälle herunter-gesetzt werden. Die Testfälle sollen jedoch nicht weggeworfen werden, um im späteren Verlauf des Projekts nicht überflüssi-gerweise in einer ähnlichen Situation wieder die gleichen Test-fälle neu anlegen zu müssen.

- Die Tests der fehlerträchtigen Stellen abbrechen: Wenn Fehler allzu gehäuft auftreten, wenn viele »triviale« oder ähnlich gela-gerte Fehler auftreten, oder wenn der weitere Test blockiert ist, dann kann es sinnvoller sein, das Testobjekt einfach »zurück-zugeben«. Statt des aufwändigen Weitertestens sollte versucht werden, durch zwischengeschaltete QS-Maßnahmen wie Reviews der Eingangsdokumente und/oder des Programmcodes das Problem an der Wurzel zu packen.

▨ **Wo keine Fehler sind, fehlen Testfälle:** Wenn die Fehlerverteilung über das Testobjekt betrachtet wird, ist auch auf Regionen mit unterdurchschnittlicher Fehlerdichte zu achten.

- Unter Umständen ist hier nicht das Produkt besser, sondern nur der Test schlechter. Um das festzustellen, sind die zugehöri-gen Testfälle anzusehen und der zuständige Tester anzuspre-chen. Hält er die Tests an dieser Stelle für sinnvoll und ausrei-chend? Welche Testfälle sind zu ergänzen?

- Natürlich muss die Änderungshistorie des Testobjekts in Rechnung gestellt werden. Wenn die betreffende Komponente im zurückliegenden Versionszyklus nicht verändert wurde, kann »kein Fehler« ja auch eine gute Nachricht sein. In solchen Fällen kann die steuernde Reaktion darin bestehen, die Priorität aller oder vieler Testfälle zu dieser Komponente herunterzustufen oder aus nachfolgenden Testzyklen ganz herauszunehmen.

Die Fehlertrendkurve zeigt das Testende an: Bei der Bewertung der Fehlerfindungsintensität muss der Testmanager immer dagegenstellen, welche Testintensität jeweils zugrunde lag. Schon der Urlaub eines erfahrenen Testers kann gravierende Auswirkungen auf die Zahl der in der betreffenden Zeitspanne entdeckten Fehlerwirkungen haben. Dasselbe gilt bei Wochen mit Feiertagen oder umgekehrt bei Überstunden oder Wochenendschichten. Der Testmanager soll deshalb solche kapazitäts- oder auslastungsbedingten Schwankungen der Testintensität aus seinen Daten herausrechnen und eine normalisierte Trendkurve erstellen. Zeigt auch die normalisierte Trendkurve an, dass bei gleichbleibender Testintensität die Anzahl neu entdeckter Fehler sinkt, ist das ein sicheres Zeichen dafür, dass das Testobjekt nun »stabil« ist. Wenn die Abdeckung des Testobjekts und der Fortschritt nach Testprojektplan ebenfalls passen, dann kann der Test beendet werden.

Die verschiedenen Komponenten des VSR-Systems werden von unterschiedlichen Entwicklungsgruppen entworfen und entwickelt. Um die Reife und Qualität der Komponenten miteinander vergleichen zu können, wird in den Fehlermeldungen vermerkt, welche Komponente betroffen ist. Hierzu nutzt der Tester beim Erfassen einer Fehlermeldung das Meldungsattribut »Komponente«. Aufgrund der zugeordneten Komponente trägt dann das Fehlermanagementsystem die zuständige Entwicklungsgruppe automatisch in die Meldung ein.

Beispiel: Auswertung der Fehlerdichte je Komponente

Stellt sich in der Fehleranalyse heraus, dass die Fehlerursache in einer anderen Komponente liegt, trägt der analysierende Entwickler einen entsprechenden Kommentar ein und korrigiert das Attribut »Komponente«. Damit hat er die Fehlermeldung an das seiner Meinung nach zuständige Entwicklungsteam abgegeben. Projektmanager und Testmanager können jederzeit auswerten, wie viele Fehlermeldungen je Entwicklungsgruppe vorliegen und in welchem Bearbeitungsstatus sich diese befinden.

Um zusätzlich auswerten zu können, welche Gruppe u. U. ein (überdurchschnittlich) hohes Fehleraufkommen zu meistern hat, muss die Komponentengröße in Rechnung gestellt werden. Dazu wird mit jeder Zusammenstellung eines neuen Build bzw. Release die aktuelle Codegröße gemessen, z. B. in »Lines of Code«. Der Testmanager kann dann die Fehleranzahl jeder Komponente bezogen auf die jeweilige Codegröße ermitteln. Natürlich ist die Metrik »Lines of Code« ein grobes Maß. Das Verfahren liefert dem Testmanager jedoch zumindest einen brauchbaren Indikator, anhand dessen er beurteilen kann, wie es um die relative Stabilität und Reife der Komponenten bestellt ist.

Auch wenn Testplan, Fehlerdatenbank und Metriken eine perfekte formale Kommunikation im Testteam sicherstellen, muss der Testmanager immer wieder mit den Testern sprechen, ihnen »über die Schulter schauen« und nach deren subjektiver Einschätzung des Testverlaufs und der Produktqualität fragen. Er soll sich hin und wieder durchaus auch selbst an den Rechner setzen, einige Testfälle am Testobjekt durchführen oder wiederholen und sich so einen direkten Eindruck über die Qualität des Testobjekts und der Tests verschaffen. Diese zwar punktuelle, aber eigene direkte Beobachtung hilft dem Testmanager, die abstrakten »Messdaten« und Teststatistiken besser bewerten und interpretieren zu können.

6.4   Reagieren auf veränderte Rahmenbedingungen

Die in den vorangegangenen Abschnitten besprochenen Maßnahmen zur Teststeuerung gehen von den im Testkonzept vereinbarten Rahmenbedingungen aus, d.h. dass dem Testmanager innerhalb des Testzeitraums bestimmte Personalressourcen, geeignete systemtechnische Ressourcen (Testumgebung, Testarbeitsplätze, Testtools usw.) und evtl. weitere finanzielle Ressourcen (z.B. für den Einsatz externer Testdienstleister) zur Verfügung stehen. Teststrategie und Testplan wurden so aufgestellt, dass ein unter diesen Rahmenbedingungen optimales Testvorgehen erzielt werden kann.

Rahmenbedingungen ändern sich
Diese Rahmenbedingungen können sich natürlich ändern – leider oftmals zum Schlechteren. Die erste Ernüchterung kann vielleicht schon eintreten, bevor der Testbetrieb anläuft, weil es sich herausstellt, dass die zugesagten Ressourcen nicht wirklich zur Verfügung gestellt werden (können). Der aufzustellende Testprojektplan muss sich dann an den tatsächlichen Gegebenheiten orientieren, nicht an den Idealvorstellungen, die im Testkonzept formuliert wurden. Realistischerweise ist dann auch das Testkonzept diesen Gegebenheiten anzupassen. Das kann zum Beispiel bedeuten, dass aufgrund nicht behebbarem Ressourcenmangel die Testziele und die Testendekriterien abgeschwächt werden. In seinen Berichten muss der Testmanager hierbei aber deutlich kommunizieren, dass und in welchem Umfang durch den unerwartet abgespeckten Test das Projekt- bzw. Produktrisiko steigt.

Auch im weiteren Projektverlauf gibt es beliebig viele Ereignisse, die zu schlechteren Rahmenbedingungen führen können. Testteammitglieder können krank oder intern versetzt werden oder kündigen. Manche Mitarbeiter sind vielleicht weniger talentiert oder qualifiziert als angenommen. Die Testumgebung macht Schwierigkeiten. Testtools erfüllen nicht die Erwartungen, sind instabil oder werden nicht hinreichend beherrscht. Die Testautomatisierung ist nicht rechtzeitig fertig oder läuft nicht so stabil wie notwendig.

Im Rahmen des Risikomanagements (vgl. Kap. 9) hat der Testmanager hoffentlich viele solcher Punkte vorab identifiziert und Kompensationsmaßnahmen vorgesehen. Oft wird aber (zumindest für eine Übergangszeit) keine volle Kompensation möglich sein. Die Alternative heißt dann: den Testprojektplan überarbeiten und Testfälle umpriorisieren oder streichen. Zwangsläufig steigt damit das Risiko, Produktfehler zu übersehen. Auch diese Änderungen der Rahmenbedingungen, dadurch erzwungene Planänderungen und dadurch steigende Risiken, müssen im Rahmen der projektbegleitenden Berichterstattung (s. Kap. 6.6) deutlich kommuniziert werden.

Risikomanagement

Eine ganz wesentliche Rahmenbedingung wurde noch gar nicht angesprochen: der Releaseplan[1] bzw. Build-Plan. Dem Testplan liegt immer eine Prognose oder Annahme über die Anzahl und die Übergabezeitpunkte der Testobjektlieferungen (interne oder zur Auslieferung gedachte Testobjektversionen) zugrunde. Häufig ist diese Prognose aus Sicht des Tests zu optimistisch. Einerseits liefert die Entwicklung ihre Builds oftmals verspätet an den Test ab. Andererseits verschiebt der Test die Releaseterminplanung. Denn die gelieferten Testobjekte sind oft nicht so testreif wie erwartet, was die Testzeit verlängert. Und aufgrund der aufgedeckten Defekte sind mehr und aufwändigere Fehlerkorrekturen notwendig als erwartet. Letztlich gibt es mehr Builds bzw. Releases, als ursprünglich geplant.

Rahmenbedingung
Releaseplan

Vordergründig ist dies eine komfortable Situation für den Testmanager, denn das Testteam gewinnt Zeit. Die Zeit bis zum verspäteten Release kann z.B. genutzt werden, um zusätzliche Tests zu erarbeiten oder um die Testautomatisierung fertig zu stellen. Zusätzliche Releases und damit zusätzliche Testzyklen können genutzt werden, um die (kumulierte) Testabdeckung zu erhöhen. All das setzt aber voraus, dass die Testressourcen länger als ursprünglich vorgesehen zur Verfügung stehen müssen. Und die »gewonnene« Zeit fehlt oft am Ende, da

---

1.   Der Releaseplan definiert, wann bestimmte Versionsstände zur Auslieferung an Kunden freigegeben werden. Darüber hinaus gibt es meistens zusätzliche interne Versionsstände (Builds). Diese werden nur zu Testzwecken zusammengestellt, oder es sind so genannte Releasekandidaten, die aufgrund ungenügender Testergebnisse doch nicht ausgeliefert werden können. Alle diese Versionen müssen bei der Planung und Steuerung des Tests berücksichtigt werden.

der Auslieferungstermin meist trotz interner Verzögerungen stabil bleiben soll.

Wenn teure Hardware- oder Softwareressourcen mit anderen Testgruppen oder mit der Entwicklung geteilt werden müssen, dann können Terminverschiebungen vielleicht nur durch Wochenend- oder Nachtschichten abgefangen werden. Durch die Terminverschiebungen kann es passieren, dass Schlüsselpersonen nicht mehr für den Test verfügbar sind. Oft werden beispielsweise Anwendungsexperten aus ihrer Fachabteilung nur begrenzte Zeit an den Test als Fachtester »ausgeliehen«. Ein verspäteter oder verlängerter Releaseplan führt dann dazu, dass diese Know-how-Träger vor den abschließenden Testzyklen schon wieder abgezogen werden. Oder die Urlaubszeit dünnt den Test aus: Da die gesamte Entwicklung ursprünglich so terminiert war, dass sie rechtzeitig vor den Sommerferien oder vor Weihnachten abgeschlossen ist, bedeutet das, dass Verzögerungen bei der Programmierung den Testzyklus genau in diese Urlaubszeiten hineinschieben.

Die Lehren für den Testmanager sind: Releaseverzögerungen einplanen bzw. durch Puffer im Testplan auffangen, Personaleinsätze zeitlich nicht zu knapp planen, für jeden Mitarbeiter eine Vertretungsregelung vorsehen. Jede geteilte Ressource (Personal, Teile der Testumgebung) als Risikofaktor im Risikomanagement berücksichtigen. Jenseits aller Planung ist Improvisation ebenso erforderlich.

Ein großer Betriebssystemhersteller gibt kurzfristig am Freitag einen umfangreichen Security-Patch heraus. Wenig später gehen bei der VSR-Hotline die ersten Anfragen ein, ob sich die Komponente *DreamCar* mit diesem Patch »verträgt« und Kunden den Patch installieren können. Der VSR-Testmanager wird vom Support deshalb gebeten, bis Montag früh den Sachverhalt durch die Testgruppe prüfen zu lassen. Derart kurzfristige Notfallaktionen sind für viele Tester nichts Ungewöhnliches.

Der VSR-Testmanager kann noch am Freitagnachmittag einen seiner Tester motivieren, das Wochenende zu opfern. Und gemeinsam erreichen sie es, dass auch ein erfahrener Systemadministrator per Telefon bereitsteht, falls beim Einspielen des Patch betriebssystemspezifische Fragen auftauchen.

Die Aktion ist erfolgreich, und der Support kann Montag morgens den Kunden grünes Licht geben. Natürlich geht am Montag der »reguläre« Testbetrieb trotz Wochenendaktion normal weiter, und der Patch muss ab sofort im Testplan bzw. in der Testumgebung als weitere Systemumgebungsvariante berücksichtigt werden.

6.5 Testendebewertung

Am Ende eines jeden Testzyklus stellt sich die Frage nach dem Test-ende: Haben wir genug getestet? Ist die Qualität des Testobjekts wie gefordert erreicht? Oder haben wir ggf. schwere Fehler übersehen?

Da Testen als Stichprobenverfahren nur die Anwesenheit von Feh-lerwirkungen aufzeigen kann, aber nicht beweisen kann, dass keine Defekte mehr im Testobjekt vorhanden sind, ist die Beantwortung sol-cher Fragen nicht einfach. Auch wenn nach vollständiger Abarbeitung des Testplans keine Fehlerwirkungen mehr aufgedeckt werden, kann nicht von der Fehlerfreiheit der getesteten Software ausgegangen wer-den. Dennoch muss der Testmanager entscheiden oder zumindest eine Empfehlung abgeben, ob der Testprozess beendet werden kann.

Hierbei befindet sich der Testmanager in einem Dilemma: Beendet er den Testprozess zu früh, erhöht er das Risiko, ein (zu) fehlerhaftes Produkt auszuliefern. Testet er weiter und beendet den Testprozess deshalb später als vielleicht möglich, so verzögert und verteuert er den Test und letztlich die Produktauslieferung. In beiden Fällen können Kundenzufriedenheit und Marktchancen empfindlich leiden. *Dilemma*

Um zu einer begründeten, nachvollziehbaren Entscheidung zu gelangen, werden so genannte »Testendekriterien« herangezogen. Ein Testendekriterium ist in der Regel eine Kombination unterschiedlicher Testmetriken inklusive definierter, je Messgröße zu erreichender Ziel-vorgaben. Die Testendekriterien und die Zielvorgaben werden im Test-konzept vorab festgelegt. Das Erreichen oder Überschreiten der Ziel-vorgaben (im Verlauf oder am Ende eines Testzyklus) signalisiert dann das Ende der Testaktivitäten. Für eine fundierte Testendebewertung müssen die Testendekriterien folgende Aspekte erfassen: *Testendekriterien*

- **Beurteilung des erreichten Testfortschritts** bezogen auf den Test-plan und bezogen auf die erreichte Testobjektabdeckung.
- **Beurteilung der vorliegenden Testergebnisse** und daraus (infor-mell) Rückschluss auf die erreichte Produktqualität.
- **Abschätzung des Restrisikos:** Eine gewisse Anzahl von Fehlern wird im System auch nach dem Test noch enthalten sein. Entweder weil diese Fehler noch gar nicht aufgedeckt wurden oder weil sie (bewusst) nicht korrigiert wurden. Das Risiko, das von diesen so genannten Restfehlern ausgeht, beeinflusst entscheidend, ob der Test beendet werden kann oder nicht. Das Restfehlerrisiko kann anhand der bekannten Daten über »Testfortschritt« und »Tester-gebnisse« informell abgeschätzt werden, über Metriken zur Test-wirksamkeit wie »Defect Detection Percentage« oder über statisti-sche Verfahren analytisch abgeschätzt werden (vgl. Kap. 11).

■ **Wirtschaftliche Rahmenbedingungen:** Die erreichte Qualität und das (befürchtete) Restrisiko müssen abgewogen werden gegen die vorhandenen Ressourcen, den weiteren Entwicklungs- bzw. Releaseplan, die Marktchancen und zu erwartende Kundenreaktionen. Die Testendeentscheidung ist letztlich eine Managemententscheidung. Der Testmanager hat dabei die Aufgabe, solide entscheidungsunterstützende Daten zu liefern und zu beraten.

In der Praxis spielen darüber hinaus weitere Einflussfaktoren eine Rolle: praktische Messbarkeit der Kriterien, Verständnis und Vermittelbarkeit der Kriterien, Nachweispflichten resultierend aus Normen und Standards u. a. (s. Abb. 6–4).

Abb. 6–4

Einflussfaktoren auf die Testendebewertung

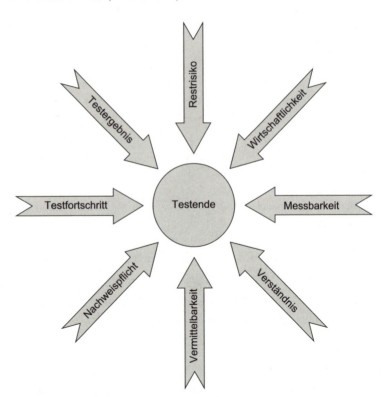

Individuelle Testende-kriterien für jede Teststufe

Üblicherweise erfolgen die Festlegung und Auswertung der Testendekriterien nicht global, sondern individuell für jede Teststufe. Die Metriken, die jeweils herangezogen werden, sind dieselben, die in der jeweiligen Teststufe zur Überwachung des Testfortschritts (vgl. Kap. 6.2) eingesetzt werden. Andere Metriken heranzuziehen bringt außer zusätzlichem Aufwand keine Vorteile. Die Kunst besteht darin, die Metriken zielführend zu kombinieren und sinnvolle Zielvorgaben je Metrik vorzugeben.

- Im **Komponententest** sind testobjektbasierte, strukturorientierte Metriken kombiniert mit einer Metrik zum Testumfang je Komponente sinnvoll. So könnte z.B. das Erreichen von 100% Anweisungsüberdeckung bei »unkritischen« Komponenten und 100% Zweigüberdeckung für alle als »kritisch« eingestuften Komponenten ein sinnvolles Testendekriterium sein.
- Im **Integrationstest** sind in erster Linie strukturorientierte Metriken interessant. So könnte z.B. für jede Schnittstelle mindestens ein »positiver« (Übertragung eines zulässigen Datenwertes/Datensatzes) und ein »negativer« (Datenwert ausserhalb der Schnittstellenspezifikation) Testfall gefordert werden.
- Im **Systemtest oder Abnahmetest** stehen testplan-, fehlerbasierte- sowie anforderungsbasierte Metriken im Vordergrund. Ein Endekriterium könnte sein: 100% Anforderungsabdeckung und null Fehlerwirkungen in Testfällen mit Priorität 1.

Für Testendekriterien gilt, dass in der Regel keine einfachen Ja/Nein-Entscheidungen getroffen werden, sondern die eingesetzten Metriken einen Akzeptanzbereich liefern (s. Abb. 6–5, Akzeptanzbereich nach [ISO 9126] und [ISO 14598-4]). Dies resultiert aus dem Umstand, dass auf unsicherem Wissen gegründete Angaben zu bewerten sind.

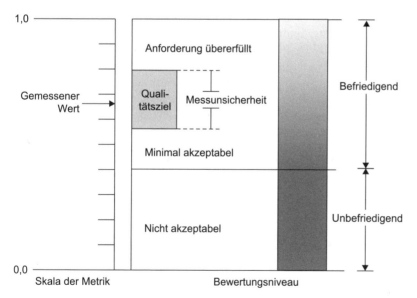

Abb. 6–5

Testendeindikator und Akzeptanzbereich

Testendekriterien sind Indikatoren. Die aus diesen Indikatoren abgeleitete Testendebewertung ist immer mit Unsicherheit behaftet. Ohne klare Testendekriterien besteht jedoch die Gefahr, dass der Test willkürlich oder lediglich aus Zeitdruck oder aus Mangel an Ressourcen abgebrochen wird. Das Ziel des Testens, eine gewisse Mindestproduktqualität sicherzustellen, kann so nicht erreicht werden.

Testende und Produktfreigabe sind zu unterscheiden

Wird das Testende festgestellt, folgt nicht automatisch die »Freigabe« des Testobjekts. Die Entscheidung über die »Freigabe« des getesteten Produkts ist ein zweiter separater Schritt, der nicht durch den Testmanager, sondern durch das Projekt- oder Produktmanagement erfolgt. Grundlage sind auch hier objektive Freigabe- bzw. Abnahmekriterien, die im Testkonzept (s. Abschnitt 5.2.7) definiert werden.

Beispiel: Testendebewertung im Projekt VSR

Im Systemtest des VSR-Projekts wird über das Testende anhand der Kriterien Testfortschritt und Testergebnis entschieden. Die Auswertung der zum Teil in vorstehenden Beispielen schon gezeigten Daten durch den Testmanager ergibt folgendes Gesamtbild:

- Testfortschritt – gegenüber Testplan: 112 Testfälle sind noch nicht durchgeführt. Darunter einige mit Priorität 1. Als Testendekriterium vorgegeben ist jedoch: »100 % der Prio-1-Tests müssen gelaufen sein.«
- Testfortschritt – gegenüber Testobjektabdeckung: Sind alle Anforderungen hoher Priorität durch mindestens einen Testfall validiert, so wird von einer hinreichenden Abdeckung der für den Anwender »wichtigen« Testobjektbereiche ausgegangen. Diese Analyse der Anforderungsabdeckung liefert somit eine informelle, implizite Bewertung des Restrisikos. Die aktuell erreichte Anforderungsabdeckung (s. Abb. 6–3) zeigt jedoch, dass auch dieses Testendekriterium noch nicht erfüllt ist. Denn einige Anforderungen sind noch ungetestet oder zugehörige Testfälle liefen fehlerhaft.
- Testergebnis: Aus den gelaufenen Tests liegen »kritische« Fehlermeldungen vor. Also Fehlerwirkungen wie beispielsweise Abstürze bei der Speicherung von Kaufverträgen oder Preisberechnungsfehler. Als Testendekriterium vorgegeben ist jedoch: »0 kritische Fehler«.

Der Testmanager entscheidet daher in Absprache mit dem Projektleiter, den Test nach einer erneuten Fehlerkorrekturphase mit einem weiteren Testzyklus fortzusetzen.

6.6 Der Testbericht

Der Testmanager muss Informationen zum Testfortschritt, zur Produktqualität und die von ihm ergriffenen Steuerungsmaßnahmen gegenüber dem Produkt- und Projektmanagement innerhalb seiner eigenen Linienorganisation (z.B. an Testmanager anderer Teststufen) und auch innerhalb seines Teams kommunizieren. Dazu erstellt er regelmäßig Testberichte[2] (auch Testfortschritt- oder Teststatusbericht genannt).

Der Testbericht ist nicht zu verwechseln mit dem Testprotokoll. Das Testprotokoll wird bei der Testdurchführung (oft automatisiert) erstellt und zeichnet die Ergebnisse jedes einzelnen Testfalls auf. Es kann auch weitere Daten oder Reaktionen des Testobjekts aufzeichnen, um dem Tester Detailinformationen über das Testobjektverhalten während des Testlaufs zu liefern. Das Testprotokoll dokumentiert das im Test aufgetretene Ist-Verhalten der getesteten Software. Eine Bewertung des Tests liefert erst der Testbericht. Nach [IEEE 829] ist der Testbericht ein Dokument, das die Testaktivitäten und Testergebnisse zusammenfasst und die Qualität des Testobjekts anhand der Testendekriterien bewertet. Er bündelt und interpretiert die Erkenntnisse aus einer ganzen Reihe von durchgeführten Testfällen, ausgewerteten Testprotokollen und analysierten Fehlermeldungen.

Testbericht nicht mit Testprotokoll verwechseln

Zweckmäßigerweise wird ein Testbericht jeweils zum Ende eines Testzyklus erstellt und verteilt. Zusätzlich möglich und oft sinnvoll sind (kürzere) Wochen- oder Monatsfortschrittsberichte. Zum Abschluss des Tests bzw. zur Produktfreigabe wird oft zusätzlich ein ausführlicher Gesamtbericht erstellt. Welche Frequenz und welcher Verteiler im konkreten Fall gelten, ist im Testkonzept festzulegen.

Aus dem Testbericht sollen in prägnanter Form folgende Informationen hervorgehen:

Inhalt des Testberichts

- **Kontext:** Projekt, Testobjekt, Autor, Verteiler, Berichtzeitraum usw.
- **Testfortschritt:** Zusammenfassung der zurückliegenden Testaktivitäten, ggf. Information zum speziellen Fokus des gelaufenen Testzyklus (z.B. Testzyklus mit Schwerpunkt »Lasttest«); die wichtigsten Indikatoren und Daten (testplanbezogen und testobjektbezogen) zum aktuellen Testfortschritt, idealerweise durch Grafiken veranschaulicht; die (subjektive, informelle) Bewertung des Testmanagers.
- **Produktqualität:** Anzahl und Schwere gefundener Fehler, insbesondere Anzahl der im Berichtzeitraum neu gefundenen Fehler; Fortschritt oder Probleme bei der Fehlerbehebung; Fehlertrend und Produktstabilität; die (subjektive, informelle) Bewertung bzw. Qualitätseinschätzung des Testmanagers; ggf. eine Aussage zur Produktfreigabe.
- **Ressourcen/Maßnahmen:** Auslastung der Ressourcen; Korrekturmaßnahmen und deren Gründe, z.B. Anforderung zusätzlicher Ressourcen; ggf. Empfehlung von Korrekturmaßnahmen an externe Gruppen (z.B. an Entwicklung).

---

2. Im »fundamentalen Testprozess« (vgl. Abb. 2–1) ist die Erstellung des Testberichts ein eigenständiger Prozessschritt. Da der Testbericht aber im Wesentlichen die im Rahmen der Teststeuerung gewonnenen Erkenntnisse und Ergebnisse wiedergibt, wird das Thema »Testbericht« hier in Kapitel »Teststeuerung« mitbehandelt.

- **Budget:** Überblick über verbrauchtes und noch verfügbares Geld- und Zeitbudget; ggf. Beantragung zusätzlicher Mittel.
- **Risiken:** erkennbare/drohende (Projekt-)Risiken, z. B. Verzögerung der Produktfreigabe; sonstige besondere Vorkommnisse.
- **Weitere Planung:** anstehende Arbeiten bzw. Ausblick auf den nächsten Testzyklus (z. B. Fokus des nächsten Testzyklus); eventuelle Planänderungen (zur Adressierung neu identifizierter Risiken); ggf. Empfehlung zum Testende.

Der Umfang des Berichts kann je nach Adressatenkreis variieren. Ein Bericht an andere Testgruppen wird ausführlicher sein und auch auf Fehlermeldungen und Testpläne verweisen oder Ausschnitte daraus enthalten. Ein Bericht an das Management wird den Fokus eher auf die Themen Budget, Risiken und Freigabereife legen.

Vergleichbarkeit der Berichte sicherstellen

Innerhalb eines Adressatenkreises soll sich die Form des Berichts jedoch von Bericht zu Bericht nicht ändern. Die eingesetzten Metriken und die Art und Weise, wie sie (grafisch) aufbereitet werden, soll gleich bleiben. Eine leichte Vergleichbarkeit der Berichte ist notwendig, denn die meisten Testmetriken sind nur aussagekräftig bzw. sinnvoll interpretierbar, wenn sie im Vergleich zu vorangegangenen Testzyklen betrachtet werden. Ein gleichbleibend aufgebauter Bericht erleichtert es dem Leser, Trends in den Daten zu erkennen. Ein Testberichtmuster findet sich zum Herunterladen unter [URL: Templates].

Problematik personenbezogener Auswertungen

Die zur Steuerung des Tests erfassten Daten bieten vielfältige Möglichkeiten zur personenbezogenen Auswertung. So kann über das Fehlermanagementsystem relativ einfach der »Anteil am Fehleraufkommen« je Entwickler ermittelt werden. Genauso lassen sich aus dem Testmanagementsystem Aussagen über die Produktivität einzelner Tester gewinnen (z. B. »durchgeführte Testfälle pro Woche«, »Quote abgelehnter Fehlermeldungen« usw.). Solche Auswertungen fallen in die Kategorien »Auswertung personenbezogener Daten« und »Leistungsmessung«.

Recht auf informationelle Selbstbestimmung, Mitbestimmung

Zumindest in Deutschland sind hier die Regelungen des Bundesdatenschutzgesetzes (BDSG), des Betriebsverfassungsgesetzes[3] (BetrVG) sowie arbeitsrechtliche Bestimmungen, u.a. Betriebsvereinbarungen, zu beachten. Das BDSG gestattet die Erhebung, Verarbeitung und Nutzung personenbezogener Daten nur, soweit das BDSG selbst oder eine andere Rechtsvorschrift dies erlaubt oder anordnet oder die Betroffenen eingewilligt haben. Bei Arbeitnehmern prüfen die Gerichte

---

3. Die Mitbestimmungsrechte von Betriebs- und Personalräten (§87 Abs. 1 Ziff. 6 BetrVG bzw. §75 Abs. 3 Ziff. 17 BPersVG) setzen nach der Rechtsprechung bereits dann ein, wenn eine technische Einrichtung zur Leistungs- und Verhaltenskontrolle auch nur geeignet ist. Dabei kommt es nicht auf die tatsächliche Datenverwendung an.

in Deutschland eine solche Einwilligung immer sehr kritisch, weil an der Freiwilligkeit angesichts der Situation am Arbeitsmarkt gezweifelt wird.

Bevor daher personenbezogene Auswertungen aufgesetzt oder gar kommuniziert werden, soll sich der Testmanager über die arbeitsrechtlichen Grundlagen kundig machen und das Vorgehen auch mit Betroffenen, Vorgesetzten und ggf. mit dem Betriebsrat abstimmen. Datenschutzrechtlich unproblematisch sind dagegen anonymisierte Auswertungen, die sich nicht mehr zu den einzelnen natürlichen Personen zurückverfolgen lassen.

Anonymisierte Auswertungen sind unproblematisch

Natürlich bedeutet dass nicht, dass unbefriedigende oder stark unterdurchschnittliche Leistungen eines Mitarbeiters toleriert werden müssen. Um dies anzusprechen eignet sich aber das persönliche Gespräch sicher besser als ein in großem Kreis publizierter Bericht. Überhaupt darf der Testmanager nicht vergessen, jenseits seiner formalen Berichte und gerade auch im Vorfeld der Berichterstellung die persönlichen und informellen Kommunikationskanäle zu nutzen.

6.7 Zusammenfassung

▨ Der Testplan wird nicht »von selbst« umgesetzt. Der Testmanager muss aktiv dafür sorgen, dass geplante Aufgaben an Mitarbeiter übertragen werden, und von diesen zeitgerecht erledigt werden. Der Testfortschritt muss regelmäßig überwacht werden Hierbei sind auch alle testvorbereitenden Aufgaben zu betrachten. Der Testfortschritt kann in Relation zum Testplan und in Relation zum Testobjekt bzw. Produktumfang verfolgt werden.

▨ Im Testverlauf muss der Testmanager den Testfortschritt und die Testergebnisse auswerten und als Steuerungsgrößen heranziehen. Falls der Testfortschritt unzureichend ist, müssen u.U. zusätzliche Tester oder andere Ressourcen eingesetzt werden. Abhängig von der Menge und Kritikalität der aufgedeckten Fehler muss eventuell der Fokus der Tests angepasst werden.

▨ Falls sich grundlegende Rahmenbedingungen verändern, muss das Testkonzept und damit die weitere Vorgehensweise im Test diesen veränderten Gegebenheiten angepasst werden. In seinen Berichten muss der Testmanager deutlich kommunizieren, dass und in welchem Umfang ggf. das Projekt- bzw. Produktrisiko steigt.

▨ Wegen des Stichprobencharakters des Tests ist die Entscheidung über das Testende immer mit Unsicherheit behaftet. Testendekriterien liefern Indikatoren, mittels derer die Entscheidung abgesichert werden kann.

▨ Der Testmanager muss Informationen zum Testfortschritt, zur Produktqualität und die von ihm ergriffenen Steuerungsmaßnahmen regelmäßig kommunizieren. Hierzu dient der Testbericht.

7 Bewertung und Verbesserung des Entwicklungs- und Testprozesses

In diesem Kapitel werden unterschiedliche Bewertungs- und Verbesserungsmodelle vorgestellt, die sich entweder allgemein auf die Verbesserung von Prozessen, Produkten oder Dienstleistungen (TQM, Kaizen, Six Sigma) oder speziell auf den Softwareentwicklungs- oder Testprozess beziehen. Die Bewertungsmodelle Capability Maturity Model Integration (CMMI) und die Norm ISO/IEC 15504 (SPICE) für die Softwareentwicklung als Ganzes sowie Testing Maturity Model (TMM) und Test Process Improvement (TPI) für den Testprozess werden beschrieben.

Eine ganze Reihe von Untersuchungen und Statistiken belegen, dass viele Softwareentwicklungsprojekte die geforderten Ziele nicht oder nur zum Teil erreichen. Zu den bekannten Veröffentlichungen gehört der Chaos-Report der Standish Group ([URL: Standish Group]). Über die letzten Jahre liegt der Anteil an erfolgreichen Projekten, also den Projekten, die in der veranschlagten Zeit und im Kostenrahmen geblieben sind und die geforderte Funktionalität liefern, bei etwa einem Drittel. Etwa ein Fünftel der Projekte scheitern völlig. Die restlichen und damit der größte Teil liefern die Softwaresysteme zu spät, zu erheblich höheren Kosten und mit einer Funktionalität, mit der der Kunde unzufrieden ist. Der Anteil der erfolgreichen Projekte ist in den letzten Jahren laut Chaos-Report sogar weiter gesunken.

    Um den Anteil der erfolgreichen Projekte zu vergrößern, gibt es eine Vielzahl von unterschiedlichen Ansätzen. Einige beziehen sich auf die Abwicklung von Projekten oder die Produktion von Gütern ganz allgemein, wie beispielsweise Total Quality Management (TQM), andere konzentrieren sich speziell auf die Verbesserung bei der Softwareentwicklung. Beispiele für Letztere sind SPICE oder auch Test

Chaos-Report

Process Improvement (TPI), wobei sich TPI ausschließlich um den Testprozess kümmert.

Ziele der Verbesserungen   Allen Ansätzen gemeinsam ist, dass es um die Beseitigung der im Chaos-Report geschilderten Probleme geht. Angestrebt wird:

- Projekte realistisch zu planen und diese Planung erfolgreich umzusetzen,
- Transparenz über den Projektstand und -fortschritt zu erreichen,
- die Erhöhung der Qualität der ausgelieferten (Software-)Produkte,
- die Senkung der Kosten während der Entwicklung (und Wartung) sowie
- die Verkürzung der Entwicklungszeit (*time to market*) zu erzielen.

Fehlervermeidung und frühzeitige Fehlererkennung   Durch Fehlervermeidung und frühzeitige Fehlererkennung können diese Ziele erreicht bzw. unterstützt werden. Testen leistet hier einen wesentlichen Beitrag. Die Qualität wird durch das Testen ermittelt, und bei mangelnder Qualität können steuernde Maßnahmen ergriffen werden. Frühzeitige Fehlererkennung und -behebung führen zur Minderung der Kosten und zur Verkürzung der Entwicklungszeiten, da erst später entdeckte Fehlerwirkungen erheblich mehr an Kosten verursachen und Zeit beanspruchen.

In den folgenden Abschnitten wird auf die einzelnen Ansätze zur Verbesserung eingegangen.

7.1 Allgemeingültige Verfahren und Vorgehensweisen

Die folgenden Ansätze zur Prozessbewertung und Verbesserung lassen sich nicht nur auf Softwareentwicklungsprozesse anwenden. Sie gelten vielmehr allgemein für die Entwicklung und Herstellung von Produkten, und auch für Dienstleistungen lassen sie sich entsprechend anwenden. Im Folgenden wird eine kleine Auswahl, nämlich »TQM«, »Kaizen« und »Six Sigma«, vorgestellt und deren Vorgehensweisen und mögliche Anwendung auf den Softwareentwicklungsprozess dargestellt.

7.1.1 Total Quality Management (TQM)

In der DIN-Norm [DIN 8402][1] wird das Total Quality Management beschrieben als eine »... auf der Mitwirkung aller ihrer Mitglieder beruhende Führungsmethode einer Organisation, die Qualität in den Mittelpunkt stellt und durch Zufriedenstellung der Kunden auf den

---

1. Inzwischen durch [ISO 9000] ersetzt.

langfristigen Geschäftserfolg sowie Nutzen für die Mitglieder der Organisation und für die Gesellschaft zielt«.

Der Begriff »Total« verdeutlicht, dass ein wirklich umfassendes Konzept angestrebt wird, bei dem alle Mitarbeiter auf allen Hierarchieebenen der Organisation involviert sind. TQM bezieht die Interessen der Kunden, der Mitarbeiter des Unternehmens und der Lieferanten ein. Alle ziehen sozusagen am selben Strang. *Total*

Qualität steht im Mittelpunkt, und gemeint ist speziell das Erreichen der Kundenzufriedenheit. Die veränderten Verhaltensweisen im Unternehmen sollen darüber hinaus dazu führen, dass die Mitarbeiter zufriedener mit ihrer Arbeit sind, die Produktivität gesteigert werden kann, die Kosten sinken und dass die Zeiten für Entwicklung und Herstellung der Produkte verkürzt werden. *Quality*

Ein solches Konzept bedarf einer aktiven Planung, Ausgestaltung und Aufrechterhaltung, es muss also »gemanagt« werden. *Management*

TQM stellt keinen Plan oder detaillierte Handlungsanweisung zur Verfügung, es wird vielmehr eine Grundeinstellung im Hinblick auf Qualitätsbewusstsein und wirtschaftliches Handeln vermittelt. Eine Reihe von Prinzipien ist allerdings bei TQM gegeben, sie werden hier kurz aufgelistet (s.a. [URL: TQM-Herzwurm]): *Keine Anweisungen, sondern Grundeinstellung*

- Prinzip der Kundenorientierung: Es soll nicht das entwickelt und produziert werden, was technisch machbar ist, sondern das, was vom Kunden gefordert und gewünscht wird.
- Prinzip der Prozessorientierung: Die Erstellung von Softwaresystemen erfolgt durch einen definierten Prozess, der sowohl reproduzierbar als auch verbesserungsfähig ist. Ursachen von Qualitätsmängeln liegen an einem unzureichenden Prozess. Qualität ist kein zufälliges Produkt, sondern Ergebnis eines geplanten und wiederholbaren Prozesses.
- Prinzip des Primats der Qualität: Qualität hat absoluten Vorrang. Unklarheiten und Ungenauigkeiten, die zu Fehlern führen könnten, müssen unverzüglich geklärt und beseitigt werden, bevor der Entwicklungsprozess fortgesetzt wird. Ein »Das klären wir später!« darf nicht vorkommen.
- Prinzip der Zuständigkeit aller Mitarbeiter: Jeder Mitarbeiter ist für die Qualität verantwortlich und sieht dies als integralen Bestandteil seiner täglichen Arbeit an.
- Prinzip des internen Kunden-Lieferanten-Verhältnisses: Bereits während der Softwareentwicklung sind formale Abnahmen und Übergaben der Zwischenprodukte vorzusehen und nicht erst am Ende bei der Auslieferung an den Kunden. Die Verantwortung für

die Qualität der Teilprodukte wird so bewusst gemacht und die Qualität des Gesamtprodukts gesteigert.

▨ Prinzip der kontinuierlichen Verbesserung: Es sollen keine revolutionären Veränderungen vorgenommen werden, vielmehr bringen gemeinsame kleine (Fort-)Schritte die gewünschten Erfolge.

▨ Prinzip der Stabilisierung von Verbesserungen: Neben der Einführungsphase von Änderungen sind Maßnahmen zu treffen, damit die Änderung im Alltagsgeschäft nicht wieder »in Vergessenheit« gerät. Nur dann wird sie auch langfristig wirksam.

▨ Prinzip der rationalen Entscheidungen: Entscheidungen und Änderungen sind explizit und auf Faktenbasis zu begründen. Ein Konzept mit kontinuierlicher Datenerfassung ist dafür Voraussetzung.

Testmanagement und TQM

Ein guter Überblick und Einstieg in TQM (und Vergleich mit ISO 9000) ist unter [URL: TQM-Herzwurm] abrufbar, ausführliche Informationen im Buch »TQM der Softwareentwicklung« der gleichen Autoren ([Mellis 98]).

Die im TQM formulierten Grundsätze und Prinzipien lassen sich ohne weiteres auch auf den Testprozess übertragen und anwenden. Der Testmanager findet im TQM eine Vielzahl von Anregungen für seine tägliche Arbeit.

Beispiel: Anwendung der TQM-Prinzipien im VSR-Test

▨ Prinzip der Kundenorientierung: Der Testplan wird mit dem Kunden abgestimmt. Der Kunde führt dazu ein Review des Testplans durch und liefert Hinweise, welche Testthemen aus seiner Sicht wichtige oder weniger wichtige Aspekte adressieren.

▨ Prinzip der Prozessorientierung: Der Test folgt dem Testprozess aus Kapitel 2. Der Prozess ist an einigen Stellen auf die Projektbelange angepasst und in einem über das Intranet leicht zugänglichen System dokumentiert. Jedes Teammitglied füllt eine bestimmte definierte Rolle aus (z.B. Testmanager oder Testdesigner). Einarbeitungs- und Weiterbildungspläne sind rollenbezogen abgefasst.

▨ Prinzip des Primats der Qualität: Der Test ist beendet, sobald die definierten Testendekriterien erreicht sind, nicht früher. Alle entdeckten Mängel und Fehler werden dokumentiert. Es gibt keine unklassifizierten oder nicht zugeordneten Fehlermeldungen. Über Korrekturmaßnahmen wird im CCB (Change Control Board) entschieden.

▨ Prinzip der Zuständigkeit aller Mitarbeiter: Jeder Testteam-Mitarbeiter ist für die Qualität seiner Arbeitsergebnisse verantwortlich. Das gilt vom Testkonzept über den Testplan bis zur Fehlermeldung. Auch diese Arbeitsergebnisse des Tests werden (Peer-)Reviews unterzogen und ggf. korrigiert.

▨ Prinzip des internen Kunden-Lieferanten-Verhältnisses: Die Entwicklung liefert ihr Produkt an den Komponententest. Die niedrigere Teststufe liefert das Produkt an die nächsthöhere Teststufe. Die Übergaben erfolgen formal und begleitet von Freigabe, Übergabe- bzw. Eingangstests.

- Prinzip der kontinuierlichen Verbesserung: Nach jedem Testzyklus trifft sich das Testteam zu einer Post-Mortem-Analyse. Schwachstellen, die im Testprozess, in der Anwendung der Testmethoden oder im Testplan verbessert werden könnten, werden festgestellt. Die nützlichsten Verbesserungsmaßnahmen werden identifiziert und im nächsten Testzyklus (ggf. in Teilschritten) umgesetzt.

- Prinzip der Stabilisierung von Verbesserungen: Die durchgeführten Veränderungen unterliegen der besonderen Beobachtung. Es wird geprüft, ob die Änderungen auch die gewünschten Ergebnisse erzielen und ob sie auch »gelebt« werden, d.h. ob alle ihre Arbeitsweisen entsprechend angepasst haben.

- Prinzip der rationalen Entscheidungen: Das eingesetzte Testmanagementwerkzeug liefert eine Fülle von Statistiken und Metriken. Einige wenige, aber gut verstandene Metriken (z.B. Anforderungsabdeckung *new/changed/stable*, Anzahl Tests *passed/failed/blocked*, Fehleranzahl *low/medium/high*) werden regelmäßig nach jedem Testzyklus ausgewertet. Entscheidungen über Testende, Produktfreigabe oder Testplanänderungen werden anhand des Datenverlaufs von Zyklus zu Zyklus und nach Vergleich der Ist-Daten mit den Testendekriterien getroffen.

7.1.2   Kaizen

Kaizen ist ein japanischer Begriff und setzt sich aus den beiden Worten »Kai« (Veränderung) und »Zen« (zum Besseren) zusammen. Kaizen bedeutet »kontinuierliche Verbesserung«. Die Ausgangsüberlegung ist folgende: Ein System oder ein Prozess ist ab seiner Einsetzung »dem Verfall preisgegeben«, wenn nicht ständig Erneuerungen bzw. Verbesserungen vorgenommen werden.

Kontinuierliche Verbesserung

Wie bei TQM sind auch bei Kaizen alle Mitarbeiter einbezogen, und die Verbesserungen erfolgen durch schrittweise Perfektion und Optimierung. Beide Managementansätze sollen zu einer höheren Identifikation der Mitarbeiter mit dem Unternehmen und letztendlich zu einer stetigen Verbesserung der Wettbewerbsposition des Unternehmens führen. Der »kontinuierliche Verbesserungsprozess« (KVP) kann als westliche Variante von Kaizen angesehen werden[2].

Alle sind einbezogen

---

2.   TQM kann ebenfalls als vergleichbare Variante gesehen werden.

Grundpfeiler   Grundpfeiler von Kaizen sind:
von Kaizen

- intensive Nutzung und Perfektionierung des betrieblichen Vorschlagswesens[3]
- Aussprechung der Anerkennung für das Bestreben nach Verbesserung
- etablierte Diskussionszirkel zu Mängeln und Verbesserungsvorschlägen im kleinen Kreis
- »Just in time«-Produktion zur Vermeidung von nutzlosem Aufwand (Überproduktion oder Lagerung)
- 5-S-Prozess zur Verbesserung der Arbeitsplätze (s. u.)
- »Total Productive Maintenance« (TPM) zur Wartung und Pflege aller Produktionsmittel

5-S-Prozess   Der 5-S-Prozess hat das Ziel, saubere, sichere und standardisierte Arbeitsplätze im Betrieb zu haben bzw. neu einzurichten. Die fünf »S« stehen für folgende japanische Begriffe:

- *Seiri* – Sauberkeit, alte und nutzlose Dinge haben nichts am Arbeitsplatz zu suchen.
- *Seiton* – Ordentlichkeit, »alles« hat seinen Platz, um auf Dinge schnell zugreifen und diese auch wieder weglegen zu können.
- *Seiso* – Reinlichkeit, der Arbeitsplatz ist stets sauber zu halten.
- *Seiketsu* – Standardisierung und Normierung aller Abläufe und Arbeiten
- *Shitsuke* – Disziplin ist bei allen Tätigkeiten erforderlich.

Grundsätze   Nach Kaizen ergeben sich folgende betriebliche Grundsätze:

1. An jedem Tag soll es eine Verbesserung irgendwo im Betrieb geben.
2. Die Strategie der Verbesserung richtet sich nach den Anforderungen und der Zufriedenheit des Kunden.
3. Qualität hat immer einen höheren Stellenwert als Profit.
4. Die Mitarbeiter werden ermutigt, auf Probleme aufmerksam zu machen und Vorschläge zu deren Beseitigung zu machen.
5. Probleme werden systematisch und gemeinschaftlich in Gruppen gelöst, die sich aus Personen aus mehreren Funktionsbereichen zusammensetzen.
6. Prozessorientiertes Denken ist die Voraussetzung für kontinuierliche Verbesserung.

---

3. Wobei die Idee hier wesentlich unbürokratischer ist, als der Begriff »betriebliches Vorschlagswesen« suggeriert.

Diese Grundsätze und Prinzipien ähneln TQM sehr, haben allerdings eine starke japanische Prägung, wodurch es schwierig werden könnte, sie außerhalb Japans bzw. Asiens vollständig umzusetzen. Nicht die Entwicklung von Softwaresystemen, sondern eher die fabrikmäßige Produktion von Gütern liegt im Fokus von Kaizen. Trotzdem sind sicherlich Anregungen und Überlegungen für den Testmanager vorhanden: beispielsweise das Vorschlagswesen oder die Anerkennungen, die auszusprechen sind. Ausführliches zu Kaizen ist im Buch »Kaizen – Der Schlüssel zum Erfolg im Wettbewerb« nachzulesen ([Imai 01]).

Testmanagement und Kaizen

7.1.3 Six Sigma

Six Sigma ist ebenfalls ein Vorgehen oder ein Rahmenwerk zur Prozessverbesserung, wobei Daten und statistische Analysen zur Ermittlung von Problemen und Möglichkeiten der Verbesserungen herangezogen werden. Ziel ist es, möglichst fehlerfreie Produkte durch einen fehlerfreien Prozess zu erstellen.

Statistische Analysen

Der Begriff »Six Sigma« kommt aus der Statistik. Sigma bezeichnet die Standardabweichung einer statistischen Verteilung. Die Funktion der Gauß'schen Normalverteilung ist durch die Parameter Mittelwert und Standardabweichung eindeutig bestimmt. Liegt beispielsweise eine Standardabweichung von 3×Sigma vor, dann ist der untersuchte Prozess zu etwa 93,3% fehlerfrei, oder anders ausgedrückt, bei einer Million Fehlermöglichkeiten treten ca. 66.800 Fehler ein. Bei 6×Sigma sind es nur noch 3,4 Fehler – also fast Fehlerfreiheit. Six Sigma bedeutet somit die systematische Verringerung von Abweichungen bis hin zum Idealzustand, nahezu fehlerfrei zu sein.

σ (griech. Sigma) bezeichnet die Standardabweichung

Schlüsselaussagen und Konzepte von Six Sigma sind:

Grundkonzepte

- Qualität entscheidet: Kundenwünsche und -zufriedenheit sind das Wichtigste.
- Mängel vermeiden: keine Auslieferung von Produkten, die den Kundenerwartungen nicht gerecht werden.
- Reife des Prozesses gewährleisten: Nur bei entsprechender Prozessgüte können hochwertige Produkte erzeugt werden.
- Schwankungen gering halten: Dem Kunden muss gleich bleibende Qualität geliefert werden. Wichtig ist, was der Kunde »sieht und fühlt«.
- Beständiger Arbeitsablauf: Ein konsistenter und vorhersagbarer Prozess garantiert Kundenzufriedenheit mit den Produkten.
- Ausrichtung auf Six Sigma: Die Bedürfnisse des Kunden werden zufrieden gestellt, und die Leistungsfähigkeit des Prozesses wird verbessert.

DMAIC, DMADV
und DFSS
Das Vorgehen bei Six Sigma beruht auf den Methoden DMAIC, DMADV und DFSS. DMAIC steht für »define, measure, analyse, improve, control« und wird für bestehende Prozesse eingesetzt. Die DMAIC-Methode beschreibt einen Kreislauf, in dem die oben genannten Schritte durchzuführen sind. DMADV steht für »define, measure, analyse, design, verify« und ist eine Spezialisierung von DMAIC für die Softwareentwicklung. Dabei kommt hauptsächlich das so genannte »Quality Function Deployment« (QFD) zum Einsatz. Mit diesem werden die Anforderungen der Kunden systematisch auf die Terminologie und (Realisierungs-)Möglichkeiten der Entwickler, Tester und (Qualitäts-)Manager abgebildet. Dabei werden ein oder mehrere Lösungsansätze herangezogen und bezüglich ihrer Tauglichkeit quantifiziert. DFSS ist die Abkürzung für »design for six sigma« und soll dafür sorgen, dass neue Prozesse gleich dem Six Sigma-Anspruch genügen.

Six Sigma-
Ausbildungsstufen
Um Six Sigma-Projekte in einem Unternehmen durchzuführen, müssen die Mitarbeiter geschult werden. Die Ausbildungsstufen orientieren sich dabei an den japanischen Kampfsportarten:

- *Master Black Belt*: zuständig für Projektberatung und Schulung
- *Black Belt*: Leiter von großen Projekten mit hohen Ansprüchen
- *Green Belt*: Leiter von kleinen Projekten
- *Yellow Belt*: Six Sigma-Grundkenntnisse sind vorhanden.

Testmanagement
und Six Sigma
Bei Six Sigma lassen sich ebenfalls viele Parallelen zu TQM und Kaizen erkennen. Hauptunterschied ist die Zielsetzung der Fehlerfreiheit, die durch statistische Erhebungen belegt wird. Für den Testmanager ist sicherlich auch Fehlerfreiheit der getesteten Systeme ein anzustrebendes, aber auch sehr hohes Ziel. In keinem anderen Gebiet der Softwareentwicklung stehen dem Manager jedoch so viele und auch aussagekräftige Daten für statistische Analysen zur Verfügung wie im Softwaretest. Daher ist die statistische Analyse und damit Six Sigma durchaus ein Ansatz, der umsetzenswert ist. Auf der anderen Seite ist umfangreiches und vor allen Dingen untereinander vergleichbares Datenmaterial notwendig, um die statistische Auswertung von Six Sigma anwenden zu können. Meist ist die direkte Vergleichbarkeit der ermittelten Daten aus verschiedenen Projekten nicht ohne weiteres gegeben. Die Grundkonzepte von Six Sigma lassen sich aber auf den Testprozess anwenden. Ausführliche Informationen zu Six Sigma und der entsprechenden Werkzeugunterstützung sind zu finden in [John 05] sowie [Fehlmann 05].

7.2 Verbesserung des Softwareentwicklungsprozesses

Im Folgenden wird auf die Methoden und Verfahren zu Prozessbewertung und -verbesserung eingegangen, die direkt für den Softwareentwicklungsprozess zugeschnitten sind.

In Kapitel 3 wurden verschiedene Softwareentwicklungsprozesse vorgestellt. Die verschiedenen Vorgehensmodelle definieren jeweils ein prinzipielles Vorgehen für die Softwareentwicklung, das von Projekt zu Projekt sehr unterschiedlich umgesetzt und befolgt werden kann. In diesem Zusammenhang wird vom Reifegrad des (»gelebten«) Prozesses gesprochen.

Der Reifegrad bezieht sich auf die im Entwicklungsmodell definierten Aktivitäten im Vergleich zu so genannten »Best Practices« und deren Umsetzung. Mit Best Practices werden Vorgehensweisen bezeichnet, die sich über viele Jahre in der Praxis als erfolgreich erwiesen haben. Je genauer die durchzuführenden Aktivitäten im zu bewertenden Entwicklungsmodell beschrieben sind und je vollständiger und exakter sie umgesetzt werden, desto höher ist sein ausgewiesener Reifegrad. Er wird oft in Form von Reifegradstufen angegeben. Ein solches Reifegradkonzept beschreibt eine sinnvolle Reihenfolge von Verbesserungsschritten. Die oft genannte Bewertung als Nachweis »nach außen« soll nicht in den Vordergrund gestellt werden, vielmehr dient das Konzept der Verbesserung des »inneren Ablaufs« der Projekte. *»Best Practices«*

Höhere Reifegradstufen umfassen die niedrigeren, d.h., ein schrittweises Vorgehen ist sinnvoll. Beispielsweise wird Stufe 2 erreicht, wenn der Softwareentwicklungsprozess im Vergleich zu Stufe 1 ausführlicher definiert und entsprechend genau umgesetzt ist. Wichtige Punkte bei der Einstufung sind Planung, Steuerung und Kontrolle im Prozess. Mit steigender Reifegradstufe lassen sich Termine sowie der Erfüllungsgrad von Kosten- und Qualitätszielen immer genauer vorhersagen. *Reifegradstufe*

Der Reifegrad wird durch so genannte »Assessments«[4] ermittelt. Beim Assessment werden die tatsächlichen Abläufe mit den Anforderungen des Assessment-Modells[5] verglichen, Verbesserungspozentiale herausgearbeitet und eine entsprechende Einordnung in eine Reifegradstufe vorgenommen. Stärken und Schwächen im Softwareentwicklungsprozess werden deutlich. Die identifizierten Verbesserungspotenziale sowie der Vergleich der Assessment-Ergebnisse mit dem *Assessments*

---

4. Bei CMMI als *Appraisal* bezeichnet.
5. In der ISO/IEC 15504 (s. Abschnitt 7.2.2) ist im Teil 2 das Reifegradmodell und in Teil 5 das Assessment-Modell definiert. CMMI (s. Abschnitt 7.2.1) ist ein Assessment-Modell, das statt Teil 5 verwendet werden kann.

angestrebten Ziel-Reifegradprofil liefern die Basis für die Planung und Durchführung der Prozessverbesserungsmaßnahmen. Assessment- und Reifegradmodelle schlagen hierfür teilweise konkrete Maßnahmen vor.

In den zurückliegenden Jahren wurden mehrere solcher Modelle zur Bewertung von Softwareentwicklungsprozessen publiziert. Alle stellen einen Leitfaden zur Verfügung, mit dessen Hilfe die Organisation, oder genauer der Ablauf der Projekte in der Organisation, untersucht, bewertet und anschließend verbessert wird. Die Modelle sind somit ein Werkzeug des Managements zur Optimierung der Abläufe im Unternehmen.

Im Folgenden werden zwei Assessment-Modelle vorgestellt, die einen hohen Bekanntheitsgrad haben und in der Industrie aktuell vielfach praktiziert werden: CMMI und ISO/IEC 15504 (SPICE).

7.2.1 Capability Maturity Model Integration® (CMMI)

Das vom Software Engineering Institute (SEI) der Carnegie Mellon University in Pittsburgh entwickelte CMMI (Capability Maturity Model Integration, [URL: CMMI]) löste im Jahr 2002 in der Version 1.1 das bereits 1993[6] ebenfalls vom SEI veröffentlichte und danach mehrfach aktualisierte Capability Maturity Model (CMM) ab.

Grundannahme des CMMI ist, wie bei den anderen Assessment-Modellen auch, dass eine Verbesserung der Prozesse der Softwareerstellung sowohl zu einer Verbesserung der Qualität der entwickelten Software als auch zur genaueren Planung von Terminen und Ressourcen und zur besseren Umsetzung dieser Planung führt.

Anwendungsgebiete In CMMI[7] sind vier Anwendungsgebiete definiert:

- Systementwicklung (CMMI-SE)
- Softwareentwicklung (CMMI-SW)
- integrierte Prozess- und Produktentwicklung (CMMI-IPPD)
- Beschaffung über Lieferanten (CMMI-SS)

Stufenförmige und kontinuierliche Darstellung In CMMI wird zwischen einer stufenförmigen und einer kontinuierlichen Darstellung unterschieden [URL: CMMI-TR]. In der stufenförmigen Darstellung des CMMI sind fünf Reifegradstufen definiert. In der kontinuierlichen Darstellung werden einzelnen Prozessen Fähigkeitsstufen zugeordnet (s.u.). Jede Reifegradstufe charakterisiert die gesamte Organisation. Im Folgenden werden die fünf Reifegradstufen kurz beschrieben (s.a. Abb. 7–1, nach [Kneuper 06]):

---

6. 1991 als Pilot-Version 1.0 erschienen, 1993 Version 1.1
7. Neben dem hier besprochenen CMMI-Modell gibt es noch weitere Modelle (s. [URL: CMMI-Modelle] und [URL: CMMI-Browser]).

Stufe 1: Initial   *Fünf Reifegradstufen*

Prozesse sind nicht oder nur unzureichend definiert. Die Entwicklung läuft chaotisch und »auf Zuruf« (ad hoc).

Stufe 2: Gemanagt

Die wesentlichen Prozesse des Managements sind etabliert und werden in den Projekten angewendet, wenn auch in unterschiedlicher Ausprägung.

Stufe 3: Definiert

Organisationsweite, einheitliche Prozesse sind eingeführt.

Stufe 4: Quantitativ gemanagt

Entscheidungen über Verbesserungen werden auf Grundlage von Kennzahlen getroffen. Kennzahlen werden intensiv genutzt.

Stufe 5: Optimierend

Prozessverbesserung findet systematisch und kontinuierlich statt. Erfolg oder Misserfolg wird quantitativ belegt.

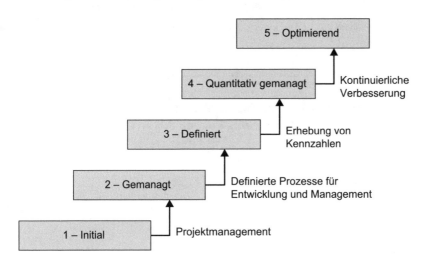

Abb. 7–1

CMMI-Reifegradstufen

In CMMI gibt es als weiteres wichtiges Strukturelement neben den   *Spezifische und*
Reifegradstufen die Prozessgebiete. Alle Anforderungen zu einem   *generische Ziele*
Thema werden in einem Prozessgebiet zusammengefasst. Für jedes
Gebiet ist eine Reihe von Zielen vorgegeben, wobei zwischen spezifischen Zielen, die für das jeweilige Prozessgebiet definiert sind, und
generischen Zielen unterschieden wird. Generische Ziele beschreiben
die Aufgaben, die durchzuführen sind, um die spezifischen Ziele dauerhaft und effizient umzusetzen (Institutionalisierung der jeweiligen
Prozesse).

   Den vier oberen Reifegradstufen sind in CMMI folgende Prozess-   *Prozessgebiete*
gebiete zugeordnet (s. Tab. 7–1, nach [Kneuper 06]):

Tab. 7–1

Reifegradstufen und
Prozessgebiete

Stufe	Prozessgebiete
2 – Gemanagt	Anforderungsmanagement Projektplanung Projektverfolgung und Projektsteuerung Management von Lieferantenvereinbarungen Messung und Analyse Qualitätssicherung von Prozessen und Produkten Konfigurationsmanagement
3 – Definiert	Anforderungsentwicklung Technische Umsetzung Produktintegration Verifikation Validation Organisationsweiter Prozessfokus Organisationsweite Prozessdefinition Organisationsweites Training Integriertes Projektmanagement Risikomanagement Entscheidungsanalyse und Entscheidungsfindung
4 – Quantitativ gemanagt	Performanz der organisationsweiten Prozesse Quantitatives Projektmanagement
5 – Optimierend	Organisationsweite Innovation und Verbreitung Ursachenanalyse und Problemlösung

Kontinuierliche
Darstellung

Neben der stufenförmigen Darstellung (aus CMM bereits bekannt, s. Abb. 7–1) gibt es in CMMI eine kontinuierliche Darstellung. Hierbei werden die in der Tabelle 7–1 aufgeführten Prozessgebiete den folgenden vier Kategorien zugeordnet:

- Prozessmanagement
- Projektmanagement
- Ingenieurdisziplinen
- Unterstützung

Generische Ziele und
Fähigkeitsgrade

In der kontinuierlichen Darstellung gibt es fünf generische Ziele, die Auskunft über das Erreichen der Institutionalisierung eines jeden Prozesses geben. Der Weg bis zur vollständigen Umsetzung ist in sechs Fähigkeitsgrade (0 – unvollständig, 1 – durchgeführt, 2 – gemanagt, 3 – definiert, 4 – quantitativ gemanagt und 5 – optimiert) unterteilt. Der Fähigkeitsgrad bezieht sich auf einen Prozess, im Gegensatz zum Reifegrad beim stufenförmigen Modell, der sich auf die Gesamtheit der Prozessgebiete in der jeweiligen Reifegradstufe bezieht und damit den Reifegrad der gesamten Organisationseinheit darstellt. Durch die kontinuierliche Darstellung sind eine wesentlich spezifischere, auf den jeweiligen Prozess bzw. auf das jeweilige Prozessgebiet bezogene Beschreibung und Bewertung möglich (s. als ein Beispiel Abb. 7–2).

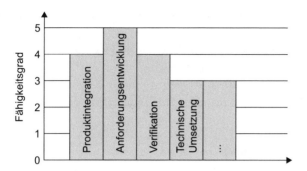

Abb. 7–2

Darstellung der

Fähigkeitsgrade einzelner

Prozessgebiete

Testen in CMMI

Für den Testmanager sind die Prozessgebiete »Verifikation« und »Validation« von entscheidender Bedeutung. Im Stufenmodell gehören beide Prozessgebiete zum Reifegrad 3 (definiert), im kontinuierlichen Modell sind sie der Kategorie Ingenieurdisziplin zugeordnet. Im Folgenden werden beide Prozessgebiete vorgestellt. Für weitere Information zum CMMI sei auf die entsprechende Literatur (z.B. [Kneuper 06] bzw. Internetquellen, z.B. [URL: CMMI], [URL: CMMI-Browser]) verwiesen.

Prozessgebiete Verifikation und Validation

Verifikation

»Die Anforderungen des CMMI zur Verifikation sind relativ allgemein formuliert; gefordert wird die Vorbereitung der Verifikation inklusive der Auswahl der zu verifizierenden Arbeitsergebnisse, die Durchführung von Partnerreviews (...) sowie allgemein die Durchführung der Verifikation« (aus [Kneuper 06]).

Folgende Methoden zur Prüfung der Umsetzung der Spezifikationen werden genannt: (Partner-)Review, Test und statische Analyse[8].

Validation

Die Validation[9], die Prüfung, ob die Anforderungen des Kunden umgesetzt wurden, ist im engen Zusammenhang mit dem Prozessgebiet Anforderungsentwicklung (Reifegrad 3, Kategorie Ingenieurdisziplin) zu sehen.

»Aufgabe ist daher laufend immer wieder zu überprüfen, ob die definierten Ergebnisse und Anforderungen wirklich den gewünschten Nutzen liefern. Aus diesem Grund ist Validation ein Schritt bei der Anforderungsentwicklung (...).

---

8.   Im Buch »Basiswissen Softwaretest« ([Spillner 05]) sind alle drei Verfahren ausführlich beschrieben.

9.   oder auch mit Validierung, wie im Buch »Basiswissen Softwaretest« bezeichnet.

Umgekehrt gilt: Wenn Anforderungsentwicklung und Verifikation gut funktioniert haben, dann gibt es bei der Validation nur noch wenig zu tun, nämlich im Wesentlichen das »Abhaken« des Systems durch den Benutzer« (aus [Kneuper 06]).

CMMI fordert die Vorbereitung und Durchführung der Validation, wobei die konkret anzuwendenden (Prüf- und Test-)Methoden nicht aufgeführt sind.

Testmanager und CMMI

Der Testmanager findet keine sehr detaillierten Beschreibungen oder Hilfestellungen für seine Aufgaben, die über seine Kenntnisse des fundamentalen Testprozesses (s. Kap. 2) hinausgehen. Es wird beispielsweise dargestellt, welche Aktivitäten notwendig sind, um eine Testumgebung einzurichten[10]. Klar ist allerdings, dass der Testprozess als Teil des Softwareentwicklungsprozesses ebenfalls profitiert, wenn der Entwicklungsprozess einen hohen Reifegrad besitzt.

7.2.2   ISO/IEC 15504 (SPICE)

Mit der Aufgabe, vorhandene Bewertungsmethoden wie z.B. CMMI, Trillium[11], Software Technology Diagnostic[12] und Bootstrap[13] zu vereinheitlichen und einen internationalen Standard zu definieren, wurde 1993 das Projekt SPICE (Software Process Improvement and Capability dEtermination, [URL: SPICE]) beauftragt. Unter anderem diente CMM der SPICE-Projektgruppe als Grundlage; die Ansätze sind daher ähnlich dem Vorgehen beim CMMI. Die SPICE-Projektarbeit mündete in die Norm ISO/IEC 15504, die 1998 als Technischer Bericht verabschiedet wurde. Derzeit sind die Teile 1 bis 5 veröffentlicht, und weitere Teile sind in Vorbereitung (s. [URL: ISO]).

Im Gegensatz zu CMMI hat SPICE nur eine kontinuierliche Darstellung, es werden also Fähigkeitsgrade einzelner Prozesse ermittelt. Durch »Auswechseln« der Prozesse werden Assessments für unterschiedliche Branchen unterstützt, wie »Automotive SPICE«, SPICE4SPACE, MEDISPICE etc.

Die Norm bildet den Rahmen für eine einheitliche Bewertung der Leistungsfähigkeit einer Organisationseinheit durch Bewertung der »gelebten« Prozesse. Die Norm umfasst: Prozessbewertung, Prozessverbesserung und Leistungsbestimmung (s. Abb. 7–3).

---

10. s. in [URL: CMMI-Browser] ENG VAL 3 SP 1.2.2. Establish the validation Environment
11. Erweiterung von CMM, speziell für Telekommunikationssoftware
12. für kleine Organisationen
13. EU-Programm zur Prozessverbesserung, inzwischen eingestellt.

Abb. 7–3

Zusammenhang zwischen

Prozess, -bewertung,

-verbesserung,

Leistungsbestimmung

Sechs Fähigkeitsgrade sind definiert:

ISO/IEC 15504

Der Prozess

Fähigkeitsgradstufen

- ist unvollständig (Stufe 0)
- wird durchgeführt (Stufe 1)
- wird gemanagt (Stufe 2)
- ist etabliert (Stufe 3)
- ist vorhersagbar (Stufe 4)
- ist selbstoptimierend (Stufe 5).

Eine Kritik an CMM war, dass der Schritt von Stufe 1 (Initial) nach Stufe 2 (Gemanagt) im Reifegradmodell zu groß ist. Allerdings beziehen sich die Reifegrade bei CMM auf alle Prozessgebiete einer Reifegradstufe. Die Kritik wurde in SPICE und ebenso in CMMI in der kontinuierlichen Darstellung aufgenommen, und es wurde eine zusätzliche untere Stufe definiert. Die oberen vier Fähigkeitsgradstufen sind mit denen in CMM bzw. in der kontinuierlichen Darstellung des CMMI vergleichbar. Die beiden unteren Stufen werden kurz charakterisiert:

Eine zusätzliche Stufe

- **Stufe 0:**
  Ein Prozess ist als unvollständig einzustufen, wenn keine greifbaren Beweise vorliegen, dass der Prozess zweckdienliche Ergebnisse bringt, und wenn deutlich ist, dass der Prozess nicht verstanden ist.
- **Stufe 1:**
  Der Prozess ist verstanden, und die Prozesspraktiken werden angewendet, ohne dass deren Einsatz streng geplant oder verfolgt wird. Allerdings ist der Erfolg weitestgehend von den einzelnen Mitarbeitern abhängig.

Um eine Kategorisierung der Prozesse und damit eine bessere Übersichtlichkeit im Referenzmodelle zu erhalten, sind folgende neun Prozessgruppen in der [ISO 15504] definiert:

Fünf Prozessbereiche

- Akquisitionsprozesse, d.h. Management der Zulieferer/Unterauftragnehmer
- Managementprozesse als Zulieferer für Kunden
- Engineering-Prozesse
- Prozesse in der Nutzung/Wartung des Systems
- Managementprozesse (z.B. Management des Unternehmens, von Projekten, der Qualitätssicherung)
- Prozesse zur Prozessverbesserung
- Prozesse zur Verwaltung von Ressourcen und Infrastruktur
- Reuse-Prozesse (z.B. auch Wiederverwendung von Testfällen)
- unterstützende Prozesse

Basisprozesse   Die jeweiligen Prozessgruppen sind noch weiter unterteilt. Insgesamt »verbergen« sich dahinter mehrere hundert Basisprozesse oder besser Basispraktiken. Ähnlich wie bei CMMI gibt es auch generische Praktiken, die allgemein gültig sind und nicht einzelnen Prozessen zugeordnet werden. Ein Beispiel ist die Planung eines Prozesses oder die Schulung der Mitarbeiter, diese Praktiken sind für alle Prozesse gültig.

Testen

Für den Testmanager sind die Prozesse »Software construction (ENG.6)«, »Software testing (ENG.8)« und »System testing (ENG.10)« von besonderem Interesse[14]. Alle gehören zur Kategorie »Engineering process category (ENG)«. Bei den unterstützenden Prozessen sind »Verification (SUP.2)« und »Validation (SUP.3)« vom Testmanager zu beachten. Nach der Norm soll das Testen von Personen oder Teams durchgeführt werden, die unabhängig von den Entwicklern sind. Mit der Planung und Testvorbereitung soll parallel zur Analyse- und Entwurfsphase begonnen werden. Insbesondere fordert SPICE bereits auf Level 1 die Verfolgbarkeit jeder Anforderung zum Testfall. Die beiden oben genannten Testprozesse (ENG.8) und (ENG.10) werden im Folgenden vorgestellt. Für weitere Information zu ISO/IEC 15504 sei auf die entsprechende Literatur (z.B. [Wallmüller 06] bzw. Internetquellen (z.B. [URL: SPICE], [URL: ISO]) verwiesen.

Softwaretest (ENG.8)

Für das Testen von Software sind folgende Punkte aufgeführt:

- Tests für zu integrierende Teile spezifizieren (auch bereits als Bestandteil von Anforderungsanalyse, Design und Codierung durchzuführen)

---

14. Auch in ENG.2 und ENG.3 finden sich Aussagen zur Testplanung und -vorbereitung.

- integrierte Teile des Systems testen
- Regressionstests für das System spezifizieren und bei Änderungen durchführen

Zu jedem der Punkte gibt es eine kurze Erläuterung. Bei der Spezifikation der Tests für das integrierte Softwaresystem werden die einzelnen Prozesse (Festlegung der Anforderungen, Erstellen des Designs, Implementierung) genannt, zu denen die Testspezifikation parallel durchgeführt werden soll.

Systemtest (ENG.10)

Die aufgeführten Punkte sind analog zu denen im Softwaretest definierten, hinzu kommt hier die

- Abnahmebereitschaft des Systems bestätigen.

Zu jedem der Punkte gibt es wie beim Test der Software eine kurze Erläuterung. Auch hier wird explizit darauf hingewiesen, dass die vorbereitenden Aufgaben parallel zur Entwicklung durchzuführen sind.

Testmanager und SPICE

Der Testmanager findet in der SPICE-Norm Beschreibungen für seine Aufgaben. Darüber hinaus sind die von ihm bzw. seinem Testteam zu erstellenden sowie die benötigten Dokumente beschrieben. Allerdings sind die einzelnen Angaben und Hinweise nicht sehr detailliert. Aber auch hier gilt, dass ein strukturierter Entwicklungsprozess für den Testprozess von Vorteil ist.

7.2.3   Vergleich von CMMI und SPICE

Durch die Ablösung von CMM durch CMMI sind die Unterschiede zur ISO/IEC 15504 geringer geworden, was ja auch nicht verwunderlich ist, da ein Ziel des SPICE-Projekts die Vereinheitlichung der Bewertungsmodelle war. Den engen Zusammenhang zwischen den Modellen verdeutlicht der Sachverhalt, dass CMMI als Referenzmodell bei einem Assessment nach ISO/IEC 15504 verwendet werden kann. Allerdings finden sich in beiden Modellen Inhalte, die im jeweils anderen nicht behandelt werden (näheres z.B. in [Hörmann 02], [Wallmüller 06]).

Aus Sicht des Testmanagers sind die Angaben zum Vorgehen beim Test zu pauschal und zu ungenau. Sie geben ihm keine allzu konkrete Hilfestellung bei seiner Arbeit.

7.3   Bewertung von Testprozessen

Da CMMI und ISO/IEC 15504 den Testprozess nicht ausführlich genug behandeln, wurden Bewertungs- und Verbesserungsmodelle entwickelt, deren Fokus sich ausschließlich auf den Testprozess richtet. Im Folgenden werden zwei solche Modelle vorgestellt: »Testing Maturity Model« (TMM) und »Test Process Improvement« (TPI).

7.3.1   Testing Maturity Model (TMM^{sm})

Grundlage CMM

Das Testing Maturity Model wurde 1996 am lllinois Institute of Technology in Chicago, USA entwickelt [Burnstein 96]. Eine der Grundlagen für das Modell ist das Capability Maturity Model. Im TMM werden in Analogie zum CMM Reifegradstufen zur Bewertung und Verbesserung verwendet.

TMM legt sein Augenmerk insbesondere auf den Test als Prozess, der evaluiert und verbessert wird. Durch die Verbesserung sollen folgende Ziele erreicht werden:

- qualifizierte Tester
- höhere Softwarequalität
- genauere Einhaltung von Budget- und Zeitplanung
- verbesserte Planung
- genauere Einhaltung von quantifizierbaren Testzielen

TMM definiert in Anlehnung an CMM fünf Reifegradstufen und stellt ein hierarchisches und für jede Stufe identisches Rahmenwerk bereit, das aus folgenden Teilen besteht (s. Abb. 7–4):

- **Reifeziele**
  sind auf jeder Stufe, mit Ausnahme von Stufe 1, festgelegt.
- **Reifeteilziele**
  sind konkreter formuliert und geben Hinweise zum Umfang, zur Reichweite, den Grenzen und zur Durchführung von Aktivitäten und Aufgaben zur Prozessbewertung und -verbesserung.
- **Aktivitäten/Aufgaben und Verantwortlichkeiten**
  sind detailliert beschrieben und müssen durchgeführt werden, um die entsprechende Reifegradstufe zu erreichen. Involviert sind drei Personengruppen: Manager, Entwickler und Tester, Anwender und Kunde.

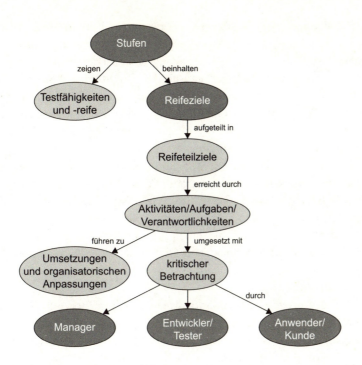

Abb. 7–4

Interner Aufbau der

TMM-Stufen

Die fünf Reifegradstufen im TMM sind wie folgt gegliedert und enthalten folgende Prozessgebiete (s. Tab. 7–2):

Stufe	Prozessgebiete
1 – Initial	Ohne Prozessgebiet
2 – Phasendefinition	Testpolitik und Testziele Testplanung Testtechniken und Testmethoden Testumgebung
3 – Integration	Testorganisation Test-Schulungsprogramm Testprozessintegration im SW-Entwicklungsprozess Kontrolle und Überwachung
4 – Management und Metriken	Peer Reviews Testmetriken Softwarequalitätsmanagement
5 – Optimierung, Fehlerprävention, Qualitätsregelung	Fehlerprävention Testprozessoptimierung Qualitätskontrolle und -regelungen

Tab. 7–2

TMM-Reifegradstufen

und -Prozessgebiete

Im Folgenden werden die einzelnen Stufen charakterisiert (in Anlehnung an [van Veenendaal 02]):

1-Initial

Auf der Stufe 1 ist Testen ein chaotischer, nicht definierter Prozess und wird meist als Teil des Debugging betrachtet. Ziel des Testens ist der Nachweis, dass keine gravierenden Fehlerwirkungen beim Ablauf der Software auftreten. Eine Prüfung der Qualität der Software und der im Fehlerfall vorhandenen Risiken findet nicht statt; Softwareprodukte werden in minderer Qualität ausgeliefert. Für das Testen stehen weder ausreichend Ressourcen, unterstützende Werkzeuge noch gut ausgebildete Tester zur Verfügung.

2-Phasendefinition

Testen wird in der zweiten Stufe als eigenständiger Prozess gesehen und ist klar vom Debugging getrennt. Eine Testplanung erfolgt, die auch die Bestimmung der Teststrategie umfasst. Um Testfälle aus den Anforderungen herzuleiten und auszuwählen, werden Testverfahren verwendet. Testaktivitäten beginnen allerdings noch recht spät, z.B. parallel zur Komponentenspezifikation oder zur Programmierung. Testen dient hauptsächlich dem Nachweis der Erfüllung der spezifizierten Anforderungen.

3-Integration

Der Testprozess ist im Softwareentwicklungsprozess voll integriert. Testplanung findet zu einem frühen Zeitpunkt statt. Bei der Festlegung der Teststrategie stehen ausführlich dokumentierte Anforderungen zur Verfügung, und es fließen Risikoüberlegungen mit ein. Ungültige Eingaben und fehlerhafte Situationen werden beim Testen berücksichtigt. Reviews werden durchgeführt, wenngleich noch nicht einheitlich, nicht formal und nicht im gesamten Entwicklungsprozess. Eine Testorganisation ist institutionalisiert, ebenso ein spezielles Schulungsprogramm für Tester. Tester werden als eigenständige Berufsgruppe angesehen.

4-Management und Metriken

In der vierten Stufe ist der Testprozess umfassend definiert und quantifizierbar. Die einzelnen Testaktivitäten sind begründet. Reviews für die Dokumente des gesamten Entwicklungsprozesses werden entsprechend der vereinbarten Auswahlkriterien und systematisch durchgeführt. Sie werden als wichtige Ergänzung zum Testen angesehen. Softwareprodukte werden in Hinblick auf Qualitätsmerkmale wie Zuverlässigkeit, Benutzbarkeit und Wartbarkeit überprüft. Testfälle werden in einer zentralen Datenbank gesammelt, gesichert und für eine spätere Wiederverwendung und die durchzuführenden Regressionstests verwaltet. Testmetriken werden erhoben, die Auskunft über die Qualität des Testprozesses und des Softwareprodukts geben. Testen wird als Evaluierung über den gesamten Entwicklungsprozess gesehen, was Reviews mit einschließt.

5-Optimierung, Fehlerprävention und Qualitätsregelung

In der obersten Stufe ist der Testprozess komplett definiert. Kosten und Effektivität der Testmethoden sind kontrollierbar. Testverfahren werden optimal eingesetzt. Die Verbesserung des Testprozesses wird weiterverfolgt. Fehlerprävention und Qualitätskontrolle sind Bestandteil des Prozesses. Ein Verfahren zur Auswahl und Evaluation von Testwerkzeugen ist dokumentiert. Werkzeuge werden bei möglichst allen Testaktivitäten zur Unterstützung eingesetzt. Frühzeitige Vermeidung von Fehlern ist das Hauptziel des Testprozesses. Alles dies wirkt sich auch positiv auf den gesamten Entwicklungsprozess aus.

Reifeziele und Reifeteilziele

Um eine genauere Vorstellung von den einzelnen Reifezielen und ihren Teilzielen zu vermitteln, werden im Folgenden einige exemplarisch dargestellt:

Im Unternehmen existiert ein Ausschuss zur Entwicklung der Testpolitik und der Testziele, mit entsprechender Unterstützung des Managements und mit ausreichenden Finanzmitteln ausgestattet. Der Ausschuss definiert und dokumentiert Ziele für das Testen sowie für das Debugging und verteilt die Information an alle Projektmanager und Entwickler. Die Testziele spiegeln sich in den Testplänen wider.

Stufe 2
Testpolitik und Testziele

Ein Ausschuss für Testplanung ist eingerichtet. Ein Testplan-Template ist entwickelt und an alle Projektmanager und Entwickler verteilt. Grundlegende Werkzeuge zur Planung sind evaluiert, empfohlen und angeschafft worden.

Stufe 2
Testplanung

Eine unternehmensweite Gruppe für Testtechnologie ist gebildet, die einen Satz von grundlegenden Testtechniken und -methoden erarbeitet, evaluiert und empfiehlt (z. B. einzelne Blackbox- und Whitebox-Testverfahren, Requirements-Tracing sowie die Unterscheidung zwischen den Teststufen Modul-, Integrations-, System- und Akzeptanztest). Adäquate Werkzeugunterstützung ist von der Gruppe ebenfalls benannt worden.

Stufe 2
Testtechniken und Testmethoden

Es ist eine organisationsweite Testgruppe mit entsprechender Unterstützung durch das Management aufgebaut worden. Rollen und Verantwortlichkeiten im Testprozess sind definiert. Für die Testgruppe sind gut ausgebildete und motivierte Mitarbeiter gewonnen worden. Die Testgruppe unterhält Kommunikationswege, die eine direkte Beteiligung von Anwendern und Kunden am Testprozess zulassen. Wünsche, Sorgen und Anforderungen der Anwender werden gesammelt, dokumentiert und in den Testprozess eingebracht.

Stufe 3
Testorganisation

Das Management hat ein Trainingsprogramm unter Berücksichtigung von Trainingszielen und -plänen aufgestellt. Innerhalb der Organisation ist eine Trainingsgruppe eingerichtet und mit entsprechenden Werkzeugen, Räumlichkeiten und Material ausgestattet worden.

Stufe 3
Test-Schulungsprogramm

Das Unternehmen hat Mechanismen und Ziele zur Regelung und Beobachtung des Testprozesses festgelegt. Grundlegende prozessbezogene Maßzahlen sind definiert und dokumentiert. Für den Fall von sig-

Stufe 3
Kontrolle und Überwachung

nifikanten Abweichungen von der Testplanung sind Korrekturmaßnahmen sowie Notfallpläne entwickelt und dokumentiert worden.

Reifegradstufen in CMM und TMM

TMM ist als Ergänzung zu CMM bzw. CMMI gedacht. Die Reifegradstufen beider Modelle korrespondieren weitestgehend miteinander. Da der Testprozess als ein Teil des Softwareentwicklungsprozesses gesehen wird, stehen die Prozessgebiete in TMM (Maturity Goals) in engem Zusammenhang mit den Prozessgebieten (Key Process Areas) des CMM[15]. Die folgende Tabelle stellt beispielhaft Beziehungen zwischen den Stufen der beiden Bewertungsmodelle dar (s. Tab. 7–3):

Tab. 7–3
Prozessgebiete und Reifegradstufen in TMM und CMM

TMM	CMM	Prozessgebiete
2	2	Anforderungsmanagement Projektplanung Konfigurationsmanagement
3	2	Projektverfolgung und Projektsteuerung Qualitätssicherung von Prozessen und Produkten
3	3	Organisationsweiter Prozessfokus Organisationsweite Prozessdefinition Organisationsweites Training
4	3	Peer Reviews
4	4	Quantitatives Projektmanagement Softwarequalitätsmanagement
5	5	Fehlerprävention Management bei Prozess- und Technologieänderungen

TMM Assessment Model (TMM-AM)

Das Assessment-Modell soll Organisationen dabei behilflich sein, ihren Testprozess zu beurteilen und zu verbessern. Für ein TMM-Assessment werden mehrere Eingangsdokumente als Grundlage für die Bewertung benötigt. Neben dem Testing Maturity Model fließen drei weitere Komponenten in das Assessment ein:

- Fragebogen
- Ablauf des Assessment
- Teamschulung und Auswahlkriterien

---

15. Da TMM auf CMM basiert, wird der Vergleich mit CMM und nicht mit CMMI vorgenommen.

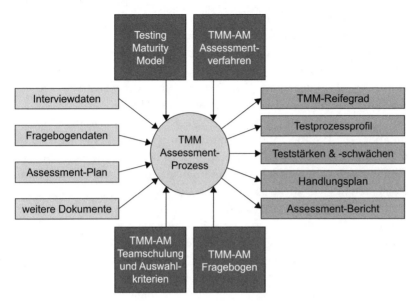

Abb. 7–5

TMM-AM:

Eingangsdokumente,

Komponenten und

Ergebnisse

Nach Durchführung des Assessments stehen fünf Dokumente bzw. Ergebnisse zur Verfügung (Reifegrad, Testprozessprofil, Teststärken und -schwächen, Handlungsplan und Assessment-Bericht, s. Abb. 7–5). Für ausführlichere Beschreibungen des Testing Maturity Model sei auf die Literatur (z. B. [Burnstein 03]) verwiesen.

7.3.2 Test Process Improvement® (TPI)

Test Process Improvement® basiert auf den langjährigen Erfahrungen im Bereich Testen der Firma Sogeti Nederland B.V.[16] ([URL: Sogeti]). Das Bewertungsmodell ermöglicht die Bestimmung der Reife des Testprozesses in einer Organisation und unterstützt die schrittweise Prozessverbesserung.

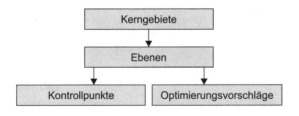

Abb. 7–6

Hauptelemente des

TPI-Modells

Da der Testprozess eine ganze Reihe von Aufgaben und Aktivitäten umfasst, die zu bewerten sind, definiert TPI 20 Kerngebiete. Ein Kerngebiet umfasst beispielsweise wichtige Aspekte zum Einsatz von Werk-

20 Kerngebiete und

entsprechende Ebenen

---

16. vormals die Firma Iquip

zeugen. Bei der Bewertung des Testprozesses wird für jedes der 20 Kerngebiete eine Einstufung auf eine bestimmte Ebene vorgenommen. Durchschnittlich gibt es drei Ebenen pro Kerngebiet. Die Stärken und Schwächen eines Testprozesses werden mit Hilfe von so genannten Kontrollpunkten ermittelt. Die Ebenen sind so definiert, dass Verbesserungen von einer niedrigeren auf eine höhere Ebene einen messbaren Einfluss auf die für das Testen erforderliche Zeit, das benötigte Budget und/oder die resultierende Qualität haben. Für jede Ebene sind Optimierungsvorschläge zur Erreichung der nächsten Ebene beschrieben. Abbildung 7–6 verdeutlicht die Zusammenhänge zwischen den Hauptelementen des TPI-Modells.

Ähnlich zu SPICE gibt es auch bei TPI branchenspezifische Anpassungen. »TPI Automotive« hat 21 Kerngebiete mit einer leichten inhaltlichen Ausrichtung auf die Automobilbranche. Diese Ausprägung des Modells ist überall dort gut anwendbar, wo eine intensive Beziehung zwischen verschiedenen Zulieferern und dem Kunden als Integrator besteht bzw. wo die Aspekte der Integration verschiedener HW/SW-Komponenten eine zentrale Rolle spielen.

Kerngebiete, Ebenen, Kontrollpunkte

TPI-Kerngebiete

Im Folgenden werden die 20 Kerngebiete des TPI-Modells genannt und drei exemplarisch vorgestellt. Die 20 Kerngebiete sind: Teststrategie, Einsatz des Phasenmodells, Zeitpunkt der Beteiligung, Kostenvoranschlag und Planung, Testspezifikationstechniken, statische Testtechniken, Metriken, Testwerkzeuge, Testumgebung, Testarbeitsplatz, Engagement und Motivation, Testfunktionen und Ausbildung, Reichweite der Methodik, Kommunikation, Berichterstattung, Dokumentation der Abweichungen, Testware-Management, Testprozessmanagement, Prüfungen und als letztes Kerngebiet Low-Level-Tests (bei TPI Automotive ist der Integrationstest das zusätzliche Kerngebiet).

Kerngebiet Teststrategie

»Die Teststrategie muss darauf ausgerichtet sein, die gravierendsten Fehler so früh wie möglich und zu den geringstmöglichen Kosten zu finden. Bei der Teststrategie wird bestimmt, welche (Qualitäts-) Risiken abgedeckt werden müssen. Je mehr Testarten bei der Strategiebestimmung Anwendung finden und je mehr Aufdeckungsmaßnahmen eingesetzt werden, desto ausgewogener kann die Strategie bestimmt werden. Versehentliche Überlappungen oder sogar »Löcher« zwischen den verschiedenen Tests werden durch Abstimmung zwischen Tester und Testaktivitäten sowie unter Einhaltung größtmöglicher Sorgfalt vermieden« (aus [URL: TPI] Zusammenfassung). Zum Erreichen der Ebene A müssen auch im Kerngebiet »Testspezifikationstechniken« die Ebene A (informelle Spezifikation) sowie im Kerngebiet »Engagement und Motivation« die Ebene A (Zuweisung von Budget und Zeit) erfüllt sein, da sonst in der Teststrategie keine Unterscheidung zwischen Low-Level- und High-Level-Tests vorgenommen werden kann und eine Ressourcenverteilung nur unzureichend möglich ist.

»Obwohl die tatsächliche Ausführung des Tests normalerweise nach der Realisierung der Software beginnt, kann und muss der Testprozess sehr viel früher anfangen. Eine frühe Beteiligung des Testens bei der Systementwicklung ist dabei behilflich, Fehler so früh bzw. so einfach wie möglich zu finden und sogar zu vermeiden. Zwischen den verschiedenen Tests kann somit eine bessere Abstimmung stattfinden, und die Zeit, in der das Testen sich auf einem kritischen Weg im Projekt befindet, kann so kurz wie möglich gehalten werden« (aus [URL: TPI] Zusammenfassung). Hier existiert eine Abhängigkeit zum Kerngebiet »Einsatz des Phasenmodells«. Es ist zwischen der Durchführung der Tests in den Phasen Planung und Spezifikation zu unterscheiden. Frühzeitige Beteiligung bringt nur dann Vorteile, wenn diese Zeit mit der Vorbereitung von Tests (Planung und Spezifikation) sinnvoll genutzt wird.

Kerngebiet
Zeitpunkt der Beteiligung

»Das Testpersonal benötigt Räume, Schreibtische, Stühle, PCs, Textverarbeitungsprogramme, Drucker, Telefone usw. Eine gute und rechtzeitige Einrichtung der Büroinfrastruktur beeinflusst nicht nur die Motivation der Mitarbeiter positiv, sondern wirkt sich auch entsprechend günstig auf die Kommunikation innerhalb und außerhalb des Teams und auf die effiziente Ausführung der Arbeiten aus« (aus [URL: TPI] Zusammenfassung).

Kerngebiet
Testarbeitsplatz

Zu jedem der 20 Kerngebiete sind Ebenen definiert. Zur Bewertung und Einordnung in eine Ebene dienen Kontrollpunkte. Für das Kerngebiet »Teststrategie« sind vier Ebenen (A, B, C und D) vorgegeben. Für die unterste Ebene (A) sind die folgenden vier Kontrollpunkte zu prüfen:

Ebenen und
Kontrollpunkte

- A1. »Es findet eine motivierte Risikoanalyse statt, die Kenntnisse über das System sowie Einsatz und Verwaltung des Systems bedarf.
- A2. Es findet eine Differenzierung in Hinblick der Intensität der durchgeführten Tests statt; diese Differenzierung ist abhängig von den vorhandenen Risiken und – falls zutreffend – von den Akzeptanzkriterien: Nicht alle Teilsysteme und nicht jedes Qualitätsattribut wird gleichermaßen (umfangreich) getestet.
- A3. Verwendet werden eine oder mehrere formelle oder informelle Spezifikationstechniken, die sich für die gewünschte Intensität eines Tests eignen.

Kerngebiet Teststrategie,
unterste Ebene
Kontrollpunkte

■ A4. Auch bei neuen Tests findet eine (einfache) Strategiebestimmung statt, bei der motiviert zwischen den Varianten ›nur Lösungen testen‹ und ›vollständig neu testen‹ gewählt wird« (aus [URL: TPI] Kontrollpunkte, s.a. dort für die weiteren Kontrollpunkte der drei oberen Ebenen des Kerngebiets »Teststrategie«).

Für das Kerngebiet »Zeitpunkt der Beteiligung« sind folgende vier Ebenen mit den entsprechenden Kontrollpunkten gegeben:

Kerngebiet Zeitpunkt der Beteiligung, Ebenen und Kontrollpunkte

■ »Ebene A – Fertigstellung der Systemdokumentation:
  - A1. Das Testen beginnt zur gleichen Zeit oder vor der Fertigstellung der Systemdokumentation eines begrenzten Systemteils, das gesondert getestet werden soll.
  - A2. Das System kann in mehrere Teile eingeteilt sein, die gesondert abzurunden, zu entwickeln und zu testen sind. Das Testen des ersten Teilsystems hat dann gleichzeitig oder vor der Fertigstellung der Systemdokumentation des jeweiligen Teilsystems zu erfolgen.

■ Ebene B – Konzept Systemdokumentation:
  - B1. Das Testen beginnt zur gleichen Zeit oder vor der Phase, in der die Systemdokumentation (häufig der funktionelle Entwurf) konzipiert wird.

■ Ebene C – Pflichtenheft:
  - C1. Das Testen beginnt zur gleichen Zeit oder vor der Phase, in der das Pflichtenheft erstellt wird.

■ Ebene D – Beginn des Projekts:
  - D1. Sobald das Projekt beginnt, wird auch mit dem Testen begonnen« (aus [URL: TPI] Kontrollpunkte).

Können die jeweiligen Kontrollpunkte positiv beantwortet werden, dann gilt die Ebene des Kerngebiets als erreicht.

TPI-Matrix

TPI-Matrix

Alle Kerngebiete mit ihren Ebenen sind in der Testentwicklungsmatrix (TPI-Matrix) miteinander in Zusammenhang gebracht, um die Prioritäten und Abhängigkeiten zwischen den Kerngebieten und Ebenen darstellen zu können. In der Matrix werden die verschiedenen Ebenen der Kerngebiete jeweils einer von insgesamt 13 Entwicklungsstufen zugeordnet (s. Abb. 7–7).

#	Kerngebiet Skala	0	1	2	3	4	5	6	7	8	9	10	11	12	13
1	Teststrategie		A				B				C		D		
2	Einsatz des Phasenmodells		A		B										
3	Zeitpunkt der Beteiligung			A			B				C	D			
4	Kostenvoranschlag und Planung					A					B				
5	Testspezifikationstechniken		A	B											
6	statische Tsettechniken					A	B								
7	Metriken						A		B			C		D	
8	Testwerkzeuge					A		B			C				
9	Testumgebung				A			B							C
10	Testarbeitsplatz				A										
11	Engagement und Motivation		A				B					C			
12	Testfunktionen und Ausbildung				A			B			C				
13	Reichweite der Methodik					A						B			C
14	Kommunikation			A	B							C			
15	Berichterstattung		A		B		C					D			
16	Dokumentation der Abweichungen		A				B		C						
17	Testware-Management			A			B				C				D
18	Testprozessmanagement		A		B							C			
19	Prüfungen						A			B					
20	Low-Level-Tests					A		B		C					

Abb. 7–7

TPI-Matrix

Durch die Darstellung in einer Matrix ist sehr leicht zu sehen, welches Kerngebiet welche Ebene erreicht hat, also sich auf welcher Stufe der Skala befindet. »Ausreißer« – sowohl in positiver als auch in negativer Hinsicht – werden deutlich. Ziel ist ein kontinuierlicher Anstieg, ohne dabei Kerngebiete auf den unteren Stufen zurückzulassen.

Die 13 Reifegrad- oder auch Entwicklungsstufen können in drei Kategorien zusammengefasst werden:

- »Beherrschbar:
  Die Stufen 1 bis 5 zielen primär auf die Verwaltung des Testprozesses. Die unterschiedlichen Ebenen verweisen auf einen kontrollierten Testprozess, der ausreichende Erkenntnisse über die Qualität des getesteten Objekts ermöglicht. (...)

- Effizient:
  Die Ebenen der Stufen 6 bis 10 sind mehr auf die Effizienz des Testprozesses ausgerichtet. Diese Effizienz wird beispielsweise durch Automatisierung des Testprozesses, durch eine bessere Abstimmung und Integration zwischen den Testprozessen untereinander und mit den übrigen Beteiligten innerhalb der Systementwicklung sowie durch Verankerung der Arbeitsweise des Testprozesses in der Organisation erreicht.

■ **Optimierend:**

(...) Die Ebenen der letzten drei Stufen sind durch eine immer umfangreichere Optimierung des Testprozesses gekennzeichnet und zielen darauf ab, dass eine ständige Verbesserung des generischen Testprozesses Teil der normalen Arbeitsweise des Unternehmens wird« (Auszug aus [Pol 02], S. 45-46).

TPI-Assessment

Mit einem TPI-Assessment wird der Testprozess bewertet; für die 20 Kerngebiete wird anhand der Kontrollpunkte die erreichte Ebene ermittelt. Die TPI-Matrix dient aber auch dazu, die nächsten Verbesserungen und die angestrebte Situation festzulegen (s. Abb. 7–8).

Abb. 7–8
Ist- Situation...

Ist-Situation

	Kerngebiet	Skala	0	1	2	3	4	5	6	7	8	9	10	11	12	13
1	Teststrategie			A					B				C		D	
2	Einsatz des Phasenmodells			A		B										
3	Zeitpunkt der Beteiligung				A				B				C		D	
4	Kostenvoranschlag und Planung						A						B			
5	Testspezifikationstechniken			A	B											
6	statische Tsettechniken					A	B									
...																

... und angestrebte
Situation

Angestrebte Situation

	Kerngebiet	Skala	0	1	2	3	4	5	6	7	8	9	10	11	12	13
1	Teststrategie			A					B				C		D	
2	Einsatz des Phasenmodells			A		B										
3	Zeitpunkt der Beteiligung				A				B				C		D	
4	Kostenvoranschlag und Planung						A						B			
5	Testspezifikationstechniken			A	B											
6	statische Tsettechniken					A	B									
...																

Optimierungsvorschläge

Zum Erreichen einer höheren Ebene bieten bereits die Kontrollpunkte konkrete Ansatzpunkte. Weitere Anregungen zur Verbesserung des Testprozesses bieten die Optimierungsvorschläge. Für jeden Übergang auf eine höhere Ebene bietet das TPI-Modell eine Vielzahl von Vorschlägen. Die Verwendung der Vorschläge und der darin enthaltenen Hinweise und Tipps ist im Gegensatz zur Erfüllung der Kontrollpunkte nicht zwingend vorgeschrieben. Auf eine Aufzählung der Vorschläge wird hier verzichtet (s. hierzu [Koomen 99], [Pol 02]).

Verbesserungsverfahren

Das Vorgehen zur Optimierung des Testprozesses ähnelt jedem anderen Verbesserungsverfahren (s. Abb. 7–9). Nach der Einsicht in die Notwendigkeit einer Veränderung und der Schaffung eines entsprechenden Bewusstseins bei allen Beteiligten wird festgelegt, welche Ziele auf welche Weise erreicht werden sollen.

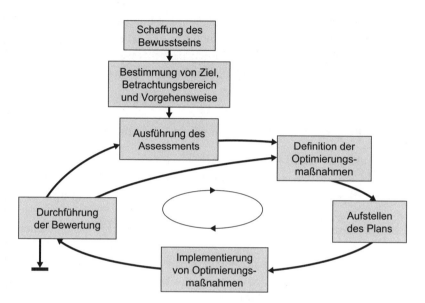

Abb. 7–9

Verbesserungsprozess

Durch ein TPI-Assessment wird die derzeitige Situation ermittelt. Der Einsatz des TPI-Modells ist dabei ein wesentlicher Bestandteil, da es einen Bezugsrahmen für die Ermittlung der Stärken und Schwächen des Testprozesses bietet. Durch Befragungen von Beteiligten und Beurteilung von Dokumenten werden die einzelnen Kerngebiete auf Grundlage der Kontrollpunkte bewertet. Dabei wird festgestellt, welche Fragen positiv beantwortet werden können und welche nicht oder nur teilweise. Die Entwicklungsmatrix wird hier dazu verwendet, eine umfassende Übersicht über den Testprozess der Organisation zu vermitteln.

Die Optimierungsmaßnahmen werden bestimmt, so dass eine stufenweise Verbesserung möglich ist. Die Entwicklungsmatrix des TPI-Modells hilft bei der Auswahl der verbesserungswürdigen Kerngebiete. Für jedes Kerngebiet ist es möglich, die nächsthöhere Ebene zu erreichen oder – in Sonderfällen – in die übernächste Ebene aufzusteigen (s.a. Abb. 7–8).

Optimierungs-
maßnahmen

Zur Realisierung von möglichst kurzfristig erreichbaren Optimierungsmaßnahmen wird ein Plan erstellt. In diesem Plan werden die

Planung

Ziele festgehalten und angegeben, welche Verbesserungen zum Erreichen dieser Ziele wann umgesetzt werden müssen.

Implementierung der Optimierungsmaßnahmen

Im nächsten Schritt wird der Plan umgesetzt. Einen wesentlichen Teil der Implementierung bildet die Konsolidierung. Sie soll vermeiden, dass die umgesetzten Optimierungsmaßnahmen »Eintagsfliegen« bleiben.

Bewertung

In der Bewertung ist festzustellen, in welchem Maße die Aktionen erfolgreich durchgeführt und in welchem Umfang die ursprünglichen Ziele erreicht wurden. Eine Entscheidung über die Fortsetzung und gegebenenfalls Anpassung des Änderungsprozesses wird getroffen. Sollte das angestrebte Gesamtziel erreicht sein, ist der Verbesserungsprozess beendet.

7.3.3 Vergleich der Bewertungsmodelle TMM und TPI

TMM und TPI sind beide ausschließlich auf den Testprozess fokussiert. TMM ist auf Grundlage von CMM entwickelt worden und führt zu einer Bewertung des gesamten Testprozesses in Reifegradstufen. Um eine umfassende Bewertung des Softwareentwicklungs- und des Testprozesses zu erhalten, empfiehlt sich die Durchführung beider Assessments.

TPI bewertet 20 (bzw. 21) für den Testprozess relevante Kerngebiete separat und ähnelt damit mehr dem CMMI in der kontinuierlichen Darstellung bzw. der ISO/IEC 15504, wo auch die einzelnen Prozessgebiete Fähigkeitsgrade bescheinigt bekommen.

TPI & TMM für den Testmanager

Beide Bewertungsmodelle sind für den Testmanager von großer Bedeutung, da sie ihm helfen, den Testprozess zu analysieren, zu bewerten und entsprechende Verbesserungen durchzuführen. Viele nützliche Hinweise und konkrete Tipps zum Testprozess finden sich in beiden Modellen. Welches Bewertungsmodell anzuwenden ist, ist auch von den Gegebenheiten im Unternehmen abhängig. Wird im Unternehmen ein CMMI-Assessment (Stufendarstellung) durchgeführt, ist TMM möglicherweise als Modell mit einem ähnlichen Aufbau vertrauter. Beide, TPI und TMM, eignen sich jedoch als Ergänzung aller Assessment-Modelle gleichermaßen gut.

Detaillierter beschrieben ist TPI. Auch scheint seine Verbreitung größer zu sein. Auf den Internetseiten der Firma Sogeti findet sich das Ergebnis einer weltweiten Befragung zum Einsatz von TPI ([URL: TPI] Worldwide Survey).

Ausführliche Beschreibungen sind in den Büchern »Practical Software Testing« [Burnstein 03] für TMM und »Management und Optimierung des Testprozesses« [Pol 02] bzw. »Test Process Improvement:

a Practical Step-by-Step Guide to Structured Testing« [Koomen 99] für TPI vorhanden.

Für den »Expert Level« des internationalen ISTQB Certified Tester Aus- und Weiterbildungsprogramms ist ein Modul vorgesehen, das ausschließlich Modelle zur Verbesserung des Testprozesses zum Inhalt hat.

Certified Tester – Expert Level

7.4   Audit und Assessment

Ein Audit ist eine systematische und unabhängige Untersuchung zur Bewertung von Softwareprodukten und Entwicklungsprozessen, um Konformität mit Standards, Richtlinien, Spezifikationen und/oder Prozessen zu bestimmen. Ein Audit basiert auf objektiven Kriterien. Grundlage sind Dokumente, die

Systematische und unabhängige Untersuchung

- die Gestaltung oder den Inhalt der zu erstellenden Produkte festlegen,
- den Prozess der Erstellung der Produkte beschreiben,
- spezifizieren, wie die Übereinstimmung mit den Standards und Richtlinien nachgewiesen bzw. gemessen werden kann.

Neben der Prüfung der Einhaltung von Richtlinien kann beim Audit auch die Effektivität der Umsetzung und eine Einschätzung des Prüfobjekts vorgenommen werden. Es werden drei Audit-Typen unterschieden:

Audit-Typen

- Das System-Audit untersucht das Qualitätsmanagementsystem oder ausgewählte Teilbereiche in Hinblick auf Struktur und Arbeitsabläufe.
- Das Prozess-Audit analysiert Prozesse bezüglich des eingesetzten Personals, der Prozessüberwachung und der Abfolge der einzelnen Arbeitsschritte.
- Beim Produkt-Audit werden (Teil-)Produkte auf ihre Übereinstimmung mit der Spezifikation und der Einhaltung von Richtlinien und Standards hin analysiert.

Audits dauern in der Regel 1 – 2 Tage, und dem Auditteam gehören meist 2 – 4 Personen an. Ziel aller Audits ist es, Schwachstellen aufzuzeigen, diese zu dokumentieren und konkrete und dauerhafte Verbesserungsmaßnahmen vorzuschlagen. Dabei sind folgende Schritte sinnvoll:

Audits

1. Bedarf an einem Audit feststellen (z.B. interne Prozessverbesserung als notwendig erkannt oder externe Anforderung des Kunden)
2. Planung des Audits (Inhalt, Team, formale Grundlagen, Ressourcen, Termine)

3. Durchführung des Audits mit den zugrunde liegenden Dokumenten und Ermittlung der Ergebnisse
4. Diskussion über Stärken und Schwächen und ob Verbesserungen notwendig sind
5. Umsetzung der Vorschläge mit entsprechender Berichterstattung bzw. Archivierung

Assessments Assessments ähneln mehrtägigen Audits mit größeren Teams, in der Regel von 3 – 5 Personen. Bei einem Assessment werden die betrieblichen Abläufe mit den Anforderungen eines Bewertungsmodells verglichen. Dabei werden sowohl direkte Artefakte (Richtlinien, Arbeitsanweisungen, Prozessmodelle) als auch indirekte (Protokolle, Berichte, ausgefüllte Templates) analysiert, wie auch die tatsächlich »gelebten« Prozesse mittels Interviews und zum Teil durch »über die Schulter schauen« geprüft.

Es gibt somit beispielsweise CMMI- oder auch SPICE-Assessments. Ergebnisse sind Reife- oder Fähigkeitsgradbewertungen von Organisationen oder von einzelnen Prozessen. Stärken und Schwächen sowie Verbesserungspotenziale werden aufgezeigt, und Möglichkeiten zur Nutzung von Synergien und Leitkompetenzen (insbesondere beim vergleichenden Assessment mehrerer Organisationseinheiten oder Projekte) identifiziert.

Von den fünf Teilen der ISO/IEC 15504 (SPICE) beschäftigen sich drei direkt mit den durchzuführenden Assessments: »Part 2 – Performing an Assessment«, »Part 3 – Guidance on Performing an Assessment« und »Part 5 An Assessment Model and Indicator Guidance«. Durch die ausführliche Beschreibung soll eine Vergleichbarkeit der Assessment-Ergebnisse gewährleistet und die Varianz der individuellen Einschätzung durch die Assessoren, also die Personen, die die Einschätzung vornehmen, verringert werden[17].

TMM- und TPI-Assessments sind in den vorherigen Abschnitten 7.3.1 und 7.3.2. kurz beschrieben. Ausführlichere Angaben zu deren Durchführung finden sich in den dort angegebenen Literaturhinweisen.

7.4.1 Durchführung eines internen Audits oder Assessments

Alle genannten Bewertungsmodelle enthalten Anleitungen zur Durchführung von Assessments. Die wesentlichen Schritte zur Vorbereitung eines Assessments (egal ob extern oder intern) sind in allen Modellen im Prinzip gleich; die folgende Auflistung des »Assessment Input« orientiert sich an der ISO/IEC 15504 Teil 2:

---

17. Allerdings ist nur Teil 2 normativ, d.h., die Vergleichbarkeit von Ergebnissen von SPICE-*Assessments* ist allgemein nicht gegeben.

- Sponsor identifizieren. Der Sponsor stellt Budget und Zeit für das *Sponsor* Assessment zur Verfügung – er ist diejenige Person im Unternehmen, die das primäre Interesse am Assessment hat. Seine Erwartungshaltung abzufragen und seine Zustimmung zur Durchführung unter dem in der Planung kalkulierten Aufwand einzuholen sind elementare Schritte – besonders beim internen Assessment, das sonst Gefahr läuft, als vermeintlich sinnlose, weil nicht unmittelbar Umsatz bringende Aktivität abgelehnt zu werden.

- Zweck des Assessments identifizieren. Am (Geschäfts-)Zweck orientieren sich die weiteren Schritte der Planung, beispielsweise die *Zweck* Auswahl der zu untersuchenden Prozesse und Organisationseinheiten. Primärer Ansprechpartner für diesen Punkt ist der Sponsor, aber es existieren möglicherweise weitere Stakeholder für das Assessment, die ebenfalls befragt werden sollen.

- Umfang festlegen. Aus dem Zweck des Assessments und der Ist-Situation im Unternehmen werden die zu untersuchenden Organisationseinheiten, Prozesse und die maximal zu betrachtenden Reifegrade abgeleitet. Eine wichtige Rolle für den Umfang spielen *Umfang* auch Hintergrundinformationen, wie Größe, Branche, Komplexität und Art der Produkte oder Dienstleistungen des Unternehmens, sowie vor allem aktuelle Probleme in Projekten oder mit bestimmten Produkten.

- Vorgehensweise und Modell auswählen. Je nach Zweck und *Vorgehensweise* Umfang des Assessments stehen in der gleichen Situation verschiedene Modelle zur Auswahl. So kann ein Assessment des Testprozesses bei einem Medizingerätehersteller z.B. mit dem »puren« TPI ebenso durchgeführt werden wie mit Automotive TPI, weil dieses einen besonderen Augenmerk auf den Integrationstest richtet, was bei einem Hersteller von integrierten Hard- und Softwarelösungen durchaus sinnvoll sein kann. Bei einem internen Assessment besteht die Freiheit, anders als üblicherweise bei einem externen, ggf. sogar mehrere Modelle zu kombinieren und/oder nur in Teilaspekten anzuwenden, um damit die Ziele des Assessments noch genauer zu adressieren. Dies ist eine Vorgehensweise, die aber nur sehr erfahrenen Assessoren empfohlen werden kann.

- Randbedingungen und Einschränkungen identifizieren. Die offensichtlichste Einschränkung ist das zur Verfügung stehende Budget, *Randbedingungen* das den o.g. Umfang des Assessments beeinflusst. Weitere mögliche Einschränkungen sind die fehlende Verfügbarkeit von Interviewpartnern (z.B. auf Grund von Projektdruck), der Zeitraum für die Durchführung der Aktivitäten, die zu untersuchenden Prozesse und Organisationseinheiten und die Art und der Umfang der zu sammelnden Evidenzen[18]. Die Praxis zeigt leider, dass bei internen Assessments die Einschränkungen stärker sind als bei externen. Dies ist eine unmittelbare Folge der oftmals niedrigen Priorität, die das interne Assessment beispielsweise gegenüber der Projektarbeit genießt.

Kontrolle und Vertraulichkeit

◼ Kontrolle über die Assessment-Ergebnisse und Vertraulichkeit. Assessment-Partner geben nur dann uneingeschränkt Auskunft, wenn sie sich sicher sein können, dass die Assessment-Ergebnisse vertraulich verwendet werden. Daher muss allen Assessment-Beteiligten zu Beginn klar sein, wer und zu welchem Zweck in welchem Umfang Zugriff auf die Assessment-Ergebnisse haben wird. Bei internen Assessments wird dieser Punkt leider oftmals vernachlässigt.

Beteiligte Personen

◼ Beteiligte Personen und Rollen identifizieren. Die an den zu untersuchenden Prozessen beteiligten Rollen müssen mindestens durch eine Person, die am Assessment teilnimmt, besetzt sein, ebenso wie aus jedem zu untersuchenden Projekt Vertreter beteiligt sein müssen. Die Personen müssen (natürlich) verfügbar sein und zu Beginn des Assessments über die o.g. Fakten (Zweck etc.), das verwendete Assessment-Modell und ihre Rolle bei der Mitwirkung informiert sein. Bei internen Assessments sind oftmals mehrere Rollen vereint in einer Person vorzufinden; unbedingt vermieden werden muss dabei allerdings, dass die Assessoren (Prüfer) gleichzeitig Assessees (Geprüfte) sind.

Vorbereitung des Assessments entscheidend für den Erfolg

Die Vorbereitung des Assessments ist der wichtigste, weil für den Erfolg des Assessments kritischste Schritt bei der Durchführung. Bei der Definition der Ziele des Assessments bzw. der Prozessverbesserung und bei deren Ableitung von den Geschäftszielen können falsche Erwartungen geweckt, Aussagen fehlinterpretiert oder wichtige Meinungen nicht eingeholt werden. Nicht zuletzt besteht bei internen Assessments die Gefahr, dass einige Aspekte der Vorbereitung nicht so ernst genommen werden wie bei einem externen Assessment – das rächt sich praktisch immer, weil die Ergebnisse des Assessments nicht die Aussagekraft erreichen, die bei gründlicher Vorbereitung möglich wäre! Die Aufstellung des Assessment Input nach obiger Liste reduziert das Risiko für Fehler in dieser Phase erheblich.

Planung des Assessments

Im nächsten Schritt wird basierend auf den gewonnenen Informationen mit der Planung des Assessments begonnen. Unter anderem sind hier zu betrachten:

---

18. Untersuchungsergebnisse, die als Belege für einen bestimmten Reifegrad dienen; dies können Interviewaussagen sein, Dokumente, Daten in Prozesswerkzeugen etc.

- Risiken, die zum Scheitern des Assessments oder zur negativen Beeinträchtigung der Ergebnisverwertung führen können
- Organisation der Interviews, Termin- und Ressourcenplanung
- Bereitstellung der notwendigen Zulieferleistungen der zu untersuchenden Organisationsteile (Infrastruktur, Zugang zu Datenbanken, bereitzustellende Prozess- und Projektdokumente etc.)

Nach Abschluss der Planung werden dann die eigentlichen Assessment-Aktivitäten durchgeführt, also Dokumente gesichtet und bewertet sowie Interviews mit den Assessees geführt und protokolliert. Der Schwerpunkt bei dieser Arbeit liegt für den Assessor darin, die Rückverfolgbarkeit und Vollständigkeit der Beobachtungen durch hinreichende Dokumentation sicherzustellen. *Dokumente sichten und Interviews führen*

Bei der Durchführung ist es sinnvoll, mit mindestens zwei Assessoren mit ausreichender Qualifikation (i.W. Kompetenz bzgl. Assessment-Modell, Assessoren-Erfahrung, Software-Know-how, Neutralität) zu arbeiten. Erfahrungsgemäß ist ein kritischer Einflussfaktor hierbei die im Assessment angewendete Strenge bei der Begutachtung und Bewertung: Diese kann einerseits zu gering sein (»Es ist ja nur ein internes Assessment«). Andererseits aber auch zu hoch, wenn sich beispielsweise einer der Assessoren an einem Mangel »festbeißt«, den er intern schon immer als besonders ärgerlich empfunden hat, der aber in der Realität nur geringe Priorität hat.

Nach der Durchführung und Protokollierung erfolgt die Validierung der Ergebnisse durch Abgleich der Beobachtungen der einzelnen Assessoren und durch On-site-Präsentation der vorläufigen Ergebnisse vor den Interview-Partnern. Die validierten und konsolidierten Ergebnisse werden dann – spezifisch nach dem angewendeten Modell – zur Ermittlung von Verbesserungsvorschlägen ausgewertet. Assessment-Ergebnisse, besonders die gefundenen Stärken und Schwächen, werden dann zusammen mit den Verbesserungsvorschlägen zu einem Abschlussbericht aufbereitet und sowohl dem Sponsor als auch den Assessees präsentiert (je nach Vertraulichkeitsvereinbarungen und präsentierten Ergebnissen auch an zwei unterschiedlichen Terminen). *Validierung der Ergebnisse*

7.4.2 Vorbereitung auf ein Audit oder Assessment durch Externe

Prinzipiell ist die beste Vorbereitung auf ein externes Audit oder Assessment die vorherige Durchführung eines internen Audits oder Assessments. Ohnehin gehört dies zu den Pflichten einer lernenden und sich selbst permanent kontrollierenden und verbessernden Organisation. Die ISO 9000:2000 schreibt regelmäßige interne Audits beispielsweise verpflichtend vor.

Motivation für ein
externes Assessment

Die Motivation für ein externes Assessment kann ganz unterschiedlich sein und somit unterschiedliche Beteiligte auf den Plan bringen. Beispielsweise kann ein Kunde ein Assessment eines Lieferanten durchführen (lassen), um dessen Eignung zu prüfen und ggf. an der Verbesserung der Qualität seiner Produkte mitzuwirken.

Tipp

Ein durch einen Kunden aufgezwungenes Assessment, für das der Lieferant einseitig die Kosten tragen muss und bei dem ggf. Prozesse untersucht werden, die einseitig die Pflichten des Lieferanten, aber nicht die des Kunden beleuchten, kommt durchaus vor. Gehen Sie als Lieferant aber auf jeden Fall zunächst davon aus, dass Ihnen das Assessment nützliche Informationen liefern wird, die den vermeintlichen Nachteil des Druckmittels durch den Kunden mehr als wettmachen. Lassen Sie sich insbesondere in der Vorbereitungsphase nicht in eine passive Rolle drängen, sondern arbeiten Sie aktiv an der Zielbestimmung und an der Planung mit – nur so können Sie Ihre eigenen Interessen wahren und dafür sorgen, dass Sie die Assessment-Ergebnisse positiv verwerten können.

Assessment selbst
initiieren

Die zu untersuchende Organisation kann ein externes Assessment durch eine externe Prüfstelle selbst initiieren, um sich einen bestimmten Reifegrad bescheinigen zu lassen und Verbesserungspotenzial identifizieren zu können.

Qualität der Assessoren

Es muss immer sichergestellt werden, dass die Assessoren absolute Neutralität wahren und dass das Assessment nicht zur Realisierung von politischen oder kurzfristigen monetären Zielen genutzt wird. Ebenso muss die fachliche Kompetenz der Assessoren sichergestellt sein. Hierzu bieten die Modelle CMMI und SPICE bessere Möglichkeiten als TMM und TPI, weil hier entsprechende Qualifizierungsprogramme für Assessoren existieren, die durch Zertifikate belegt werden. Für SPICE ist dies INTACS (INTernational ISO/IEC 15504 Assessor Certification Scheme [URL: INTACS]) und für CMMI SCAMPI (Standard CMMI Appraisal Method for Process Improvement [URL: SCAMPI]).

Gefahr von
unterschiedlichen Zielen

Im nächsten Schritt ist Klarheit über den Assessment Input (s.o.) zu erhalten. Insbesondere wenn das Assessment durch einen Kunden initiiert und wenn es selbst oder durch einen beauftragten Dritten durchgeführt wird, besteht die Gefahr, dass die Ziele des Auftraggebers, des Assessors und des untersuchten Unternehmens stark differieren. Wenn dies nicht erkannt oder – noch schlimmer – zwar erkannt, aber ignoriert wird, sind die Folgen dann ähnliche wie bei schlecht vorbereiteten internen Assessments: überzogene Erwartungen, Verbergen von Problemen, ungenaue Ergebnisse und davon abgeleitet suboptimale Verbesserungsmaßnahmen.

Erfolgt ein externes Assessment nach einem den internen Beteiligten unbekannten Vorgehensmodell, so ist vor Beginn des Assessments eine gewisse Vertrautheit mit dem Modell herzustellen. Ein verantwortungsvoller Assessor wird dies aber selbst durch ein rechtzeitiges Briefing der Beteiligten sicherstellen.

Während der Durchführung liegt der Fokus im untersuchten Unternehmen darauf, alle erforderlichen Informationen bereitzustellen, also alle notwendigen Dokumente vorzuhalten und Interviewpartner freizustellen. Ebenso wichtig ist aber auch ausreichende Infrastruktur – Räume, Whiteboards oder Flipcharts, ggf. Beamer, Getränke etc. Empfehlenswert ist die Benennung eines lokalen Organisators, der sich ausschließlich um die Bereitstellung der Infrastruktur und die Planung aller Interviews kümmert. Er begleitet das Assessment-Team während der Assessment-Termine und arbeitet eng mit diesem zusammen.

Infrastruktur wichtig

Folgendes Beispiel eines »Lightweight-Assessments«[19] zur Unterstützung einer Plattform-Teststrategie illustriert die wesentlichen Bestandteile des Assessment Input und die vom Assessor daraus gezogenen Konsequenzen.

Beispiel: Lightweight-Assessment

In einem Unternehmen, das kaufmännische PC-Software produziert, wird eine Strategie zur Wiederverwendung von Software eingeführt, indem alle Module, aus denen sich die aktuelle Produktpalette des Herstellers zusammensetzt (die bisher unabhängig voneinander in verschiedenen Geschäftsfeldern entwickelt wurden), zu einer applikationsübergreifenden Softwareplattform zusammengefasst werden. Künftig soll diese Plattform unabhängig von den einzelnen Produkten (aber natürlich in enger Zusammenarbeit mit den Produktteams) weiterentwickelt werden. Das Unternehmen verspricht sich davon erhebliche Einsparungen während der Entwicklung bei gleichzeitig gesteigerter Qualität.

Änderung im Entwicklungsprozess

Zur Unterstützung dieser Strategie wird parallel zu Requirements Engineering, Design und Implementierung dieser Plattform auch ein Plattformtestprozess definiert, der zwischen den Tests der einzelnen Module und den Tests der Produkte, die die Plattform nutzen, angesiedelt ist.

Bei der Integration der ersten Plattformreleases in die Entwicklung der Produkte stellen die Produktteams – insbesondere deren Testabteilungen – fest, dass sie mit einer erheblichen Anzahl von Fehlerwirkungen kämpfen müssen, die in der Plattform lokalisiert sind und die ihrer Meinung nach auch während des Plattformtests oder sogar vorher, also bei den Modultests, hätten gefunden werden können. Durch die hohe Fehlerzahl wird die Produktentwicklung signifikant verzögert. Der Entwicklungsleiter der Plattform wendet sich daraufhin an ein externes Beratungsunternehmen, um diesen Missstand anzugehen.

Zu viele Fehler

---

19. bezeichnet eine sehr vereinfachte und wenig formale Form eines Assessments.

Der Berater schlägt vor, als einleitende Untersuchung ein Assessment der Modultestprozesse und des Plattformtestprozesses durchzuführen. In einem einführenden Workshop mit den Beteiligten der einzelnen Entwicklungsstufen werden folgende Hypothesen erarbeitet:

- Eine mögliche Ursache der niedrigen Defect Detection Percentage (s. Kap. 11) ist, dass die Testfälle im Modul- und Plattformtest nicht effizient genug sind.
- Eine weitere mögliche Ursache liegt offenbar darin, dass es keine hinreichenden Testende- und Ausgangskriterien (s. Kap. 6 und 11) gibt, mit denen die ausreichende Reife der Plattformsoftware beurteilt werden kann. Als Folge davon wird eventuell die Plattform zu früh an die Produktentwicklung geliefert.

Der Berater fasst am Ende des Workshops die Erkenntnisse zu folgendem Assessment Input zusammen:

- Sponsor: der Verantwortliche für die Plattformentwicklung.
- Zweck des Assessments: Steigerung der Effizienz von Modul- und Plattformtest mit dem Ziel, die Defect Detection Percentage dieser Stufen signifikant zu erhöhen.
- Umfang des Assessments: Da mit dem Assessment zunächst nur ein grober Einblick zur Festigung bzw. Ablehnung der Hypothesen gewonnen werden soll, wird der Aufwand begrenzt. Von den 17 Modulen werden stichprobenhaft 5 betrachtet; es wird vereinbart, pro Modul sowie für den Plattformintegrationstest maximal 4 Stunden Interviews mit Projektbeteiligten zu verbringen und die Untersuchungen auf den Testprozess zu begrenzen.
- Nachdem die Probleme offensichtlich im Testprozess liegen, wählt der Berater TPI als Assessment-Modell. Er stellt sicher, dass zwei Assessoren mit langjähriger TPI-Erfahrung sowie Grundkenntnissen in kaufmännischer Datenverarbeitung zur Verfügung stehen.
- Zur Untersuchung der ersten Hypothese wird beschlossen, die TPI-Kernbereiche »Teststrategie« und »Test-Spezifikationstechniken« zu untersuchen. Schwächen in einem dieser Bereiche können Ursachen für die vermutete Ineffizienz beim Test sein.
- Die zweite Hypothese veranlasst den Berater, den Kernbereich »Metriken« ins Assessment aufzunehmen, da der vermutete Mangel an griffigen Testendekriterien in fehlenden oder falsch angewendeten Metriken der Produktqualität begründet liegen kann.

Ausgehend von diesem Input analysieren die Assessoren auf Basis der TPI-Dokumentation, bis zu welcher Ebene die einzelnen Kernbereiche untersucht werden müssen und ob durch die internen Abhängigkeiten der Kernbereiche untereinander weitere Kernbereiche zu untersuchen sind.

Das Ergebnis dieser Analyse halten sie dann in folgendem Zielprofil fest:

	Kerngebiet	Skala	0	1	2	3	4	5	6	7	8	9	10	11	12	13
1	Teststrategie			A					B				C		D	
2	Einsatz des Phasenmodells			A		B										
3	Zeitpunkt der Beteiligung				A				B				C		D	
4	Kostenvoranschlag und Planung						A						B			
5	Testspezifikationstechniken			A	B											
6	statische Tsettechniken						A	B								
7	Metriken							A		B				C		D
8	Testwerkzeuge						A		B			C				
9	Testumgebung					A			B							C
10	Testarbeitsplatz					A										
11	Engagement und Motivation			A				B					C			
12	Testfunktionen und Ausbildung					A			B			C				
13	Reichweite der Methodik						A						B			C
14	Kommunikation				A	B							C			
15	Berichterstattung			A		B	C						D			
16	Dokumentation der Abweichungen			A			B	C								
17	Testware-Management				A		B				C					D
18	Testprozessmanagement			A	B								C			
19	Prüfungen							A			B					
20	Low-Level-Tests						A	B		C						

Abb. 7–11

TPI-Zielprofil

Das Zielprofil dient bei den anschließend zu planenden und durchzuführenden Interviews und Dokumentinspektionen als Richtlinie für die Tiefe der Untersuchung.

7.5 Zusammenfassung

Seit einigen Jahren werden Bewertungs- und Verbesserungsmodelle für allgemeine Prozesse, aber auch spezielle für den Softwareentwicklungsprozess vorgestellt, diskutiert und eingesetzt. Einige solcher Modelle wurden in diesem Kapitel beschrieben:

- TQM, Kaizen und Six Sigma sind Modelle, die nicht auf den Softwareentwicklungsprozess beschränkt sind, sondern allgemein zur Verbesserung von Prozessen, Produkte und Dienstleistungen beitragen sollen. In ihnen finden sich aber viele Anregungen und Vorschläge, die in der Softwareentwicklung und beim Testen angewendet werden können.
- Das Capability Maturity Model Integration (CMMI) ist aus dem Capability Maturity Model (CMM) hervorgegangen. Die Bewertung kann für die gesamte Organisation, in der stufenförmigen

Darstellung mit Reifegraden, oder für einzelne Prozessgebiete, in der kontinuierlichen Darstellung mit Fähigkeitsgraden, erfolgen.

▨ Die Prozessgebiete Verifikation und Validierung sind für den Testmanager von besonderem Interesse. Die Beschreibung der Gebiete in CMMI ist allerdings nicht sehr ausführlich und gibt wenig konkrete Hinweise für Verbesserungen.

▨ Die Norm ISO/IEC 15504 (SPICE) bietet eine feinere Aufteilung der Fähigkeitsgrade, die sich wie in CMMI auf einzelne Prozesse beziehen.

▨ Einige Prozesse sind für den Testmanager bedeutend: Die Prozesse sind in einzelne Schritte unterteilt, die jeweils kurz beschrieben werden.

▨ Das Testing Maturity Model (TMM) ist in Anlehnung an CMM entstanden und dient ausschließlich der Analyse und Verbesserung des Testprozesses. Fünf Reifegradstufen und unterschiedliche Prozessgebiete sind definiert.

▨ Test Process Improvement (TPI) hat keine direkten Vorbilder, sondern ist von einer Firma aufgrund der vorhandenen Erfahrung entwickelt worden. 20 Kerngebiete werden zur Einschätzung des Testprozesses herangezogen. In einer Matrix werden die Fähigkeitsgrade (Ebenen) aller Kerngebiete übersichtlich dargestellt.

▨ TMM und TPI sind gut geeignet, den Testprozess kritisch zu analysieren und Schwächen aber auch Stärken aufzuzeigen. Beide geben konkrete Hinweise, welche Maßnahmen zur Verbesserung durchzuführen sind.

▨ Ein Audit ist eine auf objektiven Kriterien beruhende, systematische Untersuchung zur Bewertung von Produkten oder Prozessen, nicht nur in der Softwareentwicklung. Die Einhaltung von Standards, Richtlinien und Spezifikationen wird geprüft.

▨ Assessments dienen zur Bestimmung von Reife- oder Fähigkeitsgraden von Organisationen oder einzelner Prozesse. Sie sind eng mit den Reifegradmodellen verknüpft. Bewertungsmodelle werden in unterschiedlichsten Unternehmen oder Organisationen eingesetzt.

▨ Wie gut sich ein bestimmtes Modell eignet, kann nur individuell im jeweiligen Unternehmen entschieden werden. Eine generelle Empfehlung kann nicht ausgesprochen werden.

8 Abweichungsmanagement

Der hauptsächliche Mehrwert des Testens liegt im Aufdecken und Melden von Abweichungen des getesteten Systems von den Anforderungen. Um eine Abweichung beheben zu können, benötigt jedoch die Entwicklung möglichst detaillierte Informationen über Symptome, Reproduktion und Konsequenzen des Fehlverhaltens. Ein besonderes Augenmerk im Testprozess muss demzufolge in der exakten Dokumentation und Verfolgung von Abweichungen liegen. Hierzu gehört auch eine Risikoabschätzung über die Folgen eines im System verbleibenden Fehlers. In diesem Kapitel werden Anforderungen an die Dokumentation sowie Verfahren zur Kategorisierung, Priorisierung und Statusverfolgung von Abweichungen erläutert.

8.1 Begriffe

Software enthält im Allgemeinen Fehler – jedenfalls ist dies eine übliche Bezeichnung einer →Abweichung zwischen erwartetem und tatsächlichem Verhalten eines Softwaresystems. Tatsächlich empfiehlt es sich aber, eine genauere Unterscheidung zwischen den verschiedenen Stufen in der Entstehungskette von Abweichungen zu treffen (s.a. [Spillner 05]):

- Eine **Fehlhandlung** ist eine falsche oder fehlende Aktion einer Person oder Gruppe, durch die ein Fehlerzustand im System entsteht. *Fehlhandlung,*
- Ein **Fehlerzustand** ist ein Defekt im System, der mit einer gewissen Wahrscheinlichkeit zu Fehlerwirkungen führt. *Fehlerzustand,*
- Eine **Fehlerwirkung** ist die nach außen sichtbare Abweichung des Systemverhaltens von den Anforderungsspezifikationen während der Nutzung des Systems. *Fehlerwirkung*

Nach diesen Definitionen finden Tester keine Fehler, sondern sie stellen Fehlerwirkungen fest. Die Zuordnung einer bestimmten beobachteten Fehlerwirkung zu einem Fehlerzustand muss als separate Folgeaktivität betrachtet werden, bei der Test und Entwicklung zusammenarbeiten müssen. Üblicherweise wird hier von →Fehleranalyse als Teilaktivität im Rahmen des Debugging gesprochen.

Verschiedene Fehlerwirkungen können durchaus auf den gleichen Fehlerzustand zurückzuführen sein, während auf der anderen Seite auch Fehlerzustände im System verbleiben können, die zu keiner Fehlerwirkung führen.

Einheitliche Behandlung von Fehlerzuständen und Änderungsvorschlägen

»It's not a bug – it's a feature« – wohl jeder Programmierer und jeder Tester kennt diese Floskel. Sie drückt aus, dass zwischen Entwicklung, Test und Anwendern durchaus Meinungsunterschiede bestehen können, ob ein bestimmtes Verhalten eines Systems als Fehlerwirkung, als falsche Interpretation der Anforderungsdokumente durch den Tester oder als (berechtigter oder unberechtigter) Erweiterungs- oder Änderungswunsch zu betrachten ist. Neutraler Oberbegriff für all diese Ausprägungen ist der Begriff »Abweichung« (des Verhaltens des Systems von der Erwartungshaltung des Benutzers bzw. Testers) oder synonym dazu »Anomalie«.

Abweichungen in der Testware ebenfalls dokumentieren

Abweichungsmeldungen basieren meist auf Unterschieden zwischen der Spezifikation des erwarteten Ergebnisses eines bestimmten Testfalls und dem tatsächlichen Verhalten des getesteten Systems. Ein solcher Unterschied kann in einem falschen Systemverhalten, aber auch in einer falschen Testfallspezifikation begründet liegen. Ob das eine oder das andere zutrifft, wird oftmals erst im Laufe der Bearbeitung der Meldung klar. Hierzu gibt es in vielen Projekten eine einheitliche Verwaltung von Abweichungsmeldungen gegen das getestete System und Abweichungsmeldungen gegen die Testware, also Testkonzept, Testspezifikationen und Testautomatisierungen.

8.2 Dokumentation von Abweichungen

Die Personen, die Abweichungen aufdecken, sind in der Regel andere als die Personen, die diese Abweichungen analysieren und beheben (s. hierzu Abschnitt 8.3.1). Dies erfordert, dass erkannte Abweichungen sorgfältig dokumentiert und klar kommuniziert werden müssen.

Bei der Kommunikation spielt es zunächst keine Rolle, ob eine Abweichungsmeldung einfach per E-Mail, mit Hilfe eines Spreadsheet in einer Tabellenkalkulation oder über eine spezialisierte Datenbank (Abweichungs- oder Fehlerdatenbank, engl. →*Defect Management System*) dokumentiert und übermittelt wird. Um eine effiziente Bearbeitung zu unterstützen, muss die Dokumentation einer Abweichung unabhängig vom Medium aber bestimmten Ansprüchen genügen:

- Die Beschreibung des Sachverhalts muss eine einfache und eindeutige Reproduktion der Fehlerwirkung ermöglichen:

  Anforderungen an die Dokumentation einer Abweichung

  - Der Testablauf und die ggf. notwendigen Eingabeparameter werden knapp, aber nachvollziehbar beschrieben; im Idealfall verweist die Meldung der Abweichung direkt auf eine Testfallspezifikation und/oder eine automatisierte Testprozedur, mit der die Fehlerwirkung seitens der Entwicklung reproduziert werden kann.
  - Die Meldung darf nur ein einzelnes, möglichst eng umrissenes Problem adressieren, keine Kombination aus mehreren Abweichungen.
  - Die Testumgebung, in der der Test durchgeführt wurde, wird eindeutig dokumentiert, z.B. Version des Testobjekts, Plattform, getestete Komponente, notwendige Referenzdaten etc.

- Es muss möglich sein, eine Menge von Abweichungen relativ zueinander zu priorisieren, um sie gemäß ihrer Priorität bearbeiten zu können; hierzu können z.B. die vermuteten Konsequenzen der Fehlerwirkungen aus verschiedenen Blickwinkeln, z.B. dem des Endanwenders und dem des Testers, bewertet werden.
- Da an der Bearbeitung einer Abweichung im Allgemeinen mehrere Personen beteiligt sind, muss eine effiziente Steuerung, beispielsweise über eine eindeutige Zuordnung eines Bearbeitungsstatus und der verantwortlichen Personen für die Fehleranalyse, die Fehlerbehebung und den Fehlernachtest, unterstützt werden (s. Kap. 8.3).
- Das Datum und die Zeit der Feststellung der Abweichung werden dokumentiert. Zum einen kann die Zeit durchaus einen relevanten Teil der Fehlerursache ausmachen, zum anderen ermöglicht sie auch einige hilfreiche Auswertungen über die Gesamtmenge der Abweichungsmeldungen.

Diese Anforderungen machen es erforderlich, zur Kommunikation der Abweichungen ein festes Format zu nutzen, das je nach Kommunikationsmittel als E-Mail- bzw. Dokumenten-Template bzw. als Datenbankschema vorliegen soll. Beim Ausfüllen dieser Vorlage muss der Meldungsverfasser hinreichende Sorgfalt üben. Am besten versetzt er sich dazu in die Rollen derjenigen Personen, welche die Meldung später lesen und auswerten.

Einige Grundregeln für Abweichungsmeldungen

Außerdem ist beim Schreiben zu beachten, dass jede Abweichungsmeldung ein gewisses politisches und emotionales Potenzial beinhaltet, kritisiert sie doch in den meisten Fällen das Werk eines anderen (nämlich des betroffenen Softwareentwicklers). Rechthaberei, Häme oder falsch platzierter Humor sind unangebracht. Kapitel 10 gibt weitere Hinweise darauf, wie unnötige Frontenbildung durch unangemessene Kommunikation vermieden wird.

Das folgende Beispiel zeigt ein Formular zur Meldung einer Abweichung, das durch seine diversen Attribute die o.g. Anforderungen erfüllt (s.a. [Spillner 05], Abschnitt 6.6.2):

Tab. 8–1
Beispiel-Meldeformular

Identifikation	
Nummer	**laufende, eindeutige Nummer der Meldung**
Testobjekt	Bezeichnung des Testobjekts (System, ggf. betroffene Komponente(n))
Version	Identifikation der genauen Version (getesteter Build) des Testobjekts
Plattform	Identifikation der HW/SW-Plattform bzw. der Testumgebung, in der die Abweichung aufgetreten ist
Entdecker	Eindeutige Identifikation der Person, die die Abweichung entdeckt hat
Beheber (Entwickler)	Eindeutige Identifikation der Person, die die Abweichung beheben soll
Erfassung	Datum und Uhrzeit der (erstmaligen) Beobachtung der Abweichung
Klassifikation[1]	
Status	Bearbeitungsstatus der Meldung[2] Ggf. historisierte Information, durch die der Verlauf der Statusänderungen mit jeweiligem Änderungsdatum sichtbar wird
Klasse	Schwere der Abweichung, z.B. Absturz, Fehlfunktion, Mangel, Schönheitsfehler, Änderungswunsch
Priorität	Dringlichkeit der Behebung
Anforderung(en)	Verweis(e) auf die Anforderung(en), die durch die Abweichung nicht erfüllt oder verletzt wird (werden)
Fehlerquelle	Mutmaßlicher Ort der Fehlhandlung: Codierung, Dokumentation, Design etc.

---

1. für ein detaillierteres Klassifikationsschema s. Kapitel 8.4
2. s. Abschnitt 8.3.2

Problembeschreibung	
Testfall	Verweis auf den Testfall (Identifikation) bzw. direkte Beschreibung der zur Reproduktion der Abweichung notwendigen Schritte
Problem/ Symptom	Beschreibung der Abweichung bei möglichst exakter Schilderung der Unterschiede zwischen Soll- und Ist-Verhalten
Kommentare	Stellungnahmen der Beteiligten zum Meldungsinhalt; ggf. historisierte Information
Korrektur	Angaben des Behebers zu den Korrekturmaßnahmen
Verweise	Verweise auf andere Abweichungsmeldungen, die mit dieser in Beziehung stehen; ggf. weitere Verweise auf Hintergrundinformationen etc.

Tab.8–1 (Fortsetzung)
Beispiel-Meldeformular

8.3 Bearbeitung von Abweichungen

Jede Abweichung folgt im Prinzip dem folgenden Lebenszyklus: Die Abweichung wird aufgedeckt, dokumentiert, analysiert und dann behoben. Alternativ wird die Abweichungsmeldung (als unbegründet) verworfen oder abgelehnt.

Lebenszyklus einer Abweichung

Zur Bearbeitung der Abweichungen tragen verschiedene Personen in unterschiedlichen Rollen bei. Zu deren Koordination und geordneter Kommunikation ist es somit notwendig, einen Prozess für das Management der Abweichungen zu definieren.

Wichtigste Bestandteile eines solchen Managementprozesses sind ein geeignetes Statusmodell für die Abweichungen, ein adäquater Arbeitsablauf zur Durchführung von Statuswechseln und eine Definition der Rollen und Zuständigkeiten für Abweichungen innerhalb des Statusmodells.

8.3.1 Rollen und Interessenausgleich im Abweichungsmanagement

An der Bearbeitung einer Abweichungsmeldung wirken folgende Rollen in jeweils unterschiedlicher Funktion mit. Diese Rollen haben teilweise überschneidende, sich aber teilweise auch widersprechende Interessen bei der Behebung der Änderungen:

- Der **Tester** meldet Abweichungen, dokumentiert anhand eines wohldefinierten Schemas die zur Analyse und zum Management notwendigen Eingangsdaten und führt nach Behebung eines Fehlerzustands den Fehlernachtest durch.

Interesse von Tester und Testmanager

■ Der **Testmanager** leitet die Testgruppe und organisiert das Abweichungsmanagement. Er verfolgt das Abweichungsaufkommen und die Behebungsmaßnahmen, er plant und kontrolliert auf dieser Basis die Testaktivitäten.

Tester und Testmanager sind daran interessiert, dass insbesondere solche Fehlerwirkungen schnell behoben werden, die den Testbetrieb stören oder gar aufhalten (»Showstopper«).

Interesse von Entwickler und Entwicklungsleiter

■ Der **Entwickler** analysiert Abweichungen (ggf. gemeinsam mit dem Tester) und behebt Fehlerzustände (da die Ursache von Fehlerwirkungen nicht immer nur in der Implementierung, sondern auch in der Anforderungs- und Designphase eines Systems liegen kann, sind unter Entwickler Programmierer, Designer und Anforderungsspezifizierer/-modellierer zu verstehen). Er realisiert auch genehmigte Änderungswünsche.

■ Der **Entwicklungsleiter** verantwortet das Entwicklungsprojekt und leitet das Entwicklungsteam; er verantwortet damit auch den Erfolg der Fehlerbehebungsarbeiten. Er schätzt Aufwände für die notwendigen Arbeiten ab bzw. verantwortet diese Abschätzungen.

Entwickler und Entwicklungsleiter sind daran interessiert, möglichst die Fehlerwirkungen zu beheben, die sich mit wenig Aufwand korrigieren lassen, um »den Tisch wieder frei zu bekommen«.

■ Der **Produktmanager** verantwortet das aus dem Entwicklungsprojekt entstehende Produkt. Er genehmigt Änderungswünsche und verantwortet die Priorisierung von Korrekturen.

Interesse des Produktmanagers

Der Produktmanager ist daran interessiert, mit möglichst geringen Kosten eine möglichst hohe Kundenzufriedenheit herzustellen; dabei werden Änderungswünsche im Einzelfall auch der Behebung von Fehlerwirkungen vorgezogen.

Interesse des Kunden

■ Der **Kunde** wirkt in manchen Projektsituationen (insbesondere bei der Entwicklung von Individualsoftware) u.U. eng im Entwicklungsprozess mit und bewertet neu auftretende Abweichungen hinsichtlich der Relevanz für den Praxiseinsatz des Systems; er meldet ggf. auch selbst Abweichungen – die sich in vielen Fällen als Änderungswünsche entpuppen.

Der Kunde will ein qualitativ hochwertiges Produkt, d.h. eines, bei dem er möglichst wenige vom erwarteten Qualitätsprofil abweichende Verhaltensweisen feststellt.

Um diese unterschiedlichen und sich teilweise widersprechenden Interessen auszugleichen, dient in einem Abweichungsmanagementprozess die folgende Instanz:

▨ Das **Change Control Board** (CCB) verfolgt in regelmäßigen Abständen den Verlauf der Findung und Behebung von Abweichungen und entscheidet über die Priorisierung von Fehlerbehebungen und Änderungswünschen. Üblicherweise wird dieses Gremium durch den Entwicklungsleiter, den Testmanager und den Produktmanager gebildet. Zusätzlich können (Teil-)Projektleiter, und/oder Vertreter des Kunden/Endanwenders eingebunden sein.

Change Control Board

Die Arbeit des CCB wird umso einfacher, je mehr und je besser qualifizierte Informationen über die Abweichungen vorliegen; [IEEE 1044] (Kap. 8.4) gibt dazu eine ganze Menge klassifizierbarer Informationen vor. Welche davon im Unternehmen und im konkreten Projekt sinnvollerweise verwendet werden, ist Ermessenssache. Der verantwortliche Testmanager bzw. das CCB muss eine sinnvolle Auswahl treffen.

Außerdem ist die Einführung geeigneter Fehlermetriken sinnvoll, durch die Entscheidungen des CCB mit quantitativen Informationen abgesichert werden können; Kapitel 11 gibt hierzu Beispiele.

8.3.2 Generischer Prozess für das Management von Abweichungen

Abbildung 8–1 (aus [Spillner 05, Abschnitt 6.6.4]) zeigt ein Modell für den Status von Abweichungen, die zu Statuswechseln führenden Ereignisse sowie die Rollen, die den Statuswechsel durchführen dürfen:

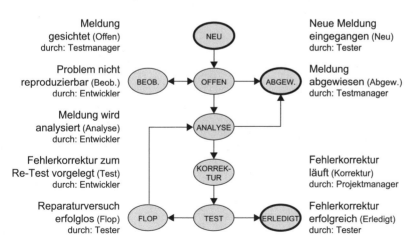

Abb. 8–1

Fehlerstatusmodell

Ein solches Statusmodell muss an die eigenen Bedürfnisse angepasst werden, z.B. durch

* eine unterschiedliche Anzahl von Endzuständen, z.B. zurückgewiesen, verschoben auf nächsten »Minor«-Release, verschoben auf nächsten »Major«-Release, verschoben auf Release xy;
* eine unterschiedliche Anzahl von »Analyse-Zuständen«, durch die die Entwicklung verschiedene Arbeitsphasen von der Entgegennahme der Meldung bis zur Bereitstellung der Korrektur darstellen kann;
* unterschiedliche Rollen und angepasste Rechte der einzelnen Rollen, z.B. die zusätzliche Erlaubnis für den Testmanager, Meldungen auf »erledigt« zu setzen;
* die Verlagerung von Aktivitäten von den Einzelrollen ins CCB, verbunden mit Regularien, nach welchen Kriterien im CCB Entscheidungen bzgl. Statuswechsel getroffen werden.

Beispiel
für eine historisierte
Fehlermeldung

Das folgende Beispiel zeigt eine Fehlermeldung aus dem VSR-Systemtest; ausgehend von den Daten, die in Form des Standardfehlermeldeformulars (s. Kap. 8.2) erfasst wurden, wird die Meldung von Entwicklern und Testern bearbeitet und die Bearbeitung schrittweise dokumentiert:

Tab. 8–2
Beispiel-Fehlermeldung

Identifikation	
Nummer	**VSR-Systest-03347**
Testobjekt	VSR – Komponente DreamCar
Version	Build 02.013 – 27.04.2006
Plattform	Windows XP – Standard-Client-Konfiguration
Entdecker	G. Myers
Beheber (Entwickler)	K. Beck
Erfassung	30.04.2006 10:17

Klassifikation				
Status	**Status**	**Datum**	**Gesetzt durch**	**Kommentar**
	ERL.	14.05.2006	G. Myers	erfolgreicher Nachtest
	TEST	12.05.2006	K. Beck	Check nachkorrigiert
	FLOP	06.05.2006	G. Myers	Rabatt = 100% ist noch möglich
	TEST	04.05.2006	K. Beck	Checkfunktion korrigiert
	KOR.	03.05.2006	K. Beck	Behebung in Callback-Fkt
	ANA.	02.05.2006	K. Beck	Quellcodereview
	ANA.	30.04.2006	CCB	Klasse 3->2
	NEU	30.04.2006	G. Myers	

Klassifikation (Fortsetzung)	
Klasse	2 (kritische Fehlfunktion)
Priorität	2 (Behebung vor Release notwendig)
Anforderung(en)	CC-Sys-CalcPrice-01/037 Rabattierung
Fehlerquelle	Validierungsprozeduren für die Rabatteingabe
Problembeschreibung	
Testfall	TC-Price Calculation/0313 rabattierter Endpreis
Problem/ Symptom	Unabhängig von dem gewählten Fahrzeugtyp, Sondermodell und Zusatzteilen kann ein Rabatt ≥ 100% eintragen werden; daraus resultiert ein negativer Kaufpreis in der Anzeige.
Kommentare	CCB, 30.04.2006: hochklassifiziert, weil durch die falsche Berechnung beim Kunden ein extrem negativer Eindruck entsteht.

Tab. 8–2 (Fortsetzung)
Beispiel-Fehlermeldung

8.3.3   Werkzeugeinsatz beim Abweichungsmanagement

Meldungsvorlage bzw. -ablage und Managementprozess werden am besten in Form einer Datenbank – einem so genannten Defect Management System bzw. einer Abweichungs- oder Fehlerdatenbank[3] – implementiert, um daraus Effizienzgewinne und zusätzlichen Nutzen gegenüber einer »Papier-und-Bleistift«- oder Spreadsheet-Lösung ziehen zu können:

Defect Management Systems

▨ Den Benutzern und den ihnen zugeordneten Rollen können definierte Schreib- und Leserechte zugeteilt werden, so dass die Einhaltung des Statusmodells gewährleistet werden kann; dies regelt insbesondere in chaotisch verlaufenden Projekten den Arbeitsfluss.

▨ Bei Statuswechsel kann das System betroffene Personen automatisch – z.B. per E-Mail – informieren; so erhält beispielsweise der Tester automatisch Nachricht, wenn eine von ihm gemeldete Abweichung zum Fehlernachtest ansteht, und er spart damit Aufwand und Zeit für Recherchen in der Meldungsliste.

▨ Das Defect Management System kann über geeignete Schnittstellen an andere Werkzeuge im Softwareentwicklungsprozess gekoppelt werden und durch die Unterstützung von Verfolgbarkeit (*traceability*) erhebliche Prozessunterstützung leisten:

  ● Durch Kopplung an ein Testmanagementsystem (Verbindung zwischen Testfällen und den durch sie gefundenen Abweichungen) werden typische Aufgaben des Testmanagers erleichtert –

---

3. Für derlei Systeme sind noch etliche weitere Begriffe gebräuchlich wie z.B. »Bug Tracking System«, »Problem Database«.

beispielsweise das Filtern der Menge aller Testfälle nach denjenigen, denen eine als behoben gemeldete Abweichung zugeordnet ist (zur Planung von Fehlernachtests).

- Durch Verbindung mit dem Konfigurationsmanagement (Verbindung von Abweichungen mit den zur Behebung notwendigen Änderungen in Dokumenten) wird die Nachvollziehbarkeit von Änderungen unterstützt; in der Konsolidierungsphase eines Entwicklungsprojekts kann z.B. gefordert werden, dass neu ins Konfigurationsmanagement eingecheckter Quellcode auf eine durch die Codeänderungen adressierte Abweichung verweisen muss.

- Durch Verknüpfung mit einem Anforderungsmanagementsystem (Zuordnung der Abweichungen zu den Anforderungen, ggf. über den Umweg des Testmanagementsystems) wird eine direkte Beurteilung der aktuellen Produktqualität auf Basis der Anforderungen möglich: im Anforderungsmanagementsystem kann der Anteil der noch ungetesteten, der positiv getesteten und der mit Abweichungen getesteten Anforderungen bestimmt werden.

Reporting- und Statistikfunktionalitäten ermöglichen die Verdichtung und Visualisierung der Daten und erleichtern damit die Beurteilung der Produktqualität sowie das Aufzeigen von Risiko- und Verbesserungspotenzialen.

Beispiel für Statistiken und deren Verwertung   Die folgenden Beispiel-Statistiken wurden aus dem Defect Management System des VSR-Systemtests erzeugt. Sie zeigen den Status quo der Datenbank am Ende des dritten Systemtestzyklus.

Abb. 8–2
Meldungen nach Status

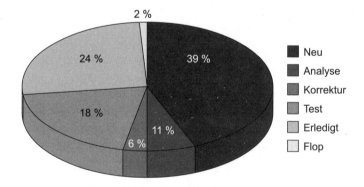

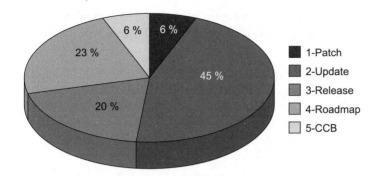

Abb. 8–3
Meldungen nach
Behebungspriorität

Testmanager und Entwicklungsleiter diskutieren nun über die Auswertungen des Defect Management System. Angesichts der obigen Diagramme im Abschlussbericht des dritten Systemtestzyklus machen sie folgende Beobachtungen:

- Das Diagramm zum Status der Meldungen (s. Abb. 8–2) zeigt, dass ein großer Anteil der offenen Meldungen neu erfasst, aber noch nicht bearbeitet worden ist. Der Testmanager äußert seine Besorgnis darüber, dass hierin ein hohes Risiko liegt, und fragt den Entwicklungsleiter, warum das Entwicklungsteam eine solche Menge von Meldungen unbearbeitet lässt.
- Der Entwicklungsleiter sieht im Diagramm zur Behebungspriorität (s. Abb. 8–3), dass sein Team eine große Menge an dringlicher Fehlerbehebungsarbeit bewältigen muss – über die Hälfte aller Meldungen muss bis zum nächsten Systemtestzyklus bearbeitet werden (Prioritäten 1 und 2), um den Test nicht zu behindern. Hierdurch bleibt kaum Kapazität zur Analyse der neu eingetroffenen Meldungen übrig.

Beide beraten nun, wie die Lage verbessert werden kann. Der Entwicklungsleiter könnte einige zusätzliche Personen ins Team bringen, um den Engpass zu beseitigen, benötigt dazu aber mehr Informationen, wo diese am effizientesten eingesetzt werden können. Hierzu erzeugt der Testmanager eine weitere Statistik, indem er die Daten in der Datenbank nach den neu erzeugten Meldungen im dritten Testzyklus filtert und diese nach den betroffenen Komponenten von VSR aufschlüsseln lässt (s. Abb. 8–4).

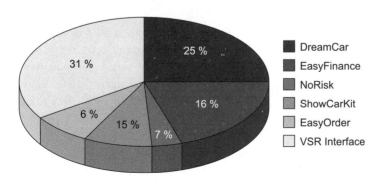

Abb. 8–4
Meldungen nach
betroffener Komponente

Die Auswertung nach Komponenten zeigt, dass die Mehrzahl der neuen Fehler in zwei Komponenten, nämlich *DreamCar* und dem VSR-Interface, lokalisiert sind.

▨ Daraufhin beschließt der Entwicklungsleiter, diesen beiden Komponenten zusätzliche Entwickler zur Verfügung zu stellen.

▨ Der Testmanager hingegen aktualisiert die Testplanung für den vierten Systemtestzyklus, indem er die Tests für diese beiden Komponenten intensiviert – gemäß der Faustregel »Wo viele Fehler entdeckt werden, werden noch mehr versteckt sein«.

In Schritten von der Zettelwirtschaft zum Defect Management System

Wie das Beispiel zeigt, stellt ein datenbankgestütztes Defect Management System ein sehr hilfreiches Instrument für die Projektsteuerung dar. Um ein solches Instrument zu etablieren, bedarf es allerdings eines geordneten Vorgehens, das einen längeren Zeitraum benötigen kann (s. hierzu Kap. 12). In der Praxis wird in Unternehmen häufig ein evolutionärer Verbesserungsprozess des Abweichungsmanagements beobachtet, der mit anderen Prozessverbesserungen einhergeht und nachhaltige positive Auswirkungen auf die Effizienz des Testprozesses hat und somit auch auf die erreichbare Produktqualität:

▨ Begonnen wird oftmals mit formloser Kommunikation via E-Mail; weder der Inhalt von Meldungen noch deren Abarbeitung sind in irgendeiner Weise geregelt; daher sind Analyse, Priorisierung und Nachtest aufwändig und wenig exakt.

▨ Als nächste Stufe wird daher meist ein Meldeformular für das E-Mail-System eingeführt. Hierdurch und durch eine projektweite Vereinbarung, dass neue Meldungen per Kopie an den Projekt- oder (falls vorhanden) Testmanager gesendet werden, wird die Nachvollziehbarkeit deutlich erhöht. Der Projekt- oder Testmanager kann erste Priorisierungsarbeiten wahrnehmen, die Bearbeitung der Meldungen sicherstellen und sich durch einfache Statistiken eine Übersicht über den Projektverlauf verschaffen.

▨ Im Zuge dieser Arbeiten organisieren sich die meisten Manager selbst dadurch, dass sie die Meldungen geordnet ablegen, beispielsweise in einer Ordnerstruktur im Dateisystem oder in einer zentralen Tabelle in einem Spreadsheet-Programm. Letzteres macht die Informationen über Meldungen maschinenlesbar und auswertbar, beispielsweise können die Status der Meldungen verfolgt und Statistiken erhoben werden – die Vorstufe zu einem Defect Management System ist erreicht.

▨ Durch Transfer der tabellarischen Informationen in ein Datenbanksystem – selbst geschrieben oder kommerziell – wird der letzte Schritt vollzogen. Status- und Rechtesystem des Defect Manage-

ment System regeln die Meldungsbearbeitung, und durch ausge-
feilte Report- und Statistikfunktionen sowie durch Verknüpfung
des Systems mit Anforderungs- und Konfigurationsmanagement-
systemen werden weitere Potenziale erschlossen.

Oftmals ist der Prozess für das Abweichungsmanagement der erste
oder einzige (halbwegs) formal definierte Prozess, und die dafür eingesetzten Werkzeuge die einzigen vorhandenen Prozesswerkzeuge im
Unternehmen. Die schrittweise Verbesserung in diesem Bereich hat oft
eine Leitwirkung im Gesamtprojekt und führt mittelfristig zu Verbesserungen in anderen Bereichen wie z.B. Anforderungsmanagement
oder Projektmanagement.

8.4   Standardisierte Klassifikation von Abweichungen nach IEEE 1044/1044.1

Der Standard [IEEE 1044] beschreibt eine Klassifikation von Abweichungen, die Dokumentation der Eigenschaften einer Abweichung und
den zugehörigen Prozess. Er ist als Grundlage zu empfehlen und wird
im Folgenden kurz vorgestellt.

Standardverfahren zur Klassifikation von Anomalien

8.4.1   Übersicht über den Klassifikationsprozess

IEEE 1044 definiert zur Klassifikation vier sequenzielle Schritte:

1. Erkennung (*Recognition*)
2. Analyse (*Investigation*)
3. Behebung (*Action*)
4. Abschluss (*Disposition*)

Jeder dieser vier Schritte besteht im Wesentlichen aus der Durchführung von drei nebenläufigen Tätigkeiten:

- Dokumentieren (*Recording*)
- Klassifizieren (*Classifying*)
- Auswirkungen bestimmen (*Identifying impacts*)

Durch die drei Aktivitäten pro Schritt werden nacheinander die Eigenschaften der Abweichung aus verschiedenen Blickwinkeln bestimmt,
klassifiziert und dokumentiert.

Der Fokus dieses Arbeitsablaufs liegt dabei in der Klassifikation
der Meldungen. Er beschreibt keinen vollständigen Managementprozess, so wird beispielsweise der Umgang mit zurückgewiesenen Meldungen oder wirkungslosen Behebungsmaßnahmen nicht betrachtet.
Ein sinnvoller Managementprozess geht von einem allgemeinen Modell

wie dem oben gezeigten Statusmodell aus und integriert die Klassifikationsschritte nach IEEE 1044 in das Modell (s. Abb. 8–5).

Abb. 8–5

Klassifikationsschritte

nach IEEE 1044

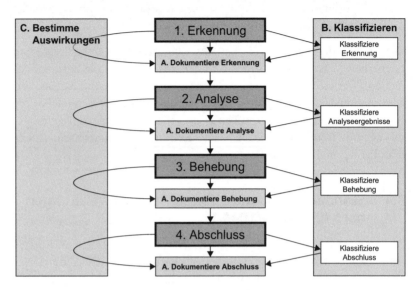

Wichtig ist, in jedem Schritt zu klassifizieren, also nicht nur die in der Analyse festgestellte Schwere und Auswirkung einer Abweichung, sondern auch die Umstände ihrer Erkennung, die notwendigen Maßnahmen zu ihrer Behebung und den nach dem Abschluss erreichten Endzustand.

8.4.2 Datenmodell: Kategorien, Klassifikationen und Ergänzungsdaten

Die Klassifikation erfolgt durch Auswahl vordefinierter Werte, so genannter »Klassifikationen« (*classifications*), aus den Attributen zugeordneter Mengen, den so genannten »Kategorien« (*categories*). Einige dieser Attribute sind vom Standard als notwendig (*mandatory*) vorgesehen, andere als optional gekennzeichnet. Jede Klassifikation und jede Kategorie ist klar umrissen, um eine homogene Erfassung und Bearbeitung von Abweichungen auch in großen Projekten sicherzustellen. Klassifikationen und Kategorien sind in »Klassifikationsschemata« (*classification schemes)* zusammengefasst, die jeweils in einem der Schritte des Klassifikationsprozesses benutzt werden.

Als Beispiel sei hier die Kategorie *recognition classification scheme – project activity* dargestellt. Diese dient dazu festzuhalten, mit welcher Aktivität (z.B. Review oder Test) eine Anomalie gefunden wird (s. Abb. 8–6).

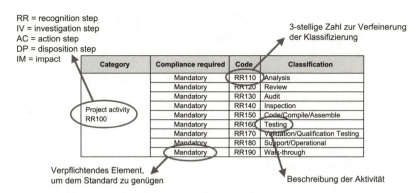

Abb. 8–6

Beispiel: recognition classification scheme – project activity

RR100 bedeutet, dass dieses Schema während des Schrittes der Erkennung (*recognition*) der Abweichung zu verwenden ist. »Mandatory« in jeder Zeile zeigt an, dass sowohl die Kategorie als Ganzes als auch jeder der möglichen Klassifikationswerte für diese Kategorie bei einer standardkonformen Umsetzung des Klassifikationsprozesses unbedingt benutzt werden sollen. Eine durch den Systemtest gefundene Abweichung wird anhand dieses Schemas mit der Klassifikation »RR160« versehen, eine in einem Codereview gefundene dagegen mit »RR120«.

Neben den Kategorien definiert der Standard noch so genannte »supporting data items«, die zur inhaltlichen Beschreibung der Anomalie und der Umgebung, in der sie auftritt, dienen. Als Beispiel hier die »investigation supporting data items«, die zur Unterstützung der Analyse der Abweichung dienen:

Acknowledgement	Verification
Date received	Source of anomaly
Report number assigned	Data from recognition process
Investigator	
Name	
Code or functional area	
E-mail address	
Phone number	
Estimated start date of investigation	
Estimated complete date of investigation	
Actual start date of investigation	
Actual complete date of investigation	
Person hours	
Date receipt acknowledgement	
Documents used in investigation	
Name	
ID number	
Revision	

Abb. 8–7

Beispiel: Investigation supporting data items

Während der Analyse soll der Bearbeiter hier etliche organisatorische Informationen hinterlegen. Diese Informationen können zu unterschiedlichen Zwecken sinnvoll sein:

- Zur Unterstützung der nachfolgenden Klassifikationsschritte sowie der eigentlichen Bearbeitung der Abweichung: Beispielsweise leitet die Angabe der »source of anomaly« den zugeordneten Beheber der Abweichung direkt bei der Behebung an.
- Zu diversen Auswertungen der Daten mit dem Ziel der Verbesserung der Prozesse: Liegen beispielsweise die geschätzten und die tatsächlichen Zeiten für die Analyse regelmäßig weit auseinander, so kann dies durch Einführung besserer Schätzmethoden bzw. Qualifikation der Bearbeiter adressiert werden.
- Zur besseren Nachvollziehbarkeit der Bearbeitungsschritte: Damit wird beispielsweise bei Ausfall eines Bearbeiters die Weiterbearbeitung eines Schrittes durch eine andere Person erleichtert. Im obigen Beispiel gibt die Information »Documents used in investigation« eine Übersicht darüber, welche Dokumente bei der Analyse bereits gesichtet wurden und welche ggf. noch ausstehen.

8.4.3 Die Klassifikationsschritte im Detail

Erkennung (recognition) **Erkennung**

Dieser Schritt wird durchgeführt, sobald die Abweichung auftritt. Jeder Projektbeteiligte kann Anomalien melden. Im Einzelnen werden die folgenden Aktivitäten durchgeführt:

- **Dokumentation** durch Erfassung von *recognition supporting data items*. Diese umfassen alle Umgebungsaspekte, die im Rahmen der Erkennung festgehalten werden können. Hier werden Daten wie Hard- und Softwareumgebung, testunterstützende Software (z.B. Testautomatisierungswerkzeuge), aber auch Kontaktdaten des Entdeckers, Auftrittszeitpunkt und verwendete Dokumente während der Bedienung des Systems vermerkt. Der Standard sieht die vorgegebene Liste von Attributen als optional und als nicht vollständig an.
- **Klassifikation** durch Auswahl von Werten aus dem *recognition classification scheme*. Dieses besteht aus sechs Kategorien (davon drei verpflichtende), die dazu dienen, die Beobachtung möglichst genau festzuhalten – beispielsweise die Projektphase, das Symptom der Abweichung und der Status des Systems nach Auftreten der Abweichung.

▨ **Bestimmung der Auswirkungen** mittels des *impact classification scheme* und der *impact supporting data items*. Mit diesen Daten soll die Person, die die Anomalie entdeckt hat, ihre Beobachtungen (oder auch Vermutungen) über die Auswirkungen der Anomalie festhalten: Dringlichkeit und Schwere der Abweichung, Auswirkungen auf Produktqualität, Kundennutzen, Sicherheit, Projektkosten, -risiko und -termine.

Analyse

Jede gemeldete Anomalie muss untersucht werden. Ziel der Untersuchung ist es, die Anomalie beurteilen zu können. Dieser Schritt wird normalerweise durch die Entwicklung durchgeführt, wichtige Informationen können aber auch von Testern oder weiteren Projektbeteiligten stammen.

Analyse (investigation)

▨ **Dokumentation:** Hier werden *investigation supporting data items* festgehalten, um die Existenz der Anomalie und ihre Reproduzierbarkeit zu bestätigen, mögliche *Workarounds* und Behebungsmaßnahmen zu identifizieren. Auch diese Liste nennt der Standard optional und nicht vollständig.

▨ **Klassifikation:** Selektion geeigneter Werte aus dem *investigation classification scheme* zur Beschreibung der tatsächlichen Ursache, der betroffenen Dokumente und der Art der Abweichung. Außerdem sollen hier die im ersten Schritt vorgenommenen Klassifikationen geprüft und falls notwendig korrigiert werden.

▨ **Bestimmung der Auswirkungen:** Die im ersten Schritt dokumentierten Vermutungen über die Auswirkungen der Anomalie werden geprüft und falls notwendig korrigiert – als Basis hierfür dienen die gleichen Tabellen wie im ersten Schritt.

Behebung

Basierend auf den Ergebnissen der Analyse werden Behebungsmaßnahmen geplant. Dies kann sowohl die direkte Behebung der Anomalie selbst als auch Prozessverbesserungsmaßnahmen zur Vermeidung weiterer ähnlicher Anomalien umfassen. Dieser Schritt involviert hauptsächlich die Entwicklung, aber ggf. auch weitere Rollen wie den Produktmanager oder die Qualitätssicherungsabteilung.

Behebung (action)

▨ **Dokumentation:** Zunächst werden die *action supporting data items* festgehalten – beispielsweise geplantes Datum und Lieferstand des Systems für die Behebung, mit Korrektur und Fehlernachtest betraute Personen sowie eine Beschreibung der Behebungsmaßnahmen.

- **Klassifikation:** Hierzu dient das *action classification scheme*. Es beschreibt die Art der Behebung (z.B. Code- oder Dokumentationsänderung) zusammen mit deren Priorität (zwischen »sofort« und »keine Behebung«) sowie optional weitere Gegenmaßnahmen von eher strategischer Natur wie z.B. Prozessverbesserungen oder Forschungsaktivitäten.
- **Bestimmung der Auswirkungen:** Wieder werden die in den vorigen Schritten dokumentierten Auswirkungsdaten geprüft und falls notwendig korrigiert.

Abschluss

Abschluss (disposition)   In der Abschlussphase, d.h. nach Beendigung aller Lösungsmaßnahmen bzw. zumindest der Einleitung langfristiger Korrekturmaßnahmen, soll die Beseitigung der Anomalie dokumentiert werden. Im Allgemeinen sind die Hauptbeteiligten hier die Tester, ggf. Supportpersonal und der Produktmanager.

- **Dokumentation:** In den *disposition supporting data items* wird festgehalten, dass beispielsweise der Kunde über die Behebung informiert wurde; außerdem werden hier die Ergebnisse der Verifikation der Behebung (beispielsweise der Fehlernachtest) dokumentiert.
- **Klassifikation:** Mit dem *disposition classification scheme* wird der Endzustand der Abweichungsmeldung festgehalten (z.B. »Behebung abgeschlossen« oder »Duplikat einer anderen Meldung«).
- **Bestimmung der Auswirkungen:** Es erfolgt eine abschließende Betrachtung und ggf. Korrektur der dokumentierten Auswirkungen – auch hier wieder auf Basis der gleichen Referenztabellen wie in den vorangegangenen Schritten.

8.4.4   Tailoring des Standards

Wie aus den Beispieltabellen und den Beschreibungen der einzelnen Kategorien hervorgeht, ist der Standard sehr umfassend und über den gesamten Softwarelebenszyklus hinweg einsetzbar. Im realen Einsatz wird er nicht vollständig umgesetzt, sondern auf die konkreten Bedürfnisse im Projekt zugeschnitten und reduziert werden:

- durch Weglassen nicht benötigter Attribute bzw. Kategorien;
- durch Integration der Schritte des Klassifikationsprozesses in den eigenen Prozess für das Abweichungsmanagement.

Einflussfaktoren   Die Gründe für dieses so genannte »Tailoring« liegen i.Allg. in einer Kosten-Nutzen-Abwägung – mehr Details in der Abweichungsbehandlung liefern mehr Daten für die Folgeschritte, verursachen aber auch mehr Aufwand bei Erfassung und Pflege. Mögliche Einflussfaktoren für den Umfang des Einsatzes des Standards sind beispielsweise

- der beabsichtigte Wirkungsbereich: Soll das Verfahren teststufen-übergreifend, projektübergreifend oder gar unternehmensweit eingesetzt werden? Nur in der Entwicklung und im Test oder auch im Produktsupport?
- Auswertung der gesammelten Daten zum Zweck der Prozessverbesserung: Die Häufung bestimmter Kategorien der Abweichungen kann zur gezielten Suche und Beseitigung von Schwächen in Entwicklungs- und Testprozess herangezogen werden.
- die Anwendbarkeit von Kategorien im konkreten Projektumfeld: Beispielsweise macht die Angabe bestimmter *supporting data items* wie Datenbank oder Firmware nur in bestimmten Umfeldern Sinn.
- Dokumentations- und Nachweispflichten, die durch Kunden und/ oder Zulassungsstellen gefordert werden: Dies sind möglicherweise detailliertere Daten, als die eigene Entwicklung benötigt.

Die Ergänzung IEEE 1044.1 zum Standard leistet wertvolle Unterstützung beim Tailoring des Standards auf die eigenen Bedürfnisse; im Einzelnen bietet sie:

Unterstützung beim Tailoring

- Unterstützung bei der Entscheidung, ob und in welchem Umfang der Standard im eigenen Umfeld eingesetzt werden kann und soll;
- detaillierte Erläuterungen der Kategorien und Klassifikationen mit Beispielen;
- zusätzliche *supporting data items*, die im Standard nicht vorkommen;
- Richtlinien zum korrekten Tailoring, d.h. Angaben und Beispiele für bzgl. des Standards konforme und nicht konforme Anpassungen und Weglassungen von Kategorien und Klassifikationen;
- ein beispielhaftes Statusmodell für Abweichungen (ähnlich dem aus Abschnitt 8.3.2);
- Vorgehensweisen zur Abbildung des Standards in kommerziellen und in selbstentwickelten Defect Management Systems;
- Beispiele für Abweichungsmetriken, deren Auswertung und Anwendung für Projektsteuerung, Produktbewertung und Prozessverbesserung.

Tipp

Über die Inhalte dieses Ergänzungsdokuments lässt sich leicht der Bogen zum Beginn dieses Kapitels zurückschlagen: Sowohl das Beispiel-Fehlermeldeformular (Kap. 8.2) als auch das Statusmodell (Abschnitt 8.3.2) wurden – nicht notwendigerweise standardkonform – aus IEEE 1044/1044.1 für den Einsatz in der Softwareentwicklung und im entwicklungsbegleitenden Test auf Projektebene abgeleitet und haben sich dort in zahlreichen Praxiseinsätzen bewährt. Bei der Etablierung eines eigenen Abweichungsmanagements mögen diese Beispiele dem Leser als Ausgangspunkt dienen – das kritische Hinterfragen der Beispiele unter begleitender Nutzung des Standards sei dennoch angeraten.

8.5   Zusammenfassung

▓ Abweichungen bedürfen einerseits der einheitlichen und vollständigen Dokumentation, um Beurteilung und Behebung von Abweichungen möglichst weitgehend zu unterstützen, und andererseits eines Managementprozesses, der den Lebenszyklus der Abweichungsmeldungen abbildet und die an der Bearbeitung der Abweichung beteiligten Rollen koordiniert.

▓ In der Realität findet sich eine Vielzahl unterschiedlichster Strukturen zur Meldung von Abweichungen, von Verfahren zu deren Management und Werkzeugen zur Unterstützung dieser Verfahren – vom einfachsten Ansatz über Austausch von E-Mails bis hin zu unternehmensweiten Defect Management Systems, deren umfangreiche Datensammlungen für vielfältige Statistiken genutzt werden können und die durch Verknüpfung mit Konfigurations-, Test- und Anforderungsmanagementsystemen für erhebliche Effizienzsteigerungen im Entwicklungsprozess sorgen können.

▓ Um eine gemeinsame Basis für diese historisch gewachsene Heterogenität zu bieten, wurde durch das IEEE ein Standard zur Klassifikation von Abweichungen definiert (IEEE 1044), der verpflichtende und optionale Attribute von Abweichungen ebenso enthält wie die Beschreibung eines generischen Arbeitsablaufs zur Bearbeitung dieser Abweichungen.

▓ IEEE 1044 gliedert die Dokumentation, Überwachung und Klassifizierung von Abweichungen in vier Prozessschritte:

  • Erkennung
  • Analyse
  • Behebung
  • Abschluss

▓ Der Standard IEEE 1044 ist sehr umfassend und erlaubt den Einsatz nicht nur im entwicklungsbegleitenden Test, sondern über den gesamten Lebenszyklus eines Systems hinweg. Aufgrund dieses umfassenden Ansatzes bedarf der Standard in den allermeisten Fällen jedoch der Anpassung auf die konkreten Anforderungen im Einsatz. Hierzu liefert ein Ergänzungsdokument (IEEE 1044.1) wertvolle Informationen.

9 Risikomanagement und risikoorientierter Test

Im Rahmen der Softwareentwicklung können Probleme sowohl während des Entwicklungsprojekts als auch bei dem Einsatz des Produkts auftreten, so dass Projekt- und Produktrisiken unterschieden werden. Durch rechtzeitige Identifikation, Analyse, Bewertung und Kontrolle der Risiken sowie eine risikoorientierte Testkonzepterstellung und Testpriorisierung trägt das Testmanagement zur Bewältigung der Risiken bei.

9.1 Einführung

Zahllose Beispiele zeigen, dass IT-Projekte inhärent risikobehaftet sind (z.B. [Standish 04]). Ein →Risiko ist ein Problem, das in der Zukunft eintreten könnte und unerwünschte Folgen hat. Die Höhe eines Risikos ergibt sich aus der Wahrscheinlichkeit des Problemeintritts und dem damit verbundenen Schaden. Eine Liste von Risiken bzw. Schäden aufgrund des Einsatzes von IT-Produkten wird von Peter G. Neumann veröffentlicht und regelmäßig aktualisiert ([Neumann 95]).

IT-Projekt = Risiko!

Diesen Tatsachen müssen sich auch Testmanager stellen, wobei es im Prinzip zwei Möglichkeiten gibt:

- Ignoranz der Risiken (»Vogel-Strauß-Taktik«) oder
- Toleranz und proaktives Management der Risiken.

Ersteres verhindert zwar nicht unbedingt den Projekterfolg, lässt die Beteiligten aber bis zuletzt im Unsicheren darüber, was »morgen« vielleicht passieren kann. Letzteres kann den Projekterfolg zwar nicht immer sicherstellen, ermöglicht es den am Projekt Beteiligten aber, innerhalb gewisser Grenzen in die Zukunft zu blicken und mit entsprechender Sicherheit handeln zu können.

Die Handlungssicherheit erhöht sich, je besser die Risiken gehandhabt werden. Werden drohende Risiken frühzeitig erkannt und recht-

Intention des Risikomanagements

zeitig Gegenmaßnahmen eingeleitet, welche die Eintrittswahrscheinlichkeit oder die Schadenshöhe verringern, so lassen sich Risiken
beschränken. Dies ist die Intention des Risikomanagements.

→Risikomanagement ist somit – salopp gesagt – eine gezielte Planung von Fehlschlägen und ihren Folgen [DeMarco 03]. Es umfasst
die systematische Identifikation, Analyse, Bewertung, Steuerung,
Bewältigung, Überwachung und Kommunikation von Risiken, so dass
auf wirtschaftliche Weise Verluste minimiert und Chancen optimiert
werden können ([DIN 62198], [ISO 16085]). Ziel des Risikomanagements ist es, diejenigen Risiken zu identifizieren, deren Eintreten z. B.
aufgrund deutlicher Kosten- und Terminüberschreitungen massiv den
Projekterfolg gefährdet oder zu einer grob mangelhaften Produktqualität führt, und mit geeigneten Maßnahmen den Risikoeintritt zu verhindern.

Intention des risikoorientierten Testens

Die Intention des risikoorientierten Testens ist es, unter gegebenen
Randbedingungen (Aufwand, Zeit, Verfügbarkeit usw.) den Test einer
Software so auszulegen, dass vorab identifizierte Risiken (→Projekt-
risiken, die die Entwicklung betreffen, oder →Produktrisiken, die den
Produkteinsatz betreffen) möglichst minimiert werden ([Spillner05,
Abschnitt 6.4.3]). Ein Produktrisiko ist z. B. ein unentdeckter Fehlerzu-
stand, der zum Versagen des Systems führen kann, ein Projektrisiko ist
z. B. die Nichteinhaltung des Liefertermins.

Der IEEE Standard 1008 zum Komponententest [IEEE 1008] sieht
beispielsweise die Identifikation der durch den Test adressierten Risi-
kobereiche als inhärenten Schritt der Testplanung an. Systeme mit
einem hohen Risiko müssen ausgiebiger getestet werden als Systeme,
die im Fehlerfall keine großen Schäden verursachen, wobei die Risikoeinschätzung für die einzelnen Systemteile oder sogar für einzelne Fehlermöglichkeiten durchzuführen ist. Testmanager agieren also immer
auch als Risikomanager.

Idealerweise sind alle Projektbeteiligten in alle Phasen und Stufen
in das Risikomanagement einzubinden. Zu den für das Risikomanagement wichtigen Beteiligten und ihren Verantwortlichkeiten gehören:

- Auftraggeber, fordert Projekt-Risikomanagement und liefert Informationen bzgl. der für ihn akzeptablen Risiken und des Produkt-
umfeldes;
- Leitung Auftragnehmer (i.e. Projektsponsor), fordert und fördert
das Projekt-Risikomanagement und liefert Informationen bzgl. des
Projektumfeldes und dem unternehmensweiten Umgang mit Risiken;
- Projektmanager, berücksichtigt im Projektbudget die Kosten der
risikomindernden Maßnahmen und des Risikomanagements selbst,

wirkt federführend am Risikomanagement mit und stellt ggf. weitere Ressourcen wie z.B. ausreichend erfahrene Mitarbeiter bereit;

- Testmanager, wirkt aktiv am Risikomanagement mit, optimiert Teststrategie und Testaufwand bzgl. der Minderung des Produktrisikos;

- Entwickler, Tester und Anwender liefern Informationen bzgl. Projekt- und Produktrisiken.

Zum umfassenden Risikomanagement (s.a. [Charette 89], [ISO 16085], [Wallmüller 04]) gehören folgende Aktivitäten, die in den weiteren Abschnitten dieses Kapitels eingehender betrachtet werden:

- Ermittlung des Risikokontextes;
- Risikoidentifikation;
- Risikoanalyse und -bewertung;
- Risikosteuerung und -bewältigung;
- Risikoüberprüfung und -überwachung.

Diese Aktivitäten sind ohne effektive Kommunikation zwischen allen Beteiligten nicht durchführbar. Letztendlich gehört es zu jeder Managementtätigkeit, aus abgeschlossenen Projekten zu lernen, so dass bei dem Projektabschluss auch das Risikomanagement zu bewerten und zu hinterfragen ist.

Um maximalen Nutzen aus dem Risikomanagement ziehen zu können, sind die Risikomanagementaktivitäten zum frühestmöglichen Projektzeitpunkt zu beginnen und dann laufend fortzuführen.

Risikomanagement früh beginnen und laufend weiterführen!

9.2   Ermittlung des Kontextes

Zu Beginn der Risikobetrachtungen ist der Risikokontext zu bestimmen, zu dem die Stakeholder des Projekts, die vereinbarten Projektziele und Ergebnisse sowie der Geltungsbereich und die Abgrenzung des Risikomanagements im Rahmen des Projekts gehören. In diesem Rahmen sind auch Schnittstellen und Überlappungen mit anderen Projekten zu ermitteln sowie alle organisatorischen und strategischen Zwänge, in deren Rahmen das Projekt stattfindet bzw. das Produkt eingesetzt wird. Diese umfassen nach der Norm [ISO 16085] externe Ziele und Randbedingungen, die das Projekt einschränken oder von seinem Plan abbringen bzw. den Produkteinsatz gefährden können, wie beispielsweise technische, unternehmensspezifische, geschäftliche, politische, finanzielle, gesetzliche, vertragliche und marktpolitische Entwicklungen (vgl. Abb. 9–1).

Abb. 9–1

Faktoren des

Risikokontextes

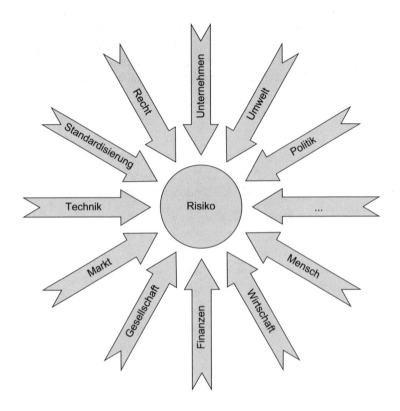

Die Aufstellung aller Projektziele, mit denen Projekt-, Unternehmens- und Kundenanforderungen erfüllt werden sollen, ist bei der späteren Identifizierung und Priorisierung der Risiken behilflich. Darüber hinaus sind generelle Kriterien für die Annehmbarkeit und Tolerierbarkeit von Risiken anzugeben, die bei der Bewertung der identifizierten Risiken in späteren Prozessphasen verwendet werden.

Für den Testmanager ist es also wichtig, das Projektumfeld, die Projektcharakteristik und die Produktcharakteristik zu kennen. Letztere ist in Form von Qualitätszielen zu quantifizieren (s.a. [ISO 9126]).

9.3   Risikoidentifikation

Dreh- und Angelpunkt des Risikomanagements ist die möglichst vollständige Identifikation aller relevanten Risiken. Die →Risikoidentifikation sollte prozessorientiert erfolgen und die einzelnen Risiken zum besseren Überblick zu Risikokategorien zusammenfassen, wie es im nächsten Abschnitt erläutert wird. Abschnitt 9.3.2 stellt dann einige Techniken und Hilfsmittel zur Risikoidentifikation vor.

9.3.1 Risikokategorien

Eine grobgranulare, aber in den meisten Fällen ausreichende Kategorisierung der Risiken unterscheidet externe und strategische Risiken sowie die für Testmanager besonders wichtigen Projekt- und Produktrisiken.

Externe Risiken sind beispielsweise Naturereignisse (Blitzschlag, Wasserschäden), politische, juristische oder gesellschaftliche Veränderungen, makroökonomische Risiken wie Marktverschiebungen, die Entstehung neuer Branchen-Trends und neuer Märkte, technische Veränderungen sowie Änderungen des Kundenverhaltens. Diese Risiken sind dadurch ausgezeichnet, dass sie nicht wirklich beeinflussbar sind. Zusätzlich sind einige dieser Risiken auch nicht vorhersehbar (zumindest mittelfristig).

Externe Risiken: nicht beeinflussbar, schlecht vorhersehbar

Strategische Risiken subsumieren mikroökonomische Risiken wie wechselnde Marktanteile des Unternehmens, die Unternehmensliquidität, Unternehmensübernahmen und die Auslagerung von Unternehmensbereichen (Outsourcing) wie z.B. der IT-Abteilung. Hinzu kommen organisatorische Risiken wie Änderungen der unternehmensweiten Aufbau- und Ablauforganisation und damit zusammenhängende Unwägbarkeiten der strategischen Investitions- und Projektsteuerung und -planung oder Ressourcenknappheit bei konkurrierenden Projekten. Auch ein unzureichendes unternehmensweites Krisenmanagement sowie Kommunikationshemmnisse bzgl. »schlechter Nachrichten« gehören hierzu. Strategische Risiken sind für den Projekt- bzw. Testmanager eher nicht beeinflussbar, aber oft zumindest einigermaßen gut vorhersehbar.

Strategische Risiken: schwer beeinflussbar, aber oft gut vorhersehbar

Zu den Projektrisiken (operationelle Risiken) zählen mögliche Probleme in der Logistik und im Vertrieb, z.B. wenn ein Zulieferer ausfällt oder eine Lizenzvereinbarung nicht so abgeschlossen werden kann, wie es für die Verwendung einer Fremdsoftware in der eigenen Entwicklung benötigt wird. Weitere Projektrisiken bestehen in Mitarbeiterfluktuationen, Vertragsrisiken, Zuliefererproblemen, zu optimistischen Aufwandsschätzungen und Zeitplänen sowie ggf. einer zu aggressiven Preispolitik des Unternehmens selbst, aufgrund derer Ressourcen stark eingeschränkt werden. Auch technische Projektrisiken wie mangelnde IT-Sicherheit (z.B. Ausfall des Projektservers durch Virenbefall), mangelhaftes Anforderungsmanagement, Unwägbarkeiten der Produktlinie, geforderter Einsatz neuer, unausgereifter Technologien und Entwicklungswerkzeuge führen häufig zum Scheitern von Projekten. Insbesondere in komplexen, räumlich verteilt durchgeführten Entwicklungsprojekten ergeben sich unterschiedlichste Risiken, die aus der Projektstruktur selbst erwachsen: Kommunikationsprobleme,

Projektrisiken: relativ gut beeinflussbar und vorhersehbar

verschiedene Prozessreife der an der Entwicklung beteiligten Organisationen, Termindruck und Anwendung neuer, nicht sicher beherrschter Entwicklungsverfahren.

Zu den Projektrisiken gehören auch Fehlerkorrekturrisiken wie z.B. erhöhter Zeitbedarf für Fehleranalyse und Korrektur sowie für den Regressionstest, erneute Auslieferung und Installation ggf. verbunden mit aufwändiger Nachschulung des Kunden oder Verzug bei Neuprodukten wegen Bindung der Entwicklerkapazität im Wartungsbereich. Insgesamt sind Projektrisiken für den Projekt- bzw. Testmanager oft beeinflussbar und meistens auch vorhersehbar.

Produktrisiken: beeinflussbar und gut vorhersehbar

Produktrisiken resultieren aus Problemen mit dem ausgelieferten Produkt. Solche Risiken führen zu verschiedensten Schäden bei verschiedenen Beteiligten:

- Beim Hersteller entstehen meist indirekte Fehlerkosten. Dies sind Kosten bzw. Umsatzverluste für den Hersteller aus Minderung wegen Nichterfüllung des Vertrags oder Regressforderungen aus Produkthaftungsgründen, erhöhter Aufwand für Kundenhotline und Support, Imageschaden bis hin zum Verlust des Kunden sowie auf Dauer sinkender »Markenwert« durch mangelnde Funktionalität, schlechte Qualität oder gar durch das Produkt ermöglichte bzw. unterstützte kriminelle Handlungen (Viren, phishing ...).
- Beim Betreiber des Systems spiegeln sich Produktrisiken oft in den direkten Fehlerkosten wider, die dem Kunden durch Fehlerwirkungen des Softwareprodukts entstehen (und für die der Hersteller evtl. haftet, s.o.). Hierunter fallen z.B. Kosten von Berechnungsfehlern, Datenverlust, Fehlbuchungen, Schaden an Hardware.
- Dient das System dem Betreiber dazu, eine Dienstleistung irgendeiner Art einem bzw. mehreren Endkunden zu liefern, so kann auch dieser Endkunde Schaden durch das Produktrisiko erleiden – von unerwünschten Werbesendungen bis hin zur Einnahme von durch ein fehlerhaftes Logistiksystem falsch zugestellten Medikamenten.
- Das Thema »Sicherheit« ist als weitere Risikoklasse zu betrachten, z.B. bei Systemen wie einem Bestrahlungsgerät im Krankenhaus. Hier kann auch im »fehlerfreien« Systembetrieb ein Produkt- oder Einsatzrisiko gegeben sein. Beispielsweise wenn durch Fehlbedienung des Systems ein Schaden eintritt (z.B. Einstellung einer zu hohen Strahlendosis) oder wenn externe Ereignisse die Betriebsvoraussetzungen oder die Systemumgebung ändern (z.B. Stromausfall). Bezüglich Sicherheitsrisiken müssen also Themen wie Bedienbarkeit, Redundanz, Fehlertoleranz betrachtet werden und dafür gesorgt werden, dass das Produkt dem Risiko angemessene Funktionen bzw. Eigenschaften aufweist.

Produktrisiken sind für den Projekt- bzw. Testmanager durch die Anwendung entsprechender Methoden und Techniken relativ gut beeinflussbar und mit Qualitätsmetriken bzw. Tests auch gut messbar bzw. vorhersagbar.

Eine weitere Unterteilung der Produktrisiken ist möglich in

- geschäftliche (funktionale) Aspekte (besonders kritische Funktionen oder Geschäftsprozesse) und
- technische (nichtfunktionale) Aspekte wie z.B. technologische Plattform, Performance, Sicherheit und Benutzbarkeit.

Auch die bei Projektbeginn getroffenen Annahmen bezüglich des Projektumfelds und des Produkteinsatzes stellen eine Risikoquelle dar und sollen regelmäßig hinsichtlich ihrer Gültigkeit geprüft werden.

9.3.2 Techniken und Hilfsmittel

Zur Identifikation der Risiken sind – abgestimmt auf die spezifische Projektsituation – folgende Techniken und Hilfsmittel anwendbar:

- Experteninterviews und Fragebögen;
- unabhängige Einschätzungen (Audits, Assessments);
- Durchführung von Risikoworkshops;
- Risiko-Brainstormings;
- Verwendung von Risiko-Templates und Checklisten;
- Erfahrungen aus abgeschlossenen Projekten.

Zu Experteninterviews und unabhängigen Einschätzungen können unterschiedlichste Personen herangezogen werden, von Mitgliedern der Firmenleitung über externe Berater oder erfahrene Projekt- oder Testmanager bis hin zu bereits im Ruhestand befindlichen ehemaligen Mitgliedern der Führungsebene. Wichtig ist, dass die betroffenen Personen bei ihren Angaben möglichst unbeeinflusst von etwaigen vorgegebenen Projektzielen und Wünschen der Stakeholder sind und umfassend sowie möglichst objektiv über den Kontext des Projekts und die spezifischen Projekt- und Produktcharakteristiken informiert werden.

Prämisse der Risikoidentifikation: Think the unthinkable ...

Risikoworkshops können ähnlich wie Reviews (s. z.B. [Spillner 05, Abschnitt 4.1.3]) geplant und durchgeführt werden. Zu Beginn informiert der Risikomanager alle Beteiligten, wobei neben Teilnehmenden aus dem Projekt selbst (Architekt, Entwickler, Tester ...) auch Mitglieder des Leitungsgremiums sowie ggf. externe Experten hinzuzuziehen sind. Zur Vorbereitung auf den Workshop erhalten die Teilnehmenden ausreichende Informationen über das Projekt und seinen Kontext

Durchführung eines Risikoworkshops

(Pflichtenheft, Projektplan, Risikochecklisten ...) und ermitteln individuell mögliche Risiken. Vor dem Workshop sorgt der Risikomanager dafür, dass Hilfsmittel wie Pinwände, Moderationsmaterial und ggf. ein Beamer bereitstehen. Sinnvoll ist es, z. B. für jede zu berücksichtigende Haupt-Risikokategorie eine eigene Pinwand zu reservieren. Im Normalfall moderiert der Risikomanager auch den eigentlichen Workshop. Zu Beginn werden die Teilnehmenden über den Ablauf informiert, die (so noch nicht geschehen) innerhalb von ca. 30 Minuten jeweils eine individuelle Risikoliste erstellen. Die Risiken werden auf Moderationskarten notiert und gemäß ihrer Risikokategorie auf den jeweiligen Pinwänden zusammengestellt. Danach werden die Risiken kategorieweise diskutiert und konsolidiert, wobei Duplikate entfernt, geeignetere Bezeichnungen gesucht und ggf. neue Risiken hinzugefügt werden. Zum Schluss des Workshops werden für jedes verbleibende Risiko erste Ideen zur Bewertung jedes Risikos (s. Abschnitt 9.4.1) gesammelt sowie mögliche Eintrittsindikatoren wie z. B. ein hoher Krankenstand oder häufige Änderungen bestimmter Funktionen zusammengestellt (s. Abschnitt 9.4.2).

Szenarienbasierte Katastrophen-Brainstormings

Um etwaige Unsicherheiten und Ängste bei der Benennung insbesondere großer Risiken (»Showstoppern«) zu begegnen, helfen szenarienbasierte Katastrophen-Brainstormings nach DeMarco und Lister [DeMarco 03]. Hierbei benennen die Teilnehmer zunächst ihre größten projektbezogenen »Albträume«. Zusätzlich kann der Moderator z. B. prophezeien, dass das Projekt nach x Monaten scheitern wird, woraufhin die Teilnehmer Ursachen benennen müssen, die zu dem Fiasko führen könnten. Oft hilft auch ein Perspektivwechsel, bei dem zunächst nach dem bestmöglichen Projektausgang gefragt und dann nach möglichen Ursachen geforscht wird, die diesen Ausgang verhindern könnten. Insgesamt wird versucht viele unterschiedliche Szenarien möglicher Projektmisserfolge zusammenzustellen. Nachdem Albträume und zu ihnen führende Szenarien gesammelt wurden, werden die ihnen zugrunde liegenden Ursachen analysiert und damit die entsprechenden Risiken identifiziert.

Checklisten bündeln frühere Erfahrungen

Checklisten für die Risikoidentifikation bündeln Erfahrungen früherer Projekte, die nicht notwendigerweise im eigenen Unternehmen gemacht wurden. Sie helfen, bekannte Fehler zu vermeiden, und sollen verhindern, wichtige, oft auftretende Risiken zu vergessen.

Allgemeine Risikocheckliste für Softwareprojekte

Als initiale Checkliste zur Risikoidentifikation lassen sich »Top Ten«-Listen der Softwareentwicklungsrisiken heranziehen ([Ould 99], [Standish 04], [Wallmüller 04]). Hierin finden sich regelmäßig Risiken wie z. B.:

- unzureichende Unterstützung durch das Top-Management;
- unrealistische Termin- und Kostenvorgaben;
- fehlende Einbeziehung der Benutzer und damit unvollständig ermittelte Anforderungen und kontinuierliche Anforderungsänderungen;
- fehlende oder zu grobe Planung;
- Entwicklung falscher Funktionen und Eigenschaften;
- Entwicklung einer falschen bzw. schlechten Benutzungsschnittstelle;
- unnötiges »Vergolden« von bereits ausreichenden Funktionen und Eigenschaften (über das Ziel hinausschießen);
- unzureichende Qualifikation bzw. Produktivität.

Die folgende Checkliste enthält spezielle Testrisiken, die für den Testmanager relevant sind (s.a. [Pol 02]):

Risikocheckliste für den Test

- unzureichende oder nicht rechtzeitig verfügbare Testbasis (Geschäftsablaufverfahren, Benutzungsanleitung und Entwurfsspezifikationen);
- qualitativ nicht ausreichende Testbasis;
- zu optimistisches bzw. »aggressives« Festlegen eines Datums für die Auslieferung und damit Verhinderung der vollständigen Durchführung der Testaktivitäten;
- zu wenig oder nicht rechtzeitig verfügbares Testpersonal (quantitativ und qualitativ);
- Produktivitätsprobleme infolge mangelnden Testwissens bzw. verfrühter Einführung neuer Testverfahren;
- Effizienzverluste infolge nicht vorhandener bzw. nicht eingespielter Testmanagementprozesse;
- Aufwands- und Terminüberschreitung für den Test bei alleiniger Schätzung und Planung auf der Basis von Erfahrungswerten;
- verzögerte Bereitstellung der erforderlichen Testumgebung;
- unvollständige Kontrolle über die Testumgebung und die dazugehörigen Elemente (Hardware, Software, Daten ...);
- mangelhafte Testüberdeckung bzw. Unkenntnis über in der Software noch enthaltene Fehler und Risiken bei Nichtnutzung von dem Testobjekt angemessenen Testspezifikationstechniken;
- Systemausfall bzw. unvertretbare Performanz einzelner Funktionen infolge fehlender Performanz- und Lasttests.

Solche Checklisten sollten im Laufe der Zeit projektübergreifend an die konkreten Verhältnisse des Unternehmens angepasst und mit Notizen zu konkreten Erfahrungen mit den aufgelisteten Risiken, möglichen Eintrittsindikatoren und ihrer Präzision sowie getroffenen Maßnahmen und ihrer Wirkung angereichert werden.

Beispiel: Zur Identifikation der Risiken im Projekt VSR erstellt der Testmanager zu-
Risikoidentifikation nächst eine initiale Risikoliste. Etwas Nachdenken und Blättern in alten Pro-
für VSR jektstatusberichten liefert folgende Liste:

- Ausfall des Chef-Testers
- späte Änderungen der Anforderungen
- Verzögerungen in der Entwicklung
- zu optimistische Testplanung
- unzureichende Eingangsqualität der Testobjekte
- unzureichende Qualität der Testbasis
- 64-Bit-Version des Testausführungswerkzeugs zu spät oder nicht verfügbar
- Konfigurations- und Versionsprobleme
- Verlust der Konfigurationsmanagementdatenbank

Im zweiten Schritt wird diese Liste an Projektleiter und Teilprojektleiter sowie einige Tester und Entwickler verteilt, die sie reviewen und ggf. ergänzen
sollen. Die Idee, ein Risiko-Brainstorming einzuberufen, wird als zu aufwändig verworfen.

Auf Basis des erhaltenen Feedbacks überarbeitet und konsolidiert der
Testmanager die Risikoliste. Als zusätzliche Risiken werden identifiziert:

- Geplante Änderungen der Benutzungsoberfläche können die automati-
  sierten GUI-Tests beeinträchtigen.
- Ein Wechsel des Datenbanksystems kann die Performanz beeinträchtigen
  und weitere Performanztests erfordern.
- Der vorgezogene Modellwechsel des Autoherstellers kann den spätesten
  Auslieferungstermin nach vorne ziehen.

Die jetzige Liste enthält noch keine Aussagen zur Risikohöhe und keine Eintrittsindikatoren, da diese erst bei der Risikoanalyse und -bewertung ermittelt werden.

 Typischerweise werden alle kleineren Probleme und insbesondere solche, für
die bereits eine Lösung bekannt ist oder die sich einfach umgehen lassen,
penibel aufgelistet und verfolgt, die wirklich großen Risiken aber oft nicht
einmal erwähnt. Wagen Sie es, auch das Unaussprechliche auszusprechen und
verwenden Sie in Risikoworkshops Worte wie z. B. »Scheitern«, »Technolo-
gierevolution« und »Grippeepidemie«!

9.4   Risikoanalyse und -bewertung

Bei der →Risikoanalyse werden die erkannten Risiken quantifiziert
oder zumindest qualitativ gewichtet und dann bewertet. Hierzu gibt es
vielfältige Ansätze mit unterschiedlichen Exaktheitsgraden, die von
der einfachen Zuteilung zu einer Risikoklasse bis hin zur exakten

wahrscheinlichkeitstheoretischen Berechnung reichen. Qualitative Analysen sind früh im Projektlebenszyklus durchführbar, auch wenn nur wenige oder unsichere Daten vorliegen, quantitative Techniken können dann angewendet werden, sobald und falls mehr Daten zur Verfügung stehen.

Ergebnis der Risikoanalyse und -bewertung ist ein ausführliches Risikoinventar, in dem alle Risiken erläutert und zusammen mit dem zeitlichen Verlauf der Schätzungen für ihre Eintrittswahrscheinlichkeit und die erwartete Schadenshöhe aufgelistet sind. Außerdem sind zu jedem Risiko Eintrittsindikatoren angegeben, anhand derer ein bevorstehender Risikoeintritt frühzeitig und objektiv erkannt werden kann. Diese beiden Aspekte werden in den folgenden Abschnitten näher erläutert.

9.4.1 Analysetechniken

Bei der Risikoanalyse kommen je nach Gegebenheit quantitative und qualitative Techniken zum Einsatz. Erstere quantifizieren die Risiken basierend auf statistischem Datenmaterial und der Fuzzy-Mathematik, System- und Sensitivitätsanalysen sowie Fehlerbaum- oder Störfallablaufanalysen. Stoßen die quantitativen Verfahren an ihre Grenzen, so können qualitative Techniken bzw. Aussagen wie z.B. szenariobasierte Analysen ähnlich wie bei der Risikoidentifikation (s. Abschnitt 9.3.2) oder ABC-Analysen, Scoring-Modelle und Risikomatritzen (vgl. [Romeike 04], s.a. Abschnitt 9.4.3) verwendet werden.

Risikoanalyse: quantitativ oder qualitativ

Aus dem Basiswissen [Spillner 05, Abschnitt 6.4.3] ist bereits bekannt, dass ein Risiko quantitativ berechnet werden kann, wenn sich sowohl die Wahrscheinlichkeit des Auftretens (W) als auch der damit verbundene Schaden (S) quantitativ beziffern lassen. Das Risiko R berechnet sich dann zu:

Risiko = Auftrittswahrscheinlichkeit x Schadenshöhe

$$R = W \times S$$

Bei der Beurteilung von Risiken mit sehr großen Schadenswirkungen wird oft der MPL (Maximum Possible Loss) oder der PML (Probable Maximum Loss) ermittelt sowie die Wahrscheinlichkeiten, mit denen bestimmte Schadenshöhen erreicht bzw. überschritten werden (s.a. [Romeike 04]).

In den meisten Fällen sind Auftrittswahrscheinlichkeit und Schaden jedoch nicht exakt quantifizierbar, sondern nur qualitativ, der Tendenz nach anzugeben. Das Risiko wird dann definiert als eine Abstufung innerhalb einer Anzahl von Klassen oder Kategorien. Liegen keine verlässlichen Angaben vor, so erfolgt die Analyse anhand subjektiv empfundener Wahrscheinlichkeiten und Schadenseinschätzungen. In solchen Fällen sind die Ergebnisse von der Erfahrung der beurteilenden Person abhängig und müssen von mehreren Personen unabhängig geschätzt und dann gemittelt werden.

Bei der Risikobewertung haben Projektmanager, Entwickler, Testmanager, Tester und Anwender unterschiedliche Sichtweisen. Während Projektmanager in erster Linie die Projektrisiken hoch bewerten, werden Entwickler, obwohl sie gerne Risiken z.B. hinsichtlich der Verwendung neuester Technologien eingehen, bei der Risikobewertung ihr Augenmerk auf die Produktrisiken legen und dabei eher zur Vorsicht neigen. Auch Testmanager und Tester konzentrieren sich auf das Produktrisiko, speziell auf mögliche Fehlerwirkungen und die damit verbundenen indirekten Fehlerkosten. Testmanager beachten darüber hinaus natürlich auch den Teil der Projektrisiken, der den Test gefährden könnte. Für die Anwender stehen die Produktrisiken und insbesondere die direkten Fehlerkosten im Mittelpunkt der Risikobewertung.

In der Praxis wird die Auftrittswahrscheinlichkeit häufig qualitativ nach Klassen wie z.B. »vernachlässigbar«, »niedrig«, »mittel«, »hoch« sowie »sehr hoch« gewichtet und zur Berechnung des Risikos z.B. auf Werte von 1 bis 9 abgebildet. Ebenso kann die Schadenshöhe qualitativ angegeben werden, wobei die Abbildung auf (Geld-)Werte nach einer nichtlinearen Skala erfolgen sollte, beispielsweise 1, 10, 50, 100 und 1.000. Insbesondere schwer quantifizierbare Risiken hinsichtlich Marktverlust bzw. Imageverlust können so besser abgebildet werden.

Risikoprofil für funktionale Anforderungen

Für die Risikoanalyse auf der Grundlage der funktionalen Anforderungen (und auch zur Testaufwandsschätzung) kann mit den folgenden Kriterien ein Risikoprofil für die Funktionen bestimmt werden ([Winter 99]):

- Die Ausführungshäufigkeit bzw. Einsatzfrequenz F gibt an, wie oft die Funktion im Mittel verwendet wird. Bei häufig ausgeführten Funktionen besteht einerseits eine große Wahrscheinlichkeit dafür, dass Fehlerzustände im Programm die Ausführung beeinflussen und zu Fehlerwirkungen führen. Andererseits wachsen die direkten Fehlerkosten mit der Anzahl der aufgetretenen Fehlerwirkungen an.
- Die Kritikalität C repräsentiert die (schlimmst-)möglichen Auswirkungen bei Ausfall oder fehlerhafter Bearbeitung der Funktion. Sie wird durch Folgeabschätzungen in Zusammenarbeit mit dem Auftraggeber und ggf. Fachexperten festgelegt und oft zusätzlich monetär, also hinsichtlich der finanziellen Auswirkungen, bewertet.

▓ Das Projektrisiko R_P (inwiefern gefährdet die Nichterfüllung der Funktion zu einem bestimmten Zeitpunkt den weiteren Projektfortschritt) ergibt sich z.B. aus der Anzahl der von der betrachteten Funktion abhängigen Funktionen.

▓ Das technische Produktrisiko R_T (wie kompliziert wird die Realisierung der Funktion) wird aus der Komplexität der Beschreibung (textuelle Beschreibung, ggf. Aktivitätsdiagramm und Sequenzdiagramme) abgeleitet.

▓ Das geschäftliche Produktrisiko R_B (inwiefern ist der Absatz/die Akzeptanz des Anwendungssystems bei Nichterfüllung der Funktion gefährdet) wird z.B. durch Befragungen der Fachexperten ermittelt.

Die Zuteilung konkreter Werte erfolgt aus der Erfahrung früherer Projekte und anhand aktueller Metriken (vgl. Kap. 11). Drei Werte »gering«, »mittel« und »hoch« reichen erfahrungsgemäß zur Quantifizierung der einzelnen Faktoren aus, zudem diese auch nicht unabhängig voneinander sind (s. z.B. [Lyu 96]). Durch Abbildung dieser drei Werte auf die natürlichen Zahlen 1, 2 und 3 wird für jede Funktion F ein Risikofaktor $R(F)$ zugewiesen:

$$R(F) = (R_T + R_B + R_P) / 3 + F \times R_B + C \times R_T$$

9.4.2 Risikoeintrittsindikatoren

Wichtig ist es, zu jedem identifizierten Risiko Indikatoren anzugeben, die seinen bevorstehenden Eintritt ankündigen. Indikatoren für die einzelnen Risiken einer Risikokategorie können zu einem Indikator für die gesamte Kategorie kondensiert werden, was eine übersichtliche Darstellung erlaubt. Diese bilden sozusagen das Datenmaterial für den Leitstand, der dem Risikomanager das Bewerten, Steuern und Bewältigen der Risiken ermöglicht.

Eintrittsindikatoren für jedes Risiko angeben!

Zu jedem Indikator gehören eine oder mehrere Metriken, eine Berechnungsvorschrift für den Gesamtwert des Indikators aus den einzelnen Metriken sowie ein Schwellwert (Trigger), ab dem die Maßnahmen zur Risikobekämpfung einsetzen müssen. Während die den Metriken zugrunde liegenden Daten zu Projektbeginn noch eher dürftig sind und keine präzise Eintrittsvorhersage erlauben, wird das Datenmaterial im Laufe des Projekts immer umfangreicher und genauer, so dass »Fehlalarme« mit zunehmender Projektlaufzeit abnehmen werden. Konkrete Metriken hierzu finden sich in den entsprechenden Abschnitten von Kapitel 5, »Testplanung, Teststeuerung und Testbericht« sowie Kapitel 11.

Beispiel:
Eintrittsindikatoren für
Risiken im VSR-Projekt

Zur Beobachtung der Risiken im Projekt VSR reichert der Testmanager die Risikoliste um Eintrittsindikatoren und mögliche Metriken an. Beispiele hierfür sind:

R1:   **Ausfall des Chef-Testers:**
schlechte Laune; zu viele Überstunden pro Woche; häufige kurzfristige Krankmeldungen pro Monat.

R2:   **Verzögerungen in der Entwicklung:**
Meilensteine verschoben; Fehlerbehebungsrate niedrig; E-Mails werden nicht beantwortet; zu viele Überstunden; hoher Krankenstand.

R3:   **Zu optimistische Testplanung:**
Fehlerrate kurz vor Testendetermin zu hoch; zu viele Überstunden; viele blockierte Tests.

R4:   **Unzureichende Eingangsqualität der Testobjekte:**
Eingangstests schlagen fehl; sehr hohe initiale Fehlerraten.

R5:   **64-Bit-Version des Testausführungswerkzeugs zu spät oder nicht verfügbar:** keine Vorabversion verfügbar; Hersteller verschiebt/nennt keinen Liefertermin

R6:   **Unzureichende Qualität der Testbasis:**
Häufige Dokumentenänderungen; viele Reviewbefunde.

R7:   **Verlust der Konfigurationsmanagementdatenbank:**
Bei gleich bleibendem Datenvolumen steigende Antwortzeit; nicht wiederholbare Fehlermeldungen der Datenbank; häufiges Recovery.

9.4.3   Risikoinventar

Alle Erkenntnisse der Risikoanalyse (Risikoidentifikation und Risikobewertung) fließen – gegliedert nach ihren finanziellen Folgen und der Eintrittswahrscheinlichkeit – in das →Risikoinventar ein. In komprimierter und übersichtlicher Form sind dort alle Risiken aufgelistet und in Form eines Risikodiagramms (Abb. 9–2) oder einer Risikomatrix (Abb. 9–3) dargestellt, um so den Entscheidungsträgern einen Überblick über die Risikolage und insbesondere die Bedeutung für das Projekt zu geben. Die z.B. als Kreise eingetragenen Risiken können hierbei je nach aktuellem Wert der Eintrittsindikatoren farbig oder durch die Kreisgröße kodiert werden, z.B. mit grün/klein (Indikatorwerte niedrig), gelb/mittel (Indikatorwerte kleiner als der Schwellwert) und rot/groß (Indikatorwerte größer oder gleich dem Schwellwert).

Aus den Ergebnissen einer Risikoanalyse soll auch der Grad der Unsicherheit erkennbar sein, mit der die Bewertung der Risiken erfolgte. Neben quantitativen Angaben z.B. im Bereich 0% (absolut unsicher) bis 100% (absolut sicher) kann auch nach Kategorien wie

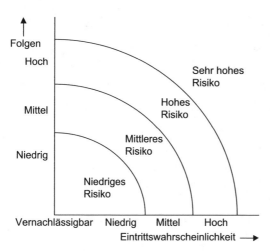

Abb. 9–2
Risikodiagramm

z.B. »sehr unsicher«, »unsicher«, »mittel«, »sicher« sowie »sehr sicher« klassifiziert werden.

Risikoeinschätzungen werden periodisch wiederholt. Im Risikoinventar ist der sich ergebende zeitliche Verlauf der Schätzungen sowie der Indikatorwerte für die einzelnen Risiken bzw. Risikokategorien zu erfassen. Werden im Zeitverlauf steigende Werte beobachtet, sind die geplanten Maßnahmen (s.u.) einzuleiten.

Der VSR-Testmanager hat die wichtigsten Risiken in der folgenden Risikomatrix eingetragen.

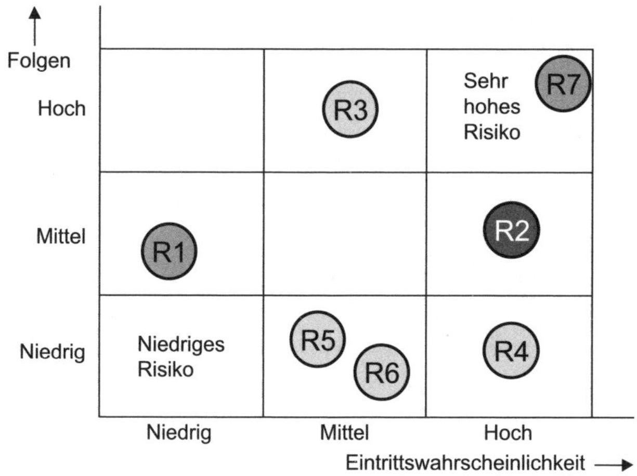

**Beispiel:
Risikoinventar im
VSR-Projekt**

Abb. 9–3
Risikomatrix

Die Eintrittsindikatoren der Risiken R1 und R7 sind weit entfernt von ihren Schwellwerten, die der Risiken R3 bis R6 nur noch knapp unterhalb der Schwellwerte, und Risiko R2 steht kurz vor dem Eintritt (Indikatorwerte bereits über dem Schwellwert).

9.5   Risikosteuerung und -bewältigung

Eine Schlüsselrolle im Risikomanagement nimmt die →Risikosteuerung und -bewältigung ein. Sie umfasst alle Aktivitäten, die als Reaktion auf die identifizierten und analysierten Risiken ergriffen werden.

Reaktionen auf
erkannte Risiken

Mögliche Reaktionen auf ein erkanntes Risiko können sein:

- bedingungslose Risikoakzeptanz, also gar nichts tun und abwarten, ob das Problem eintritt oder nicht;
- Risikominderung, also bestimmte Risiken z.b. durch die Ausgliederung von Unternehmensfunktionen (Outsourcing) unwahrscheinlicher gestalten;
- Schadensminderung durch Korrekturmaßnahmen oder Kompensationsmaßnahmen vor Problemeintritt, beispielsweise durch Abschluss einer Haftungsübernahmeversicherung oder durch Haftungsauschlussklauseln in den Lizenzverträgen;
- absolute Risikovermeidung z.b. durch Aufgabe des Projekts, um das damit verbundene Risiko vollständig zu vermeiden.

Die Wahl einer geeigneten Reaktion auf ein Risiko ist abhängig von dem Nutzen, der mit der Beseitigung oder Reduzierung des Risikos verbunden ist, sowie von den Kosten der risikoreduzierenden Maßnahme.

Insbesondere technische und organisatorische Maßnahmen zur Risikominderung sollen besonders berücksichtigt werden. Hierunter fallen Bereiche wie Arbeitsplatzergonomie, Schutz der Infrastruktur z.b. durch Rauchmelder, klimatisierte Serverräume und eine unterbrechungsfreie Notstromversorgung, Schutz gegen Beschaffungs-, Entwicklungs-, Absatz- und Haftungsrisiken, Schutz gegen Unterschlagung, Untreue, Betrug seitens der Mitarbeiter sowie natürlich gegen Computermissbrauch und Industriespionage. Last but not least ist auch an die Verhütung von Einbruch, Diebstahl und Vandalismus zu denken, beispielsweise durch Einbau entsprechender Alarmanlagen, Beauftragung eines Werkschutz-Dienstleisters oder Abschluss von Transportversicherungen.

Der aktuelle Stand der Risiken ist regelmäßig unter Einbeziehung aller relevanten Informationen z.b. in einer Risikoliste wie in Abbildung 9–4 dargestellt projektweit zu veröffentlichen. Letztendlich muss berücksichtigt werden, dass die Risikosteuerung und -bewältigung selbst wiederum neue Risiken schaffen können, die dann ebenfalls zu berücksichtigen sind.

Risikoliste				Projekt: VSR		Version: 1.8e		Vom 15. Juni 2006	
	Risikobewertung						Risikostatus		
ID	Bezeichnung/ Eigentümer	W	S	RPZ	Indikator	Trigger	Akt. Wert	Maßnahmen	Verantwortl.	Eingeleitet am
R7	Verlust der Konfig-Management-Datenbank / Sc	9	500	4500	Antwortzeit	5 s	1	Neuer Server	Mü	–
					Recovery	2/T	0,1			
R2	Verzögerung in der Entwicklung / Me	9	100	900	Meilensteinverzug	14 T	7	Testplan angleichen	Sc	10.06.06
					Krankenstand	3	3	Testpersonal nutzen	Wy	15.06.06
R4	Unzureichende Eingangsqualität der Testobjekte / Sc	9	10	90	Fail-Eing. Test	3/T	2	Code-Reviews intensivieren	Me	–
					Fehlerrate	15/T	12			
...	...				...			...		

Abb. 9–4 Risikoliste

Der VSR-Testmanager erkennt an der Risikoliste in Abbildung 9–4, dass die aktuellen Werte der Indikatoren bezüglich des Risikos R4 (Unzureichende Eingangsqualität der Testobjekte) sich besorgniserregend ihren Schwellwerten nähern. Zur Risikominderung werden die Vorgaben für die zulässigen Werte der Komplexitätsmetriken verschärft, der gesamte Quellcode mit einem statischen Analysator geprüft und Codereviews für alle Softwaremodule mit einer zyklomatischen Komplexität größer als 8 durchgeführt.

Beispiel: *Risikosteuerung und -bewältigung im VSR-Projekt*

▨ Werden die Risikoidentifikation und -analyse nicht oder nur unzureichend durchgeführt, kann sich ein großer Teil des Gesamtrisikos hinter der Pseudokategorie »nicht identifizierte Risiken« verstecken, so dass auch die Risikosteuerung und -kontrolle nicht effektiv sein können.

▨ Wichtig ist das Aufstellen von Maßnahmen und Notfallplänen auch für den Fall, dass unvorhergesehene Risiken eintreten.

9.6   Risikoüberprüfung und -überwachung

Bei der Risikoüberprüfung und -überwachung werden einerseits neu eintretende Risiken festgestellt. Andererseits ist sicherzustellen, dass die Risikosteuerung und -bewältigung wirksam bleiben. Bei den Risikoüberprüfungen während des Lebenszyklus eines Projekts ist daher darauf zu achten, dass relevante Dokumente, Normen, Verfahren und Aktionslisten aktualisiert und gepflegt werden.

Die Risikoüberwachung soll lückenlos während der gesamten Laufzeit des Projekts erfolgen und die Überprüfung der Projektbudgets, des Projektplans und weitere Informationen aus dem Projekt mit einbeziehen. Größere Überwachungsaktivitäten können an den Meilensteinen des Projekts durchgeführt werden oder wenn sich die Projektumgebung erheblich geändert hat.

Der VSR-Testmanager betrachtet die Risikoliste (Abb. 9–4) und erkennt, dass die zur Minderung des Risikos R2 (Verzögerung in der Entwicklung) getroffene Maßnahme »Ausleihen von Mitarbeitern der Testgruppe an die Entwicklungsabteilung« die Eintrittswahrscheinlichkeit aller Risiken der Risikokategorie »Mangelhafte Produktqualität« erhöht.

Daher werden Teile des Risikos durch Haftungsausschluss und Gewährleistungsregelungen in den Allgemeinen Geschäftsbedingungen oder der Lizenzvereinbarung auf die Benutzer abgewälzt. Zur Risikovermeidung wird beschlossen, das Produkt aufgrund des hohen Produkthaftungsrisikos in den USA nicht auf den Markt zu bringen. Alternativ kann als Maßnahme zur Risikofinanzierung auch eine Versicherung gegen Haftungsschäden und Regressforderungen abgeschlossen werden.

Der frühzeitige Start des Risikomanagements spannt das »Sicherheitsnetz« für das Projekt auf. Darüber hinaus bilden die gewonnenen Erkenntnisse ein wichtiges Fundament zur Erstellung des Testkonzepts sowie zur Priorisierung der spezifizierten Testfälle, mit denen die Produktrisiken gesenkt werden. Beide Aspekte werden im folgenden Abschnitt behandelt.

9.7   Risikoorientierte Testkonzepterstellung und Testpriorisierung

Ein vollständiger Test bedeutet, dass das System unter allen möglichen Einsatzumgebungen, Betriebssystemen, Parameterkonstellationen usw. installiert wird und jeweils so viele Testfälle durchzuführen sind, dass alle möglichen Ein-/Ausgabekonstellationen und systeminterne Zustände vollständig abgedeckt werden. Schon für sehr kleine Softwaresysteme wären astronomisch viele Kombinationen bzw. Testfälle durchzuführen (Testfallexplosion). Aufgabe des Testmanagements ist es, den Testaufwand in einem vernünftigen Verhältnis zum erzielbaren Ergebnis zu halten. [Pol 02] bemerken hierzu: »Testen ist ökonomisch sinnvoll, solange die Kosten für das Finden und Beseitigen eines Fehlers im Test niedriger sind als die Kosten, die mit dem Auftreten eines Fehlers bei der Nutzung verbunden sind.«

Auch ohne eine genaue quantitative Ermittlung des optimalen Verhältnisses von Testkosten und -nutzen sollen Testmanager dieses Leitbild verinnerlichen und bei ihren Planungs- und Steuerungsentscheidungen subjektiv berücksichtigen. In diesem Rahmen können die Ergebnisse des Risikomanagements genutzt werden, um einen →risikoorientierten Test durchzuführen, also

- zielgerichtet zu testen, indem Systemfunktionen mit unterschiedlichen Risiken auch mit unterschiedlichen Testverfahren und Testtiefen abgedeckt werden;
- priorisiert zu testen, wobei Bereiche mit höherem Risiko eine höhere Priorität erhalten und entsprechend frühzeitig getestet werden;
- das Restrisiko zu beziffern, das bei einer Auslieferung der Software trotz Verkürzung des Tests oder Verzicht auf die Ausführung geplanter Tests verbleibt.

Testmanager nutzen das Wissen um die Risiken dazu, das Testkonzept geeignet festzulegen. Hierzu werden geeignete Testverfahren aus der Art des Risikos bestimmt. So können Produktrisiken, die in Zusammenhang mit der Benutzeroberfläche eines Softwareprodukts stehen, durch intensive Benutzbarkeitstests gemindert werden. Für die Herstellerfirma eines Computerspiels kann ein fehlerhaftes Speichern eines komplexen Spielfeldes ein sehr hohes Risiko bedeuten (obwohl es keine direkten Kosten verursacht), da das fehlerhafte Spiel bei der Kundschaft nicht akzeptiert wird und zu hohen Absatzverlusten, möglicherweise bei allen Spielen der Firma, führen kann.

Zielgerichtete Testkonzepterstellung

Auch Projektrisiken können im Testkonzept adressiert werden; z.B. indem die Testaktivitäten früh genug beginnen oder Codeteile unerfahrener Mitarbeiter einem Review unterzogen werden.

Da das Testbudget in der Regel begrenzt ist, werden Testfälle normalerweise priorisiert (vgl. z.B. [Amland 99], [Schaefer 96]). Gelingt es, eine Zuordnung zwischen Tests bzw. Testfällen und Risiken zu treffen, impliziert die Priorisierung der Risiken eine Priorisierung der Tests: Tests, die ein hohes Risiko abdecken, werden dann zeitlich zuerst ausgeführt.

Risikobasierte Testpriorisierung

Ein einfaches tabellarisches Verfahren zur risikobasierten Testpriorisierung hat Hans Schaefer beschrieben ([Schaefer 96]). Zunächst werden sechs allgemeine Risikofaktoren ermittelt, wobei drei Faktoren r_i, i=1..3 das Produktrisiko umreißen und drei Faktoren f_i, i=1..3 das Testrisiko, also die Wahrscheinlichkeit, mit der Fehlerzustände im Produkt zu erwarten sind. Zusätzlich wird jedem Risikofaktor ein Gewicht $g(r_i)$ bzw. $g(f_i)$, i=1..3 zugeordnet.

Dann richtet der Testmanager sein Augenmerk auf einzelne Testaspekte wie z.B. Tests bestimmter Funktionen oder nichtfunktionale Tests bezüglich der Performanz oder der Benutzbarkeit. Zu jedem

Testaspekt t und jedem der o. g. allgemeinen Risikofaktoren r_i bzw. f_i, $i=1..3$ wird ein Wert $r_i(t)$ bzw. $f_i(t)$ angegeben. Letztendlich bewertet ein Faktor $I(t)$ für jeden Testaspekt die Testgüte, also die Effektivität des bestehenden Testkonzepts bezüglich der Testrisiken dieses Testaspekts.

Schaefer empfiehlt, für die Gewichte $g(r_i)$ bzw. $g(f_i)$ sowie die Gütefaktoren $I(t)$ lediglich die drei Werte 1 (gering), 3 (mittel) und 10 (hoch) zu verwenden. Für die Risikofaktoren $r_i(t)$ bzw. $f_i(t)$ sind Werte von 1 (sehr niedrig) bis 5 (sehr hoch) anzusetzen. Die Priorität $P(t)$ eines Testaspekts t ergibt sich dann zu

Abb. 9–5

Testpriorisierung
nach Schaefer

$$P(t) = \left[\left(\sum_{i=1..3} r_i(t) \times g(r_i)\right) \times \left(\sum_{i=1..3} f_i(t) \times g(f_i)\right)\right] / I(t)$$

Die Priorisierung der Testaspekte und der entsprechenden Testfälle erfolgt tabellarisch, wie es Abbildung 9–5 zeigt.

	Produktrisiko			Testrisiko			Testgüte	Priorität
	Sichtbarkeit	Wirkung	Häufigkeit	Zeitverzug	Mitarbeiter	Komplexität	Ist	
Testaspekt	**1**	**3**	**10**	**1**	**3**	**3**		
Benutzbarkeit	1	4	5	1	5	5	1	1953
Performanz	0	1	1	1	1	4	1	208
Sicherheit	5	1	2	3	1	5	1	588
Funktion A	2	2	2	2	2	5	1	644
Funktion B	1	1	1	1	1	2	1	140
Funktion C	1	2	1	2	1	1	1	136
Integration Komp. A – B	2	1	2	1	2	2	1	325
...	1	2	1	2	2	1	1	187
	2	1	2	1	1	1	1	175
	2	2	2	1	1	1	1	196
	1	1	1	1	1	1	1	98
	2	4	2	4	2	4	1	748
	2	2	5	2	5	1	1	1160
	1	1	1	1	1	1	1	98
	5	5	5	5	5	5	1	2450
	1	1	1	1	1	1	1	98
	1	1	1	1	1	1	1	98

Eine rein risikobasierte Zuteilung der Testressourcen kann dazu führen, dass der Test Risiken niedrigerer Priorität nicht abdeckt, wenn Budget oder Zeit im Projekt nicht mehr zur Verfügung stehen. Dieser Umstand kann auf zwei Arten behandelt werden.

Bestimmung der
Testintensität

Erstens kann die Intensität der durchzuführenden Tests aus dem Risikograd bestimmt werden. Die meisten Sicherheitsstandards wie

z. B. die [DO 178B] oder die [DIN 50128] (vgl. auch Kap. 13) verwenden diesen Ansatz und schreiben für jede Sicherheitsstufe neben den anzuwendenden Testverfahren auch entsprechende Testendekriterien vor. Oft wird z. B. für Komponenten, die der höchsten Sicherheitsstufe angehören, eine hundertprozentige Zweigüberdeckung gefordert.

Ein Verfahren zur Bestimmung der Testintensität ist in [Gutjahr 95] und [Gutjahr 96] beschrieben. Hierbei werden jeder Funktion eine Ausführungswahrscheinlichkeit p, eine Fehlerwahrscheinlichkeit f und ein Fehler-Kosten-Faktor c zugeordnet und daraus die Anzahl der auszuführenden Tests bestimmt (vgl. Abb. 9–6).

Nr.	Funktion	p [%]	f	c	f[1/F]	c [Geld]	g	p*g	t	#Tests
		1,000					25,953	5,675	1,000	100
1	Modell Eingeben	0,080	N	H	0,0010	100	3,162	0,253	0,045	4
2	Modell Ändern	0,100	M	H	0,0100	100	10,000	1,000	0,176	18
3	Modell Löschen	0,050	N	N	0,0010	5	0,158	0,008	0,001	5
4	Preisabfrage	0,390	M	H	0,0100	100	10,000	3,900	0,687	69
5	Drucken	0,180	N	M	0,0010	20	0,632	0,114	0,020	2
6	Modell-Liste	0,200	M	M	0,0100	20	2,000	0,400	0,070	7

Abb. 9–6

Testintensitäts-bestimmung nach Gutjahr

Stufencode	Bedeutung	f	c
NN	Sehr niedrig	0,0001	1
N	Niedrig	0,001	5
M	Mittel	0,01	20
H	Hoch	0,05	100
HH	Sehr hoch	0,2	1000

Zweitens sind aufgrund der getroffenen Zuordnung zwischen Testfällen und Risiken die schlecht oder gar nicht durch den Test abgedeckten Risiken bekannt. Vor diesem Hintergrund muss vom Projektmanagement bzw. vom Steuerungsgremium entschieden werden, ob das Softwareprodukt freizugeben ist und das verbleibende Risiko akzeptiert wird.

Abschätzung des Restrisikos

Testen kann also dazu genutzt werden, Risiken zu mindern, denn das Finden von Fehlern im Produkt und deren Beseitigung trägt wesentlich zur Reduzierung von Produktrisiken bei. Auch Projektrisiken werden durch die Umsetzung eines geeigneten Testkonzepts reduziert, indem z. B. Fehlerzustände in Zwischenprodukten bei einer frühen Testfallermittlung gefunden werden, bevor sie in weiteren Aktivitäten der Softwareentwicklung zum Tragen kommen. Zusätzlich informiert der Test über die aktuelle Risikolage, da hohe bzw. niedrige Fehlerraten in bestimmten Bereichen des Softwareprodukts benutzt werden können, um die Güte der Risikoanalyse zu verbessern.

Tests informieren über die Risikobewertung

Abschließend ist zu erwähnen, dass Risikomanagement und risikoorientiertes Testen permanente Prozesse während des gesamten Projektverlaufs sind. Testergebnisse können als Eingaben für das Risikomanagement genutzt werden und zur Neubewertung von Risiken führen, Unsicherheitsgrade können neu bestimmt werden und entsprechende Umverteilungen des verbleibenden Testbudgets erfordern.

9.8 Weiterführende Möglichkeiten

In diesem Abschnitt werden zwei weiterführende Möglichkeiten zum risikobasierten Testen vorgestellt: die Fehlzustandsart- und Auswirkungsanalyse (Failure Modes and Effect Analysis, FMEA) und die risikobasierte Testaufwandsoptimierung (Precision Testing).

9.8.1 Fehlzustandsart- und Auswirkungsanalyse (FMEA)

Die Fehlzustandsart- und Auswirkungsanalyse (Failure Modes and Effect Analysis, →FMEA) dient zur Identifikation potenzieller Fehlerarten und ihrer Auswirkungen auf ein System sowie zur Klassifizierung dieser Fehlerarten hinsichtlich ihrer Kritikalität oder Hartnäckigkeit (s. [DIN 60812]). Es sollen Fehler vermieden und z.B. Entwurfsschwächen aufgedeckt werden, die beim Einsatz des Systems eine Gefährdung des Systems oder des Systemanwenders/Nutzers bewirken können.

Die FMEA soll ferner Ergebnisse für korrektive Entwurfsmaßnahmen liefern sowie bei der Bestimmung von Testfällen helfen. Letztendlich kann die FMEA dazu dienen, Bedienungsproblematiken und Einsatzzwänge des Systems bzw. der Software aufzuzeigen.

Darstellungsmittel der FMEA sind z.B.:

- Abläufe über kritische Funktionen
- Funktions- und Zuverlässigkeitsblockdiagramme
- Fehlerbäume
- Fehlerklassifizierungslisten
- Listen über kritische Funktionen und Bausteine

Was passiert, wenn? Das Grundprinzip besteht darin, in der Funktionshierarchie und (bei Software) in der Programmlogik systematisch (funktional und zeitlich) nach definierten Erfolgs- oder Fehlerkriterien zu fragen: Was passiert, wenn? Diese Analyse und Auswertung sind für alle Betriebsphasen und Bedienungsmöglichkeiten durchzuführen. Hilfreich in diesem Zusammenhang sind die in Abbildung 9–7 skizzierten »6 M«, die jeweils mit einer oder mehreren Fragen nach möglichen Ausfall- bzw. Fehlerursachen abgedeckt werden.

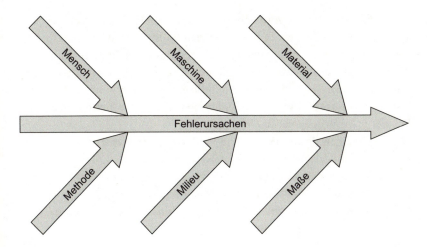

Abb. 9–7
Die »6 M«

Das Vorgehen nach FMEA bei der Risikobewertung sieht folgendermaßen aus:

1. Erstellung einer Liste der Risikofaktoren
2. Spezifikation von Art und Wahrscheinlichkeit von Fehlerwirkungen für jeden Faktor
3. Untersuchung der Auswirkungen von Fehlerwirkungen auf andere Faktoren z.B. durch Simulationen
4. Untersuchung der Auswirkungen auf die Projektplanung
5. Ermittlung von Möglichkeiten zur Entdeckung der Fehlerwirkung
6. Ermittlung von Möglichkeiten zur Kompensation der Fehlerwirkung
7. Ermittlung von Möglichkeiten zur Abwendung der Fehlerwirkung
8. Identifikation von Maßnahmen zur Fehlervermeidung
9. Bewertung der Wirksamkeit der vorgeschlagenen Maßnahmen
10. Dokumentation der Ergebnisse

Risiken werden wie bei der Risikobewertung in Abschnitt 9.4.1 nach ihrer Eintrittswahrscheinlichkeit W und dem zu erwartenden Schaden S quantifiziert, in der FMEA erfolgt zusätzlich eine Analyse der Aufdeckungswahrscheinlichkeit A, also eine quantitative Bewertung der Güte der identifizierten Risikoeintrittsindikatoren. Unter Risikogesichtspunkten wird die Aufdeckungswahrscheinlichkeit reziprok bewertet, d.h., eine hohe Bewertung von A bedeutet eine niedrige Wahrscheinlichkeit dafür, dass der Eintritt eines Risikos (insbesondere eines Fehlerzustands) vor der Auslieferung des (Zwischen-)Produkts aufgedeckt wird. Aus diesen drei Faktoren wird die →Risikoprioritätszahl *RPZ* ermittelt:

FMEA ermittelt
Risikoprioritätszahl RPZ

$$RPZ = W \times S \times A$$

Die FMEA wird für vorausschauende und für rückblickende Risiko-analysen verwendet. Bei Ersteren werden laufend Analysen der aktuellen terminlichen, personellen und ressourcenbedingten Situation durchgeführt, um eventuelle Probleme frühzeitig erkennen und abwehren zu können. Bei Letzteren werden Probleme der Vergangenheit analysiert, um daraus Informationen zu gewinnen, die helfen, derartige Probleme künftig zu vermeiden.

FMEA nur bei hohen Zuverlässigkeits- und Sicherheits-anforderungen!

Im Rahmen der Risikoanalyse ist der Einsatz von FMEA auf Projekte mit stark restriktiven Sicherheitsvorgaben oder hohen Anforderungen an die Zuverlässigkeit des Systems eingeschränkt; eine generelle Anwendung der FMEA erscheint gemessen an dem zu investierenden Aufwand und den zu erzielenden Ergebnissen nicht adäquat.

9.8.2 Risikobasierte Testaufwandsoptimierung

Das Grundproblem des Testmanagers lässt sich treffend mit der Frage skizzieren, wie ein »Mehr« an Aufgaben mit einem »Weniger« an Mitteln bewältigt werden kann. Eine mögliche Antwort auf diese Frage gibt die risikobasierte Testaufwandsoptimierung (Precision Testing, [Sandmann 03], [Schettler 05]), die über eine reine Testpriorisierung (vgl. Kap. 9.7) hinausgeht.

Grundannahme ist, dass die durch den Test mögliche Risikosenkung begrenzt ist und somit die Effektivität des Tests mit steigendem Aufwand abnimmt. Abbildung 9–8 zeigt dies unter der Annahme, dass über einen bestimmten Zeitraum ein gleich bleibender Testaufwand betrieben wird (vgl. [Sherer 91]).

Abb. 9–8
Testeffektivität

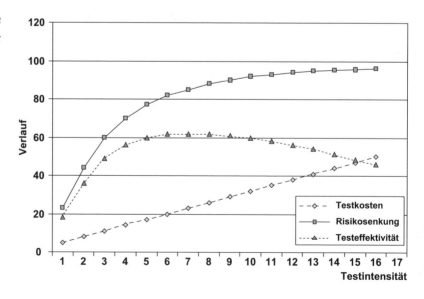

Grundlage von Precision Testing ist ein Rahmenmodell, das die beim Management von Tests bzw. bei der Qualitätssicherung relevanten Nutzen- und Kostenkenngrößen und ihre Abhängigkeiten voneinander beschreibt. Eine Übersicht zeigt Abbildung 9–9 (nach [Sandmann 03], [Schettler 05]).

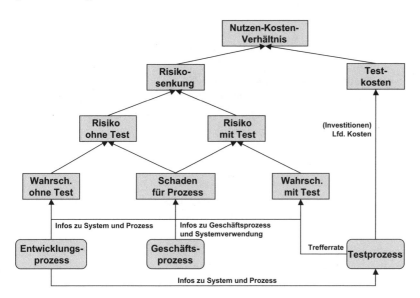

Abb. 9–9

Rahmenmodell für Precision Testing

Soll mit einem vorgegebenen Budget ein möglichst geringes Restrisiko erzielt werden, ist das Testkonzept hinsichtlich der Risikosenkung zu optimieren. Hierbei ist das Nutzen-Kosten-Verhältnis des Tests eine zentrale Planungsgröße: Der Nutzen ist hierbei die durch Test (und Fehlerkorrektur) erreichte Risikosenkung als Differenz des Risikos der ungetesteten Software und dem prognostizierten Restrisiko nach dem Test. Ist das Risiko bereits ohne Test tolerierbar niedrig, muss im Prinzip gar nicht getestet werden.

Entsprechend der Risikoquantifizierung ergibt sich das Risiko ohne Test zum einen durch die Wahrscheinlichkeit, mit der sich eine Funktion falsch verhält, und zum anderen durch die Größe des Schadens, der aus der Fehlwirkung für den Geschäftsprozess folgen kann.

Die Prognose des Restrisikos (nach dem Test) basiert auf der Wahrscheinlichkeit für den Auftritt von Fehlerwirkungen, obwohl getestet wurde. Diese ergibt sich aus der Wahrscheinlichkeit, mit der bestimmte Fehlerwirkungen bzw. Fehlerzustände durch die angewandten Testverfahren aufgedeckt werden, und wird i.d.R. von Testexperten initial geschätzt und dann anhand von Erfahrungsdaten korrigiert. Die Testkosten schließlich werden im Wesentlichen durch das festgelegte Testverfahren und den Funktionsumfang bestimmt.

Das operative Vorgehen bei der Planung im Rahmen von Precision Testing ist in Abbildung 9–10 skizziert (nach [Sandmann03], [Schettler05]). Ergebnis ist ein Testkonzept, das für jede Funktion des Systems eines von mehreren einsetzbaren Testverfahren für die Testausführung festlegt.

Abb. 9–10

Testplanung mit

Precision Testing

Der erste Schritt besteht in der Bewertung des Risikos für jede Systemfunktion. Dazu werden quantitative, für das Risiko repräsentative Basisindikatoren abgefragt und zu einem relativen Risikoindex ausgewertet. Die Arbeitsteilung in Wahrscheinlichkeits- und Schadensbewertung passt dabei gut zur Arbeitsteilung der Softwareentwicklung: Wahrscheinlichkeitsindikatoren handeln vom Konstruktionsprozess, Schadensindikatoren vom betroffenen Geschäftsprozess. In der Praxis erfolgt die Wahrscheinlichkeitsbewertung i.d.R. durch Auswertung von Fachkonzepten oder Anforderungsdokumentationen, die Schadensbewertung im Interview mit oder fragebogengestützt durch Geschäftsprozessexperten, ggf. erleichtert durch statistisches Datenmaterial.

Planspiele, d.h. die Simulation von Testszenarien auf der Basis der Bewertungen, liefern nun die Prognosen der Testnutzen- und Aufwandskenngrößen, die anhand der Ziele sowie der Optimierungs- und Rahmenvorgaben des Tests beurteilt werden können. Die Auswahl des optimalen Testszenarios schließt die Testplanung ab. Es folgen Zeit- und Ressourcendisposition, wobei das Risikoabbild u.a. auch die Priorisierung der Testaktivitäten unterstützt. Auf Änderungen von Vorgaben im Projektverlauf (Zeitrahmen, Budget) kann durch Wiederaufnahme der Planspiele leicht reagiert werden.

9.9   Zusammenfassung

▨ Ein Risiko ist ein Problem, das in der Zukunft eintreten und unerwünschte Folgen haben kann. Seine Höhe ergibt sich aus der Wahrscheinlichkeit des Problemeintritts und dem damit verbundenen Schaden. Risiken lassen sich unterteilen in Produkt- und Projektrisiken.

▨ Zu den Kernaktivitäten des Risikomanagements gehören die Risikoidentifikation, eine genaue Risikoanalyse inklusive der Angabe von Risikoeintrittsindikatoren sowie der Festlegung geeigneter Maßnahmen zur Risikovermeidung, die Steuerung und Bewältigung der Risiken sowie die Überwachung des Risikomanagements selbst. Dabei können Risiken sowohl qualitativ als auch quantitativ bewertet werden.

▨ Testen stellt eine vorbeugende Maßnahme dar, Risiken durch das Finden und Beheben von Fehlern zu reduzieren. Risikoorientiertes Testen nutzt das Wissen über die Risiken dazu, den Inhalt des Testkonzepts so festzulegen, dass unter gegebenen Rahmenbedingungen (Aufwand, Zeit, Verfügbarkeit usw.) die Risiken möglichst minimiert werden. Darüber hinaus kann Testen auch über die Risikobewertung selbst informieren – hohe bzw. niedrige Fehlerraten in bestimmten Bereichen des Softwareprodukts können benutzt werden, um die Güte der Risikoanalyse zu verbessern.

▨ Anhand der wichtigsten Risiken sind geeignete Testverfahren auszuwählen und die Tests so zu priorisieren, dass Tests, die ein hohes Risiko abdecken, zeitlich zuerst und mit entsprechend hohem Aufwand eingeplant werden.

▨ Kriterien für die Priorisierung und Risikoeinschätzung, wie sie in der Risikoanalyse und dem Testkonzept festgelegt wurden, können sowohl in der Testobjektabgrenzung auf Testobjekte als auch im Testfallentwurf auf Testfälle angewendet werden. Weiterhin ist die Intensität der durchzuführenden Tests aus dem Risikograd und der Art der Risiken zu bestimmen.

10 Mitarbeiterqualifikation

Dieses Kapitel diskutiert die fachlichen und sozialen Kompe-
tenzen, die Mitarbeiter im Test besitzen sollen, und gibt Hin-
weise, welche Faktoren Testteams erfolgreich machen.

10.1 Individuelle Fähigkeiten

Der »optimale« Testteam-Mitarbeiter besitzt exzellentes Wissen und
umfassende Erfahrung in mehreren Domänen: Er verfügt über profun-
des IT-fachliches Wissen, er besitzt Wissen und Erfahrung über den
Anwendungsbereich der zu testenden Applikation bzw. des Testobjekts, und er kann eine fundierte Ausbildung im Gebiet Softwaretest
vorweisen. Darüber hinaus besitzt er hohe soziale Kompetenz.

Selten erfüllt eine Person alle diese Anforderungen gleich gut.
Meistens besitzt ein Kandidat – abhängig von seiner Ausbildung und
seinem beruflichen Werdegang – entweder hohe IT-Expertise (IT-Spezialist) oder umfassende Expertise im Anwendungsbereich des zu testenden Softwaresystems (Anwendungs- bzw. Fachspezialist).

Beispielsweise wird ein Bankkaufmann die Applikation »Fahr-
zeugfinanzierung« im VSR-Projekt fachlich umfassend verstehen. Da
er aber über keine oder geringe IT-spezifische Berufsausbildung verfügt, ist er vermutlich nur eingeschränkt in der Lage, das Systemverhalten jederzeit nachzuvollziehen und technische Mängel oder Ungereimtheiten im System zu erkennen. Umgekehrt wird ein IT-Spezialist
die bankfachlichen Abläufe und Hintergründe nur eingeschränkt über-
blicken und daher fachliche Fehler in der Applikation unter Umständen übersehen.

Der Testmanager muss den unterschiedlichen Ausbildungshinter-
grund seiner Mitarbeiter berücksichtigen, indem er den Mitarbeitern
die für ihr jeweiliges Profil passenden Aufgaben und Rollen im Team

überträgt. Zusätzlich sollen Wissenslücken durch entsprechende Weiterbildung verringert werden.

IT-Spezialist als Tester
Das im Test benötigte IT-Fachwissen umfasst sowohl Aspekte der Softwareentwicklung als auch des Testens von Softwaresystemen. Hinzu kommen Kenntnisse der Systemadministration. Für Arbeiten in den entwicklungsnahen Teststufen (Komponententest, Integrationstest), für gewisse nichtfunktionale Tests (z.B. Last- oder Stresstests) sowie zur Strukturierung, Formalisierung und Vertiefung der von den Fachspezialisten gelieferten Testideen werden Mitarbeiter mit entsprechendem Test- oder Entwicklungsfachwissen benötigt. Weitere typische Einsatzgebiete von IT-Spezialisten im Test sind Arbeiten zur Testautomatisierung, die Betreuung der Testwerkzeuge sowie Aufbau und Wartung der Testumgebung.

Ganz allgemein gibt die Berufserfahrung als Programmierer, Softwaredesigner, Systemanalytiker u.Ä. dem Tester ein besseres Gespür für mögliche Fehlerquellen oder häufige Programmier- oder Denkfehler. Beim Testen wird ein Tester, der selbst in diesen Berufen lange Jahre tätig war, entsprechende Fehlerwirkungen besser aufspüren können als Tester ohne vergleichbare berufliche Erfahrung. Kenntnisse in der Anwendungsdomäne werden beim IT-Spezialisten hingegen nur selten in ausreichendem Maße vorhanden sein. Der als Tester tätige IT-Spezialist muss deshalb die Fähigkeit und den Willen besitzen, sich in die jeweiligen Anwendungsgebiete einzuarbeiten und sich die erforderlichen Kenntnisse anzueignen.

Gefahr:
Technikverliebtheit
Der Testmanager muss die Arbeit der IT-Spezialisten im Testteam im Blick behalten. Denn nur zu leicht richtet sich das Interesse der IT-Experten einseitig auf Optimierung der Testautomatisierung, Ausbau der Testumgebung oder ähnlich technisch herausfordernde Aufgaben. Die zu testende Anwendung und deren Fachlichkeit wird dann leicht aus dem Blick verloren, und die Testressourcen werden nicht optimal eingesetzt.

Anwendungsspezialisten
als Tester
Anwendungs- bzw. Fachspezialisten kennen die fachlichen Hintergründe und Zusammenhänge (Geschäftsprozesse, Arbeitsabläufe, Arbeitsergebnisse, Arbeitsvorschriften u.Ä.), in deren Kontext das zu testende System eingesetzt werden soll. Oft bringen sie wichtiges Wissen über nichtfunktionale Anforderungen wie Benutzbarkeit oder Performanz des Systems mit, da sie beispielsweise längere Zeit mit einem Vorgängersystem gearbeitet haben. Sie haben gute Kenntnisse darüber, welche Aufgaben das System löst, wie das System verwendet wird, an welcher Stelle Systemausfälle oder Fehlverhalten schwerwiegende Auswirkungen hat und wie das normale Systemverhalten sein soll. Sie sind erfahren im Umgang mit dem PC, aber keine IT-Spezialisten. Sie kön-

nen bei der Spezifikation fachlich sinnvoller Testfälle unterstützen und solche fachlichen Tests auch durchführen. Mitarbeiter aus dieser Gruppe können daher im Systemtest oder Abnahmetest gute und nützliche Arbeit leisten.

Eine gewisse Gefahr liegt darin, dass Betriebsblindheit auftreten kann. Komplizierte oder auch merkwürdige Systemabläufe werden akzeptiert, weil das (bei den Vorgängersystemen) »immer schon so war«. Dass ein Ablauf oder ein Leistungsmerkmal IT-seitig auch einfacher oder eleganter implementiert werden könnte, kann der Fachspezialist selten beurteilen. Manchmal fehlt vielleicht auch der Mut, eine vermeintlich dumme Frage zu stellen und sich vor den »IT-Profis« eine Blöße zu geben.

Gefahr: Betriebsblindheit

In manchen Firmen ist es üblich, anwendernahe Tests bewusst an »Laien« zu übertragen. Zum Beispiel wird eine Gruppe Studenten verschiedener Fachrichtungen zeitweise engagiert, um die Systemtests abzuarbeiten. Dieses Personal hat im Allgemeinen weder Test-Knowhow noch relevantes anwendungsspezifisches Know-how.

Laien als Tester

Das kann nur dann funktionieren, wenn die Testspezifikation hochaktuell und sehr detailliert ist und wenn der Testfortschritt durch einen erfahrenen Testmanager im Detail verfolgt wird. In allen anderen Fällen wird es suboptimal sein. Insbesondere das Erkennen von Fehlerwirkungen ist aller Erfahrung nach bei Laien unzureichend ausgebildet. Eine der wenigen Ausnahmen von dieser Regel ist der »Usability-Test«. Hier ist es sinnvoll und mitunter sogar notwendig, mit »Laien« zu arbeiten. Die Tests erfolgen allerdings unter Anleitung nach einem vorab festgelegten Drehbuch bzw. einer Usability-Testspezifikation.

Unabhängig davon, welcher Personengruppe ein Mitarbeiter angehört: Eine fundierte Ausbildung oder Schulung im Gebiet Softwaretest ist in jedem Falle sinnvoll und meistens auch notwendig. So sollen alle Mitglieder eines Testteams mindestens über die Qualifikation »Certified Tester - Foundation Level« verfügen. Einzelne Mitarbeiter benötigen darüber hinaus rollenabhängig vertieftes Wissen aus dem »Advanced Level«, zum Beispiel »Certified Tester – Advanced Level – Testmanager«. Auch für die Mitarbeiter, die schon lange Zeit im Test arbeiten, ist diese Ausbildung nützlich, da nur so gewährleistet ist, dass beispielsweise die Testfachbegriffe gleich interpretiert werden und ein einheitliches Methodenverständnis gegeben ist.

Softwaretest-Ausbildung

Neben seinen IT-fachlichen, anwendungsspezifischen und testspezifischen Fähigkeiten benötigt ein Tester, um erfolgreich zu sein, darüber hinaus auch soziale Kompetenz. Für Tester wichtige und hilfreiche Charaktereigenschaften sind:

Soziale Kompetenz

- die Fähigkeit, sich schnell in komplexe Anwendungsgebiete und Applikationen einzuarbeiten
- die Fähigkeit, Fehler zu finden. Dies bedingt eine gewisse skeptische Grundhaltung und die Bereitschaft, scheinbare Tatsachen zu hinterfragen gepaart mit Kreativität, Neugierde und analytischem Denken (»professioneller Pessimismus«)
- die Fähigkeit, mit Kritik umzugehen und Kritik angemessen zu äußern (politisches und diplomatisches Geschick)
- die Fähigkeit, Wesentliches von Unwesentlichem trennen zu können und den Mut, das weniger Wichtige auch wegzulassen (»Mut zur Lücke«)
- Disziplin, Exaktheit, Geduld, Ausdauer, Frustrationstoleranz, Zielstrebigkeit
- Teamfähigkeit und Kommunikationsbereitschaft

Obwohl Teamfähigkeit und Kommunikationsbereitschaft in dieser Liste an letzter Stelle stehen, sind beide Eigenschaften enorm wichtig. Denn Testen ist Teamarbeit. Nur wer in der Lage und willens ist, im Team zu arbeiten und mit Kollegen und Kunden zu kommunizieren, wird als Tester auf Dauer Erfolg haben. Die folgenden Abschnitte gehen auf Aspekte dieser Teamarbeit näher ein.

10.2 Fachliche Teamrollen

Die unterschiedlichen Aufgabenstellungen im Testprozess spiegeln sich in verschiedenen Rollen wider, die durch ein Testteam abzudecken sind:

Fachliche Teamrollen und Qualifikationsprofile

- **Testmanager:** Der Testmanager leitet das Testteam. Er ist verantwortlich für die Erstellung des Testplans und dessen fach- und zeitgerechte Umsetzung. Er berichtet über Stand und Ergebnisse der Tests an den Projektmanager, Produktmanager oder Entwicklungsleiter. Der Testmanager hat Erfahrung in den Aufgabenfeldern Testplanung, Teststeuerung und Testprozessverbesserung. Selbstverständlich verfügt er über Wissen und Praxiserfahrung in den allgemeinen Methoden des Softwaretests. Wünschenswert sind darüber hinaus Kenntnisse und Erfahrung im Qualitätsmanagement, Projektmanagement und in der Personalführung. Wichtig ist nicht zuletzt das Wissen über einzuhaltende Normen und Standards sowie über die Softwareentwicklungs- und Testprozesse im Unternehmen und im jeweiligen Produktumfeld.
- **Testdesigner:** Der Testdesigner ist zuständig für die Erstellung und Pflege der Testspezifikationen. Hierzu gehören auch die Auswahl angemessener Testmethoden und die Festlegung der geeigneten

Testumgebung. Er unterstützt den Testmanager bei der Erstellung des Testkonzepts und des Testplans. Er benötigt Know-how in den Bereichen Softwaretest, Testspezifikationsmethoden sowie allgemeines Software-Engineering-Wissen. Er muss in der Lage sein, sich sehr schnell in komplexe Anwendungsgebiete, Anforderungsdokumente, funktionale Spezifikationen und Systemprototypen einzuarbeiten, die Aufgabe und das Sollverhalten des zu testenden Systems zu erfassen und auf Basis all dieser Informationen Testfälle und Testdaten abzuleiten und nachvollziehbar zu dokumentieren. Eine wesentliche Fähigkeit dabei ist, wichtige Informationen von weniger wichtigen zu unterscheiden und Prioritäten zu setzen. Eigene praktische Erfahrung als Tester ist notwendig.

- **Testautomatisierer:** Der Testautomatisierer ist der Programmierer des Testteams. Er verfügt über umfassende Programmiererfahrung, allgemeines Software-Engineering-Know-how und sehr gute Kenntnisse der im Projekt eingesetzten Testwerkzeuge und Skriptsprachen. Testgrundlagenwissen und praktische Erfahrung als Tester sind von großem Vorteil. Mit hinreichender Erfahrung als Testautomatisierer kann er sich weiter spezialisieren zum Entwickler von Test-Frameworks und Testwerkzeugen.

- **Test(labor)administrator:** Der Testadministrator ist zuständig für Installation, Betrieb und Wartung der Testumgebung. Hierzu gehören u.a. das Installieren und Aufsetzen von Systemsoftware (Betriebssysteme, Datenbanksysteme, Applikationsserver), das Installieren und Konfigurieren des Testobjekts, das Installieren und Einrichten der Testwerkzeuge, sowie das Anlegen, Verwalten und Wiedereinspielen von Systemkonfigurationen (Images), z.B. mittels Imaging- oder Virtualisierungssoftware[1]. Hierzu verfügt der Testadministrator über entsprechendes Systemadministrator-Know-how (s.a. Abschnitt 5.2.11). Als Troubleshooter und Feuerwehrmann, der verzwickte Installations- oder Konfigurations-Probleme auch unter Stress lösen und beheben kann, ist er für ein Testteam unverzichtbar.

- **Tester[2]:** Der Tester ist zuständig für die Durchführung der Tests und die Dokumentation der Testergebnisse. Hierzu arbeitet er die gemäß Testplan vorgesehenen Testfälle ab, so wie diese in der Testspezifikation vorgegeben sind. Bei einer Abweichung zwischen Soll- und Istergebnis erstellt er einen Abweichungs- bzw. Fehlerbericht. Die benötigten Qualifikationen sind: Testgrundlagenwissen,

---

1. Tool-Übersichten und Erläuterungen zu den dahinter stehenden Konzepten finden sich unter [URL: Imaging] bzw. [URL: Virtualization].
2. Der Begriff »Tester« wird auch als Oberbegriff für die genannten Rollen verwendet.

IT-Grundlagen, Bedienung der eingesetzten Testwerkzeuge und grundlegendes Verständnis des Testobjekts. Eine konzentrierte, genaue und ausdauernde Arbeitsweise ist absolut notwendig. Ein guter Tester ist darüber hinaus in der Lage, auch jenseits der vorgegebenen Testspezifikation systematisch zu arbeiten und kreativ eigene Ideen und Befunde einzubringen. Denn abhängig vom Detaillierungsgrad der Testspezifikation, aber auch abhängig vom Reifegrad der zu testenden Software, ist es fast immer notwendig, Spezifikationslücken im laufenden Test zu füllen oder zusätzliche Testfälle ad hoc zu ergänzen (um vermutete oder erkannte Fehlerwirkungen einzugrenzen). Ein guter Tester zeichnet sich weiterhin dadurch aus, dass er Fehlermeldungen kurz und prägnant, aber dennoch korrekt und nachvollziehbar formuliert und dokumentiert.

▪ **Spezialisten** (Lasttestspezialist, Datenbankspezialist, Netzwerkspezialist u.a.): Ihre Aufgabe ist es, die oben genannten »Kernrollen« bei technisch anspruchsvollen Aufgaben oder zu lösenden Problemen zu unterstützen.

Rollenkombinationen Im Idealfall stehen für jede dieser Rollen fachlich speziell qualifizierte Mitarbeiter im Team zur Verfügung. Müssen in kleineren Teams mehrere Rollen in Personalunion ausgefüllt werden, so bieten sich folgende Kombinationen an: Testmanager/Testdesigner, Testdesigner/Tester, Testautomatisierer/Testlaboradministrator.

10.3 Soziale Teamrollen

Jedes Mitglied in einem Team nimmt gewollt oder ungewollt, bewusst oder unbewusst neben seiner fachlichen Rolle immer auch eine soziale Rolle innerhalb seines Teams ein. Welche Teamrolle ein Mitarbeiter einnimmt und wie er diese Rolle ausfüllt, hängt von seiner Persönlichkeit, aber auch von seiner »Rollenerfahrung« ab. Nach [Belbin 96][3] lassen sich acht typische Teamrollen unterscheiden (s. Tab. 10–1):

---

3. In der Literatur findet sich eine Vielzahl weiterer Teamrollenkonzepte, z.B.: DISG-Modell [URL: DISG], Myers-Briggs Type Indicator [URL: MBTI] oder das Team-Management-Rad [URL: TM-Rad]. Das Modell nach Belbin wird hier stellvertretend für solche Teamrollenkonzepte näher betrachtet.

Typ	tpische Eigenschaften	Stärken	(zulässige) Schwächen
Beobachter	besonnen, strategisch, scharfsinnig	Urteilsfähigkeit, Diskretion, Nüchternheit	Mangel an Antrieb und Fähigkeit, andere zu inspirieren
Macher	dynamisch, aufgeschlossen, stark angespannt, resultatorientiert	Antrieb, bekämpft Trägheit und Ineffizienz, selbstzufrieden, übt Druck aus	neigt zu Provokationen, Irritationen und Unaufmerksamkeit
Neuerer/ Erfinder	individualistisch, unorthodox, ernst	genial, fantasievoll, großes Denkvermögen	oft mit seinen Gedanken woanders, neigt dazu, praktische Details und Anweisungen zu missachten
Perfektionist	sorgfältig, ordentlich, gewissenhaft, ängstlich	Fähigkeit zur vollständigen Durchführung, Perfektionismus	Tendenz, sich schon über kleine Dinge Sorgen zu machen
Teamarbeiter/ Mitspieler	umgänglich, sanft, empfindsam	Fähigkeit, mit unterschiedlichen Situationen und Menschen fertig zu werden; fördert den Teamgeist	nicht entscheidungsfähig bei Zerreißproben
Umsetzer	konservativ, pflichtbewusst, berechenbar	hart arbeitend, setzt Ideen in die Tat um, selbstdiszipliniert	etwas unflexibel, lehnt unbewiesene Ideen ab
Vorsitzender/ Koordinator	selbstsicher, vertrauensvoll	stellt schnell die individuellen Talente der Gruppenmitglieder fest und weiß ihre Stärken unvoreingenommen zu nutzen, hat einen ausgeprägten Sinn für Ziele	nicht unbedingt überdurchschnittlich intelligent und kreativ
Wegbereiter/ Weichensteller	extrovertiert, begeistert, kommunikativ	stellt gern in- und externe Kontakte her, greift neue Ideen auf, reagiert auf Herausforderungen	verliert das Interesse, wenn die Anfangsbegeisterung abgeflacht ist

Die spezifischen Eigenschaften bzw. die Charaktere realer Personen sind natürlich vielschichtiger. Aber das Wissen um die oben aufgeführten Persönlichkeitstypen kann helfen, wenn neue »ins Team passende« Mitarbeiter eingestellt werden sollen. Es hilft auch, Erfolg oder Misserfolg von Teammitgliedern oder des ganzen Teams[5] zu verstehen und ggf. die Teamleistung zu verbessern.

Tab. 10–1

Persönlichkeitstypen[4] nach [Belbin 96]

Werden Teammitglieder neu eingestellt oder ausgewählt, sollte somit darauf geachtet werden, dass im Team bereits vorhandene Kenntnisse und Persönlichkeitsprofile durch den neuen Teamkollegen sinnvoll ergänzt werden. Belbins gruppenpsychologische Untersuchungen ([Belbin 96]) zeigen, dass hinsichtlich der Persönlichkeitsprofile

Mitarbeiterauswahl

---

4. Keine dieser Teamrollen ist als positiv oder negativ bewertet anzusehen, auch wenn einzelne Rollennamen umgangssprachlich vielleicht negativ besetzt sind, wie z.B. »Pessimist«.
5. Der Erfolg von Softwareentwicklungsprojekten hängt sogar in hohem Maße von sozialen, nichttechnischen Faktoren ab. Sehr lesenswerte Betrachtungen dazu und über das Management von Softwareentwicklungsteams finden sich z.B. in [DeMarco 97] oder [DeMarco 98].

einseitig besetzte Teams weniger erfolgreich arbeiten als gemischte Teams[6].

Teams, die beispielsweise ausschließlich aus »Umsetzern« bestehen, funktionieren nur bei der Erfüllung von Routineaufgaben. Bei komplexen Problemstellungen fehlen solchen Teams die Ideen und die Fertigkeiten zur kreativen Problemlösung. Umgekehrt sorgt ein Zuviel an »Erfindern« zwar für ein außergewöhnlich kreatives Team. Jedoch wird die Fähigkeit fehlen, produzierte Ideen mit dem nötigen Durchhaltevermögen in die Tat umzusetzen und zu nutzen. Auch ein Team außergewöhnlich intelligenter Leute (Belbin nennt sie »Apollo-Teams«) muss nicht zwangsläufig ein erfolgreiches Team abgeben. Eine solche Gruppe ist oft schwer zu führen, eher anfällig für destruktive Diskussionen und tut sich schwer, Entscheidungen zu treffen. Trotz lauter überdurchschnittlich intelligenter Leute bleibt der Teamerfolg aus ([Belbin 96, S. 27]).

Die richtige Aufgabenverteilung

Wichtig ist also die passende Mischung aus unterschiedlichen Charakteren bzw. Persönlichkeiten, aber auch eine zu der Testkonstellation passende Aufgabenverteilung im Team. Gerade wenn es um die Zusammenstellung von Teams für den Softwaretest geht, besteht die Schwierigkeit, überhaupt fachlich gut qualifiziertes Personal zu bekommen. Das Auswahlkriterium »Persönlichkeitsprofil« ist dann eher zweitrangig. Es kann jedoch helfen, die fachlichen Rollen bzw. Aufgaben im Team richtig zu verteilen oder bei Problemen umzuverteilen.

Beispiele zur Aufgabenverteilung

Es ist sicher vorteilhaft, wenn »Erfinder« oder »Beobachter« als Testdesigner arbeiten. Aber auch beim Test in komplexen Systemumgebungen oder beim Test »unreifer« Systeme sind »Erfinder« mit Analysefähigkeiten gefragt und sollen zumindest als Coach verfügbar sein. Denn sobald technische Probleme auftreten, ist Know-how und Kreativität bei der Problemlösung gefragt.

Perfektionisten, Umsetzer und Mitspieler sind eher als Tester richtig aufgehoben, vor allem im Regressionstest. Ein »Erfinder« hingegen wird im Regressionstest eher gelangweilt sein. Er wird sich vermutlich nicht genau an die Testspezifikation halten und rechts und links vom Pfad nach zusätzlichen Testvarianten suchen. Beim Regressionstest ist das aber nicht verlangt.

Nicht in »Schubladen« denken

Bei allen Überlegungen darf jedoch nicht vergessen werden, dass die aufgeführten Persönlichkeitstypen »Konstrukte« sind, die in der Realität in reiner Form kaum auftreten. Nicht selten kann ein und dieselbe

---

6. [Belbin 96] betrachtet »Managementteams«, also Teams aus Führungskräften. Die Erkenntnisse lassen sich jedoch übertragen, sofern es um hinreichend anspruchsvolle Teamarbeit geht.

Person in mehrere Rollen schlüpfen, etwa dann, wenn die persönliche Vorzugsrolle im Team schon besetzt ist. Das Rollenkonzept und die Idee der Persönlichkeitstypen sind aber hilfreich, um Probleme im Team oder Gründe für geringeren Erfolg und Schwächen einzelner Mitarbeiter oder des Teams insgesamt zu analysieren und besser zu verstehen. Dabei soll jedoch vermieden werden, Personen leichtfertig in »Schubladen« zu stecken. Auch andere Faktoren sind mit zu betrachten wie z. B. persönliche Aversionen oder Karrieredenken sowie Faktoren, die das Team als Ganzes betreffen, wie z. B. Firmenklima oder die aktuelle Projektsituation.

10.4   Faktor Kommunikation

Beim Testen kommt es nicht nur darauf an, möglichst viele Fehlerwirkungen zu finden und zu dokumentieren. Genauso wichtig ist es, festgestellte Probleme oder Fehlerwirkungen in der richtigen Art und an die richtigen Adressaten zu kommunizieren. Wenn Interesse an einer schnellen Fehlerbehebung besteht, ist die Art der Kommunikation oft sogar wichtiger als der Inhalt einer Fehlermeldung.

Probleme richtig kommunizieren

Testteam-externe Kommunikation

Dem Mitglied eines Testteams und insbesondere dem Testmanager stehen im Wesentlichen drei Gruppen von Team-externen Ansprechpartnern gegenüber:

▪ **Kommunikation zwischen Testern und Entwicklern:** Ein Tester findet Fehlerwirkungen in der Software bzw. im Arbeitsergebnis eines (Fach)Kollegen. Er schreibt eine Fehlermeldung und legt damit den Fehler mehr oder weniger schonungslos offen. Der Stil der Fehlermeldung muss deshalb stets sachlich und lösungsorientiert sein. Persönliche oder unsachliche Kritik oder gar Schuldzuweisungen müssen unterbleiben. Nur wenn ein solcher diplomatischer Kommunikationsstil gepflegt wird, werden Fehlermeldungen (und damit das Testen als Ganzes) als positiver Projektbeitrag gesehen, und nur so tragen sie zur Verbesserung des Produkts und seiner Qualität bei.

Tester → Entwickler

Für die Kommunikation in Gegenrichtung gilt Vorstehendes gleichermaßen. Auch der Tester ist nicht »Schuld daran«, dass Fehlerwirkungen auftreten, und kann zu Recht erwarten, eine sachliche, durchdachte Antwort auf jede seiner Meldungen zu erhalten.

Entwickler → Tester

Es ist sehr sinnvoll, wenn Entwickler die Tester darüber informieren, welche Systemteile eine erhöhte Aufmerksamkeit erfordern, z. B. weil sie etwa eine hohe Komplexität aufweisen oder neu konzipiert wurden. Umgekehrt ist es hilfreich, wenn Tester an Entwickler Testfälle übergeben, um frühes Testen innerhalb der Entwicklung zu unterstützen.

Beispiel:
»gut« und »schlecht«
formulierte
Fehlermeldung

Die folgenden Beispiele zeigen exemplarisch je eine in diesem Sinne »schlecht« und »gut« formulierte Fehlermeldung:

Schlechter Stil:

»... Wenn man einen Kaufvertrag speichert, stürzt die Anwendung nach wie vor ab. Ist schon seit Wochen mit Meldung 264 und 253 dokumentiert. Das endlich brauchbar zu programmieren kann doch nicht so schwer sein. ...«

Guter Stil:

»Absturz nach Kaufvertrag speichern:

Beschreibung: Beim Versuch, einen neuen Kaufvertrag in *ContractBase* anzulegen, stürzt *ContractBase* ab.

Auswirkung: Eingegebene Vertragsdaten gehen verloren. System muss gebootet werden.

Reproduktion:

- *ContractBase* aufrufen
- Kunde selektieren
- neuen Kaufvertrag erfassen (vgl. Screenshot anbei)
- »Vertrag speichern«
- → Absturz
- ...«

Testmanager →
Projektmanager

- **Kommunikation zwischen Testern und Projektmanagement:** Der Testmanager berichtet dem Produkt- oder Projektmanagement regelmäßig über den Testfortschritt und die im Test vorgefundene Softwarequalität. Der Test(status)bericht soll offen und ungeschminkt sein. Auch hier gilt: Lösungsorientierte, konstruktive Beiträge und Formulierungen erleichtern die Sache. Aussagen über die Leistung einzelner Mitarbeiter oder gar persönliche Schuldzuweisungen sind nicht akzeptabel.

Projektmanager →
Testmanager

In Gegenrichtung informiert das Produkt-/Projektmanagement den Testmanager über Änderungen am Projektplan und an Lieferterminen, über geänderte, neue oder entfallende Leistungsmerkmale, über Änderungen der Systemumgebung, über personelle Änderungen im Entwicklungsteam und über neue Softwarelieferanten.

▨ **Kommunikation zwischen Testern und Anwendern:** Tester und *Tester → Anwender*
ganz besonders Testdesigner sollen versuchen, engen Kontakt zu
Anwendern, Entwicklern und anderen Stakeholdern des zu testenden Systems herzustellen und zu halten. Nur selten sind Anforderungsdokumente so vollständig, detailliert und aktuell, als dass auf
ergänzende Gespräche mit den Personen verzichtet werden kann,
die diese Anforderungen ursprünglich formuliert haben. Hier können zusätzliche Hintergrundinformationen über den Einsatzbereich des Systems gewonnen werden oder Informationen, die helfen, Prioritäten für das Testen zu setzen. Um Fehlerwirkungen und
deren Beseitigung zu priorisieren oder einzugrenzen oder um bei
der Problembehebung zu helfen kann es auch notwendig bzw. hilfreich sein, Testergebnisse gegenüber Systemanwendern (z.B. Pilot-
kunden) zu erklären.

Testteam-interne Kommunikation

Neben der Kommunikation nach außen verlangt auch die Testteam-
interne Kommunikation die Aufmerksamkeit des Testmanagers. Als
wichtige kommunikationsunterstützende Maßnahme innerhalb des
Teams soll regelmäßig ein Testteammeeting abgehalten werden. Um
effizient zu sein, muss dieses Meeting einem festen Ablauf folgen und
moderiert werden. Folgende Agenda hat sich in der Praxis bewährt:

▨ Projektsituation allgemein
▨ Aktuell erreichter Testfortschritt vs. Sollfortschritt   *Testteammeeting:*
▨ Qualität des Testobjekts, Fehlerrate, Fehlerbehebungsrate (Bugfix-Rate)   *Agenda*
▨ Releaseplanung und anstehende Release-/Testzyklen
▨ Aktueller Personaleinsatzplan
▨ Notwendige Anpassungen im Testplan
▨ Qualität des Testprozesses und Verbesserungsmöglichkeiten
▨ Statusverfolgung sonstiger Aufgaben außerhalb des Testplans (z.B. Aus-
bau der Testumgebung).
▨ Neu identifizierte Aufgaben werden protokolliert und einem Bearbeiter
zugeordnet.

Tipp

10.5 Faktor Motivation

Für einen wirksamen und produktiven Test sind neben den richtigen
fachlichen und persönlichen Fähigkeiten auch das Engagement und die
Motivation der beteiligten Mitarbeiter entscheidend. Trotz eines noch
so guten Prozesses und trotz bester Ausbildung und Erfahrung wird das
Endergebnis ohne gut motivierte Mitarbeiter mäßig oder schlecht sein.

Checkliste zur Motivation   Wie kann Motivation erreicht und auf hohem Niveau aufrechterhalten werden? Welche Faktoren können Motivation mindern oder gar zerstören? Die »Checkliste zur Motivation« unter [URL: Templates] stellt motivierende und demotivierende Faktoren gegenüber, und es kann hilfreich sein, die Motivationslage im Team hin und wieder anhand dieser Checkliste zu überprüfen.

Sicherlich kann nicht jeder Umstand, der auf Mitarbeiter bzw. das Testteam unter Umständen demotivierend wirkt, vom Testmanager beeinflusst oder gar abgestellt werden. Aber es gibt viele Einflussmöglichkeiten und Anlässe, an denen er aktiv eingreifen kann. Zu den Maßnahmen, die ein Testmanager ergreifen kann und soll, gehören:

- Plane realistisch. Kommuniziere klare Ziele und sorge für eine klare Aufgabenverteilung. Verfolge die Pläne. Reagiere auf Abweichungen.
- Sorge für Managementunterstützung. Werbe dazu für den Test und mache immer wieder den Nutzen der Tests sichtbar. Präsentiere die Testergebnisse regelmäßig und gut vorbereitet. Stelle die Testkosten ungeschminkt dar, verbunden mit einer Gegenüberstellung der Testnutzen (vgl. [Spillner 05, Kap. 6.3]).
- Sorge für eine professionelle, adäquate Arbeitsumgebung (kommunikativ, labormäßig). Sorge für spannende Aufgaben, die die unvermeidliche Testroutine auflockern. Erlaube und fördere Spezialisierung innerhalb des Teams. Zeige Entwicklungsmöglichkeiten auf und biete Karrierewege.
- Gebe dem Testteam Feedback über seinen Beitrag zum Projekterfolg bzw. zur Produktqualität (anhand von Rückmeldungen des Managements, der Entwicklung, des Supports und des Marktes).
- »Verkaufe« die Leistung des Testteams unternehmensintern. Stelle den Erfolg des Testteams und des Entwicklungsteams auch als gemeinsamen Erfolg dar, der gemeinsam gefeiert wird.

10.6 Zusammenfassung

- Ein Testteammitarbeiter soll IT-fachliches Wissen besitzen, Wissen über den Anwendungsbereich der zu testenden Applikation bzw. des Testobjekts, und Wissen und Erfahrung im Gebiet Softwaretest vorweisen können.

- Darüber hinaus benötigt ein Tester, um erfolgreich zu sein, auch soziale Kompetenz.

- Die unterschiedlichen Aufgabenstellungen im Testprozess spiegeln sich in verschiedenen fachlichen Rollen wider, die durch ein Testteam abzudecken sind: Testmanager, Testdesigner, Testautomatisierer, Test(labor)administrator, Tester.

- Jedes Mitglied in einem Team nimmt neben seiner fachlichen Rolle auch eine soziale Teamrolle ein. Die passende Mischung unterschiedlicher Persönlichkeiten und die passende Aufgabenverteilung im Team haben neben fachlicher Eignung ebenso Einfluss auf den Teamerfolg.

- Aufgedeckte Probleme oder Fehlerwirkungen müssen an Testteam-externe Adressaten (Entwickler, Projektmanagement, Anwender) kommuniziert werden. Der Kommunikationsstil muss dabei sachlich und lösungsorientiert sein. Persönliche oder unsachliche Kritik oder gar Schuldzuweisungen haben zu unterbleiben.

- Zur Testteam-internen Kommunikation tragen regelmäßige Testteammeetings bei, die der Testmanager einberuft und leitet.

- Der Testmanager soll für sein Team ein motivierendes Arbeitsumfeld und professionelle Arbeitsbedingungen schaffen. Hierzu gehört auch, die Rolle und Leistung des Testteams unternehmensintern angemessen darzustellen.

11 Testmetriken

Testmetriken erlauben quantitative Aussagen bezüglich der Produktqualität und der Qualität des Entwicklungs- und Testprozesses und müssen auf soliden maßtheoretischen Grundlagen aufbauen. Sie bilden die Grundlage für eine transparente und nachvollziehbare Planung und Steuerung des Testprozesses. Anhand der unterschiedlichen Messobjekte ergeben sich testfallbasierte Metriken, testbasis- und testobjektbasierte Metriken, fehlerbasierte Metriken und kosten- bzw. aufwandsbasierte Metriken. Als Mehrwert solcher Metriken werden Aussagen über den günstigsten Endzeitpunkt des Tests möglich, wobei einerseits erfahrungsbasierte Abschätzungen der Restfehlerwahrscheinlichkeit und andererseits statistische Fehlerdatenanalysen und Zuverlässigkeitswachstumsmodelle helfen.

11.1 Einführung

In den Aktivitäten des Testmanagements wie z.B. der Planung und insbesondere auch der Steuerung des Testprozesses sowie zur Testendebewertung reichen rein qualitative Angaben wie z.B. »Es muss ausführlich getestet werden«. keinesfalls aus, sondern es sind quantitative und objektiv nachvollziehbare Angaben wie z.B. »Alle Komponenten ab Sicherheitsanforderungsstufe 2 sind im Komponententest mit 100 %-iger Zweigüberdeckung zu testen«. erforderlich. Dies spiegelt sich auch z.B. im »Capability Maturity Model Integration« (CMMI, [CMMI 01], vgl. Kap. 7) und der DIN ISO 9000er Normen-Familie wider, in denen quantitative Angaben zur Planung und Steuerung gefordert werden.

Wie aber erhalten Testmanager quantitative Angaben bzw. Vorgaben zu Produkten und Prozessen? Nun, ebenso wie beispielsweise beim Bau eines Hauses die Fläche des Fußbodens oder die Dicke einer Wand vorgegeben wird: durch Maßzahlen. Und wie wird geprüft, ob die Vorgaben erreicht bzw. eingehalten wurden? Durch Messen! Auch im Buch »Basiswissen Softwaretest« wurde bereits erläutert, dass Qualitätsmerkmale mit Maßzahlen oder Metriken gemessen werden können, und die zyklomatische Komplexität (McCabe-Metrik) als ein mögliches Maß zur Bewertung der Komplexität von Programmcode näher erklärt [Spillner 05, Abschnitt 4.2.5].

Bemessen und Messen

Bemessen und Messen sind somit zentrale Tätigkeiten des Testmanagements und müssen auf soliden theoretischen Grundlagen aufbauen, die wichtigsten werden in Kapitel 11.2 vermittelt. Kapitel 11.3 erläutert, wie Metriken definiert und bewertet werden, und Kapitel 11.4 zeigt, wie die Visualisierung von Messwerten mit Diagrammen erfolgt. Auf diesen Grundlagen aufbauend werden in Kapitel 11.5 die wichtigsten Testmetriken beschrieben. Kapitel 11.6 behandelt dann Restfehler- und Zuverlässigkeitsabschätzungen.

11.2 Etwas Maßtheorie

Maße bilden Eigenschaften von Objekten auf Werte ab

Unter einem →Maß (*measurement*) wird zunächst ganz allgemein eine Menge von Symbolen, Bezeichnungen oder Zahlen verstanden, die bestimmten Eigenschaften von (Mess-)Objekten mittels einer Beobachtungsvorschrift zugeordnet werden können. Die Beobachtungen können mit oder ohne technische Hilfsmittel durchgeführt werden; werden dabei technische Hilfsmittel verwendet, so wird auch von einer →Messung gesprochen.

Messen im technisch-physikalischen Sinn heißt meistens Vergleichen und Zuordnen einer Maßzahl. Im obigen Beispiel wird die tatsächliche Dicke einer Mauer verglichen mit den Werten auf einem (geeichten) Messmittel wie z. B. einem Zollstock oder einem Maßband, und der Messwert wird als Zahl inklusive Einheit, z. B. als 25 cm oder 250 mm, abgelesen.

Messungen können direkt oder indirekt sein

Eine Messung kann sich unmittelbar auf das Objekt bzw. seine Eigenschaften beziehen. Es wird dann von einer direkten Messung, ansonsten von einer indirekten Messung gesprochen. Im Falle indirekter Messungen wird also nicht die eigentlich interessierende Eigenschaft gemessen, sondern eine oder mehrere andere Eigenschaften, die direkt messbar sind und von denen vorausgesetzt oder vermutet wird, dass sie in einem bestimmten Bezug zur interessierenden Eigenschaft stehen.

Modelle für indirekte Messungen

Indirekte Messungen werden oft unter Zuhilfenahme von Modellen formuliert, anhand derer der Bezug zum eigentlichen Messobjekt bzw. zu den interessierenden Eigenschaften möglichst explizit dargestellt wird. Aussagen, die durch indirekte Messungen gewonnen werden, sind zunächst nur im Rahmen der Modellannahmen gültig, und die Qualität der Rückübertragung bzw. Interpretation solcher Aussagen aus der formalen Modellwelt in die Realität hängt von der Qualität des Modells ab. Falls im obigen Hausbaubeispiel ein Modell wie z. B. eine Bauzeichnung nicht maßstabsgetreu ist, lässt sich allein aus Messungen innerhalb der Zeichnung nicht schließen, dass ein Raum »größer« als ein anderer ist.

Anstelle des allgemeinen Maßbegriffs wird oft etwas salopp von Metriken (griech. μ, Zählung, Messung) gesprochen. Dieser Begriff ist in der Mathematik als abstrakter Abstandsbegriff definiert, z. B. ist der euklidische Abstand zweier Punkte a und b mit den kartesischen Koordinaten x_a, y_a und x_b, y_b, als

Maß = Metrik?

$$d(a, b) = \sqrt{[(x_a - x_b)^2 + (y_a - y_b)^2]}$$

eine Metrik im mathematischen Sinne.

In der Softwaretechnik und im Testumfeld meint der Begriff »Metrik« sowohl die Verfahren als auch die Größen selbst, mit denen bestimmte Eigenschaften von Messobjekten vermessen werden. Der IEEE Standard 1061 ([IEEE 1061]) definiert eine Software(qualitäts)metrik als eine Funktion, die bestimmte Eigenschaften von Softwareentwicklungsprozessen oder den erstellten Zwischen- oder Endprodukten auf Werte eines vorgegebenen Wertebereichs abbildet. Die sich ergebenden Werte oder Kombinationen solcher Werte werden als Erfüllungsgrad bestimmter (Qualitäts-)Eigenschaften interpretiert. Messobjekte sind also Softwareentwicklungsprojekte bzw. die zugrunde liegenden Prozesse (Abb. 11–1a) oder aber konkret erstellte Produkte, wie z. B. Programmtext, Entwurfsmodelle, Testfälle etc. (Abb. 11–1b).

Softwaretechnik:
»Metrik« sowohl
Messgröße als auch
Messverfahren

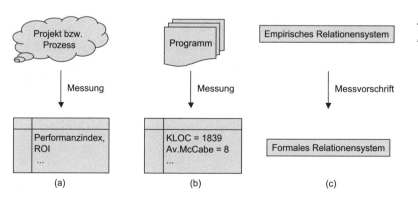

Abb. 11–1

Messung und Maß

Allgemein bildet eine Messung bestimmte Eigenschaften der zu vermessenden Objekte eines so genannten empirischen Relationensystems[1] mittels einer Messvorschrift auf bestimmte Werte eines formalen Relationensystems wie z.B. den natürlichen Zahlen ab.

Ein empirisches Relationensystem ist z.B. die Menge aller Programme in einer bestimmten Programmiersprache zusammen mit der Eigenschaft »Verständlichkeit«, eine mögliche Messung zählt die Zeilen der Programme, und das dazugehörige formale Relationensystem besteht aus der (Werte-)Menge der natürlichen Zahlen 0, 1, 2 ... und der Größer-Gleich Relation. Die Messwerte werden dann interpretiert als »größerer Wert entspricht schlechterer Verständlichkeit«.

Maße verknüpfen empirische und formale Relationensysteme

Ein Maß (bzw. eine Metrik) besteht aus einem empirischen und einem formalen Relationensystem, der Messvorschrift zur Abbildung bestimmter Attribute von Elementen des empirischen Relationensystems auf Werte im formalen Relationensystem und der Interpretation der Relation im formalen Relationensystem bezüglich der betrachteten Eigenschaften im empirischen Relationensystem. Dieser allgemeine Zusammenhang ist in Abbildung 11–1c skizziert.

Wichtig ist es, sich klar zu machen, dass die Aussagen aller Metriken erst einmal Hypothesen sind, die es zu validieren gilt! Dazu ist es notwendig, Metriken möglichst einfach und nachvollziehbar zu definieren, projektadäquat auszuwählen sowie ihre Güte und Zielführung ständig zu überprüfen.

11.3 Definition und Auswahl von Metriken

Metriken und ihre Erhebung sind kein Selbstzweck, sondern sollen quantifizierte, objektive Grundlagen für Entscheidungen zur Verfügung stellen. Dieser Abschnitt erläutert, wie Metriken präzise definiert und methodisch ausgewählt werden können.

Auswahl geeigneter Metriken

Vor den Überlegungen zu konkreten Messobjekten und ihren zu vermessenden Eigenschaften ist klarzustellen, welche grundsätzlichen Ziele eigentlich erreicht und durch Messungen verfolgt werden sollen. Hauptziele wie z.B. Qualitäts- oder Produktivitätsvorgaben werden so lange in Teilziele bzw. einzelne Faktoren zerlegt, bis zu jedem resultierenden Teilziel ein oder mehrere Messobjekte inklusive einiger weniger, in der Praxis anwendbarer Metriken angegeben werden können.

---

1. Ein Relationensystem umfasst eine Menge von (Mess-)Werten und die mit ihnen erlaubten Operationen (vgl. [Zuse 98]).

Diese als Faktor-Kriterien-Metriken-Methode (Factor Criteria Metrics, FCM, vgl. Abb. 11–2) bezeichnete Vorgehensweise liegt u. a. auch dem Qualitätsmodell der DIN ISO Normenreihe 9126 zugrunde, in der Qualitätsmerkmale über Teilmerkmale bis auf messbare Qualitätsfaktoren heruntergebrochen und mit konkreten Metriken unterlegt werden. Hierbei werden interne und externe Metriken unterschieden, wobei Erstere das Produkt an sich und Letztere die bei der Benutzung des Produkts beobachtbaren Eigenschaften messen.

Die FCM-Methode liegt vielen modernen Qualitätsmodellen zugrunde

So unterteilt z. B. die DIN ISO 9126 das Qualitätsmerkmal »Effizienz« in die Teilmerkmale »Zeitverhalten« und »Verbrauchsverhalten«, wobei als externe Metrik bezüglich des Teilmerkmals »Zeitverhalten« u. a. die Antwortzeit T als Differenz zwischen dem Zeitpunkt der Antwort des Systems und dem Abschluss der Kommandoeingabe angegeben ist.

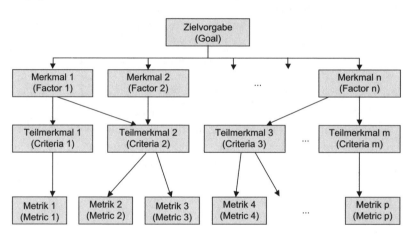

Abb. 11–2

Faktor-Kriterien-Metriken-Methode (FCM)

Um zu einzelnen Faktoren und letztendlich Metriken zu kommen, empfehlen Basili und Weis ([Basili 84]) in der Goal-Question-Metric-Methode (→GQM), zunächst Ziele vorzugeben und dann zu jedem Ziel Fragen zu überlegen, deren Beantwortung den Grad der Zielerreichung widerspiegelt. Salopp gesagt, wird zunächst hinterfragt, was eigentlich in Erfahrung zu bringen ist. Dann werden möglichst einfache Hypothesen aufgestellt und überlegt, mit welchen Daten bzw. Messwerten diese Hypothesen bestätigt bzw. widerlegt werden können.

Goal-Question-Metric-Methode (GQM)

Beispielsweise kann es ein Ziel sein, den Testprozess besser zu steuern. Mögliche Fragen hierzu sind z. B. »Welche Aufgaben wurden im Zeitplan erledigt?«, »Welche Aufgaben sind noch nicht abgeschlossen?« oder »Welche Aufgaben sind in Verzug?«. Als Messungen kommen dann u. a. die Vollständigkeit der erstellten Produkte, die bereits aufgewandten Ressourcen oder die aktuellen Terminzusagen in Frage.

Messobjekte im Testmanagement sind Dokumente der Testbasis (z.B. Anforderungs- und Entwurfsspezifikationen), die Testobjekte selbst sowie die entsprechenden Testfallspezifikationen, Testskripte und Testberichte. Darüber hinaus stellt wie im obigen Beispiel auch der Testprozess ein Messobjekt dar, dessen Eigenschaften wie z.B. Planfortschritt, Effektivität und Effizienz mit Hilfe einer oder mehrerer Messungen quantifiziert werden.

Die Skala gibt an, welche
Operationen mit den
Messwerten erlaubt sind

Steht fest, welche Eigenschaften bzw. Faktoren eines Messobjekts zu vermessen sind (empirisches Relationensystem), werden die Messvorschrift und der Wertebereich der Messungen (formales Relationensystem) festgelegt. Wichtig hierbei ist es, die so genannte Skala bzw. den Skalentyp richtig festzulegen, denn dieser grenzt die auf den Messwerten erlaubten Operationen ein.

Wurde beispielsweise die Anzahl der Zeilen zweier Programme A und B gemessen und besteht A aus 250 Zeilen bzw. B aus 500 Zeilen, so kann zu Recht behauptet werden, dass B doppelt so lang wie A ist. Wurde jedoch Programm A als 1 (entspricht »kurz«) und Programm B als 2 (entspricht »mittel«) eingestuft, sagt das über das Verhältnis der Längen von A und B nichts aus. Wurden in diesem Fall jedoch sowohl von A als auch von B je 100 Zeilen im Test ausgeführt, folgt daraus, dass A strukturell »besser« getestet wurde als B.

Die formale Messtheorie kennt die fünf in Tabelle 11–1 aufgeführten Skalen (nach [Zuse 98]) und unterscheidet zwischen metrischen und nichtmetrischen Skalentypen. Für Softwaremaße sind metrische Skalentypen anzustreben, da die Messwerte ansonsten mathematischen Verknüpfungen und statistischen Auswertungen nicht oder nur sehr eingeschränkt zugänglich sind.

Tab. 11–1
Eigenschaften der fünf
Skalentypen

Skalentyp	Ausprägung	Merkmale/Erlaubte Operationen	Mögliche Analysen
Nichtmetrisch	Nominalskala	Bezeichnungen	Vergleich, Median, Quantile
		Umbenennung	
	Ordinalskala	Rangwerte mit Ordinalzahlen	Klassifizierung, Bildung von Häufigkeiten
		Alle F mit $x \geq y \Rightarrow F(x) \geq F(y)$	
Metrisch	Intervallskala	Gleichgroße Abschnitte ohne natürlichem Nullpunkt	Addition, Subtraktion, Mittelwert, Standardabweichung
		Alle F mit $F(x) = a \times x + b$	
	Ratioskala	Gleichgroße Abschnitte mit natürlichem Nullpunkt	Multiplikation, Division, Geometrisches Mittel, Variation
		Alle F mit $F(x) = a \times x$ und $a > 0$	
	Absolutskala	Natürliche Zahlen und Messeinheiten	Alle
		Nur Identität $F(x) = x$	

Im obigen Beispiel ist die Anzahl der Programmzeilen eine Absolutskala, wohingegen die (subjektive) Einstufung der Programme auf
einer Nominalskala erfolgt und die Werte somit nicht dividiert werden
dürfen. Die Skala für die oben erwähnte Antwortzeitmetrik T zur Messung des Qualitätsteilmerkmals »Zeitverhalten« ist vom Skalentyp
»Ratioskala« und hat den natürlichen Nullpunkt 0 Sekunden – dieser
ist gleichzeitig die untere Grenze, denn negative Antwortzeiten würden
das Kausalitätsprinzip verletzen.

Die folgenden Anforderungen bzw. Kriterien helfen, die Güte von
Maßen bzw. Metriken einzuschätzen:

*Anforderungen an
»gute« Metriken*

- Ein gutes Maß soll einfach zu berechnen und zu interpretieren sein
  sowie hinreichend mit dem zu messenden Merkmal korrelieren
  (statistisch überprüfen!).
- Maße müssen reproduzierbar sein, d. h., die Messwerte müssen
  objektiv (ohne Einfluss des Messenden) ermittelbar sein.
- Maße sollen gegenüber »unbedeutenden« Änderungen des Prüf-
  lings stabil sein, der Messwert also zumindest in einem stetigen
  funktionalen Zusammenhang zur gemessenen Eigenschaft stehen.
- Eine weitere Forderung ist die nach der Rechtzeitigkeit der Messwerte bzw. der Maße. Diese sollen früh genug messbar bzw. bere-
  chenbar sein, um noch Einfluss auf die hinsichtlich der Zielerreichung wichtigen Entscheidungen nehmen zu können.
- Eng mit dem Skalentyp eines Maßes zusammen hängt die Frage, ob
  und inwieweit die Messwerte verglichen und statistisch ausgewertet werden können. Günstig in dieser Hinsicht sind die Ratio- und
  die Absolutskala.

Wurde ein Maß bereits mehrmals in unterschiedlichen Projekten mit
Erfolg eingesetzt, so ist dies gewissermaßen ein empirischer Beleg
dafür, das es vernünftig definiert und brauchbar ist. Letztendlich sollen
aus Dokumentations- und Nachvollziehbarkeitsgründen alle Messwerte später wiederauffindbar bzw. reproduzierbar sein.

Im Anwendungsfall des Testmanagements (s. Abb. 11–3) werden
ausgehend von den Qualitätsanforderungen Metriken definiert und im
Testkonzept berücksichtigt: Auf Basis der Metrikdefinitionen werden
die Tests als Messungen geplant und entworfen. Durch die Durchführung der Tests wird das Testobjekt vermessen, im gewählten Einstu-
fungsschema eingeordnet und somit hinsichtlich der Qualitätsmerkmale bewertet (s. a. Abschnitt 5.2.6).

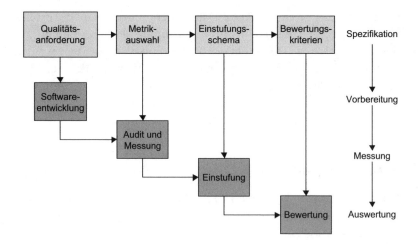

Abb. 11–3
Metrikbasierte Qualitätssicherung

Metriken einheitlich dokumentieren

Zur besseren Katalogisierung, Verbreitung und Anwendung der Metriken werden diese einheitlich z. B. nach der in Tabelle 11–2 dargestellten Vorlage dokumentiert (nach [Ebert 05]).

Tab. 11–2
Vorlage zur Metrikdefinition

Feld	Bedeutung
Name/Ident.	Name bzw. Identifikator (Dateiname, ID-Nummer ...)
Beschreibung	Kurze, prägnante Beschreibung
Motivation	Ziele und Fragen, die angestrebt bzw. beantwortet werden
Ausgangsdaten	Zugrunde liegende Produktmerkmale bzw. andere Metriken
Skalentyp	Skala (Nominal, Ordinal, Verhältnis, Intervall, Absolut)
Definition	Formel bzw. Algorithmus zur Berechnung der Metrik
Tools	Referenzen und Links auf unterstützende Werkzeuge
Darstellung	Visualisierung bzw. mögliche Diagrammtypen
Anwendungsrate	Wie oft bzw. in welchem Zeitintervall ist die Metrik zu erheben und zu veröffentlichen
Kosten	Einmalige Einführungskosten und regelmäßige Erhebungskosten
Analysemethoden	Empfohlene bzw. erlaubte statistische Operationen
Ziel- und Grenzwerte	Wertebereichsvorgaben zur Produkt-, Projekt- bzw. Prozessbewertung
Speicherort	Aufbewahrungsort (Konfig.-Management, Projektdatenbank ...)
Verteiler	Sichtbarkeit und Zugriffskontrolle
Schulung	Vorhandene Schulungsmöglichkeiten (Training, Unterlagen ...)
Beispiele	Anwendungsbeispiele inkl. Erhebung und Darstellung

Vorlagen und konkrete Metrikdefinitionen sowie aktuelle Messwerte etc. sollen im Intranet verfügbar sein, so dass alle Projektbeteiligten unmittelbar auf die entsprechenden Dokumente sowie die konkret erhobenen Werte und Analysen zugreifen können.

Mit zunehmendem Reifegrad des Testprozesses werden die Auswahl, Erhebung und Auswertung von Metriken zu einer klar definierten Aktivität des Testmanagements. Es ergibt sich der in Abbildung 11–4 dargestellte metrikbasierte Regelkreis des Testmanagements.

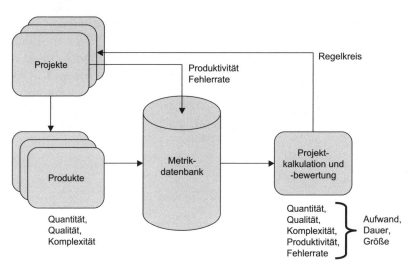

Abb. 11–4
Metrikbasierter Regelkreis
des Testmanagements

Vertiefende Darstellungen hierzu finden sich in [Ebert 05] sowie der ISO Norm 15939:2002 ([ISO 15939]), die einen Softwaremessprozess definiert.

11.4   Darstellung von Messwerten

Die Darstellung der gemessenen Werte kann mit unterschiedlichen Diagrammen erfolgen. Beliebt sind Balken- bzw. Säulendiagramme zur Darstellung der Werte einer Metrik für mehrere Messobjekte (Abb. 11–5 rechts) sowie (Mehr-)Liniendiagramme zur Darstellung des zeitlichen Verlaufs der Messwerte eines Messobjekts bzw. mehrerer Messobjekte oder Metriken (Abb. 11–5 links).

Diagramme visualisieren
Messwerte und ihre
Verläufe

Weiterhin werden zur Darstellung des Anteils mehrerer Messwerte oder Messobjekte ab einer bestimmten Gesamtgröße gerne Torten- oder Kreisdiagramme verwendet (Abb. 11–6 links). Nicht ganz so geläufig sind so genannte →Kumulativdiagramme, die als spezielle

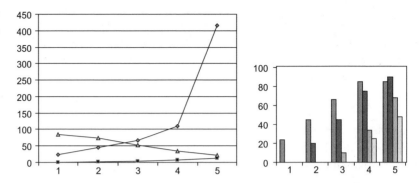

Abb. 11–5

Linien- und
Balkendiagramm

Mehrliniendiagramme die Summe mehrerer Messwerte in ihrem zeitlichen Verlauf darstellen. So zeigt z.B. das rechte Diagramm in Abbildung 11–6 den kumulierten Aufwand von Komponententest, Integrationstest, Systemtest und Abnahmetest in Personentagen. Der Komponententest endet mit dem vierten Monat, so dass der ihm zuzuteilende kumulierte Aufwand ab dem vierten Monat konstant bleibt. Insgesamt wurden bis zum fünften Monat ca. 295 Personentage aufgewendet.

Abb. 11–6

Tortendiagramm und
Kumulativdiagramm

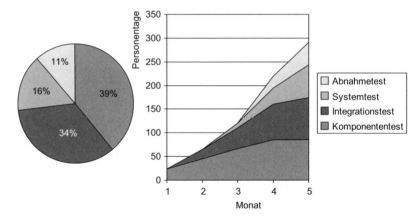

Kiviatdiagramme stellen Für die meisten Messobjekte werden mehrere Metriken parallel erho-
die Werte vieler Metriken ben, die jeweils unterschiedliche Eigenschaften oder Aspekte des Mess-
übersichtlich dar objekts beleuchten. Um ein Messobjekt als Ganzes beurteilen zu können, genügt es somit meistens nicht, die Messwerte nur einer Metrik
isoliert zu betrachten, sondern das Gesamtbild ist von Interesse.
→Kiviatdiagramme kombinieren wie in Abbildung 11–7 gezeigt die
Messwerte mehrerer Metriken mit entsprechend vielen, punkt- und
rotationssymmetrisch angeordneten Achsen, auf denen jeweils der
Messwert einer Metrik abgetragen wird. Die entsprechenden Punkte
auf den Achsen werden durch einen geschlossenen Polygonzug verbun-

den, und mit einiger Erfahrung kann aus dem sich ergebenden Muster auf Eigenschaften des Messobjekts als Ganzes geschlossen werden.

Der VSR-Testmanager betrachtet das in Abbildung 11–7 skizzierte Kiviatdiagramm, das für eine Klasse der objektorientierten Implementierung die Werte der erhobenen Metriken zeigt. Der Wert für die gewichtete Anzahl der Methoden (Weighted Count of Methods, WCM) liegt bei ca. 80 %, die Vererbungshierarchie (Depth of Inheritance, DIT) ist mit 9 schon recht tief. Da auch die Werte für die mittlere Komplexität der Methoden (complexity, CMPL), die bisher gefundenen Fehler (errors found, ERR) und die Halstead-Metriken (HLSTD) relativ hoch sind, empfiehlt der Testmanager eine Überarbeitung (Refactoring) der Klasse.

Beispiel:
Kiviatdiagramm in VSR

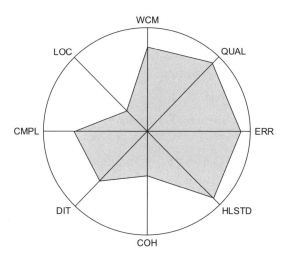

Abb. 11–7
Kiviatdiagramm

11.5 Einzelne Testmetriken

Nach den allgemeinen Ausführungen über Maße und Metriken werden in diesem Abschnitt konkrete →Testmetriken vorgestellt, die zur »Vermessung« des Testprozesses oder zur Bewertung der Produktqualität nützlich sind.

Testmetriken können nach den jeweils betrachteten Messobjekten unterschieden werden, es ergeben sich:

- testfallbasierte Metriken
- testbasis- und testobjektbasierte Metriken
- fehlerbasierte Metriken
- kosten- bzw. aufwandsbasierte Metriken

Wie es in den oben beispielhaft aufgeführten Metriken angedeutet wurde, sind bei vielen Metriken sowohl absolute Anzahlen (Anzahl getesteter X) als auch Verhältniswerte (Anzahl getesteter X/Anzahl aller X) von Interesse.

11.5.1 Testfallbasierte Metriken

Testfallbasierte Metriken fokussieren auf die Menge der Testfälle und ihre jeweiligen Zustände. Sie dienen zur Kontrolle des Fortschritts der Testaktivitäten unter Bezug auf den Test(projekt)plan bzw. seine verschiedenen Stände. Beispiele für diesbezügliche Metriken mit Absolutskalen sind:

- Anzahl geplanter Testfälle
- Anzahl spezifizierter Testfälle
- Anzahl erstellter Testprozeduren
- Anzahl Zeilen der Testskripte

Testfallbasierte Metriken mit Ratioskala sind u. a.:

- Anzahl von Testfällen mit Priorität 1/Anzahl geplanter Testfälle
- Anzahl spezifizierter Testfälle/Anzahl geplanter Testfälle

Messe auch das Unvorhergesehene! In vielen Fällen müssen im Verlauf eines Testzyklus neue Testfälle zusätzlich zu den geplanten entwickelt werden, z.B. wenn bestimmte Überdeckungsziele nicht mit den vorhandenen Testfällen erreicht werden. Auch Anforderungsänderungen erfordern meistens die Änderung vorhandener bzw. die Erstellung neuer Testfälle oder lassen geplante Testfälle gänzlich obsolet werden. Als Metriken mit Absolutskalen lassen sich angeben:

- Anzahl ungeplanter neuer Testfälle
- Anzahl geänderter Testfälle
- Anzahl gelöschter Testfälle

Steigt z.B. die Anzahl ungeplanter neuer Testfälle über einen bestimmten Wert an, kann dies ein Zeichen für ein mangelhaftes Anforderungsmanagement sein. Eine hohe Anzahl geänderter Testfälle, die sich auf eine Anforderung beziehen, oder viele Änderungen an einem Testfall innerhalb eines kurzen Zeitraums erlauben Rückschlüsse auf vage oder mehrdeutig formulierte Anforderungen, die erst im Laufe der Entwicklung präzisiert werden.

Interessant für die Steuerung des Testprozesses sind auch Metriken zur Testausführung. Hierunter fallen z.B.:

- Anzahl durchgeführter Testfälle (oben schon erwähnt)
- Anzahl erfolgreich (ohne Fehlerwirkung, *passed*) durchgeführter Testfälle
- Anzahl fehlgeschlagener (mit Fehlerwirkung, *failed*) Testfälle
- Anzahl blockierter Testfälle (aufgrund verletzter Vorbedingung nicht lauffähig, *blocked*)

Eine hohe Anzahl durchgeführter Testfälle deutet auf gut strukturierte, größtenteils voneinander unabhängige Tests hin, wohingegen eine hohe Anzahl blockierter Testfälle anzeigt, dass zu große Abhängigkeiten zwischen den Testfällen bestehen, so dass aufgrund des Fehlschlagens einiger weniger Testfälle viele nachgelagerte Testfälle, die auf der Nachbedingung Ersterer beruhen, nicht gestartet werden können.

Die Anzahl der vom Testobjekt als erfolgreich bzw. fehlgeschlagen durchlaufener Testfälle ist natürlich nicht nur für die Teststeuerung interessant, sondern insbesondere auch für die Bewertung der Produktqualität. Im Wartungstest bzw. – im Fall neuer Versionen der Software – im Regressionstest werden diese Metriken oft für die bestehenden, geänderten und neuen Testfälle separat erhoben. Auch wird oft die Anzahl durchgeführter ungeplanter neuer Testfälle (mit/ohne Fehlerwirkung) separat erfasst.

Oft werden die Werte der testfallbasierten Metriken in Abhängigkeit von der jeweiligen Teststufe und der Priorität der Testfälle separat z.B. in Kumulativdiagrammen dargestellt.

Im weiteren Sinne zählen auch Metriken bezüglich der Elemente der Testumgebung wie z.B. der Testrahmen mit Testtreibern und Teststellvertretern, Testdaten, Simulatoren, Analysatoren etc. zu den testfallbasierten Metriken. Sinnvoll sind hier z.B.: *Aufbau der Testumgebung planen und kontrollieren*

- Anzahl geplanter oder verfügbarer Testtreiber bzw. -stellvertreter
- Anzahl geplanter oder verfügbarer Codezeilen pro Testtreiber bzw. -stellvertreter

Testfallbasierte Metriken berücksichtigen im Wesentlichen die im Testprojektplan beschriebenen Testfälle. 100 % Testfortschritt bezogen auf den Testprojektplan bedeutet jedoch nicht unbedingt, dass das Testobjekt hinreichend getestet wurde. Daher werden zusätzlich geeignete produktorientierte Testabdeckungsmaße (*Coverage Metrics*) benötigt. Diese messen den Testfortschritt gegenüber dem Testbasis- bzw. Testobjektumfang. Entsprechende Metriken werden im nächsten Abschnitt vorgestellt. *Unterschiedliche Testabdeckungskonzepte beachten*

11.5.2   Testbasis- und testobjektbasierte Metriken

Die in diesem Abschnitt skizzierten Metriken zielen auf die Eigenschaften und die Überdeckung der Testbasis und der Testobjekte. Je nach Teststufe werden Anforderungen, Entwurfselemente, Programmcode bis hin zu Benutzungshandbüchern mit entsprechenden Testmetriken bzgl. des Testprozesses vermessen, um damit beispielsweise die Qualität des Testfallentwurfs oder den Fortschritt der Testaktivitäten in Bezug auf den Umfang des Testobjekts zu messen.

Im Programmcode kann z.B. gemessen werden, wie viele Zeilen bzw. Anweisungen im Test ausgeführt wurden. Im Falle (funktionaler) Spezifikationen ist zu messen, welche Systemfunktionen (Features) der Test verifiziert hat. Auf Grundlage der Systemarchitektur ist zu verfolgen, welche Systemkomponenten getestet wurden. In Bezug auf die Systemanforderungen wird verfolgt, wie viele Anforderungen durch Tests validiert wurden.

Anforderungen verfolgen

Hierfür ist es notwendig festzuhalten, welche Anforderungen von wem formuliert, mittels welcher fachlichen und technischen Entwurfsdokumente spezifiziert, durch welche Programmteile realisiert und mit welchen Testfällen getestet werden. Erst mit diesen Informationen ist die Verfolgbarkeit der Anforderungen (*Requirements Traceability*) zurück zu ihren Quellen und vorwärts zu ihrer Realisierung und den entsprechenden Testfällen gewährleistet, so dass die Abdeckungsmaße ermittelbar sind.

Geeignet sind solche Abdeckungsmaße immer dann, wenn ihre Abstraktionsebenen der jeweiligen Teststufe entsprechen, in der sie verwendet werden sollen.

System- und Abnahmetest: funktions- bzw. anforderungsbasierte Metriken

Im System- und Abnahmetest können je nach Methodik der Anforderungsermittlung funktions- bzw. anforderungsorientierte Metriken (*Requirements Coverage*) erhoben werden:

- Anzahl getesteter Funktionen/Anzahl aller Funktionen
- Anzahl getesteter Dialoge/Anzahl realisierter Dialoge
- Anzahl durchgeführter Testfälle/Anzahl spezifizierter Testfälle pro Funktion
- Anzahl Teststunden pro Funktion

Die Anwendung spezifikationsbasierter Metriken bedingt die Verfolgbarkeit von Anforderungen ausgehend von den Anforderungen über den fachlichen und technischen Systementwurf bis hin auf die Testfälle. In diesem Fall werden Aussagen möglich wie z.B.:

- X % aller Anforderungen wurden durch Testfälle abgedeckt.
- Y % aller Ablaufpfade (*Scenarios*) eines Anwendungsfalls wurden ausgeführt.

- Z % aller fachlichen Klassen bzw. Datentypen wurden erzeugt/gelesen/geändert oder gelöscht.

Darüber hinaus sind für Tests bzgl. nichtfunktionaler Anforderungen Metriken zu erheben, z. B.

- Anzahl durch den Test abgedeckter Plattformen
- Anzahl durch den Test abgedeckter lokalisierter[2] Versionen
- Anzahl durch den Test abgedeckter Performanzanforderungen pro Plattform

Im Integrationstest werden die Entwurfskomponenten und insbesondere die Schnittstellen (Interfaces) sowie ihr Zusammenspiel betrachtet – welche und wie viele Schnittstellen gibt es im System und welche davon hat der Test schon erreicht? Beispiele für Metriken sind:

Integrationstest: Metriken auf Schnittstellen fokussieren

- U % getesteter Schnittstellen
- V % getesteter Schnittstellenverwendungen
- W % mit Testverfahren XY getesteter Schnittstellenparameter

Alle nach Ausführung der spezifizierten Testfälle nicht gemäß der Vorgaben im Testkonzept abgedeckten Teile der Software werden daraufhin überprüft, ob eventuell Testfälle in der Testdesignspezifikation fehlen. Falls das der Fall ist, wird diese ergänzt, und die ergänzten Tests werden nachgeholt. Eine hilfreiche Metrik ist hierzu die unter den fehlerbasierten Metriken beschriebene »Test Design Verification«-Metrik (s. Abschnitt 11.5.3).

Im Komponententest wird in der Regel auf strukturorientierte Metriken, die auf dem Programmcode beruhen, fokussiert (*Code Coverage*). Messbar sind z. B.:

Komponententest: strukturorientierte Metriken

- Anzahl neuer bzw. geänderter Funktionen bzw. Operationen
- Anzahl Codezeilen bzw. ausführbarer Anweisungen (KLOC – kilo lines of code bzw. KDSI – kilo delivered source instructions)
- Codekomplexität (zyklomatische Komplexität bzw. McCabe-Metrik)
- Anzahl abgedeckter Pfade im Kontrollflussgraphen

Komplexitätsmetriken dienen als Indikatoren für das Produktrisiko und zur risikobasierten Steuerung des Testaufwands (vgl. Kap. 9). Strukturorientierte dynamische Metriken wie z. B. Anweisungsüberdeckung (C0) oder Zweigüberdeckung (C1) erfordern die vorherige

---

2. Unter »Lokalisierung« versteht man die landesspezifische Anpassung einer Software, u. a. durch Übersetzung der Bedienoberfläche in die jeweilige Landessprache, die Anpassung von Datumsformaten, Währungen, Maßeinheiten und ggf. die Anpassung an andere gesetzliche Bestimmungen.

Instrumentierung der Programme. Mit entsprechenden Instrumentierungswerkzeugen sind dann Aussagen möglich wie z.B.:

- ▦ Q% aller Operationen bzw. Prozeduren wurden aufgerufen.
- ▦ R% aller Anweisungen wurden ausgeführt.
- ▦ S% aller Zweige im Kontrollflussgraphen wurden durchlaufen.
- ▦ T% aller Operationsaufrufe wurden ausgeführt.

Viele weitere auf der Testbasis bzw. den Testobjekten basierende Metriken finden sich in [Kaner 95] und [Zhu 97]. Testobjekt- und testbasisbezogene Metriken für objektorientierte Software sind in [Sneed 02] aufgeführt.

11.5.3 Fehlerbasierte Metriken

Der Testmanager muss neben dem bislang mit testfall-, testbasis- und testobjektbasierten Metriken betrachteten Testfortschritt auch die Testergebnisse, also insbesondere die gefundenen Fehlerwirkungen bzw. Fehlerzustände, auswerten und als Größe für die Steuerung des Testprozesses verwenden. Im Weiteren wird wegen der besseren Lesbarkeit oft einfach der Begriff Fehler statt Fehlerwirkung verwendet.

Der IEEE Standard Dictionary of Measures of the Software Aspects of Dependability ([IEEE 982.1]) empfiehlt, u.a. folgende fehlerbasierte Metriken zu erheben, deren Werte normalerweise separat je nach Fehlerschwere und Teststufe klassifiziert werden:

- ▦ →Fehlerdichte (*fault density*) als Anzahl der Fehlerzustände bezogen auf den Testobjektumfang, z.B. Anzahl der Fehler/KLOC (bzw. KDSI), daraus abgeleitet auch die Fehlerverteilung als Anzahl der Fehler pro Testobjekt oder Teststufe etc.
- ▦ →Fehlerrate (*failure rate*) als Anzahl der in einer Testzeit bzw. Programmausführungszeit gefundenen bzw. zu erwartenden Fehlerwirkungen
- ▦ →Fehlerzustandsverweildauer (*fault days*) als Anzahl der Tage zwischen einer Fehlhandlung bzw. der Entstehung eines Fehlerzustands und dem Nachweis einer daraus resultierenden Fehlerwirkung

Insbesondere bei komplexen oder räumlich verteilt durchgeführten Entwicklungsprojekten treten oft unterschiedliche Fehlerdichten in den Teilkomponenten auf. Dies äußert sich in unterschiedlichen Fehlerfindungsraten bei der Testdurchführung (wenn die Qualität und Effizienz der Tests für alle Komponenten gleich sind). Solange die Komponententests nicht vollständig durchgeführt sind, finden sich bei Komponenten mit höherer initialer Fehlerdichte auf absehbare Zeit auch weiterhin mehr Fehler pro Testaufwand.

Unter Bezugnahme auf vorher vom Testmanager z.B. anhand der Daten früherer Projekte geschätzten Werte können diese Metriken auch zur Messung der Testeffektivität (Anzahl gefundener Fehlerwirkungen pro Test) und der Testeffizienz (Anzahl gefundener Fehlerwirkungen pro Zeiteinheit) zu indirekten Metriken kombiniert werden, z.B. als:

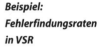

Indirekte fehlerbasierte Testmetriken erlauben Rückschlüsse auf Testeffektivität und Testeffizienz

- Fehlerfindungsrate als Anzahl gefundener Fehler/Anzahl geschätzter Fehler
- Fehlerbehebungsrate als Anzahl gefundener Fehler/Anzahl behobener Fehler
- Anzahl der Fehler pro neuer bzw. geänderter Codezeilen im Falle von Produkterweiterungen oder Änderungen

Der Testmanager im VSR-Projekt verfolgt den zeitlichen Verlauf der Fehlerfindungsrate, um die Testintensität der unterschiedlichen Komponenten zu steuern. Zur Veranschaulichung wurde der Testaufwand auf der x-Achse und die kumulierte Anzahl der gefundenen Fehlerwirkungen auf der y-Achse aufgetragen. Die Grafik in Abbildung 11–8 zeigt eine gleich bleibende, wenn nicht sogar leicht über den Testverlauf hinweg ansteigende Fehlerrate (d.h. Auftrittsrate von Fehlerwirkungen) – die Fortsetzung oder sogar Intensivierung des Tests macht hier Sinn. Die Grafik in Abbildung 11–9 dagegen zeigt mit der Zeit eine Sättigung – ein mögliches Indiz dafür, den Testaufwand für diese Komponente zu reduzieren.

Beispiel: Fehlerfindungsraten in VSR

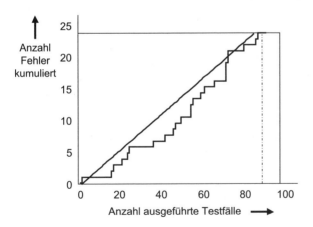

Abb. 11–8

Komponente A: Gleichbleibende Fehlerfindungsrate

Abb. 11–9

Komponente B:

Abnehmende

Fehlerfindungsrate

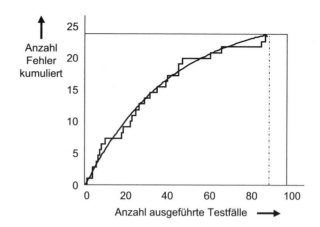

Fehlerbasierte Metriken lassen sich auch für Trendanalysen und Prognosen verwenden, die quantitative Aussagen über die zukünftig im System noch durch den Test findbaren und nach dem Test im System verbleibenden Fehler machen. Solche meist auf statistischen Modellen gegründete Berechnungen können sowohl für die Testkonzeption als auch für die durchführungsbegleitende Teststeuerung und Testkontrolle verwendet werden (vgl. [Grottke 01], s.a. Kap. 11.6).

Daneben steht eine Reihe weiterer fehlerbasierter Metriken zur Verfügung:

- Anzahl Fehler nach Testintensität (Fehlertrend)
- Anzahl Fehler nach Kritikalität (Fehlerschwere)
- Anzahl Fehler je Status (Fehlerbehebungsfortschritt) u.a.

Solche Metriken erlauben dem Testmanagement mit der Zeit immer sicherere Aussagen über die in den entwickelten Systemen zu erwartende Fehlerdichte. Hier und auch in vielen anderen Testmetriken werden die gefundenen Fehlerwirkungen vor der Auswertung klassifiziert und gewichtet, wofür der IEEE Standard 1044 folgende Fehlerklassen und Gewichte definiert:

Tab. 11–3

Fehlerklassen und

Gewichte

Fehlerklasse	Gewicht
Fataler Fehler	8
Schwerer Fehler	4
Mittlerer Fehler	2
Leichter Fehler	1
Schönheitsfehler	0,5

Weitere interessante indirekte fehlerbasierte Metriken ergeben sich, wenn z.B. die Fehlerfindungsraten unterschiedlicher Teststufen in Bezug zueinander gesetzt werden. Das Fehlerbehebungsverhältnis (*Defect Removal Leverage*, DRL) ergibt sich beispielsweise zu:

DRL = Fehlerrate in Teststufe X / Fehlerrate in folgender Teststufe

[Graham 00] beschreiben die Metrik DDP (*Defect Detection Percentage*), bei der die in einer Teststufe gefundenen Fehler durch die Summe der Fehler dividiert werden, die in dieser und den folgenden Teststufen sowie der Produktion gefunden werden:

DDP-Metrik

DDP = Fehler in Teststufe X / Fehler in X und den folgenden
Teststufen (inkl. Produktion)

Sind z.B. im Komponententest 40 Fehler gefunden worden, im Integrationstest 19, im Systemtest 30, im Abnahmetest 9 und in der Produktion noch 20 Fehler, so errechnet sich die DDP des Komponententests zu

$$40 / (40 + 19 + 30 + 9 + 20) = 40 / 118 = 0{,}339,$$

also ca. 34 %. Für den Integrationstest ergibt sich eine DDP von

$$19 / (19 + 30 + 9 + 20) = 19 / 78 = 0{,}244,$$

also ca. 24 %, und die DDP des Systemtests ist

$$30 / (30 + 9 + 20) = 30 / 59 = 0{,}508,$$

also ca. 50 %. Hier könnte der Aufwand vom Systemtest in den Komponententest und den Integrationstest verlagert werden. Um solche Verschiebungen wirklich rechtfertigen zu können, ist die DDP in Relation zu dem in den jeweiligen Teststufen angesetzten Aufwand zu sehen.

Bei aller Wichtigkeit der fehlerbasierten Testmetriken ist darauf zu achten, dass die Produktqualität nicht ausschließlich aufgrund dieser Metriken bewertet wird. Werden wenige oder sogar keine Fehlerwirkungen (mehr) gefunden, so hängt es von der Qualität der Testfälle bzw. des Testprozesses ab, ob hieraus auf eine gute Produktqualität geschlossen werden kann.

Achtung:
Nicht nur fehlerbasierte
Metriken verwenden!

Um sich Klarheit über den tatsächlichen Stand der »Testqualität« bzgl. bestimmter Funktionen zu verschaffen, setzt die Metrik »Test Design Verification« die Qualität, also die Anzahl der gefunden Fehlerwirkungen, in Bezug zur Quantität bzw. Testintensität, also die Anzahl der für die Funktion spezifizierter und durchgeführter Testfälle. Zusätzlich werden Informationen über die Komplexität bzw. das funktionale Volumen der getesteten Funktionen benötigt. Basismetriken dieser Metrik sind somit die Anzahl der Testfälle für eine Funktion und die Anzahl der damit gefundenen Fehlerwirkungen sowie ein zur

»Test Design Verification«-
Metrik

Teststufe passendes Komplexitätsmaß, z.B. auf Ebene des Programm-
textes (im Komponententest) oder der Anforderungen (im Systemtest).
Die »Test Design Verification«-Metrik gibt u.a. Antworten auf folgende Fragen:

- Welche Funktionen haben eine hohe, welche eine niedrige Anzahl
  von Fehlerwirkungen?
- Mit welchem Aufwand, d.h. welcher Anzahl von Testfällen, werden diese jeweils gefunden?
- Wurden die »richtigen«, d.h. effiziente, Testfälle spezifiziert?

Folgendes Beispiel erläutert die Anwendung dieser Metrik.

Beispiel:
Test Design Verification
Diagramm

Abbildung 11–10 zeigt die grafische Darstellung der Test Design Verification
als Blasendiagramm: Auf der X-Achse wird für jede Funktion die Anzahl der
zugeordneten Testfälle aufgetragen, auf der Y-Achse die Anzahl der gefundenen Fehlerwirkungen. Die Größe der Blasen repräsentiert die Komplexität
der jeweiligen Funktion. Zu erwarten ist bei dieser Darstellung, dass sich die
Blasen in der Reihenfolge ihrer Größe auf einer Geraden anordnen, denn je
komplexer eine Funktion ist,

- desto mehr Testfälle benötigt man, um sie zu prüfen, und
- desto mehr Fehlerwirkungen werden bei ihrem Test auftreten.

Abb. 11–10
Test Design Verification

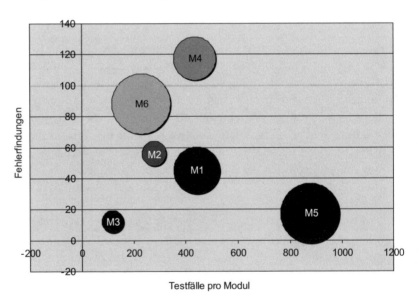

Liegt eine Blase im rechten unteren Quadranten des Diagramms, so ist der entsprechenden Funktion also eine große Menge von Testfällen zugeordnet; diese finden aber wenige Fehlerwirkungen. Ist die Blase groß, so ist die Fehlerdichte niedrig, und man kann schlussfolgern, dass die Funktion offenbar stabil ist (siehe Blase zu M5 im Beispiel). Ist sie aber klein, so liegt ein ineffizientes Testdesign in diesem Bereich vor (»Overengineering« der Testfälle).

Liegt eine Blase im linken oberen Quadranten, so sind der Funktion wenige Testfälle zugeordnet, die aber viele Fehlerwirkungen finden – die Fehlerdichte ist also hoch, und die Funktion ist offensichtlich instabil.

Liegt eine große Blase im linken unteren Quadranten (d.h. geringe Anzahl von Testfällen und geringe Fehlerfindung), so liegt ein »Underengineering« der Tests vor, d.h., die Testabdeckung dieser Funktion ist gering.

Zur Beobachtung der Fehlerrate müssen die aufgedeckten Fehlerwirkungen im zeitlichen Verlauf der Testausführung festgehalten werden. Voraussetzung dafür ist eine Abweichungsdatenbank, die alle Einträge und (Status-)Änderungen historisiert, also mit einem Zeitstempel versieht und festhält. Das Testende kann beispielsweise erreicht sein, wenn die Fehlerrate über einen bestimmten Zeitraum ein sehr niedriges Niveau hat, denn dies weist darauf hin, dass die Effizienz des Testens erschöpft ist, also zusätzliche Tests keine weiteren Fehlerwirkungen mehr mit vertretbarem Aufwand aufdecken.

Zeitliche Verläufe festhalten!

Die Beobachtung der Fehlerrate soll für die verschiedenen Teststufen und im Idealfall auch für die unterschiedlichen eingesetzten Testverfahren einzeln erfolgen. Die Dauer der Unterschreitung der maximalen Fehlerrate und die geforderte Differenz zur maximalen Fehlerrate sind sehr sensible Werte für die Definition des Testendes. Für eine treffsichere Vorgabe dieser Werte sind große Erfahrung und viel Fingerspitzengefühl notwendig.

Der Testmanager beobachtet im VSR-Systemtest den in Abbildung 11–11 gezeigten (typischen) zeitlichen Verlauf der Fehlerrate und erkennt, dass die Fehlerrate – wie in der Praxis oft – nach dem ersten Abflachen (in der Abbildung im Zeitraum W06 – W09) noch einmal ansteigt (W10 – W11). Das erste Maximum der Fehlerrate wird überschritten, wenn die einfach zu findenden Fehlerwirkungen zum größten Teil aufgedeckt sind. Der erneute Anstieg markiert den Zeitpunkt, an dem auch die schwieriger zu findenden Fehlerwirkungen aufgedeckt werden. Dieser Anstieg kann beispielsweise durch die verbesserte Ausrichtung des Testteams auf die zu testende Anwendung verursacht sein.

Beispiel:
Verlauf der Fehlerrate
im VSR-Systemtest

Abb. 11–11

Typischer Verlauf der
Fehlerrate im Systemtest

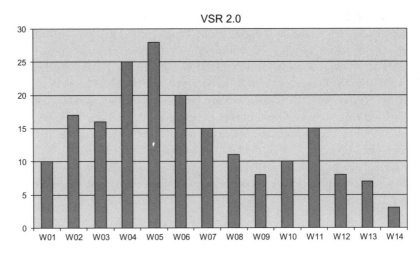

Abb. 11–12

Status der
Fehlermeldungen

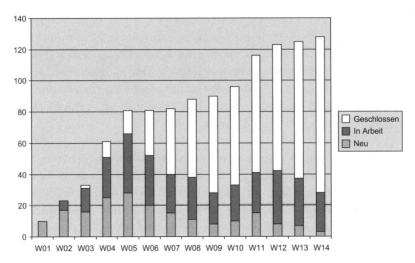

Ein Blick auf die Relation der offenen, in Arbeit befindlichen und geschlossenen Fehlermeldungen (Status der Fehlermeldungen) zeigt, dass nur noch geringe Änderungen der Software aufgrund von Fehlerbehebungen zu erwarten
sind. Der Testmanager beschließt, den Test noch für eine weitere Woche fortzuführen und danach abzubrechen, wenn die Fehlerrate weiter sinkt.

Um Hochrechnungen bezüglich der Fehlerrate und der Restfehlerwahrscheinlichkeit zu ermöglichen, müssen die Daten in der Abweichungsdatenbank
historisiert werden.

Im Abnahmetest des VSR-Systems wurden innerhalb eines Monats 137 Fehler gemeldet, davon 39 Klasse-1-Fehler. Zurzeit liegen in der Abweichungsdatenbank 524 Abweichungsmeldungen, die allerdings zu etwa 30 % aus Änderungsanforderungen (*Change Requests*) bestehen. Der Anteil der »echten« Problemmeldungen liegt also bei ca. 70 %. Davon wurden 357 im Integrationstest (intern gemeldete Fehlerwirkungen) gemeldet. Das entspricht circa 68 % der gesamten Fehlermeldungen. Die Zahl der Fehlermeldungen aus dem System- und Abnahmetest steht bei 167 (extern gemeldete Fehler) oder 32 %.

> *Beispiel:*
> *Verlauf der Fehlerrate*
> *im VSR-Systemtest*

Bei einer Codegröße von 100.284 neu geschriebenen bzw. geänderten Zeilen und einer Anzahl von 70 % von 524 = 367 »echten« Problemmeldungen ergibt sich eine Fehlerdichte von 3,66 Fehler pro 1000 Zeilen.

Die Gesamtzahl aller Defekte in einem gerade implementierten Programm lässt sich zu 10 – 50 Defekten pro 1000 Anweisungen abschätzen, d.h., jede 20. bis 100. Anweisung ist fehlerhaft (s.a. [Hatton 97]). Diese grobe Schätzung entspricht auch der Erfahrung mit Rechtschreibfehlern in neu erfassten Texten, denn es ist nicht zu erwarten, dass bei der Programmierung weniger Fehler gemacht werden (s.a. [Ebert 05]). Allerdings sollte mindestens die Hälfte aller in der Implementierung entstandenen Fehler im Rahmen des Komponententests vom Entwickler selbst gefunden werden. Es verbleiben 5 – 25 Fehler pro 1000 Anweisungen, die in den höheren Teststufen zu finden sind. Insgesamt liegt die Fehlerrate also unter dem Durchschnitt, und der Test muss intensiviert werden.

> *Neu geschriebene*
> *Software:*
> *ca. 1 – 5 Defekte pro*
> *100 Anweisungen!*

11.5.4   Kosten- und aufwandsbasierte Metriken

Aufwandsbasierte Metriken geben den Rahmen der finanziellen, personellen und zeitlichen Möglichkeiten an und lassen sich, nachdem sie in einigen Projekten erfasst worden sind, für die Planung zukünftiger Testprojekte verwenden. Beispiele hierfür sind:

- Anzahl der Personentage für Testplanung bzw. Spezifikation
- Anzahl der Personentage für Testprozedurerstellung
- Anzahl der Personentage pro gefundener Fehlerwirkung
- Anzahl der Personenstunden pro Fehlerbeseitigung

Solche Messwerte sollen den Mitarbeitern anonymisiert inkl. der Mittelwerte als Rückmeldung zur Verfügung stehen.[3] Bei jeder Interpretation der Werte ist zu beachten, dass Tester neben der eigentlichen Spezifikation, Ausführung und Dokumentation von Testfällen zusätzlich

> *Metriken anonymisieren*

---

3. Aus rechtlichen Gründen sind Mitarbeiter über die Erfassung und den Verwendungszweck von Maßen bzgl. ihrer Arbeit bzw. ihrer Produktivität zu informieren (s.a. Kap. 6.6).

Zeit für die Planung der eigenen Tests, das Einrichten von Testumgebungen, das Ein- und Auschecken versionsabhängiger Testfälle etc. benötigen.

Last but not least ist es das wichtigste Erfolgskriterium bei der Einführung eines Messprogramms, dass alle beteiligten Parteien den Zweck der Datenerfassung verstehen.

11.5.5 Beurteilung der Testeffektivität

Testen heißt, Fehler zu finden und Vertrauen zu bilden

Softwaretests sind effektiv, wenn sie Fehler in der Software finden und das Vertrauen in die Software erhöhen. Für die Beurteilung der Testeffektivität werden nach [Sneed 06] die Fehlerrate, die Testüberdeckung und der Testaufwand herangezogen.

Für den Fehlerentdeckungsgrad *FEG* wird der Anteil der z. B. gemäß Tabelle 11–3 gewichteten Fehlerzustände bzw. -wirkungen, die im Test gefunden wurden, durch alle gefundenen Fehler geteilt; es ergibt sich:

FEG = Anzahl gew. Fehler im Test / Anzahl gef. Fehler gesamt

Das Vertrauen in ein System wächst proportional zum verwendeten Maß (z. B. Benutzungszeit, CPU-Zeit ...), wenn keine Fehlerwirkungen auftreten. Im Test steht für die Systembenutzung in erster Linie die Anzahl der bisher ausgeführten Testfälle, und das Vertrauen in das System sinkt mit wachsender Anzahl von Fehlerwirkungen, die durch diese Testfälle aufgedeckt werden.

Grundidee der folgenden Metrik ist, dass die Fehlerrate lediglich die Anzahl gewichteter Fehler pro Testfall angibt, aber keine Aussage über den durch die Testfälle abgedeckten bzw. nicht abgedeckten Teil der Software trifft. Angenommen der erste Testzyklus hat 0,05 gewichtete Fehler pro Testfall aufgedeckt und ein späterer Testzyklus mit den gleichen Testfällen nur noch 0,01 gewichtete Fehler pro Testfall. Ist dies ein Zeichen dafür, dass das Vertrauen in das System um 500 % zunehmen kann? Nein, denn Vertrauen gilt nur für das, was wirklich auch getestet wurde, so dass die Fehlerrate in dieser Hinsicht durch den Testüberdeckungsgrad zu relativieren ist. Es ergibt sich der Vertrauensgrad *VG*:

VG = 1 – (Anzahl gew. Fehler / Anzahl ausgeführte Testfälle) × Testüberdeckungsrate

Die Testeffektivität *TE* ist schließlich das Produkt der beiden Metriken Fehlerentdeckungsgrad und Vertrauensgrad:

TE = *FEG* × *VG*

Tom DeMarco empfiehlt, für jede Version eines Softwareprodukts die folgenden acht fehlerbasierten Metriken zu erheben, um Aussagen über die (finanzielle) Effektivität des Testprozesses zu erhalten [DeMarco 04]:

DeMarco's Metriken zur Testeffektivität

- Entdeckte Projektfehler: Anzahl der vor der Auslieferung des Produkts entdeckten und behobenen Fehlerwirkungen
- Projektfehlerdichte: entdeckte Projektfehler/KDSI
- Projektschaden: Fehlerbehebungskosten vor der Auslieferung in EUR/KDSI
- Ausgelieferte Fehler: Anzahl der nach der Auslieferung des Produkts entdeckten Fehlerwirkungen
- Produktfehlerdichte: Ausgelieferte Fehler/KDSI
- Produktschaden: Fehlerbehebungskosten nach der Auslieferung in EUR/KDSI
- Gesamtschaden: Projektschaden + Produktschaden
- 6-Monate-Produktschaden: Fehlerbehebungskosten in den ersten sechs Monaten nach der Auslieferung in EUR/KDSI

Hierbei ist es erforderlich, als Kosten die tatsächlichen Diagnose- und Reparaturkosten und nicht etwa nur die Fehlerentdeckungskosten anzusetzen. Der Testprozess ist effektiv, wenn die Testkosten nicht höher als der Gesamtschaden sind.

11.6   Restfehlerabschätzungen und Zuverlässigkeit

Mit den in diesem Abschnitt vorgestellten Verfahren soll anhand der vorliegenden Daten über das Produkt und den Entwicklungs- und Testprozess mit statistischen Mitteln eine Aussage hinsichtlich der zu erwartenden Zuverlässigkeit des Systems getroffen werden, die anhand der im System nach dem Test verbliebenen Fehler abgeschätzt werden kann. Diese Aussagen dienen insbesondere auch als Indikatoren für das Produktrisiko (vgl. Kap. 9). Dies ist prinzipiell auf folgende Arten möglich:

- Erfahrungsbasierte Abschätzung der Restfehlerwahrscheinlichkeit
- Statistische Analyse der Fehlerdaten und Zuverlässigkeits-Wachstumsmodelle

Sowohl die erfahrungsbasierte Abschätzung der Restfehlerwahrscheinlichkeit als auch die Fehlerdatenanalyse erfordern, dass die Testfälle das →operationale Profil (s.a. [Voas 00]), also die im Betrieb zu erwartende Verteilung der Benutzungshäufigkeit der Produktfunktionen, hinreichend gut abbilden. Von den aus dem Buch »Basiswissen Soft-

Zur Zuverlässigkeitsanalyse das operationale Profil ermitteln

waretest« bekannten Testverfahren zur Spezifikation methodischer Tests gilt dies lediglich für den geschäftsprozessbasierten Test. Zur Anwendung der im Folgenden beschriebenen Verfahren zur Restfehlerabschätzung sind somit in der Regel zusätzliche Testfälle zu erstellen, welche die vorliegenden Systemtests hinsichtlich des operationalen Profils ergänzen.

11.6.1 Restfehlerwahrscheinlichkeit

Es gibt im Wesentlichen drei Möglichkeiten, den Testprozess aufgrund der beobachteten Anzahl der aufgedeckten Fehler zu bewerten:

- Es wird eine Anzahl von vor Testbeginn vorhandenen Fehlerwirkungen geschätzt, von denen ein bestimmter Prozentsatz zu finden ist.
- Es wird die Fehleraufdeckungsrate beobachtet.
- Es werden künstlich Fehlerzustände in das Programm eingebracht, von denen ein bestimmter Anteil im Test zur Wirkung, also zur Aufdeckung, gebracht werden muss.

Um mit vorgegebenen Fehleranzahlen arbeiten zu können, muss die Gesamtanzahl der in dem System enthaltenen Fehlerzustände abgeschätzt werden. Da es sich hierbei um Fehlerzustände handelt, die nach Codereviews oder anderen Qualitätssicherungsmaßnahmen noch im System verblieben sind, wird dieser Vorgang auch →Restfehlerabschätzung genannt. Diese Abschätzungen basieren auf den in der jeweiligen Entwicklungseinheit vorliegenden Daten und Erfahrungswerten, insbesondere auf einer gut geführten Abweichungsdatenbank.

Danach wird die Effektivität des zukünftigen Testens (in Prozent der aufgedeckten Fehlerwirkungen) für jede Teststufe geschätzt. Auf Basis dieser Schätzungen kann die Anzahl der zu findenden Fehlerwirkungen durch folgende Formel vorgegeben werden:

Vorgegebene Fehleranzahl = Restfehleranzahl × Effektivität (in %)

Damit entspricht die Effektivitätsabschätzung eigentlich der Vorgabe, wie viele Fehlerwirkungen durch den Test zu finden sind.

Beispiel Das folgende Rechenbeispiel verdeutlicht die Abschätzungen ([Wallmüller 90]).

Die Abschätzung der durch den Test aufgedeckten Fehlerwirkungen (Effektivitätsabschätzung) erfolgt nach den Vorgaben in Tabelle 11–4.

Teststufe	Gefundene Codierungsfehler	Gefundene Entwurfsfehler
Entwicklertest	65%	0%
Funktionstest	30%	60%
Integrationstest	3%	35%
Summe	98%	95%

Tab. 11–4

Vorgaben zur Testeffektivität

Insgesamt sollen also ca. 98% der Codierungsfehler und 95% der Entwurfs-fehler im Test gefunden werden, wobei es sich um Fehlerwirkungen handelt, die trotz aller anderen Qualitätssicherungsmaßnahmen im Code verblieben sind.

Als Restfehlerabschätzung für ein System mit mehr als 10.000 Anweisun-gen werden 5 Fehler pro 100 Anweisungen angesetzt. Ein System mit ca. 10.000 Anweisungen hat demnach einen Restfehleranteil von ca. 500 Fehlern.

Als Vorgabe für die Anzahl der zu findenden Fehlerwirkungen wird zu-sätzlich angenommen, dass der Anteil der Codierungs- bzw. Entwurfsfehler an den Restfehlern im Verhältnis von 2:3 steht, d.h., insgesamt liegen 500 Restfehler vor, davon 200 Codierfehler und 300 Entwurfsfehler.

Nach der obigen Formel können die Fehlervorgaben für die Spalten »Vor-gabe Codierfehler« und »Vorgabe Entwurfsfehler« nun einfach errechnet werden (Tab. 11–5).

Teststufe	Fehlervorgabe (insgesamt)	Vorgabe Codierfehler	Vorgabe Entwurfsfehler
Entwicklertest	130	130	0
Funktionstest	240	60	180
Integrationstest	111	6	105
Summe	481	196	285

Tab. 11–5

Ermittelte Fehlervorgaben für Codier- und Entwurfsfehler

Diese Vorgaben können als Testendekriterium bzgl. der Codierungs- und Entwurfsfehler herangezogen werden, falls die aufgedeckten Fehlerwirkun-gen nach dieser Einteilung klassifiziert werden. Die gesamte Fehlervorgabe ist die Summe der zu findenden Fehlerwirkungen für die jeweilige Teststufe.

11.6.2   Zuverlässigkeits-Wachstumsmodelle

Die statistische Software-Zuverlässigkeitsberechnung versucht, anhand der vorliegenden Fehlerdaten (z. B. Zeitpunkte der Aufdeckung einer Fehlerwirkung bzw. eines Fehlerzustands) insbesondere aus dem Inte-grations- und Systemtest Aussagen über das zukünftige (Fehl-)Verhal-ten einer Software zu erhalten. Dies kann die Anzahl bzw. die Rate der

Aus Fehlerdaten auf die Zuverlässigkeit schließen

zukünftig zu erwartenden Fehlerwirkungen oder die vermutliche Anzahl der noch in der Software vorhandenen Fehlerzustände sein.

Hierbei ist zu beachten, dass statistische Software-Zuverlässigkeitsberechnungen aufgrund ihrer wahrscheinlichkeitstheoretischen Herangehensweise umso bessere Voraussagen ermöglichen, je größer der Datenbestand ist, der zur Berechnung herangezogen werden kann, und je größer das Projekt und die Organisation sind, da einzelne »Ausreißer« dann nicht so stark ins Gewicht fallen. Zusätzlich sollen die Fehlerdaten frühestens ab Beginn des Integrationstests betrachtet werden, weil im Komponententest keine repräsentative Nutzung der Software zu erwarten ist, da hier nur einzelne Teilaspekte getestet werden und die Tests sicherlich nicht das operationale Profil des Systems widerspiegeln.

In diesem Abschnitt werden zwei Modelle zur Software-Zuverlässigkeitsberechnung beschrieben und mit einigen Hinweisen zu den Voraussetzungen und zum Einsatz solcher Modelle versehen. Grundvoraussetzungen, die beim Einsatz der Modelle zur statistischen Software-Zuverlässigkeitsberechnung hinreichend gut erfüllt sein müssen, sind folgende:

Statistik funktioniert nur bei stabilen Randbedingungen

- Softwareentwicklungs- und Testprozess sind stabil, d.h., die Software wird von gut ausgebildeten Mitarbeitern nach einem definierten Entwicklungsmodell mit anerkannten Methoden und bekannten Werkzeugen (weiter-)entwickelt bzw. getestet.
- Die Testfälle und -daten spiegeln die Einsatzbedingungen der Software im Betrieb hinreichend gut wider (Testprofil ~ operationales Profil). Einige Modelle eignen sich allerdings auch für Prognosen im Umfeld des systematischen strukturierten Testens (siehe [Grottke 01]).

Grobe Vereinfachung

- Die Testfälle decken alle Fehlerzustände in einer bestimmten Fehlerklasse mit gleicher Wahrscheinlichkeit auf.
- Die Fehlerwirkungen lassen sich eindeutig auf die Fehlerzustände abbilden.

Als einfaches Modell wird das nach Jelinski und Moranda benannte Modell beschrieben ([Jelinski 72], s.a. [Liggesmeyer 02]). Zusätzlich zu den oben genannten Grundvoraussetzungen beruht dieses Modell noch auf folgenden vereinfachenden Annahmen:

- Die Fehlerrate ist proportional zur Gesamtzahl der in der Software vorhandenen Fehlerzustände.
- Die Zeit zwischen dem Auftritt je zweier Fehlerwirkungen ist konstant (konstante Testintensität).
- Bei der Fehlerkorrektur werden keine neuen Fehlerzustände in die Software eingebracht.

Die erste Voraussetzung beinhaltet gleichzeitig die Grundidee des Modells: Es wird von der aktuellen Fehlerrate auf die Gesamtfehleranzahl geschlossen. Seien N_0 die Gesamtzahl der Fehlerzustände vor Beginn der Tests, p eine Proportionalitätskonstante und λ_0 die Fehlerrate zu Beginn des Tests. Die Grundidee des Modells lautet dann als Formel ausgedrückt:

$$\lambda_0 = p \times N_0$$

Zu einem späteren Zeitpunkt i, nachdem $N_0 - N_i$ Fehlerzustände korrigiert wurden, gilt dann:

$$\lambda_i = p \times N_i$$

Hierbei bezeichnet N_i die zum Zeitpunkt i noch in der Software enthaltenen Fehlerzustände. Als Wahrscheinlichkeit, dass die Software eine bestimmte Zeitspanne ohne Fehlerwirkung funktioniert ($\rightarrow$Überlebenswahrscheinlichkeit), ergibt sich (nach einer in [Liggesmeyer 02] nachzulesenden Rechnung):

$$R(t) = e^{-\lambda_i \times t}$$

Zu Beginn des Integrationstests im VSR-Projekt wird alle 1,25 h (Betriebszeit bzw. Testausführungszeit) eine Fehlerwirkung aufgedeckt, am Ende des Systemtests nur noch alle 20 Stunden. In diesen Tests wurden insgesamt 752 Fehlerwirkungen aufgedeckt und entfernt, und der Testmanager berechnet folgende Zusammenhänge:

Beispiel: Zuverlässigkeit des VSR-Systems

$$\lambda_0 = p \times (N_0 - 0) = 1 / 1{,}25\ h = 0{,}8 / h \text{ und}$$

$$\lambda_{Ende} = p \times (N_0 - 752) = 1 / 20\ h = 0{,}05 / h, \text{ d.h.}$$

$$\lambda_0 / \lambda_{Ende} = 16.$$

Diese Gleichungen löst er zunächst nach N_0 auf, es ergibt sich:

$$N_0 = 802.$$

Einsetzen dieses Wertes in die erste Gleichung liefert:

$$p = 0{,}001.$$

Weiterhin berechnet er

$$R(10h) = e^{-0{,}05 \times 10h} = 0{,}6065.$$

Dies bedeutet: Die Wahrscheinlichkeit, dass die VSR-Software 10 Stunden ohne Fehlerwirkung überlebt, liegt bei ca. 61%.

Da dies dem Projektteam nicht ausreichend erscheint, wird die Testphase verlängert. In deren Verlauf werden 25 weitere Fehlerwirkungen aufgedeckt, und es ergibt sich folgendes Bild:

$\lambda_n = 0,001 \times (802 - 777) = 0,025 \,/\, \text{h}.$

Dies bedeutet, der Testmanager muss damit rechnen, dass weitere Fehlerwirkungen nur noch alle 40 Stunden gefunden werden.

$R\,(10\ \text{h}) = e^{-0,025 \times 10\,\text{h}} = 0,779.$

Die Wahrscheinlichkeit, dass das System ohne Fehlerwirkung 10 Stunden überlebt, hat sich durch den weiteren Test also um ca. 17% erhöht. Der Nutzen der weiteren Tests wird damit direkt quantifiziert.

Als weiteres Modell kann das Musa-Okumoto-Modell ([Musa 84]) in Erwägung gezogen werden, das insbesondere die Tatsache betrachtet, dass zu Beginn des Tests eher die »einfachen« Fehlerwirkungen gefunden werden und die Zuverlässigkeit der Software daher nur langsam anwächst. Anstelle des umgekehrt-exponentiellen Anstiegs der Überlebenswahrscheinlichkeit ergibt sich ein S-förmiger Verlauf.

Das folgende Diagramm zeigt den Verlauf von $N(t)$ für eine (normierte) Fehlerzustandszahl $N_0 = 1$, $\beta = 0,05 \times 1\,/\,\text{h}$ und eine Zeitdauer von 100 Testbetriebsstunden.

Abb. 11–13

Zuverlässigkeits-
wachstum im
Musa-Okumoto-Modell

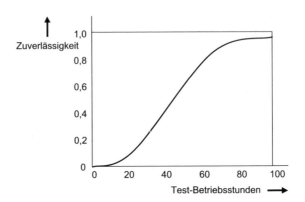

In der Literatur finden sich viele weitere Modelle zur Zuverlässigkeitsabschätzung, eine Übersicht findet sich in [Liggesmeyer 02], das »Standardwerk« zur Softwarezuverlässigkeit ist nach wie vor [Lyu 96].

11.7 Zusammenfassung

- Für jede Teststufe sind geeignete Testmetriken zu definieren und zu erheben. Sie erlauben quantitative Aussagen bzgl. der Produktqualität und der Qualität des Entwicklungs- und Testprozesses und bilden die Grundlage für eine transparente und nachvollziehbare Planung und Steuerung des Testprozesses.

- Anhand der unterschiedlichen Messobjekte ergeben sich testfallbasierte Metriken, testbasis- und testobjektbasierte Metriken, fehlerbasierte Metriken und kosten- bzw. aufwandsbasierte Metriken.

- Komplexitätsmetriken wie die Lines of Code (LOC) oder die zyklomatische Komplexität (McCabe-Metrik) werden für den risikobasierten Test benötigt. Auch Testmetriken dienen als Indikatoren für Projekt- und Produktrisiken.

- Historisierte Abweichungsdaten erlauben fehlerbasierte Metriken sowie Aussagen zur Restfehlerwahrscheinlichkeit und Zuverlässigkeit des Systems.

12 Auswahl und Einführung von Testwerkzeugen

In die Anschaffung von Werkzeugen wird oftmals viel Hoffnung, Zeit und Geld investiert – dennoch landet so manches Softwaretool ungenutzt im Schrank. Dieses Kapitel will Hilfestellung geben bei der fundierten Identifikation von möglichen Einsatzgebieten für Werkzeuge, für deren Auswahl und für die Einführung in den Testprozess.

12.1 Wozu Testwerkzeuge?

Testwerkzeuge können ein Mittel sein, um in einem wohldefinierten und effektiven Testprozess die Durchführung einzelner Testaktivitäten effizienter zu gestalten. Dies wird erreicht, wenn das jeweilige Werkzeug Zeit spart und damit Kosten senkt oder den Umfang und/oder die Qualität der Ergebnisse erhöht. Ein typisches Beispiel hierfür sind Werkzeuge zur automatisierten Durchführung von Tests – sie machen »lediglich« die Durchführung zuvor erstellter Testfälle kostengünstiger, schneller und exakter, fügen aber keine neue Dimension zur Aufgabe des Testens hinzu. Zum effizienten Betrieb solcher Werkzeuge müssen bestehende Prozesse in der Regel ergänzt werden, z.B. in der Planungsphase um Aktivitäten zur Identifikation der zu automatisierenden und automatisch durchzuführenden Testfälle. Der Testprozess als Ganzes bleibt aber im Wesentlichen derselbe.

Effizienz steigern

Testwerkzeuge können aber auch einen ganz neuen Prozess oder neue Aktivitäten in einem bestehenden Prozess erst ermöglichen, indem sie neue oder zusätzliche technologische oder organisatorische Möglichkeiten schaffen.

Neue Fähigkeiten schaffen

In diese zweite Kategorie fallen beispielsweise Werkzeuge zur automatischen Generierung von Testfällen aus abstrakten Modellen des zu testenden Systems (siehe z.B. [URL: AGEDIS]). Die Einführung eines solchen Werkzeugs hat Auswirkungen auf den gesamten Testprozess:

- Die Planung kann sich nicht mehr auf einzelne Testfälle beziehen, da diese ja während des Testens erst erzeugt werden und somit nicht mehr individuell identifizierbar sind. Die Spezifikationsphase zielt nicht mehr auf die Beschreibung von Testfällen, sondern liefert Generierungsstrategien für die gewünschten Testfälle.

- Die Durchführung der generierten Tests muss automatisiert werden, weil der Vorteil der Testgenerierung – das Entstehen einer sehr großen Menge von Testfällen zu geringen Kosten – sonst nicht nutzbar ist.

- Die Bewertung der Testabdeckung und der Produktqualität muss sich auf das der Generierung zugrunde liegende abstrakte Modell des getesteten Systems beziehen.

Das Beispiel zeigt, dass mit der Einführung eines Werkzeugs durchaus vorsichtig umgegangen werden muss – schnell kann die Zwangslage entstehen, vorhandene Prozesse den Werkzeugen anpassen zu müssen statt umgekehrt.

12.2 Bewertung und Auswahl von Testwerkzeugen

Eine systematische Werkzeugauswahl erfolgt in folgenden Phasen:

1. Grundsätzliche Entscheidung über Einsatz eines Werkzeugs
2. Identifikation von Anforderungen
3. Evaluation
4. Auswertung und Auswahl

Normen zur Werkzeugauswahl

Zur Auswahl von Werkzeugen können zwei unterschiedlichen Normen dienen, nämlich die [IEEE 1209] und die [ISO 14102]. Beide Normen sind praxistauglich und ähneln sich hinsichtlich der Inhalte, benennen und strukturieren die einzelnen Phasen des Prozesses aber unterschiedlich. Die ISO 14102 ist deutlich detaillierter als die IEEE 1209 und stärker auf einen organisationsweiten Auswahlprozess ausgerichtet. Die IEEE 1209 ist kompakter und wahrscheinlich in kleineren Unternehmen bzw. bei auf einzelne Teams begrenzten Toolentscheidungen leichter einsetzbar. Das hier geschilderte Verfahren ist aus langjähriger Praxiserfahrung entstanden und im Wesentlichen kompatibel zu beiden Normen.

Im Folgenden wird auf jede dieser Hauptphasen und die enthaltenen Unterphasen eingegangen.

12.2.1   Grundsätzliche Entscheidung über Einsatz eines Werkzeugs

Identifikation und Quantifizierung der Ziele

Vor der Beschaffung eines Werkzeugs muss zunächst die Zielsetzung für den Werkzeugeinsatz definiert werden:

- Welche Aktivitäten im Testprozess sollen verbessert bzw. unterstützt werden?
- Welchen Nutzen bzw. welche Einsparungen und/oder Verbesserungen sollen erzielt werden? Diese Ziele müssen quantifiziert und priorisiert werden.
- Sollen neue Prozesse bzw. Aktivitäten durch den Werkzeugeinsatz eingeführt werden? Was sind die Folgen dieser Einführung? Auch hier müssen die Ziele quantifiziert werden.

Diese Zielsetzung muss von allen Betroffenen verstanden werden. Sind die Ziele unklar, schlecht kommuniziert oder gegensätzlich und werden Tools über die Köpfe derjenigen Personen hinweg angeschafft, die damit arbeiten sollen, dann ist die Wahrscheinlichkeit hoch, dass die beschafften Werkzeuge nach kurzer Zeit ungenutzt im Schrank stehen.   *Nachvollziehbare Ziele*

Betrachtung möglicher Alternativlösungen

Nach der genauen Identifikation der anzugehenden Probleme muss die Frage gestellt werden: Können diese Ziele tatsächlich nur mit einem neuen Werkzeug erreicht werden oder gibt es Alternativen?

- Sind die Ziele wirklich geeignet, um durch ein Werkzeug erreicht   *Alternativen bewerten* zu werden? Oder liegen die Ursachen der abzustellenden Probleme vielleicht vielmehr in unvollständigen oder nicht aktuellen Prozessdokumenten, unzureichender Qualifikation der Mitarbeiter oder unzureichenden Kommunikationsmitteln? Dann müssen selbstverständlich diese Unzulänglichkeiten direkt abgestellt werden, anstatt ihre Existenz durch Einführung eines Werkzeugs zu kaschieren.
- Kann ein bereits existierendes Werkzeug erweitert, parametrisiert oder durch Erstellung geeigneter Arbeitsanweisungen genutzt werden, um die Ziele abzudecken? Kann diese Frage nicht eindeutig verneint werden, so macht es zumindest Sinn, in die folgenden Phasen der Werkzeugauswahl das bestehende Werkzeug und die Zusatzmaßnahmen mit aufzunehmen.
- Kann statt der Anschaffung eines existierenden Werkzeugs ggf. ein neues selbst entwickelt oder dessen Entwicklung beauftragt werden? Dies muss die Fortsetzung des Auswahlprozesses nicht ver-

hindern; die Entscheidung für eine Neuentwicklung kann ggf. das Resultat der Auswertung der Evaluation sein.

▪ Ist es vielleicht sogar am sinnvollsten, mit dem Status quo zu leben und den Aufwand für die Einführung eines neuen Werkzeugs einzusparen? Um diese Frage zu beantworten, ist eine Kosten-Nutzen-Betrachtung notwendig.

Kosten-Nutzen-Analyse

Prinzipiell stehen den erwarteten Vorteilen oder Einsparungen durch den Werkzeugeinsatz – basierend auf der quantifizierten Bewertung der Ziele – unterschiedliche direkte und indirekte Kosten gegenüber. Einige dieser Kosten sind bereits zu diesem frühen Zeitpunkt der Überlegungen bekannt, andere können erst während der folgenden Schritte ermittelt werden. Die Kosten-Nutzen-Analyse muss daher im Verlauf der Auswahl ggf. mehrfach hinterfragt und aktualisiert werden.

Direkte Kosten ▪ Zunächst erfolgt die Identifikation der direkten Kosten für die Anschaffung und die Nutzung des Werkzeugs; diese sind natürlich pro Evaluationskandidat zu erheben, so dass in der Praxis dieser Schritt erst während der Evaluationsphase vervollständigt werden kann:

- Was sind die Kosten einer einzelnen Lizenz?
- Wie sieht das Lizenzierungsmodell aus – müssen pro Arbeitsplatz oder pro Benutzer statisch Lizenzen angeschafft werden, oder wird die maximale parallele Anzahl von Nutzungen lizenziert? Wie sieht das beabsichtigte Nutzungsprofil im eigenen Unternehmen aus, d.h., von wie vielen Nutzern und welcher durchschnittlichen Nutzungsdauer muss ausgegangen werden?

Tipp

Vorsicht: Einige Werkzeughersteller haben die Praxis eingeführt, dass die Lizenzen nur für ein bestimmtes Projekt Gültigkeit haben – der Nutzen der Tools ist somit beschränkt und die Amortisation deutlich erschwert.

- Was sind die durchschnittlichen Kosten für Updates und Upgrades, und wie oft bietet der Hersteller solche an?
- Bietet der Hersteller einen Wartungsvertrag an, der Support, Updates und ggf. Upgrades umfasst? Wenn ja, zu welchen Kosten?

Tipp

Die Miete eines Werkzeugs kann betriebswirtschaftlich sinnvoller als der Kauf sein, insbesondere wenn die Miete bereits o.g. Wartungsgebühren beinhaltet. Bietet der Hersteller ggf. ein solches Mietmodell an?

- Gibt es Rabattstaffeln, die bei der Anzahl anzuschaffender Lizenzen anzuwenden sind?
- Je nach Einsatzbereich des Werkzeugs kann es im Testprozess eine hohe Schwankungsbreite zwischen minimaler, durchschnittlicher und maximaler Anzahl von Nutzern geben (z.B. Werkzeuge für die Unterstützung der Testdurchführung werden nur in Testdurchführungszyklen benötigt). Gibt es hierfür ein Modell für Peak-Lizenzen, die temporär in Spitzenzeiten genutzt werden können?

- Auch muss eine Betrachtung der Kosten der Evaluation selbst erfolgen:
  - Wie viel Personal wird dazu über welchen Zeitraum benötigt?
  - Welche Evaluationsumgebung aus Hard- und Software ist aufzusetzen?
  - Sind für die Evaluation bereits Softwarelizenzen anzuschaffen oder können diese von den jeweiligen Herstellern kostenfrei bezogen werden?

- Nun sind die indirekten Kosten zu betrachten: *Indirekte Kosten*
  - Erfordern die Systemanforderungen des Werkzeugs ggf. Nachrüstungen der Hard- und Software der Testarbeitsplätze?
  - Wie aufwändig sind die Neuinstallation, eine Update- oder Upgrade-Installation und die Konfiguration? Gibt es eine Unterstützung für ein zentralisiertes Management der Installationen?
  - Was kostet die Qualifikation der Benutzer durch Schulungen?
  - Wie hoch ist der Aufwand für die Erstellung eines Einsatzkonzeptes, d.h. der notwendigen Anpassungen/Erweiterungen der Prozessdokumentationen?
  - Sind Schnittstellen zu bereits vorhandenen Werkzeugen kundenspezifisch anzupassen oder neu zu erstellen? Welcher Aufwand für derartige »Customizing«-Leistungen wird benötigt? Kann der Toolhersteller derartige Unterstützung bieten oder kompetente Partner vermitteln?

Den Kosten müssen dann die erwarteten Nutzenfaktoren gegenübergestellt und soweit möglich quantifiziert werden. Dazu gehören beispielsweise: *Nutzen quantifizieren*

- Einsparung von Ressourcen durch effizientere Bearbeitung der Aufgaben
- mögliche Ausdehnung der Testabdeckung mit dem gleichen Aufwand von Ressourcen wie vor der Werkzeugeinführung

- größere Wiederholungsgenauigkeit und Präzision bei der Ausführung der Testaufgaben
- Standardisierung der Testdokumentation
- aufwandsarme Erzeugung vollständiger normkonformer Dokumentationen
- effektiverer Einsatz des Testteams durch Entlastung von sich wiederholenden Routinetätigkeiten
- größere Zufriedenheit des Testteams

Identifikation von Einschränkungen

Als Abschluss der Grundsatzüberlegungen muss – beispielsweise durch ein Brainstorming – versucht werden, mögliche weitere Kostenfaktoren, Einschränkungen und negative Auswirkungen der Werkzeugeinführung zu lokalisieren, an die bisher nicht gedacht wurde:

- Kann die Einführung des Werkzeugs andere Prozesse negativ beeinflussen, beispielsweise durch Wegfall einer bisher – z.B. durch den Vorgänger des neu einzuführenden Tools – bedienten Schnittstelle?
- Wodurch bzw. durch wen kann die Werkzeugauswahl negativ beeinflusst werden – ist sichergestellt, dass sie objektiv durchgeführt werden kann? Manchmal gibt es im Unternehmen Personen, die subjektive Vorbehalte gegen Neuerungen im Allgemeinen und Werkzeuge im Speziellen haben, oder die sich lieber durch Implementierung eines Werkzeugs Marke »Eigenbau« ein »Denkmal« setzen wollen, statt ein Werkzeug »von der Stange« anzuschaffen.
- Wodurch kann die an die Auswahl anschließende Einführung des Werkzeugs scheitern? Gefährdet die Einführung ein laufendes Projekt ggf. so stark, dass die angestrebte Qualität oder die geplanten Termine nicht eingehalten werden können?

Mögliche Einschränkungen durch Risikomanagement behandeln

Solche Risikofaktoren müssen als Einschränkungen für die Werkzeugauswahl und -einführung festgehalten und durch ein konsequentes Risikomanagement behandelt werden.

12.2.2 Identifikation von Anforderungen

In den meisten Fällen kann davon ausgegangen werden, dass zur Erreichung eines bestimmten Ziels verschiedene Werkzeuge alternativ eingesetzt werden können. Ohne detaillierte Vorbereitung und ernsthafte Durchführung eines Vergleichs zwischen den Alternativen besteht ein erhöhtes Risiko, dass hohe Kosten für Anschaffung und Einführung

des Werkzeugs entstehen, es aber dann unzureichend oder schlimms-
tenfalls gar nicht genutzt wird.

Der Vergleich muss fair und nachvollziehbar ablaufen. Zur Vorbereitung werden möglichst vollständig die Anforderungen der diversen
Interessengruppen erhoben. Die gewünschten »Features«, also funktionale Eigenschaften, und die nichtfunktionalen Eigenschaften wie Performanz oder Benutzbarkeit des Produkts leiten sich aus den Zielen für den
Werkzeugeinsatz ab. Die Erhebung dieser Anforderungen ähnelt der für
ein neu zu entwickelndes Softwareprodukt:

- Erhebung der Nutzeranforderungen: eindeutige Identifikation der *Anforderungsprozess*
  Ziele aller Beteiligter (der »Stakeholder« des Produkts); Klassifizie- *wie bei der*
  rung und Priorisierung dieser Anforderungen *Softwareentwicklung*
- Analyse: Zusammenfassung ähnlicher und Identifikation sich
  widersprechender Anforderungen; Konfliktlösung
- Spezifikation: Detaillierung der Nutzeranforderungen in Form von
  Selektionskriterien; Zusammenfassung der Kriterien in schriftli-
  cher Form. Dabei werden die Priorisierungen der Nutzeranforderungen auf die Selektionskriterien übernommen
- Review: Vorlage der Anforderungen bei den Stakeholdern und
  gemeinsame Freigabe

Sehr wichtig sind in diesem Prozess die Priorisierung und die Sicher-
stellung der Rückverfolgbarkeit, d.h., es muss in jedem Schritt klar
sein, wer eine Anforderung geäußert hat (um später Anforderungskon-
flikte oder Zweifelsfälle klären zu können) und wie wichtig sie für
diese Person oder Rolle und auch für den Gesamtkreis der zukünftigen
Nutzer ist. Denn wahrscheinlich erfüllt kein Produkt alle Anforderungen, daher muss die spätere Auswahl sich an Anzahl und Wichtigkeit
der jeweils erfüllbaren Anforderungen orientieren.

Funktionale Anforderungen an das Testwerkzeug

Typische funktionale Anforderungen an ein Werkzeug können bei- *Beispiele für funktionale*
spielsweise wie folgt aussehen: *Anforderungen*

- »Das Testmanagementsystem benötigt eine Schnittstelle für den
  Import von Anforderungsobjekten aus der Datenbank der Anfor-
  derungsmanagementsoftware; außer dem Inhalt der Anforderungen müssen auch alle vordefinierten und alle benutzerdefinierten
  Attribute importiert werden können.«
- »Das Testautomatisierungssystem muss in der Lage sein, alle
  Objekte der grafischen Oberfläche der Testobjekte zu erkennen
  und zu bedienen (beispielsweise Testobjekte, die in Java Swing
  implementiert sind).«

Nichtfunktionale Anforderungen an das Testwerkzeug

Diese Klasse von Anforderungen kann prinzipiell mit dem gleichen Verfahren wie die funktionalen »Features« erhoben werden; dies gestaltet sich erfahrungsgemäß aber schwieriger. Typische Äußerungen wie »Das System soll einfach bedienbar sein« oder »Das System soll schnell genug für 20 parallele Nutzer sein« können nicht direkt an den Evaluationskandidaten überprüft werden.

Einerseits muss versucht werden, die gewünschten nichtfunktionalen Eigenschaften besser quantifizierbar festzuhalten (z.B. »Das System muss eine Benutzerschnittstelle aufweisen, deren Gestaltung sich an einem bestimmten Style Guide orientiert, um den Benutzern die Einarbeitung und die tägliche Bedienung zu erleichtern«).

Andererseits muss eingeplant werden, dass einige nichtfunktionale Eigenschaften (i.Allg. Benutzbarkeit und Performanz) nicht durch bloße Augenscheinprüfung der Evaluationskandidaten verifiziert werden können, sondern durch entsprechende Usability- bzw. Performancetests.

Beispiele für nichtfunktionale Anforderungen

Auch hierzu einige Beispiele für einen sinnvollen Kriterienkatalog:

▪ »Die im Testmanagementsystem verwendete Terminologie muss zum ›ISTQB Certified Tester‹-Glossar konform sein.«

▪ »Bei paralleler Nutzung des Testmanagementsystems durch zwei Testmanager, drei Testdesigner und fünf Tester unter typischen Benutzungsprofilen muss das System so performant sein, dass im Mittel Antwortzeiten von max. 3 Sekunden auftreten.«

Die Ergebnisse der vorangegangenen Kosten-Nutzen-Überlegungen werden als besondere nichtfunktionale Anforderungen aufgenommen, da sie, wie bereits erwähnt, teilweise erst während der tatsächlichen Evaluation ermittelt werden können. Außerdem können auf diese Weise funktionale, nichtfunktionale, finanzielle Anforderungen und solche an die Produktbegleitleistungen bei der Evaluation homogen behandelt im Kriterienkatalog (s.u.) verwaltet werden, so dass das Ergebnis der Evaluation sowohl Nutzen als auch Kosten widerspiegelt.

Anforderungen an Begleitleistungen zum Produkt

Softwareentwicklungswerkzeuge sind heutzutage so komplex, dass zu ihrer Einführung und Nutzung oft Unterstützung durch den Werkzeughersteller benötigt wird. Ein nur als Verkaufsorganisation auf dem Markt präsenter Toolanbieter könnte in diesem Kontext als weniger attraktiv angesehen werden als z.B. ein Lösungsanbieter mit breitem Spektrum an Dienstleistungen und Produkten. Zur Bewertung dieser Zusatzleistungen können folgende Fragestellungen hilfreich sein:

Beispiele für Begleitleistungen

▨ Wie ist der Produktsupport aufgestellt – als ausgelagertes Callcenter oder als Kompetenzstelle innerhalb der Organisation des Toolherstellers selbst? Dies gibt u. U. wichtige Hinweise auf die Kompetenz der Mitarbeiter; weitere Aussagen zur Kompetenz können ggf. erst während der Evaluation durch tatsächliche Ansprache des Supports getroffen werden.

▨ Zu welchen Zeiten und über welche Kanäle (E-Mail, Telefon, vor Ort) ist der Support erreichbar? Sind maximale Reaktionszeiten zugesichert? Wie lange sind diese?

▨ Für international aufgestellte Unternehmen: Gibt es Vor-Ort-Support in mehreren Ländern? Sind der Telefon- und E-Mail-Support mehrsprachig? Werden verschiedene Zeitzonen unterstützt?

▨ Bietet der Hersteller Schulungen, Einführungspakete und nutzungsbegleitendes Coaching und Consulting durch kompetente Mitarbeiter?

▨ Wie verlässlich ist der Hersteller, d.h., wie lang ist er am Markt tätig, wie stabil ist er aufgestellt (hat er beispielsweise mehrere Standbeine oder ist das Produkt seine einzige Einnahmequelle)?

▨ Wie hoch ist die Qualität des Produkts selbst, d.h., wie viele Fehler werden bei der Evaluation im Produkt, in der Dokumentation etc. festgestellt?

Hilfreich zur Identifikation funktionaler und nichtfunktionaler Anforderungen ist die bereits in Kapitel 5 sowie in [Spillner 05, Abschnitt 2.1.3] behandelte DIN/ISO-Norm 9126. Die [ISO 14102] enthält ebenfalls einen Katalog von generischen Anforderungen für verschiedene Klassen von Werkzeugen für den Softwareentwicklungsprozess.

Tipp

Aufstellung eines Kriterienkatalogs

Sind alle Anforderungen gesammelt, erfolgt die Ausarbeitung des Kriterienkatalogs. Üblicherweise wird der Katalog mit Hilfe einer Tabellenkalkulation in Form einer so genannten Nutzwertanalyse aufgebaut, so dass die Evaluationsergebnisse automatisch zu Teil- und Gesamtbewertungen der einzelnen Werkzeuge verdichtet werden können. Ziel ist es, durch die Evaluation jedem Tool eine »Note« zu geben, welche die Nutzbarkeit dieses Tools in Bezug auf das geforderte Einsatzprofil angibt.

Kriterien tabellarisch dokumentieren

   Kriterienkataloge können mit unterschiedlichsten Verfahren aufgebaut werden; hier sind einige Hinweise für den Aufbau:

1. **Bildung von Gruppen**

   Die einzelnen Anforderungen können in Gruppen einsortiert werden, um später ein Profil der Stärken und Schwächen der einzelnen Tools in Bezug auf diese Gruppen ermitteln zu können. Idealerweise entsprechen die Gruppen den während der Zieldefinitionsphase identifizierten groben Zielen des Werkzeugeinsatzes. Jede der Gruppen kann, falls sinnvoll, eine eigene Gruppengewichtung erhalten, die bei der Ermittlung des Gesamtergebnisses eingeht. Diese spiegelt dann die Priorisierung der ursprünglichen Ziele wider.

2. **Einordnung der Selektionskriterien**

   Nun wird jedes Kriterium in eine der Gruppen einsortiert. Dabei erhält es ebenfalls eine Gewichtung, die seine lokale Wichtigkeit gegenüber den anderen Anforderungen in der gleichen Gruppe repräsentiert.

3. **Definition von Metriken für die Kriterien**

   Jedes Kriterium soll bei der Durchführung der Evaluation durch eine Zahl (eine »Note«) bewertet werden. Hierzu ist für den gesamten Katalog ein geeigneter Wertebereich zu definieren (z. B. 0 = nicht geeignet bis 5 = optimal). Für jedes Kriterium müssen konkrete Einstufungshinweise angegeben werden, unter welchen Umständen das Tool in Bezug auf das Kriterium wie einzuordnen ist.

12.2.3 Evaluation

Die Evaluation stellt ein geordnetes Vorgehen zur neutralen, vollständigen und wiederholbar dokumentierten Bewertung der ausgearbeiteten Kriterien dar.

Selektion der Evaluationskandidaten

Je nach verfügbarem Budget kann eine Evaluation ein oder mehrere Werkzeuge umfassen. Als Einstiegspunkt für die Lokalisierung geeigneter Kandidaten eignet sich eine Recherche im Internet, bei der nach geeigneten Stichworten gesucht wird (z. B. »Test Automation Tool«).

Zur Vereinfachung sind bereits existierende Werkzeuglisten im Internet nützlich: Einige Beispiele sind:

WWW-Links zum
Thema Testwerkzeuge

- [URL: TESTINGFAQ]
- [URL: SQATEST]
- [URL: APTEST]
- [URL: OSTEST]
- [URL: Tool-List]

Eine weitere mögliche Quelle sind Marktstudien oder Evaluationsberichte. Auch diese sind zum großen Teil über das Internet erreichbar, allerdings zumeist kostenpflichtig. Dafür nehmen sie einen Teil der Evaluationsarbeit vorweg. Stellvertretend seien hier genannt:

Marktstudien

- der OVUM-Report zu Software Testing Tools [URL: OVUM]
- das Software Test Tools Evaluation Center [URL: STTEC]
- die Studie der Zeitschrift iX zum Thema Testmanagement [iX-Studie 06]

Mit hoher Wahrscheinlichkeit liefert eine solche Recherche eine größere Anzahl von Kandidaten, als in dem zur Verfügung stehenden Rahmen evaluierbar ist. Um die endgültige Liste von Kandidaten zusammenzustellen, können folgende Schritte durchgeführt werden:

Sonstige
Selektionskriterien

- Einzelne Selektionskriterien können als K.o.-Kriterien behandelt werden, d.h., wenn ein bestimmtes Tool dieses Kriterium nicht erfüllt, wird es aus der Kandidatenliste gestrichen. Die Kriterien sollen durch ein intensives Studium der Dokumentation zu den Tools bewertbar sein.
- Befragungen aktueller Referenzkunden der Werkzeughersteller.
- Befragungen von Benutzern der Werkzeuge auf Konferenzen und Werkzeugausstellungen.
- Reviews von Testberichten aus Projekten, bei denen das Werkzeug bereits eingesetzt wurde.

Planung und Setup

Vor der eigentlichen Durchführung müssen typische Projektmanagementtätigkeiten erledigt werden:

Projektplanung der
Evaluation

- Klärung der personellen **Besetzung** des Evaluations- und Auswahlteams. Neben einem Projektleiter, der in größeren Unternehmen u.U. aus der IT-Abteilung stammt, werden aus jeder Abteilung und in jeder Rolle, die mit dem Werkzeug zukünftig arbeiten soll, Vertreter benötigt.
- **Individualisierung** der Kriterienkataloge. »Unstrittige« weil objektiv beurteilbare Kriterien müssen nicht durch jeden Teilnehmer separat bearbeitet werden, da dies redundante Arbeit darstellt – dieser Teil muss nur durch eine Person bearbeitet werden (beispielsweise die Installierbarkeit auf unterschiedlichen Plattformen). Diejenigen Evaluationskriterien, die subjektiv, individuell oder je nach Abteilung oder Rolle des Teilnehmers unterschiedlich beurteilt werden können, sollen von allen Teilnehmern bearbeitet werden (z.B. Bedienbarkeitsaspekte). Dabei ist zu beachten, dass die

Erfahrung und Ausbildung der Teilnehmer unbedingt zusammen mit den Evaluationsergebnissen festzuhalten sind.

- Definition des **Evaluationsszenarios**. Die Evaluation läuft umso zielgerichteter, je fester sich die Teilnehmer an einen vordefinierten Ablauf halten. Die Vorgabe eines Drehbuchs bzw. einer Beispielaufgabe (wie auch beim Usability-Test üblich) erzielt diesen Effekt, hat aber u.U. zur Folge, dass die Teilnehmer nicht mehr »links und rechts schauen« und somit keine zufällig beobachteten Auffälligkeiten registrieren können.
- **Zeit- und Ressourcenplanung**.
- **Dokumentationsplanung**, d.h., was über den ausgefüllten Kriterienkatalog hinaus soll im Projekt erstellt werden (Beispieldaten und -projekte im jeweiligen Werkzeug etc.)?
- Bereitstellung von **Ressourcen**, u.a. der notwendigen Hardware zur Installation der Werkzeuge. Grundsätzlich ist die Entscheidung zu treffen, ob jedes Werkzeug auf einer separaten Hardware installiert wird und die Evaluationsteilnehmer zu deren Begutachtung die Arbeitsplätze wechseln oder ob alle Werkzeuge auf jedem Arbeitsplatz bereitgestellt werden. Letzteres hat den Nebeneffekt, dass bei der Durchführung mit mehreren Werkzeugen parallel und somit stärker vergleichend gearbeitet werden kann – aber es birgt das Risiko, dass sich die Softwaretools gegenseitig beeinflussen und destabilisieren.
- Organisation der **Installationsmedien** und der ggf. notwendigen Evaluationslizenzen.
- **Vorbereitung** der Arbeitsplätze durch Installation der Tools, Bereitstellung des Kriterienkatalogs zum Online-Ausfüllen etc.
- **Briefing** der Teilnehmer.

Bewertung der Werkzeuge anhand der Kriterien

Zur Vorbereitung der Evaluation ist es ggf. sinnvoll, eine Toolpräsentation durch den Hersteller gemeinsam mit den Teilnehmern zu organisieren. Dies liefert einen ersten Einblick in die Bedienung und gibt eine Gelegenheit zu konkreten Fragen an den Hersteller sowie evtl. bereits zur aufwandsarmen Bewertung einiger Evaluationskriterien. Hierbei ist es sinnvoll, die Präsentation anhand einer eigenen kleinen Testaufgabe durchführen zu lassen, denn die vorgefertigten, »filmähnlichen« Demos der Werkzeughersteller betonen naturgemäß einseitig die Stärken des jeweiligen Tools. Die Bereitschaft der Werkzeughersteller zu solchen individualisierten Präsentationen steigt natürlich mit der Bereitschaft des Kunden, einen gewissen Beratungsbetrag zu zahlen – oft rechnet sich dieser bereits dadurch, dass die Probleme und Fallstricke der Werkzeugnutzung bereits hier zutage treten statt erst später in einem Projekt unter Zeitdruck.

Danach erfolgt dann gemäß der Ressourcen- und Zeitplanung die Bewertung der Werkzeuge durch jeden Teilnehmer individuell und unabhängig voneinander durch Studium und Bewertung der Dokumentation, Bearbeiten der vorgegebenen Szenarien und paralleles oder zeitnah anschließendes Ausfüllen des Kriterienkatalogs. Gegebenenfalls auftretende Auffälligkeiten und subjektive Eindrücke sollen protokolliert werden.

Individuelle Beurteilung anhand der Kriterien

Berichterstellung

Nach Abschluss der Durchführung konsolidiert der Evaluationsleiter die Ergebnisse und prüft Vollständigkeit und Konsistenz. Die Ergebnisse werden in Form eines Evaluationsberichts zusammengestellt. Dieser beinhaltet üblicherweise:

Detaillierter Evaluationsbericht

* Namen, Hersteller und Versionskennungen der evaluierten Werkzeuge sowie ggf. einen kurzen Steckbrief der Tools als »Management Abstract«
* Evaluationsbasis, d.h. verwendete Konfigurationen von Hard- und Software
* Hintergrund, beispielsweise Prozess und Prozessphase, in der das Tool eingesetzt werden soll
* kurze Beschreibung des Evaluationsprozesses, beispielsweise durch Verweis auf eine der o.g. Normen (oder auch diesen Buchabschnitt)
* detaillierte Evaluationsergebnisse pro Kriterium
* Auflistung der subjektiven Beobachtungen unter Angabe des Profils des jeweiligen Beobachters

12.2.4   Auswahl des zu beschaffenden Werkzeugs

Bewertungsverdichtung und Entscheidungsvorbereitung

Die Evaluationsergebnisse müssen möglichst zu einer einzelnen Zahl, einer »Gesamtnote« für jedes Tool, verdichtet werden. Dabei werden die Gruppen- und Kriteriengewichtungen mit den während der Evaluation ermittelten Werten multipliziert und die Ergebnisse anschließend addiert. Hilfreich zur Beurteilung der Ergebnisse ist die Implementierung einer grafischen Darstellung.

Verdichtung der Evaluationsergebnisse

Die ISO 14102 beschreibt in Anhang B weitere Bewertungs- und Entscheidungsverfahren.

Bei der Verdichtung der einzelnen Bewertungen kann mit einfacher Multiplikation und Addition gearbeitet werden, aber auch beispielsweise mit Quadrierung von Gewichtungsfaktoren, um die Unterschiede der Tools deutlich herauszuarbeiten. Grundsätzlich zu entscheiden ist auch, ob eine absolute Bewertung der Tools in Bezug zu den Idealzielen erreicht werden soll (d.h. eine Bewertung praktisch aller Tools mit deutlich weniger als 100 %) oder eine relative Bewertung der Tools zueinander (d.h. ein Tool wird dann 100 % erhalten). Ersteres stellt die Frage in den Mittelpunkt, ob die Ziele überhaupt durch ein oder mehrere Tools in relevantem Umfang erreicht werden. Letzteres betont stattdessen die Differenzierung der Eigenschaften der Tools untereinander.

Beispiel für Kriterienkatalog und Auswertung

Das folgende Beispiel wurde einem realen, in Microsoft Excel implementierten Bewertungskatalog entnommen; es zeigt den Aufbau einer Evaluationsgruppe, bei der die Tools absolut und relativ zueinander bewertet werden, d.h., es wird ein Wert mit Bezug auf die maximale Punktzahl und ein normierter Wert relativ zum höchsten Resultat eines Tools in der Gruppe errechnet. Anschließend erfolgt die Gewichtung der normierten Punktzahl mit der Wichtigkeit der Gruppe. Außerdem wurden die in Abschnitt 12.2.3 erwähnten K.o.-Kriterien mit aufgenommen, um eine konsistente Darstellung der Entscheidungsgrundlagen in einem einzelnen Dokument zu erhalten (s. Abb. 12–1):

Abb. 12–1
Auswertung eines Kriterienkatalogs

Gewichtung	Anforderung	Gewichtung	Tool 1	Tool 2	Tool 3	Tool 4	K.o.-Kriterium
	Hardware-Plattformen						
	Unterstützung von Windows 95	3	0	3	0	0	
	Unterstützung von Windows NT	3	0	3	0	0	
	Unterstützung von Windows 2000	3	5	5	5	0	1
	Unterstützung von Windows XP	3	5	5	3	3	
	Unterstützung von Solaris	3	0	2	0	0	
	Unterstützung von HP-UX	3	0	2	0	0	
	Unterstützung von Linux	3	0	4	3	5	
	Unterstützung von SCO Unix	3	0	4	0	0	
	Dokumente/Tests zwischen Plattformen austauschbar	3	5	3	4	3	
	Hardware-Plattformen – Prozent von max. Punktzahl		33,3%	73,3%	46,7%	0% (KO)	
	Prozent normiert		45,5%	100,0%	63,6%	0% (KO)	
3	Prozent normiert und gewichtet		136,4%	300,0%	190,9%	0% (KO)	

Im Beispiel wurde die Verwendbarkeit der Tools unter verschiedenen Plattformen bewertet, mit folgenden Wertebereichen (s. Tab. 12–1):

Wert	Einstufung der Nutzbarkeit auf Betriebssystem X
0	Wird nicht unterstützt
1	Installierbar, aber kein Support durch den Hersteller
2	Nutzbar, aber instabil
3	Nutzbar, erfordert aber erhöhten Aufwand wie z.B. Einspielen von Patches für das Betriebssystem
4	Nutzbar mit kleinen Einschränkungen, z.B. inhomogene GUI zum Rest des Betriebssystems, kein übergreifendes Drag&Drop o.Ä.
5	Uneingeschränkt nutzbar

Tab. 12–1

Einstufung von Toolkriterien

Bei vollständiger Bewertung aller Kriterien werden die Bewertungen wie folgt grafisch dargestellt (s. Abb. 12–2):

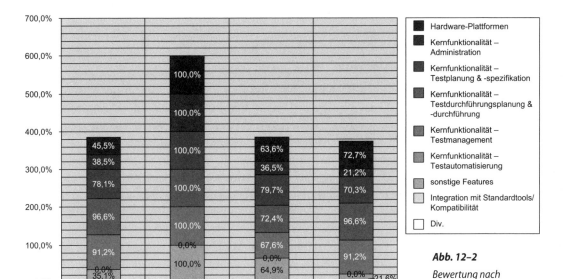

Abb. 12–2

Bewertung nach Bereichen

Die Gesamtauswertung zeigt Tool 2 als Sieger, Tool 4 dagegen als Totalausfall, weil es ein K.o.-Kriterium bei der Plattformkompatibilität nicht erfüllt (s. Abb. 12–3):

Abb. 12–3

Punktzahl in % der Maximalpunktzahl

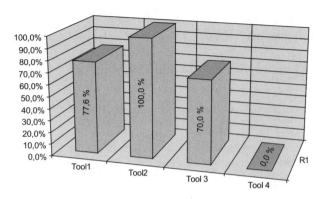

Evaluationskatalog zum Herunterladen

Unter [URL: Tooleval-imbus] ist ein einfacher, fertig implementierter Kriterienkatalog zum Herunterladen verfügbar. Für den Praxiseinsatz sind die Bezeichnungen und die Anzahl der Gruppen sowie die Beschreibungen der einzelnen Kriterien anzupassen. Die Berechnung der Teilergebnisse pro Gruppe und der Gesamtergebnisse pro Tool sowie eine grafische Auswertung erfolgen dann automatisch.

Entscheidung

Die eigentliche Entscheidung über den Werkzeugeinsatz trifft üblicherweise das verantwortliche Management basierend auf den technischen *Sieger nach Punkten* Daten und ggf. weiteren, nichttechnischen Kriterien. Im idealen Fall liegt nach der Auswertung des Kriterienkatalogs und des Evaluationsberichts ein eindeutiger »Sieger nach Punkten« vor. Eventuell liefert die Auswertung aber auch mehrere, deren Gesamtbewertungen dicht beieinander liegen – oder aber keines der betrachteten Werkzeuge erfüllt die Anforderungen in hinreichendem Umfang, um seine Einführung zu rechtfertigen.

Bei knappem Resultat: Nachevaluation oder Pilotbetrieb

Bei einem knappen Evaluationsresultat werden ggf. weitere Entscheidungskriterien benötigt – entweder werden die Priorisierungen der Kriterien nach kritischer Betrachtung modifiziert, Kriterien für eine Nachevaluation ergänzt oder – in vielen Fällen der einfache, weil praxisnahe Weg – mit einigen der in Frage kommenden Werkzeuge ein Pilotbetrieb durchgeführt. Insbesondere die Beurteilung einiger nichtfunktionaler Eigenschaften wie der Bedienbarkeit wird hierdurch auf eine breitere Basis gestellt.

Mögliches Ergebnis: Kein Werkzeug kaufen!

Ist keines der ausgewählten Werkzeuge geeignet, so kann die Schlussfolgerung lauten, eine Eigenentwicklung vorzunehmen, ein bereits bestehendes Tool zu modifizieren oder zu erweitern oder aber die Werkzeuganschaffung komplett zu überdenken.

Ist die Entscheidung getroffen, so muss diese abschließend validiert werden. Hierzu werden die ursprünglichen Ziele und Anforderungen mit den Evaluationsresultaten im Rahmen eines Reviews verglichen.

12.3   Einführung von Werkzeugen

Das beste Werkzeug ist nutzlos, wenn es nicht vernünftig eingeführt wird. Die Basis des langfristigen Erfolgs des Werkzeugs wird durch die adäquate Gestaltung des Testprozesses »außenherum« gelegt.

»A fool with a tool is still a fool«

Das Prozessreifemodell TPI® (siehe Abschnitt 7.3.2) identifiziert in nachvollziehbarer Weise die Grundlagen für den Erfolg eines Werkzeugeinsatzes – bestimmte Teile des Testprozesses müssen eine gewisse Mindestreife aufweisen, bevor der Einsatz eines Tools sinnvoll möglich ist. So ist beispielsweise die Einführung eines Testautomatisierungswerkzeugs ohne vorherige Etablierung formaler Testspezifikationsmethoden sinnlos. TPI bildet daher eine gute Basis, die vor der Werkzeugeinführung ggf. notwendigen Verbesserungsmaßnahmen am Testprozess zu identifizieren und konkrete Umsetzungshilfe zu erhalten.

Testprozessreife und Werkzeuge hängen eng zusammen

Umgekehrt werden Testwerkzeuge einen positiven Einfluss auf den Reifegrad von bestimmten Aktivitäten im Testprozess haben oder zumindest die Verbesserung dieser Aktivitäten erleichtern.

Wichtige Aufgaben vor Einführung des Werkzeugeinsatzes sind u.a.,

- die notwendige Reife der Basisprozesse sicherzustellen bzw. die notwendigen Verbesserungsmaßnahmen zu identifizieren,
- die Voraussetzung für die breite Realisierung der Verbesserungspotenziale bzw. die Erreichung der ursprünglichen Ziele für den Werkzeugeinsatz (siehe Abschnitt 12.2.1) zu schaffen.

Wie für die Auswahl, so existieren auch für die Einführung von Werkzeugen Standards ([IEEE 1348] und [ISO 14471]), die als Orientierung für das genaue Vorgehen dienen. Beide Standards beinhalten nochmals gekürzte Beschreibungen der Zielfindungs- und Auswahlprozesse und ergänzen diese um die wesentlichen Konzepte für die Einführung: Pilotprojekt und Verbreitung.

Normen zur Werkzeugeinführung

12.3.1   Pilotprojekt

Ein Pilotprojekt dient zur Validierung der Einsetzbarkeit des Werkzeugs. Idealerweise hat es eine überschaubare, aber nicht zu kurze Laufzeit (3 – 6 Monate) und eine für das Unternehmen repräsentable Größe und Kritikalität. Das Management muss dem Pilotprojekt aus-

Pilotprojekt überschaubar halten

reichenden Support, z.B. in Form von zusätzlichen Ressourcen, zur Verfügung stellen.

Im Pilotprojekt wird beurteilt, ob die (quantifizierten) Ziele für den Werkzeugeinsatz tatsächlich erreicht werden können. Daher sind die rechtzeitige Definition geeigneter Metriken und die Bereitstellung entsprechender Messverfahren notwendig.

Ein weiteres Ziel ist die Validierung der diversen Annahmen der initialen Kosten-Nutzen-Abschätzung, beispielsweise der geschätzten Kosten für die Werkzeugeinführung und -schulung. Das Training des Projektpersonals, die Werkzeuginstallation und -konfiguration etc. müssen also ebenfalls unter Anwendung entsprechender Aufwandsmessungen durchgeführt werden.

Aus diesen Messungen und anderen Beobachtungen während des Piloteinsatzes werden wichtige Daten gewonnen, die zur späteren Aufstellung des Verbreitungsplans beitragen.

Einsatzkonzept als Resultat eines Pilotprojekts

Ein weiteres wichtiges Ergebnis eines Pilotprojekts ist ein Einsatzkonzept, das beispielsweise Folgendes enthalten soll:

- Änderungen an der Architektur der bisherigen Testware (wenn beispielsweise bisher erstellte Spezifikationsdokumente künftig in einem Testentwurfswerkzeug erstellt werden sollen oder sich die Entwurfsmethode für Testautomatisierungen ändert)
- Rollenverteilungen und Verantwortlichkeiten, notwendige Ausbildung der Mitarbeiter
- neue oder umdefinierte Arbeitsabläufe unter Einbindung des Tools
- Namenskonventionen und Regeln für das Konfigurationsmanagement
- notwendige Schnittstellen zur bestehenden Arbeitsumgebung
- Änderungen an der technischen Infrastruktur wie Hard- oder Softwareanforderungen, Backup-Konzept, Setup von Datenbanken oder anderen Backoffice-Komponenten.

Wichtige Rollen im Pilotprojekt

Im Pilotprojekt müssen einige einführungsspezifische Rollen besetzt sein, die üblicherweise von Mitgliedern des Projektteams selbst eingenommen werden (neben den projektspezifischen Rollen wie Testmanager oder Tester, die sie ggf. ebenfalls einnehmen). Die Auswahl des richtigen Pilotprojekts hängt daher auch von der Besetzung dieser Rollen ab:

Der Coach (oder Initiator)

Er ist vom Tool überzeugt; oftmals ist er auch derjenige, der die Werkzeuganschaffung ausgelöst oder stark befürwortet hat. Er erkennt potenzielle Probleme und positive Aspekte des Einsatzes frühzeitig.

Dadurch und durch seinen Enthusiasmus schiebt er die Einführung des Werkzeugs an und ist der Katalysator des Teams, mit dem er gern zusammenarbeitet.

Der Change-Manager (oder Integrator)

Er zeichnet sich durch methodische und im Vergleich zum Initiator eher bedächtige Vorgehensweise aus, die aber bewirkt, dass er die Einführung besser planen, organisieren und dokumentieren kann als der Initiator. Oftmals ist er der Hauptautor des resultierenden Einsatzkonzepts.

Der Werkzeugverantwortliche

Er hat einen Wissensvorsprung bezüglich der Werkzeugverwendung und leistet internen Support. Oftmals fungiert er gegenüber dem externen Produktsupport als Hauptansprechpartner, der Anfragen von innen kanalisiert und Supportinformationen weiterverbreitet.

Der Sponsor

Die Wahrnehmung der bisher beschriebenen Rollen zusätzlich zu den eigentlichen Projektrollen sowie die zusätzlichen Risiken, welche die Werkzeugeinführung für das operative Pilotprojekt mit sich bringt, erfordern einen Sponsor aus dem Management. Der Sponsor unterstützt die Einführung des Werkzeugs offiziell und hält den Teammitgliedern für die zusätzliche Aufgabe den Rücken frei.

Nach Abschluss des Pilotprojekts wird beurteilt, ob die Einführungsziele erreicht werden können und ob das Werkzeug in die bestehenden Prozesse durch das Einsatzkonzept nahtlos eingebracht werden kann.

Ergebnisauswertung und Entscheidung

Ergebnisse der Pilotierung können beispielsweise den Werkzeugeinsatz einschränkende Fakten sein:

- Das Werkzeug adressiert nicht alle Ziele, aber die wichtigsten.
- Das Werkzeug kann nur für einen bestimmten Typ von Projekten oder nur in einem bestimmten Unternehmensbereich wirtschaftlich eingesetzt werden.
- Zum erfolgreichen Einsatz sind Modifikationen des Werkzeugs, weitere Schulungen oder Consulting-Leistungen durch den Hersteller notwendig.
- Die Pilotierung war erfolgreich, aber durch die Pilotierung wurden Probleme im Werkzeugauswahl- und/oder Werkzeugeinführungsprozess festgestellt, so dass dieser in Zukunft angepasst werden muss.

12.3.2   Verbreitung

Bei positiver Entscheidung nach der Pilotierung wird das Testwerkzeug zusammen mit dem Einsatzkonzept über den Prozessverbesserungsansatz des Unternehmens in die Breite gebracht.

Die Teilnehmer des Pilotprojekts werden dabei idealerweise als Multiplikatoren genutzt, indem sie während des Rollout in den nächsten Projekten als interne Consultants eingesetzt werden, um die weitere Einführung zu begleiten.

Rollout flexibel gestalten

Typische Fragestellungen für die Planung und Durchführung des Rollout sind:

- Soll die Verbreitung in Form eines »Big Bang« im gesamten Unternehmen gleichzeitig erfolgen, oder werden einzelne Projekte oder Organisationseinheiten nach und nach »umgestellt«? Ersteres birgt ein höheres Risiko für weitreichende Produktivitätseinbrüche, falls die Einführung ganz oder teilweise fehlschlägt; Letzteres erfordert feinere Planungen und birgt das Risiko von zeitweisen Inkompatibilitäten bzw. Inkonsistenzen in der internen Zusammenarbeit während der Umstellungsphase.
- Was sind die Gesamtkosten der Umstellung basierend auf der ursprünglichen Nutzen-Kosten-Betrachtung und den Beobachtungen des Pilotprojekts?
- Wie wird mit Widerständen von einzelnen Mitarbeitern bzw. Gruppen umgegangen, die beispielsweise das Vorgängerwerkzeug »lieb gewonnen« haben?
- Wie wird die notwendige Ausbildung des Personals sichergestellt?

12.4   Zusammenfassung

- Grundsätzlich gilt, dass Tools keine prozessbedingten Probleme lösen können.
- Vor der Einführung eines Testwerkzeugs stehen die Definition von Zielen für die Nutzung, eine Kosten-Nutzen-Analyse und eine Evaluation von alternativen Lösungen. Hiermit wird eine unnötige Werkzeuganschaffung vermieden und sichergestellt, dass ein Werkzeug auch tatsächlich genutzt wird.
- Die Ziele liegen zumeist in der Effizienzsteigerung bestehender Aktivitäten im Testprozess oder in der Erschließung gänzlich neuer Möglichkeiten durch Einführung neuer Technologien, die das Werkzeug bereitstellt. In beiden Fällen muss versucht werden, den angestrebten Nutzen dieser Verbesserungen vorab zu quantifizieren.

▨ Bei der anschließenden Kosten-Nutzen-Gegenüberstellung ist es wichtig, nicht nur die Anschaffungs- bzw. Lizenzierungskosten, sondern auch die Kosten für die Evaluation, die Einführung und den Betrieb zu betrachten.

▨ Fällt dann die Entscheidung für eine Anschaffung, so muss eine Auswahl aus zumeist mehreren am Markt erhältlichen Kandidaten getroffen werden. Zunächst müssen diese Kandidaten durch eine Sichtung des Marktes bestimmt werden. Hilfreich sind hier verschiedene Werkzeuglisten, die im Internet abrufbar sind.

▨ Zur Evaluation wird ein Katalog von Kriterien herangezogen; diese Kriterien werden aus den Anforderungen abgeleitet, die funktionale wie nichtfunktionale Eigenschaften des gewünschten Werkzeugs selbst, aber auch Anforderungen an Begleitleistungen und den Hersteller des Werkzeugs umfassen können.

▨ Der Evaluationskatalog wird am besten so aufgebaut, dass jedem Kriterium eine Gewichtung und ein Maßstab zur Bewertung des Kriteriums zugeordnet wird. Aus Bewertungen und Gewichtungen wird dann bei der Evaluation eine »Note« für jedes Tool ermittelt.

▨ Die Evaluation selbst muss als gut geplantes und mit entsprechenden Ressourcen ausgestattetes Projekt durchgeführt werden; führt die erste Evaluation zu keinem eindeutigen Ergebnis, so kann die Evaluation durch Hinzunahme weiterer Kriterien verlängert oder in ein nachgeschaltetes vergleichendes Pilotprojekt unter parallelem Einsatz der jeweiligen Kandidaten überführt werden.

▨ Die darauf folgende Einführung des ausgewählten Werkzeugs muss wiederum als geordnetes, stufenweises Projekt erfolgen:

- Zunächst dient ein Pilotprojekt zur Erarbeitung des Einsatzkonzeptes für das Tool. Dieses Einsatzkonzept ergänzt oder modifiziert die bestehenden Prozessdefinitionen.

- Während dieses Pilotprojekts nehmen einige Personen wichtige Rollen ein, welche die Einführung beschleunigen: der Initiator, der Integrator und der Werkzeugverantwortliche.

- Ist das Pilotprojekt erfolgreich abgeschlossen, so werden Werkzeug und Einsatzkonzept in die Breite getragen. Die Teilnehmer des Pilotprojekts können dabei als Multiplikatoren dienen. Die Vielzahl der bei der Verbreitung anstehenden Entscheidungen erfordert abermals eine geordnete Projektplanung und -durchführung.

13 Normen und Standards

Normen und Standards definieren die allgemein anerkannten Regeln der Technik und stellen somit den Bezugsrahmen dar, innerhalb dessen sich Projekte abspielen. Sie fördern die Einheitlichkeit von Produkten und Prozessen und sind – zumindest im juristischen Sinne – die Minimalanforderungen für professionelles Arbeiten. In diesem Kapitel werden Normen und Standards, die für das Testmanagement wichtig sind, aufgelistet, charakterisiert und in Relation zueinander gesetzt.

13.1 Ziele und Positionierung

Bei der Softwareentwicklung wird es – nicht zuletzt aus juristischen Gründen – immer wichtiger, allgemein anerkannte Regeln der Technik zu beachten, die in der Fachpraxis bewährt und erprobt sind und von deren Richtigkeit die herrschende Meinung der Praktiker überzeugt ist. Diese Regeln sind oft in nationalen und internationalen →Normen und Standards beschrieben, die weltweit entwickelt und veröffentlicht werden.

Normen und Standards werden von nationalen und internationalen Organisationen erstellt und gepflegt

Verantwortlich für die Normung, also die Erstellung, Veröffentlichung und Pflege entsprechender Dokumente sind

- auf internationaler Ebene die »International Organization for Standardization« (ISO, [URL: ISO]) und die »International Electrotechnical Commission« (IEC [URL: IEC]),
- auf europäischer Ebene das »European Committee for Standardization« (CEN [URL: CEN]) sowie das »European Committee for Electrotechnical Standardization« (CENELEC [URL: CENELEC]),
- in Deutschland das »Deutsche Institut für Normung« (DIN [URL: DIN]) und in Österreich das »Österreichische Normungsinstitut« (ON [URL: ON]),

in den USA das »American National Standards Institute« (ANSI [URL: ANSI]) und in Großbritannien die »British Standards Institution« (BS [URL: BS]).

Branchenspezifische Organisationen kooperieren mit Standardisierungsorganisationen

Mit diesen öffentlich-rechtlichen Standardisierungsorganisationen kooperieren viele branchenspezifische Organisationen wie z.B.

- die »Electronic Industries Alliance« (EIA [URL: EIA]),
- die »International Telecommunication Union« (ITU [URL: ITU]),
- das »European Telecommunications Standards Institute« (ETSI [URL: ETSI]),
- das »Institute of Electrical and Electronics Engineers« (IEEE [URL: IEEE]) sowie
- der »Verein Deutscher Ingenieure« (VDI [URL: VDI]) und
- die »Gesellschaft für Informatik« (GI, [URL: GI]).

ISTQB definiert Ausbildungsinhalte für professionelle Softwaretester

Im Bereich Softwaretest definieren das »International Software Testing Qualifications Board« (ISTQB [URL: ISTQB]) und seine nationalen Untergliederungen wie z.B. das »German Testing Board« (GTB [URL: GTB]) Ausbildungsinhalte für professionelle Softwaretester und führen damit verbunden auch eine Standardisierung und internationale Harmonisierung des Fachvokabulars herbei.

Branchenspezifische Spezifikationen zum Stand der Technik werden beispielsweise herausgegeben von

- der »Object Management Group« (OMG [URL: OMG]),
- dem »World Wide Web Consortium« (W3C [URL: W3C]),
- der »Motor Industry Software Reliability Association« (MISRA [URL: MISRA]) oder
- der »European Computer Manufacturers Association« (ECMA [URL: ECMA]).

Oft haben diese Veröffentlichungen den Status von Vornormen und werden nach ihrer Konsolidierung in den internationalen Normen- und Standardkanon aufgenommen. Auch gültige nationale und internationale Patente gehören zum Stand der Technik.

Daneben pflegen auch öffentlich-rechtliche Organisationen wie z.B. die »North Atlantic Treaty Organisation« (NATO [URL: NATO]), das amerikanische »Department of Defense« (DoD [URL: DOD]) oder die »European Organisation for Civil Aviation Equipment« (EUROCAE [URL: EUROCAE]) eigene »branchenspezifische« Vorschriften.

Audits prüfen die Konformität von Produkten und Prozessen zu Normen und Standards

Zu den Aufgaben eines Qualitäts- oder Testmanagers gehört es festzustellen, welche Normen, Standards oder evtl. gesetzlichen Richtlinien für das zu testende Produkt (Produktnormen) oder auch für das Projekt (Prozessnormen) relevant sind, und deren Einhaltung sicherzustellen. Die Konformität des Softwareprodukts oder des Entwicklungs-prozesses hinsichtlich anwendbarer Standards, Richtlinien und Spezifikationen wird dann in Audits bestimmt (vgl. [IEEE 1028]).

In diesem Kapitel werden verschiedene Arten von Normen und Standards betrachtet – gegliedert nach wachsendem Anwendbarkeits-spektrum:

- Firmenstandards
- Best Practices und technische Spezifikationen
- branchenspezifische Normen und Standards
- allgemein gültige Normen und Standards

13.2 Firmenstandards

Gerade in großen, international tätigen Firmen und Organisationen mit zahllosen Produkten und Projekten sind firmeninterne Richtlinien und Verfahrensanweisungen (des Herstellers und ggf. des Kunden) anzuwen-den, um reibungslose Abläufe sowohl über Standort- als auch über Nationalitätsgrenzen hinweg zu ermöglichen. Hierzu gehören beispielsweise

Firmeninterne Richtlinien und Verfahrens-anweisungen

- speziell zugeschnittene Vorgehensmodelle,
- organisationsweit gültige Qualitätsmanagementhandbücher,
- produktbereichsabhängige Testhandbücher,
- Vorlagen für Dokumente und
- Programmier- und Entwurfskonventionen.

Insbesondere einheitliche Programmierkonventionen sind wichtig, um zwischen den Standorten den Austausch und die Wiederverwendbar-keit der erstellten Software und damit z. B. den Aufbau von Produktli-nien zu fördern. Da sich Entwickler erfahrungsgemäß nur ungern in ihrer Freiheit der Codegestaltung einschränken lassen, sind Programm-ierkonventionen einvernehmlich von Qualitätssicherung und Ent-wicklung festzulegen und regelmäßig auf ihre Zweckmäßigkeit und Anwendbarkeit hin zu überprüfen.

Programmier-konventionen schlank und praktikabel halten!

Darüber hinaus sind einheitliche Vorgaben natürlich für die gesamte Dokumentation wichtig. Testmanager erstellen bzw. verwen-den solche Vorlagen z. B. für Testkonzepte (vgl. Kap. 5), Abweichungs-meldungen (vgl. Kap. 8) und Metrikdefinitionen (vgl. Kap. 11).

- Die Mitarbeiter bei der Erstellung aller Dokumente durch elektronische Dokumentenvorlagen (Templates) sowie entsprechende Werkzeuge (Ma-kros, Skripte ...) unterstützen.
- Keine Programmierkonventionen vorgeben, die nicht durch statische Ana-lysatoren prüfbar sind.

13.3 Best Practices und technische Spezifikationen

Best Practices zählen zum Stand der Technik für ein Fachgebiet

So genannte »Best Practices« sind (noch) nicht standardisierte, aber fachlich bewährte Vorgehensweisen und Verfahren, die zum Stand der Technik eines Fachgebiets gehören. Beispielsweise werden als Vorstufe zur Normierung in vielen Bereichen technische Spezifikationen entwickelt, gemäß derer Produkte hergestellt, vertrieben und benutzt werden. Hierbei ist auch die Grenze zu firmenspezifischen Standards fließend, insbesondere wenn entsprechende Firmen über einen ausreichend großen Marktanteil verfügen (»De-facto-Standards«).

Projektorientierte Konsortien erstellen technische Spezifikationen, die auch zum Stand der Technik zählen

Oft schließen sich daher mehrere Firmen und Organisationen zusammen, um den von ihnen entwickelten Spezifikationen größere Marktchancen zu verschaffen. Es entstehen projektorientierte Konsortien wie z.B. W3C, OMG, ECMA, MISRA, HIS, AUTOSAR [URL: AUTOSAR] und andere, die ihre Spezifikationen möglichst zeitnah entwickeln und veröffentlichen, was naturgemäß zu gewissen »Schnellschüssen« führen kann. Diese werden dann mehrfach überarbeitet und liegen in entsprechend vielen Versionen vor, die Grundlage von konkreten und dadurch manchmal leider auch inkompatiblen Produkten sind.

Body of Knowledge listet Best Practices eines Fachgebiets

Best Practices werden mit den entsprechenden Literaturquellen in so genannten »Bodies of Knowledge« aufgelistet. Der Standard [ISO 19759] »Guide to the Software Engineering Body of Knowledge« (SWEBOK [URL: SWEBOK]) kategorisiert z.B. relevante Techniken zu allen Teilbereichen der Softwaretechnik, wobei jeweils ein eigenes Kapitel solche zu Test und Softwarequalität beschreibt und auflistet. Damit vergleichbar veröffentlicht die »Deutsche Gesellschaft für Qualität« ihre Schriftenreihe im Bereich der Qualitätssicherung, z.B. die DGQ-Schrift 12-52 »Methoden und Verfahren der Software-Qualitätssicherung« [DGQ 92]. Das »International Software Test Qualifications Board« verweist in seinen regelmäßig aktualisierten Lehrplänen auf wichtige Techniken im Testbereich [URL: ISTQB].

Zu den Best Practices der Softwareentwicklung gehören auch die in Vorgehensmodellen wie z.B. dem Vorgehensmodell des Bundes und der Länder (V-Modell XT) oder dem Rational Unified Process (RUP) aufgeführten Techniken (s. Kap. 2).

Viele technische Spezifikationen sowie Vorgehensmodelle sind frei erhältlich und können genutzt werden. So beinhaltet z.B. die Dokumentation des V-Modell XT Beschreibungen wichtiger Testtechniken und Vorlagen für Testkonzepte, Testspezifikationen und Testberichte (s.a. [URL: V-Modell XT Browser]).

13.4 Branchenspezifische Normen und Standards

Software hat in vielen Bereichen den Menschen als kontrollierende und steuernde Instanz abgelöst. Fehlerwirkungen hatten und haben in Branchen wie der Luft- und Raumfahrt oder der Medizintechnik oft katastrophale Folgen, während sie im Konsumbereich bislang für den Benutzer eher ärgerlich und für den Hersteller höchstens imageschädigend waren. Aber auch hier werden die Folgen von Fehlerwirkungen immer spürbarer. Als Beispiel seien Kraftfahrzeuge genannt, bei denen bereits heute viele Ausfälle der Fahrzeugelektronik auf Softwarefehler zurückgehen.

Software (und ihre Fehler) sind allgegenwärtig!

Viele dieser Einsatzbereiche stellen sehr spezielle Anforderungen an die eingesetzten Systeme bzw. die darin verwendete Software. Es wurden nationale und internationale, teilweise öffentlich-rechtliche Organisationen gebildet, die Vorgaben für die Entwicklung, Qualitätssicherung und den Einsatz der Produkte in Form von informellen Richtlinien bis hin zu internationalen Normen und Standards erstellen.

Die meisten solcher branchenspezifischen Normen betreffen die Softwareentwicklung für sicherheitskritische Bereiche wie Luft- und Raumfahrt, Militär, Bahntechnik, Medizintechnik, Pharmazie oder Kraftwerkstechnik. Einige dementsprechende Normungsgremien und die entsprechenden branchenspezifischen Normen und Standards sind in Tabelle 13–1 zusammengefasst. Die mit (*) gekennzeichneten Dokumente werden im weiteren Verlauf dieses Kapitels etwas näher betrachtet.

Branchenspezifische Normen insbesondere für sicherheitskritische Software

Bereich	Gremium	Norm/Standard
Luftfahrt	RTCA (USA) EUROCAE (Europa) ECSS (Europa)	DO 178 B/ED-12B (*) DIN EN 14160
Raumfahrt	NASA (USA) ECSS (Europa)	NASA-STD-8719.13B NASA-STD-8739.8 ECSS–Q–80A DIN EN 14160
Militär	DoD (USA) NATO (International)	MIL-STD-498 (ersetzt durch IEEE/EIA Std 12207:1998) AQUAP-150, AQUAP-160
Medizintechnik	FDA (USA) CENELEC TC 62	FDA-535, FDA-938 EN 62304
Pharmazie	FDA (USA) GAMP	FDA-21 CFR Part 11 GAMP 4
Bahntechnik	CENELEC SC 9XA	EN 50128 (*)
Nukleartechnik	DOE (USA) IAEA IEC TC 45A	DOE G 414.1-4 IAEA TR-384, IAEA NS-G-1.1 IEC 60880
Telekommunikation	ITU T-SG17 ETSI	ITU X.290-X.296 (ISO/IEC 9646-x) ETSI ES 201 873-x (TTCN-3)

Tab. 13–1

Branchenspezifische Normen und Standards

DO 178 B gilt für
»fliegende« Software

In der Luftfahrt beinhaltet der in Kooperation vom RTCA und EUROCAE entwickelte Standard »Software Considerations in Airborne Systems and Equipment Certification« (DO 178 B/ED12B, [DO 178 B]) Vorgaben für die Entwicklung von Software für Geräte und Instrumente, die in Luftfahrzeugen eingesetzt werden. DO 178 B unterscheidet dabei je nach Schwere fünf Kategorien von Fehlerwirkungen (Tab. 13–2).

Tab. 13–2
Fehlerkategorien der
DO 178 B

Kategorie der Fehler- wirkung	Bezeichnung	Mögliche Auswirkungen
A	Katastrophal (*catastrophic*)	Weiterflug bzw. Landung unmöglich
B	Gefährlich (*hazardous/ severe-major*)	Flugeigenschaften oder Kontrollierbarkeit stark eingeschränkt; Sicherheit stark gefährdet, schwere Verletzungen möglich
C	Groß (*major*)	Flugeigenschaften oder Kontrollierbarkeit eingeschränkt; Sicherheit gefährdet, leichte Verletzungen möglich
D	Klein (*minor*)	Sicherheit leicht gefährdet, Unannehmlich- keiten möglich
E	Unauffällig (*no effect*)	Keine Sicherheits- und Funktionalitäts- einschränkung

Anhand dieser Kategorien wird Software nach ihrer jeweils schlimmstmöglichen Fehlerwirkung in (Sicherheits-)Stufen A-E eingeteilt. Die Anforderungen der DO 178 B an die Entwicklung und damit auch den Test steigen mit der Stufe der Software.

DO 178 B fordert MC/
DC-Überdeckung für
Software der Stufe A

In der DO 178 B sind auch technische Vorgaben enthalten, z.B. die Anwendung des Testverfahrens »Modified Decision/Condition Coverage« (MC/DC) (s. [Spillner 05, Abschnitt 5.2.3]) für Software der Stufe A. Auch fordert der Standard die Messung der Codeabdeckung für die Stufen B – E auf Quellcodeebene. Für die Stufe A sind darüber hinaus auch solche Objektcodeanweisungen zu instrumentieren, die nicht unmittelbar auf Quellcodeanweisungen zurückgeführt werden können (z.B. vom Compiler eingefügte Feldgrenzenüberprüfungen). Der Testmanager hat für die Umsetzung der im Standard geforderten Verfahren zu sorgen. Große Spielräume bei der Gestaltung der Testaktivitäten bleiben nicht. Wichtig sind der Nachweis der eingesetzten Verfahren und die Erreichung der geforderten Überdeckungen.

DIN EN 50128 gilt für
Software in Eisenbahn-
steuerungs- und
Überwachungssystemen

Für Eisenbahnsteuerungs- und Überwachungssysteme im Wirkungsbereich des Eisenbahnbundesamtes (EBA) ist die DIN EN 50128 für jegliche Arbeiten an Software einzuhalten. Sie ist sowohl für komplette Neuerstellungen als auch für kleine oder große Änderungen zu beachten, unabhängig davon, ob die Aufsichtsbehörde beteiligt ist oder nicht. Allerdings gilt sie bei Änderungen an bestehender Software lediglich für den Umfang der Modifikationen.

Ähnlich den Sicherheitsstufen der DO 178 B gibt auch die DIN EN 50128 so genannte Software-Sicherheitsanforderungsstufen (SSAS) vor und unterscheidet sicherheitsrelevante (SSAS > 0) von nicht sicherheitsrelevanter (SSAS = 0) Software. Die Einstufung in SSAS = 0 oder SSAS > 0 wird vom Softwarehersteller vorgeschlagen und ist von einem beim EBA anerkannten Gutachter oder dem EBA selbst zu bestätigen. Es ist hierbei auch die Einbindung der betroffenen Software in das Gesamtsystem Fahrzeug/Zug im Sinne der Rückwirkungsfreiheit (z.B. Bussystem) zu betrachten. Dabei werden die gültigen Weisungen des EBA hinzugezogen. Dies erfolgt vor Erstellung der Software.

DIN EN 50128 enthält detaillierte Verfahrensanweisungen

Die DIN EN 50128 beinhaltet detaillierte Verfahrensanweisungen für alle Aktivitäten der Softwareentwicklung und der Qualitätssicherung. So wird hinsichtlich des Testmanagements beispielsweise für den Komponententest gefordert, dass für jede Komponente eine Komponententestspezifikation existieren muss, die deren beabsichtigte Funktion prüft. Diese Testspezifikation muss auch den erforderlichen Testüberdeckungsgrad definieren. Die Tests selber sollen wiederholbar sein und, soweit praktikabel, mit automatischen Hilfsmitteln ausgeführt werden.

Es ist ein Komponententestbericht in auditierbarer Form zu erstellen, der die folgenden Punkte umfasst:

1. Die Testergebnisse und die Aussage, ob jede Komponente die Anforderungen seiner Entwurfsspezifikation erfüllt.
2. Die Testüberdeckung, mit der nachgewiesen wird, dass jede Quellcodezeile mindestens einmal ausgeführt wurde (100 % Anweisungsüberdeckung).
3. Testfälle und ihre Ergebnisse, die zwecks nachfolgender Analyse in maschinenlesbarer Form aufzuzeichnen sind.

DIN EN 50128 fordert für den Komponententest die C0-Überdeckung

Solche Vorgaben erleichtern die Arbeit des Testmanagers, da er nicht mehr grundsätzlich darüber nachdenken muss, was zu tun ist. Auf der anderen Seite ist jedoch in den meisten Fällen festzulegen, mit welchen Methoden und Techniken die geforderten Tätigkeiten konkret durchzuführen sind, und insbesondere sehr detailliert nachzuweisen, was tatsächlich getan wurde und welche Ergebnisse dabei erreicht wurden.

Ein weiteres zentrales Thema sowohl der DIN EN 50128 als auch der DO 178 B ist die Verfolgbarkeit aller Dokumente über den gesamten Entwicklungsprozess hinweg (vgl. auch Abschnitt 11.5.2). Hier sind Testmanager insbesondere gefordert, die Abdeckung der Anforderungen sowie des Programmcodes durch entsprechende Testfälle nach-zuweisen.

Auch die anderen in Tabelle 13–1 aufgelisteten branchenspezifischen Normen und Standards geben größtenteils detaillierte Verfahrensanweisungen an und beinhalten teilweise sogar Beschreibungen der konkret anzuwendenden Methoden und Techniken. Da sie von Gremien erstellt werden, deren Mitglieder größtenteils den jeweiligen Fachgebieten entstammen, sind sie in den meisten Fällen unmittelbarer umzusetzen und erscheinen somit praktikabler als die im nächsten Abschnitt vorgestellten allgemeingültigen Normen und Standards.

Normendokumente sind oftmals teuer und/oder schwer erhältlich. Sorgen Sie für eine ausreichende Ausstattung mit gedruckten Exemplaren bzw. entsprechenden Lizenzen elektronischer Ausgaben, so dass die Normen auch wirklich jedem relevanten Mitarbeiter im Projekt zur Verfügung stehen und von diesem genutzt werden können.

13.5 Allgemein gültige Normen und Standards

ISO/IEC JTC 1/SC 7 und IEEE S2ESC entwickeln wichtige Normen und Standards für die Softwareentwicklung

Neben den branchenspezifischen Normen und Standards gibt es im Bereich der Informationstechnik (Information Technology) zurzeit über 280 bei der ISO gelistete allgemein gültige Normen und Standards (vgl. [URL: ISO]) – angefangen von grundlegenden Begriffsfestlegungen über detaillierte Verfahrensanweisungen bis hin zu Quellcode von Referenzsoftware für Multimediaanwendungen. Eingeschränkt auf für die Softwareentwicklung relevante Normen sind es immer noch fast 90, hinzu kommt noch die Sammlung der IEEE Software Engineering Standards mit über 40 Dokumenten.

Im Folgenden werden daher lediglich solche Normen und Standards aufgelistet und kurz charakterisiert, die aufgrund ihres Inhalts oder ihrer technischen Bedeutung für das Testmanagement wichtig sind. Viele dieser Normen wurden von folgenden Gruppen bzw. Organisationen erarbeitet:

- »ISO/IEC Joint Technical Committee 1/Subcommittee 7: Software & System Engineering« (ISO/IEC JTC 1/SC 7, [URL: JTC1SC7])
- »ISO/IEC Joint Technical Committee 1/Subcommittee 27: IT Security Techniques« (ISO/IEC JTC 1/SC 27, [URL: ISO])
- »IEEE Software and Systems Engineering Standards Committee« (S2ESC, [URL: S2ESC]) des »Institute of Electrical and Electronics Engineers« (IEEE, [URL: IEEE])

Um bei dieser großen Anzahl den Überblick zu behalten reicht die aus dem Buch »Basiswissen Softwaretest« bekannte einfache Unterteilung in Prozess- und Produktnormen nicht mehr aus. Daher werden Normen und Standards nach weiteren Kategorien klassifiziert, so z.B. nach ihrer normativen Zielrichtung:

Unterteilung in Prozess- und Produktnormen ist zu grob

▨ Terminologie (*terminology, vocabulary*): Normen, welche die Fachsprache des jeweiligen Anwendungsbereichs definieren
▨ Prinzipien (*principle standards*): Normen, die zugrunde liegende Prinzipien des Anwendungsbereichs darlegen
▨ Elementarnormen (*element standards*): Normen mit detaillierten Konformitätsanforderungen für Produkte und Prozesse
▨ Anwendungsrichtlinien und Ergänzungen (*guides and supplements*): Dokumente mit Anwendungshinweisen und Dokumentationsvorgaben
▨ Werkzeuge und Techniken (*tools and techniques*): Beschreibungen von Methoden und Techniken, die zur Einhaltung normativer Vorgaben anwendbar sind

Andererseits werden Normen oft auch nach ihrer Anwendbarkeit gemäß des in Abbildung 13–1 dargestellten Prozessmodells kategorisiert.

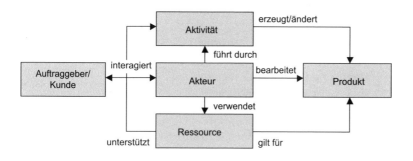

Abb. 13–1

Prozessmodell der ISO/IEC und IEEE SE-Standards

▨ Nutzer- bzw. Kundenbeziehungen (*customer relationships*): Normen, die bei der Festlegung der Verantwortlichkeiten von Auftraggeber und Auftragnehmer helfen
▨ Prozesse und Referenzmodelle (*processes*): Normen, welche die im Softwarelebenszyklus auszuführenden Aktivitäten generisch beschreiben
▨ Produkte (*products*): Normen, die konkrete Angaben zu Charakteristika, Spezifikationen, Metriken und Evaluierungsmöglichkeiten der zu erstellenden Artefakte beinhalten
▨ Ressourcen (*resources*): Normen, welche die Dokumentation sowie Methoden, Modelle und Werkzeuge für die Entwicklung von Softwareprodukten und die dazugehörigen Prozesse behandeln

Letztendlich können Normen und Standards auch noch gemäß der Granularität des Anwendungsgebiets klassifiziert werden (Abb. 13–2 links).

Abb. 13–2
Gliederung der ISO/IEC und IEEE SE-Standards

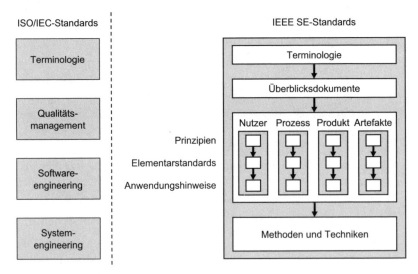

Den nachfolgenden Ausführungen zu allgemein gültigen Normen und Standards liegt das folgende, die obigen Kategorien pragmatisch vereinfachende Raster zugrunde:

- Terminologie- und Vertragsnormen
- Prozessnormen
- Produkt- und Dokumentationsnormen
- Methoden- und Techniknormen

13.5.1 Terminologie- und Vertragsnormen

Terminologienormen definieren die Begriffe eines Fachgebiets

Die in diesem Abschnitt aufgeführten Normen werden auch als Begriffsnormen oder Verständigungsnormen bezeichnet und bilden die Basis für alle anderen Normen, da deren Inhalte und Aussagen nur unter Verwendung festgelegter Begriffe einheitlich, eindeutig und konsistent niedergeschrieben und verstanden werden können. Zu den wichtigsten Terminologienormen zählen die Folgenden:

- Die ISO/IEC 2382 Teil 1-33 [ISO 2382] und der Standard IEEE 610.12-1990, der das allen IEEE-Standards zugrunde liegende Standardglossar für die Terminologie im Software Engineering ist [IEEE 610.12].
- Teil 11 der DIN 55350 behandelt Begriffe des Qualitätsmanagements [DIN 55350-11].

▓ Die für das Testmanagement wichtige ISO 9000 [ISO 9000] erläutert die Grundlagen für Qualitätsmanagementsysteme und die in der Normenreihe ISO 9000 und ISO 900x verwendeten Begriffe.

▓ Der britische Standard BS 7952-1 definiert Begriffe des Softwaretests [BS 7952-1] und wird zurzeit hinsichtlich einer Vereinheitlichung mit dem Certified Tester-Glossar des ISTQB [URL: ISTQB] überarbeitet.

Gerade für die Entwicklung, die Beschaffung und den Einsatz von Software ist es wichtig, die Verantwortlichkeiten von Auftraggeber (Käufer, Kunde, Benutzer ...) und Auftragnehmer (Verkäufer, Entwickler, Vermittler ...) für alle Parteien eindeutig zu beschreiben. Hierzu existiert eine Reihe von entsprechenden Vertragsnormen und -standards, zu nennen sind u.a.:

Vertragsnormen behandeln die Ausgestaltung der Beziehung zwischen Auftraggeber/Käufer und Auftragnehmer/Entwickler

▓ »IEEE Recommended Practice for Software Acquisition« (IEEE Std 1062-1998, [IEEE 1062]), die dem Testmanager beim Einkauf von Testwerkzeugen hilft.

▓ Die Normenreihe »Software Engineering – Product Evaluation« (ISO/IEC 14598, [ISO 14598-4]), die dem Testmanager einerseits Hinweise zur Gestaltung von Abnahmetests gibt und ihn andererseits bei der Evaluierung von Testwerkzeugen unterstützt. Das zugrunde liegende Qualitätsmodell wird in der Normenreihe DIN/ISO/IEC 9126 beschrieben, die zu den Produktnormen zählt.

Darüber hinaus sind beispielsweise Normen für die Gestaltung von Anforderungsspezifikationen (IEEE 1233, »System Requirements Specifications« [IEEE 1233]) und die allgemeinen Anforderungen an die Systemsicherheit (z.B. die Normenreihe DIN ISO/IEC 15408 »Informationstechnik – IT-Sicherheitsverfahren; Evaluationskriterien für IT-Sicherheit«) für das Testmanagement relevant.

13.5.2   Prozessnormen

Prozesse sind miteinander wechselwirkende Tätigkeiten, die unter der Verwendung von Ressourcen Eingaben in Ergebnisse umwandeln (vgl. Abb. 13–1). Unter Prozessnormen werden alle branchenübergreifenden Standards subsummiert, die Mindestanforderungen an Prozesse bzw. deren Bewertung und Verbesserung spezifizieren, teilweise ohne konkrete Anforderungen bezüglich der Umsetzung zu formulieren.

Bekanntestes Beispiel für Prozessnormen ist die ISO-9000-Familie, deren im Folgenden aufgeführte Einzelnormen Organisationen jeder Art und Größe beim Verwirklichen von und beim Arbeiten mit wirksamen Qualitätsmanagementsystemen helfen.

ISO 9000-Familie gehört zu den wichtigen Prozessnormen

▪ **ISO 9000** umfasst sowohl die Grundlagen als auch die Terminologie für Qualitätsmanagementsysteme. Sie kann ebenso zu den Terminologienormen gerechnet werden.

▪ **ISO 9001** enthält Anforderungen an Qualitätsmanagementsysteme, anhand derer Organisationen ihre Fähigkeit darlegen können, mit ihren Produkten die Anforderungen des Auftraggebers sowie ggf. behördliche Anforderungen zu erfüllen und die Kundenzufriedenheit zu erhöhen.

▪ **ISO 90003** [ISO 90003] bildet einen Leitfaden für die Anwendung von ISO 9001 auf die Entwicklung, Lieferung, Installierung und Wartung von Computersoftware. Für das Testmanagement spezifische Erweiterungen der ISO 9001 sind z.B. Abschnitte über die Qualitätsplanung, das Risikomanagement, Validierung und Test sowie Qualitätskriterien für Software. So fordert die ISO 90003 z.B., dass im Herstellungsprozess (also auch im Spezialfall eines Softwareentwicklungsprozesses) geeignete (Zwischen-)Prüfungen vorzusehen sind, ohne jedoch anzugeben, wann und wie diese zu erledigen sind. Über die ISO 90003 lässt sich auch eine Brücke von der ISO 9001 zu Prozessverbesserungsmodellen wie ISO 15504 (SPICE, [ISO 15504]) und CMMI ([URL: CMMI], vgl. Kap. 7) schlagen, da alle auf dem ISO/IEC/IEEE Standard 12207 (s.u.) basieren.

▪ **ISO 9004** ist ein Leitfaden, der sowohl die Wirksamkeit als auch die Effizienz des Qualitätsmanagementsystems betrachtet. Das Ziel dieser Norm besteht in der Leistungsverbesserung der Organisation sowie der Verbesserung der Zufriedenheit der Kunden und anderer interessierter Parteien.

▪ **ISO 19011** ist eine Anleitung für Audits von Qualitäts- und Umweltmanagementsystemen.

Gemeinsam erleichtern diese Normen das gegenseitige Qualitätsmanagementverständnis in nationalen und internationalen Handelsbeziehungen.

ISO/IEC 12207 –
Der generische
»Norm-Softwareent-
wicklungsprozess«

Die Norm [ISO 12207.0] beschreibt detailliert die zu berücksichtigenden Punkte bei der Gestaltung von Softwareentwicklungsprozessen, ohne jedoch auf konkrete Methoden und Techniken einzugehen. Diesbezügliche Implementierungshinweise gibt die [ISO 12207.2]. Für das Testmanagement interessant ist die frühe Einbindung des Testens in den gesamten Entwicklungsprozess.

Der in Kapitel 12 beschriebene Prozess zur Werkzeugauswahl orientiert sich an der ISO/IEC 14102:1995 »Evaluation and Selection of CASE Tools«, die Vorgehensweise zur Einführung von Testwerkzeugen ist angelehnt an die ISO/IEC TR 14471:1999 »Guidelines for the Adoption of CASE Tools«.

Teil 3 der Norm DIN EN 61508 beschreibt Anforderungen an die funktionale Sicherheit von Software in sicherheitsbezogenen Systemen und stellt eine Mischform zwischen Prozess- und Produktnorm dar. Ebenso wie in den branchenspezifischen Normen DO 178 B und EN 50128 definiert die DIN EN 61508 Sicherheitsintegritätsstufen (SIL) von 1 bis 4, die das Gefährdungsrisiko beschreiben. Mit steigender Stufe gehen eine höhere Gefährdung und somit steigende Anforderungen an die Verlässlichkeit der Systeme einher [DIN 61508].

Eine Orientierung an solchen Prozessnormen macht auch dort Sinn, wo deren Einhaltung nicht verpflichtend vorgeschrieben ist. Spätestens bei Rechtsstreitigkeiten ist die Entwicklung gemäß dem »Stand der Technik« nachzuweisen, was die Einhaltung von Normen einschließt. Diese Aussage trifft selbstverständlich auch für alle anderen Normen und Standards zu, deren Anwendung nicht verpflichtend vorgeschrieben ist.

13.5.3 Produkt- und Dokumentationsnormen

Unter die Rubrik »Produkt- und Dokumentationsnormen« fallen Normen bezüglich der Qualitätsanforderungen und der konkreten Ausgestaltung von materiellen und immateriellen Produkten. Es werden Dokument- und Produktvorgaben sowie Qualitätsmerkmale inkl. geeigneter Mittel zu ihrer Feststellung angegeben. Diese Normen lassen sich weiter unterteilen in solche für Zwischenprodukte der Softwareentwicklung wie z.B. Anforderungs-, Entwurfs- und Testspezifikationen, sowie Normen, die sich auf das Endprodukt Software sowie seine Wartungs- und Nutzungsdokumentation beziehen.

■ Hinsichtlich der Qualitätsziele finden sich in der ISO 9126-Reihe [ISO 9126] ein Qualitätsmodell sowie konkrete Vorgaben inklusive Metriken zur Bewertung der Gebrauchsqualität und der Produktqualität. Sie unterstützen den Testmanager somit bei der Testplanung hinsichtlich der Festlegung von Testzielen sowie von Mess- bzw. Testverfahren für die einzelnen Qualitätsmerkmale (vgl. Kap. 5 und 11).

■ Die ISO/IEC 12119:1994 »Software Packages: Quality Requirements and Testing« [ISO 12119] definiert ein Qualitätsmodell für Anwendungssoftware und hilft dem Testmanager im Entwurf des System- und Abnahmetests.

▨ Die Normenreihe [ISO 9241] beschreibt in mittlerweile 17 Teilen ergonomische Anforderungen an Bildschirmarbeitsplätze und ist für das Testmanagement die Grundlage zur Spezifikation von Benutzbarkeitstests.

Konkrete Vorgaben zur Dokumentationserstellung geben z.B. die schon im Buch »Basiswissen Softwaretest« behandelten Standards [IEEE 730] für das Testkonzept und [IEEE 829] für die gesamte Testdokumentation. Letztere schreibt die in Abbildung 13–3 skizzierten Dokumente vor.

Abb. 13–3
Referenzstruktur der
Testdokumente nach
IEEE 829

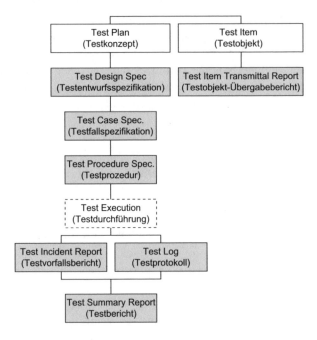

IEEE 1044:
Abweichungs-
management
Für den Testmanager wichtig ist auch der IEEE Standard 1044-1993 »IEEE Standard Classification for Software Anomalies« [IEEE 1044], der eine ausführliche Klassifikation zur Verwaltung von Abweichungsmeldungen vorgibt und der bereits in Kapitel 8.4 umfassend erläutert wurde.

Zusätzlich sind der IEEE Standard 1063-2001 »IEEE Standard for Software User Documentation« [IEEE 1063] und die ISO/IEC-Norm 15910:1999 »Information Technology – Software User Documentation Process« [ISO 15910] für die Dokumentation relevante Produktnormen und können dem Testmanagement bei der Erstellung von Checklisten für entsprechende Reviews dienen.

Letztendlich existieren Normen, die hinsichtlich der Interoperabilität von Systemen bestimmte Datenformate festschreiben. So legt beispielsweise die Norm DIN EN 29735 syntaktische Regeln für die Aufbereitung von Nachrichten zum elektronischen Austausch von Daten für Verwaltung, Wirtschaft und Transport (EDIFACT) fest, und die Normenreihe ISO/IEC 13818-x beschreibt die MPEG-Formate für die Kodierung von Multimediadaten. Solche Normen sind für das Testmanagement von unschätzbarem Wert bei der Spezifikation konkreter Testfälle z. B. für Syntaxtests.

13.5.4   Methoden- und Techniknormen

Unter diese Rubrik fallen konkrete Verfahrensanweisungen für die konstruktiven, prüfenden und unterstützenden Tätigkeiten der Softwareentwicklung. Von zentraler Bedeutung für das Testmanagement sind verschiedene Softwareteststandards, die unabhängig von konkreten Produkten festlegen, wie Softwaretests fachgerecht geplant, spezifiziert und durchgeführt werden.

- Der ANSI/IEEE Standard 730.1-1995 »IEEE Guide for Software Quality Assurance Planning« unterstützt Testmanager bei der Erstellung, Evaluierung und Pflege von Testplänen auf der Grundlage des IEEE Standards 730 »IEEE Standard for Software Quality Assurance Plans« [IEEE 730].
- Der IEEE Standard 1044.1-1995 »IEEE Guide to Classification for Software Anomalies« [IEEE 1044.1] hilft beim Abweichungsmangement gemäß IEEE 1044-1993 »IEEE Standard Classification for Software Anomalies« [IEEE 1044].
- IEEE 1059-1993 »IEEE Guide for Software Verification and Validation Plans« [IEEE 1059] gibt Hinweise und praktische Tipps zur Planung und Dokumentation der Validierung und Verifikation in allen Phasen der Softwareentwicklung.
- Die ISO/IEC Norm 16085:2004 »Information Technology – Software Life Cycle Processes – Risk Management« [ISO 16085] gibt Testmanagern konkrete Anweisungen für das Risikomanagement (vgl. Kap. 9).

Bereits im Buch »Basiswissen Softwaretest« [Spillner 05] wurden zitiert:

- Der British Standard 7925-2 »Software Testing, Part 2: Software Component Testing« [BS 7925-2] beschreibt Methoden und Techniken für den Komponententest.
- Der IEEE Standard 1028-1997 »IEEE Standard for Software Reviews« [IEEE 1028] behandelt ausführlich die Planung, Durchführung und Dokumentation von Reviews.

Darüber hinaus existiert eine Reihe von Normen zu Methoden und Techniken, die auch von Testmanagern beherrscht werden sollen. Hierzu gehören beispielsweise die [DIN 60812] zur Fehlerzustandsart- und Auswirkungsanalyse (FMEA, vgl. Abschnitt 9.8.1), die [DIN 25424] zur Fehlerbaumanalyse und die [DIN 66241] zur Umgang mit Entscheidungstabellen.

13.5.5   Anwendung der Normen

Bei der Anwendung der Normen und Standards empfiehlt sich folgende Herangehensweise (vgl. [Kneuper 95], [Schmidt 00], [Petrasch 01]):

1. Erst die eigene Vorgehensweise hinsichtlich der Prozess- und Qualitätsmanagementstandards auf Lücken und Ungereimtheiten hin untersuchen, dabei die Benennung der durchgeführten Aktivitäten und Artefakte der Standardterminologie angleichen.
2. Dann die eigenen Artefakte wie Dokumente, Spezifikationen und Richtlinien hinsichtlich der Produkt- und Dokumentationsstandards abgleichen und ergänzen.
3. Darauf aufbauend die eigenen Aktivitäten hinsichtlich der Methoden- und Techniknormen vervollständigen.
4. Im weiteren Zeitverlauf dann die eigenen Prozesse unter Verwendung von Produktivitäts- und Qualitätsmetriken beobachten und mit Hilfe von Standards zur Prozessverbesserung optimieren und an organisatorische und technologische Veränderungen adaptieren.

Zum Abschluss des Kapitels sind in Tabelle 13–3 alle für das Testmanagement relevanten allgemein gültigen Normen und Standards aufgeführt, wobei nach den Phasen des Testprozesses und der Art der Normen unterschieden wurde. Normen, die auf mehrere Bereiche zutreffen, sind in jedem Bereich aufgeführt. Die für Testmanager zentralen Dokumente sind fett gedruckt.

- Normen und Standards immer unter Einbeziehung der Entwickler auswählen, dabei zwischen solchen unterscheiden, die unbedingt anzuwenden sind, und solchen, deren Anwendung lediglich empfohlen wird.
- Normen und Standards als Möglichkeit zur Verbesserung der professionellen Arbeit ansehen, nicht als ihr Ersatz.
- Die anzuwendenden Standards regelmäßig hinsichtlich geänderter Methoden, Vorgehensweisen und Technologien untersuchen und ggf. eine neue Auswahl treffen.
- Möglichst Vorlagen und Werkzeuge zur einfacheren Anwendung von Normen und Standards einsetzen.

Normart Testphase	Terminologie und Verträge	Prozesse	Produkte	Dokumentation	Methoden und Techniken
Testplanung Teststeuerung	**BS 7925-1** **DIN 55530** ISO 2382 **ISO 9000** ISO 12207-0 **IEEE 610.12**	ISO 12207-0 **ISO 9000-3** **IEEE 730** **IEEE 1008** **IEEE 1012** IEEE 1061	**ISO 9126-x** ISO 12119 ISO 12207-1 ISO 15026 IEEE 982.1 IEEE 1228	DIN 55350 **IEEE 730** **IEEE 829** IEEE 1012 IEEE 1228	ISO 12207-2 ISO 16085 IEEE 730.1 IEEE 982.2 **IEEE 1059**
Testanalyse Testdesign	ISO 14598 ISO 15408 IEEE 1062 IEEE 1228	DIN 66273 IEEE 1008 IEEE 1012 ISO 15939	**ISO 9241** ISO 12119 IEEE 1044 IEEE 982.2	**IEEE 829** IEEE1063	**BS 7925-2** IEEE 1028 ISO 60812 DIN EN 61508-7 EN 50128 DIN 25424 DIN 66241 DIN 66273
Testrealisie- rung und Testdurch- führung		IEEE 1008	ISO 9241 IEEE 828 IEEE 1209 IEEE 1348	**IEEE 829** IEEE 1209 IEEE 1348	IEEE 1028 ETSI 201-873 IEEE 1042 IEEE 1209 IEEE 1348
Testaus- wertung und Bericht		IEEE 1008	IEEE 982.2 **IEEE 1044** **DIN 66271**	**IEEE 829**	IEEE 1044.1 ISO 12119

Tab. 13–3
Normen und Standards in den Phasen des Testprozesses

13.6 Zusammenfassung

▨ Testmanager müssen wissen, welche Normen und Standards für das zu testende Produkt bzw. den (Test-)Prozess relevant sind und deren Einhaltung – ggf. durch Audits geprüft – sicherstellen.

▨ Gegliedert nach wachsender Allgemeingültigkeit und Anwendbarkeit gibt es Firmenstandards, Best Practices und technische Spezifikationen, branchenspezifische Normen und Standards sowie allgemein gültige Normen und Standards.

▨ Branchenspezifische und allgemein gültige Normen bzw. Standards definieren die allgemein anerkannten Regeln der Technik und stellen somit den Bezugsrahmen dar, innerhalb dessen sich Projekte abspielen. Sie fördern die Einheitlichkeit von Produkten und Prozessen und sind die Minimalanforderungen für professionelles Arbeiten.

▨ Terminologie- und Vertragsnormen, Prozessnormen, Produkt- und Dokumentationsnormen sowie Methoden und Techniknormen können unterschieden werden.

▨ Bei der Bestimmung der Teststrategie sowie der einzusetzenden Testtechniken sind allgemeine und branchenspezifische Standards wie z.B. [IEC6 1508], [DO 178 B], [DIN 50128], Standards der Nuklearindustrie, Standards in der pharmazeutischen Industrie oder die MISRA-Vorschriften für Software in Kraftfahrzeugen anzuwenden.

■ Ein anerkannter Standard für die Form und den Inhalt der Testdokumentation ist der IEEE Standard 829–1998 »IEEE Standard for Software Test Documentation« [IEEE 829]. Insbesondere Testkonzept und Teststufenpläne werden in Übereinstimmung mit diesem Standard entwickelt.

■ Die vier Einzelnormen der Reihe DIN/ISO/IEC 9126 »Software Engineering – Product Quality« [ISO 9126-x] beinhalten ein Modell sowie Metriken zur Bewertung der Qualität von Softwareprodukten.

■ Der IEEE Standard 1028-1997 »IEEE Standard for Software Reviews« [IEEE 1028] behandelt ausführlich die Planung, Durchführung und Dokumentation von Reviews.

■ Die IEEE Standards 1044-1993 »IEEE Standard Classification for Software Anomalies« [IEEE 1044] und 1044.1-1995 »IEEE Guide to Classification for Software Anomalies« [IEEE 1044.1] geben einen Prozess sowie eine ausführliche Klassifikation zur Verwaltung von Abweichungsmeldungen vor.

■ Die beiden Standards BS 7925-2, »Software Testing – Part 2: Software Component Testing« [BS 7925-2] und IEEE Std 1008, »IEEE Standard for Software Unit Testing« [IEEE 1008] beschreiben Methoden, Techniken und Prozesse für die Teststufe »Komponententest«.

Glossar

Dieses Glossar enthält Fachbegriffe aus dem Bereich des Softwaretests und des Testmanagements und weitere Begriffe, die einen Bezug zum Themengebiet des Buches haben. Die Fachbegriffe sind im Text des Buches beim ersten Auftreten mit einem Pfeil gekennzeichnet. Begriffe die bereits im Buch »Basiswissen Softwaretest« [Spillner 05] definiert sind, werden hier nicht wiederholt. Unter [URL: GTB Glossar] findet sich die aktuelle Version des GTB-Glossars zum Runterladen.

Abdeckung (*coverage*)
s. Überdeckungsgrad*[1]

Abweichung
s. Anomalie*

Abweichungsbericht, Abweichungsmeldung
Dokument (bzw. Meldung), das jedes Ereignis auflistet, das während eines Tests auftritt und weiterer Untersuchungen bedarf (nach [IEEE 829]).

Abweichungsmanagement
Prozess der Erkennung, Analyse, Bearbeitung und Abschluss eines aufgedeckten Fehlers. Er beinhaltet die Aufzeichnung, Klassifizierung und die Identifikation der betroffenen Auswirkungen (nach [IEEE 1044]).

Abweichungsmanagementsystem
System bzw. Werkzeug, das die Aufzeichnung und Statusverfolgung von Abweichungen ermöglicht. Es beinhaltet oft eine Workflow-Komponente, um die Sammlung, Korrektur und den Fehlernachtest von Vorfällen/Abweichungen verfolgen, steuern und über Berichtsfunktionen darstellen zu können (s.a. Fehlerdatenbank*).

---

1. Die mit * gekennzeichneten Begriffe sind in [Spillner 05] im Glossar definiert bzw. die Definitionen stehen unter [URL: GTB Glossar] zur Verfügung.

Akzeptanzkriterium

Definition, unter welchen Umständen eine bestimmte Eigenschaft als erfolgreich getestet gilt.

Anforderungsabdeckung

Prozentualer Anteil aller (System-)Anforderungen, die durch mindestens einen Testfall validiert wurden (s.a. Überdeckungsgrad*).

Anforderungsverfolgung

Aufzeichnung und (Rück-)Verfolgung der (logischen) Beziehungen, Informationen und Querverweise darüber, welche Anforderungen von wem formuliert, mittels welcher fachlichen und technischen Entwurfsdokumente spezifiziert, durch welche Programmteile realisiert und mit welchen Testfällen getestet werden.

Anwendungsspezialist

Mitarbeiter mit (aufgrund seiner Ausbildung und ggf. seiner beruflichen Funktion) umfassender Expertise im Anwendungsbereich/Einsatzfeld des zu testenden Softwaresystems

Assessment

(1) Bewertung eines Entwicklungs- und Wartungsprozesses gegen ein Referenzmodell (z.B. SPICE)
(2) Bewertung eines Prozesses, die aus einem Dokumentenreview, einem Audit* vor Ort und einer Maßnahmenempfehlung in Form eines Auditberichts besteht.

Baseline

Spezifikation oder Softwareprodukt, das formal geprüft und freigegeben ist bzw. dem zugestimmt wurde. Anschließend dient es als Basis für die weitere Entwicklung und darf nur durch ein formales Änderungskontrollverfahren geändert werden (nach [IEEE 610.12], s.a. Testbasis*).

Bugfix

s. Fehlerkorrektur

Build

(Interner) Versionsstand der zu entwickelnden Software, (kompiliert) in ausführbarer Form vorliegend. Wird von der Entwicklung zu Testzwecken zusammengestellt (s.a. Release-Kandidat).

Coverage

s. Überdeckungsgrad*

Defect Detection Percentage

s. Fehlerfindungsrate*

Defect Management System

s. Fehlerdatenbank*

Fachspezialist

s. Anwendungsspezialist

Feature

Leistungsmerkmal bzw. Funktion eines Softwareprodukts

Fehleranalyse
Teilaktivität des Debugging; Rückverfolgung einer Fehlerwirkung bis zum ursächlichen Fehlerzustand und ggf. der ursächlichen Fehlhandlung

Fehlerbericht
s. Abweichungsbericht

Fehlerdichte (*fault density*)
(1) Anzahl Fehlerzustände bezogen auf Testobjektumfang
(2) Anzahl der Fehler pro Testobjekt oder Teststufe

Fehlerklassifikation(sprozess)
Vorgehen zur Bestimmung der Fehlerklasse*

Fehlerkorrektur
Maßnahme zur Behebung eines Fehlerzustands bzw. Defekts

Fehlermanagementsystem
s. Abweichungsmanagementsystem

Fehlermeldung
s. Abweichungsbericht

Fehler-Möglichkeits- und Einflussanalyse (FMEA)
Systematische Vorgehensweise zur Risikoidentifikation und zur Analyse möglicher Fehler(aus)wirkungen und ihrer Vermeidung

Fehlerrate (*failure rate*)
Anzahl der in einer Testzeit bzw. Programmausführungszeit gefundenen bzw. zu erwartenden Fehlerwirkungen

Fehlerschwere
s. Fehlerklasse*

Fehlertrend
Zeitlicher Verlauf der Anzahl durch den Test dokumentierten Fehlermeldungen bzw. Defekte (z.B. Anzahl der neu erfassten Fehlermeldungen, Anzahl der korrigierten Defekte)

Fehlerverteilung
Prozentualer Anteil von Fehlermeldungen mit einer bestimmten Eigenschaft in Relation zur Gesamtzahl erfasster Meldungen (z.B. Defekte in einer bestimmten Komponente)

Fehlerzustandsverweildauer (*fault days*)
Anzahl der Tage zwischen einer Fehlhandlung bzw. der Entstehung eines Fehlerzustands und dem Nachweis einer daraus resultierenden Fehlerwirkung

Freigabetest
Teilmenge der Tests einer Teststufe, die zur Übergabe des Testobjekts von dieser Stufe an die nächste (bzw. zur Auslieferung) dient.

GQM (*Goal Question Metric*)
Methode zur zielführenden Definition von Metriken*

Image

Byte-genaues Abbild des Inhalts einer Festplatte zur Datensicherung bzw. zur Sicherung eines bestimmten Systemzustands oder einer bestimmten Systemkonfiguration

Imaging

Herstellen eines Festplatten-Image (s. a. Image)

IT-Spezialist

Mitarbeiter mit (aufgrund seiner Ausbildung und ggf. seiner beruflichen Funktion) umfassender Expertise im Gebiet Informatik, Informationstechnik, Telekommunikation u. a.

Kiviatdiagramm

Grafische Darstellung mehrerer (Mess-)Werte für ein (Mess-)Objekt auf entsprechend vielen punkt- und rotationssymmetrisch angeordneten Achsen, auf denen die Werte eingetragen und durch einen geschlossenen Polygonzug miteinander verbunden werden, der zur besseren Veranschaulichung oft eingefärbt wird. Auch Spinnennetz-, Stern-, oder Radardiagramm genannt.

Kumulativdiagramm

Spezielles Mehrliniendiagramm, bei dem die Summe mehrerer Werte(reihen) in ihrem zeitlichen Verlauf dargestellt wird.

Maß

Zahl oder Kategorie, die einem Attribut einer Einheit aufgrund der Durchführung einer Messung zugeordnet wird.

Messung

Vorgang, durch den einer Einheit eine Zahl oder Kategorie zugeordnet wird, um ein Attribut zu beschreiben.

Norm (*standard*)

Von einer Normungsorganisation, wie z.B. »Deutsches Institut für Normung« oder »International Organization for Standardization«, geschaffener Standard.

Operationales Profil

Im Produktionsbetrieb zu erwartende Verteilung der Benutzungshäufigkeit der Produktfunktionen

PREview

Frühzeitiges Review unter Beteiligung von Testern mit dem Ziel, die Dokumente auch in Hinblick auf ihre Verwendbarkeit für den Test, speziell für die Erstellung der jeweiligen Testfälle, zu prüfen.

Priorisierung/Priorität

Wichtigkeit bzw. Relevanz, die einem Objekt (z.B. Fehlerwirkung) zugeordnet worden ist.

Produktrisiko

Risiko, das direkt auf ein Testobjekt bezogen ist.

Projektrisiko

Risiko bezogen auf das (Test-)Management und die Steuerung der (Test-)Objekte

Qualitätsmanagement

Aufeinander abgestimmte Tätigkeiten zum Leiten und Lenken einer Organisation bezüglich Qualität. Diese umfassen üblicherweise das Festlegen der Qualitätspolitik und der Qualitätsziele, die Qualitätsplanung, die Qualitätssicherung und die Qualitätsverbesserung [ISO 9000].

Qualitätspolitik

Grundlegende Absichten und Zielsetzungen eines Unternehmens, die von der Unternehmensleitung hinsichtlich Qualität verfolgt werden.

Quality Gate

Meilenstein*, bei dem die Qualitätskontrolle im Mittelpunkt steht.

Release-Kandidat

Versionsstand bzw. Build, der als hinreichend stabil bzw. ausgereift angesehen wird und zur (externen) Freigabe vorgesehen ist. Bestätigt der Test diese Einschätzung, so erfolgt die Freigabe, und aus dem Release-Kandidaten wird tatsächlich ein Release*.

Releaseplan

Zeitplan (herausgegeben vom Produktmanagement), der darstellt, wann und in welchem Rhythmus die Entwicklung Builds und Releases (an den Test bzw. zur Freigabe) liefert.

Requirement

s. Anforderung*

Requirements Coverage

s. Anforderungsabdeckung

Requirements Tracing

s. Anforderungsverfolgung

Restfehlerabschätzung

Abschätzung der Gesamtanzahl der Fehlerzustände, die nach Codereviews, Tests und anderen Qualitätssicherungsmaßnahmen noch im System verblieben sind.

Risiko

Faktor, der zu negativen Konsequenzen in der Zukunft führen könnte; gewöhnlich ausgedrückt durch die Eintrittswahrscheinlichkeit und das Schadensausmaß.

Risikoanalyse

Aktivität des Risikomanagements, bei der identifizierte Risiken analysiert, nach ihrer Eintrittswahrscheinlichkeit und ihrem Schadensausmaß bewertet und mit Eintrittsindikatoren versehen werden.

Risikoidentifikation

Der Prozess des Findens von Risiken mittels Methoden wie Brainstorming, Checklisten und der Betrachtung von Fehlern bzw. Fehlhandlungen in der Vergangenheit.

Risikoinventar

Katalog mit Informationen über die Risikolage eines Projekts oder Produkts. Dokumentiert die Ergebnisse der →Risikoanalyse:

- Erläuterung der Risiken
- Bewertung der Risiken (qualitativ und falls möglich quantitativ) durch Beschreibung der Eintrittswahrscheinlichkeit und des möglichen Schadens
- Indikatoren zur möglichst frühzeitigen Erkennung
- Maßnahmen zur Vermeidung
- Vorschläge zur Verbesserung, d.h. Vermeidung des erneuten Auftretens
- Priorisierung der Maßnahmen
- Zeitlicher Verlauf der Größen (z.B. falls die Eintrittswahrscheinlichkeit über die Zeit nicht konstant ist)

Risikomanagement

Systematische Anwendung von Praktiken für die Aufgaben der Risikoidentifizierung, Risikoanalyse, Risikopriorisierung und Risikosteuerung.

Risikoorientierter Test

Test, der sich an Informationen bzgl. der Risiken orientiert.

Risikoprioritätszahl (RPZ)

Ein in der FMEA zur Bewertung von Fehlermöglichkeiten benutztes Produkt aus Eintrittswahrscheinlichkeit, zu erwartendem Schaden und Aufdeckungswahrscheinlichkeit.

Risikosteuerung

Risikosteuerung entscheidet im laufenden Projekt aufgrund der von der Risikoüberwachung gelieferten Daten über die im Rahmen der Risikovorsorge entwickelten Maßnahmen zur Verhinderung des Eintretens von Projektrisiken und zur Verminderung des von ihnen verursachten Schadens.

Stakeholder

Ziel der Entwicklung eines Systems ist die Zufriedenstellung von Bedürfnissen mehrerer Personen, Gruppen, Institutionen oder Dokumente (z.B. Gesetzestexte), wobei die Bedürfnisse und Ansprüche sehr unterschiedlich, auch gegenläufig und sogar widersprüchlich sein können. Alle beteiligten Personen(gruppen), Institutionen und Dokumente werden als Stakeholder bezeichnen.

Systemausfall

s. Ausfall*

Systemkonfiguration

s. Konfiguration*

Testabdeckung
s. Überdeckungsgrad*

Testabdeckungsmaß
s. Überdeckungsgrad*

Testaktivität
Aktivität bzw. Teilaufgabe, die innerhalb des Testprozesses* ausgeführt wird.

Testart
Gruppe von Testaktivitäten, die gemeinsam ausgeführt und verwaltet werden, mit dem Ziel der Überprüfung einer Komponente und eines Systems auf einige zusammenhängende Qualitätsmerkmale. Eine Testart kann sich auf bestimmte Testziele beziehen, wie z.B. Zuverlässigkeitstest, Regressionstest, Benutzbarkeitstest. Die Testart kann sich auch auf eine oder mehrere Testebenen oder -phasen beziehen.

Testcenter
Institution bzw. Organisationseinheit, die das Testen als externe oder unternehmensinterne Dienstleistung für Entwicklungsprojekte zur Verfügung stellt.

Testdesign
s. Testspezifikation*

Testfallkatalog
Auflistung der zu testenden Eigenschaften des Systems und Gegenüberstellung der zugeordneten Testfälle sowie der Akzeptanzkriterien für die einzelnen Eigenschaften.

Testfortschritt
Maß, das angibt, wie weit der Testprozess fortgeschritten ist.

Testfortschrittbericht
s. Testbericht*

Test-Framework
s. Testrahmen*

Testhandbuch
Dokument, in dem die generell durchzuführenden Teststufen und die in ihnen auszuführenden Testaktivitäten beschrieben sind.

Testmanagementwerkzeug
Werkzeug zur Unterstützung von Management und Steuerung des Testprozesses; beinhaltet Leistungsmerkmale wie Management der Testware, zeitliche Planung der Reihenfolge der durchzuführenden Tests, Protokollierung der Ergebnisse, Fortschrittsüberwachung, Abweichungsmanagement und Testberichterstattung.

Testmanager
Für Planung und Realisierung des Tests und Bewertung des Testobjekts verantwortliche Person, die plant, anleitet, steuert, die Pläne verwaltet und die Auswertung eines Testobjekts regelt.

Testmetrik

Messbare Eigenschaft eines Testfalls, Testlaufs oder Testzyklus mit Angabe der zugehörigen Messvorschrift

Testobjektumfang

Größe des Testobjekts, messbar mittels unterschiedlicher Metriken*, z.B. Lines-of-Code, Function Points u.Ä.

Testpolitik

Unternehmensphilosophie in Bezug auf das Testen (oder die Qualitätssicherung) von Software

Testprojekt

Im Wesentlichen ein einmaliges Vorhaben, bei dem innerhalb einer definierten Zeitspanne definierte Testziele erreicht werden sollen; üblicherweise Teil eines Software- oder Systementwicklungsprojekts.

Testprojektplan

Planung aller Testaktivitäten in einem Testprojekt; ordnet den einzelnen Aktivitäten zur Abwicklung der im Testfallkatalog aufgelisteten Tests konkrete Ressourcen und Termine zu und bildet somit die abstrakte Planung des Testkonzepts auf die Projektplanung ab. Kann integraler Bestandteil des Testkonzepts sein oder als eigenes Dokument bzw. Datenbank instanziiert sein.

Testprozessverbesserung

Kontinuierliches Rahmenwerk zur Verbesserung des Testprozesses, das die Schlüsselelemente eines effektiven Testprozesses beschreibt, wobei der System- und Abnahmetest im Fokus stehen.

Testspezifikationstechnik

Planmäßiges, auf einem Regelwerk aufbauendes Vorgehen zur Herleitung von Testspezifikationen aus Informationen über das Testobjekt (z.B. Anforderungen, Modell, Programmtext)

Teststatusbericht

s. Testbericht*

Teststeuerung (*test control*)

Rechtzeitige Ermittlung und Umsetzung aller Maßnahmen, die nötig sind, um während des Testverlaufs sicherzustellen, dass die Testarbeiten bzw. Testaktivitäten planmäßig abgearbeitet und die Testziele erreicht werden.

Testtechnik

s. Testmethode*

Testthema

Gruppe von Testfällen, die gemeinsam ausgeführt und/oder verwaltet werden, da sie zusammengehörige oder verwandte Aspekte des Testobjekts prüfen oder gleiche Testziele* verfolgen.

Testtiefe
Intensität, mit der ein bestimmtes Qualitätsmerkmal durch eine Menge
von Testfällen geprüft wird; kann evtl. quantitativ durch Messung der
Abdeckung bestimmt werden oder rein qualitativ durch Vergleich unterschiedlicher Testverfahren (z.b. hat ein geschäftsprozessbasierter Test mit
begleitender Anwendung einer vollständigen Äquivalenzklassenanalyse
eine deutlich höhere Testtiefe als ohne diese).

Testtool
s. Testwerkzeug

Testvorgehen/Testvorgehensweise
Implementierung einer Teststrategie in einem spezifischen Projekt, enthält
typischerweise getroffene Entscheidungen zur Erreichung der (Test-)Pro-
jektziele, Ergebnisse der Risikoanalyse, Testentwurfsverfahren, Ausgangskriterien und geplante durchzuführende Tests (Testarten).

Testwerkzeug
Automatisiertes Hilfsmittel zur Unterstützung einer oder mehrerer Testaktivitäten, wie Planung und Verwaltung, Spezifikation, Aufbau der Aus-
gangsdateien, Testdurchführung und Bewertung.

TTCN-3 (*Testing and Test Control Notation, Version 3*)
Standard zur Spezifikation und Ausführung von Tests für Telekommuni-
kationssysteme

Übergabetest
Teilmenge der Tests einer Teststufe, die entweder als Akzeptanztest dieser
Stufe von der vorhergehenden (bzw. der Entwicklung) oder als -> Freiga-
betest an die nächste Teststufe (bzw. zur Auslieferung) dient.

Überlebenswahrscheinlichkeit
Wahrscheinlichkeit dafür, dass eine Software oder ein System eine
bestimmte Zeitspanne ohne Fehlerwirkung funktionieren wird.

Usability-Test/Benutzbarkeitstest
Testen, um das Ausmaß zu bestimmen, inwieweit ein Softwareprodukt
unter spezifizierten Bedingungen für einen Anwender verständlich, erlernbar, anwendbar und attraktiv ist (nach [ISO 9126]).

Use Case
s. Anwendungsfall*

Quellenverzeichnis

Literatur

[Amland 99]
Amland, S.: Risk Based Testing and Metrics. 5th International Conference EuroSTAR '99, Barcelona, 1999.

[Balzert 98]
Balzert, H.: Lehrbuch der Software-Technik. Band 2. Spektrum Akademischer Verlag, 1998.

[Basili 84]
Basili, V. R.; Weiss, D.M.: A Methodology for Collecting Valid Software Engineering Data. IEEE Transaction on Software Engineering, SE-10, No.6, 1984, pp. 728-738.

[Beck 01]
Beck, K., Fowler, M.: Extreme Programming planen. Addison-Wesley, 2001.

[Belbin 96]
Belbin, R. M.: Managementteams: Erfolg und Misserfolg. Verlag Bergander Team- und Führungsentwicklung, 1996.

[Burnstein 96]
Burnstein, I.; Suwanassart, T.; Carlson, C.R.: The Development of a Testing Maturity Model. Proceedings of the Ninth International Quality Week Conference, San Francisco, USA, May 21-24, 1996.

[Burnstein 03]
Burnstein, I.: Practical Software Testing. Springer-Verlag, New York, 2003.

[Charette 89]
Charette, R. N.: Software Engineering Risk Analysis and Management. McGraw-Hill, New York 1989.

[CMMI 01]
CMMISM for Systems Engineering and Software Engineering (CMMI-SE/SW). Version 1.1, Carnegie Mellon University, Software Engineering Institute, CMU/SEI-2002-TR-002, 2001.

[Crispin 02]
Crispin, L.; House, T.: Testing Extreme Programming. Addison-Wesley Professional, 2002.

[DeMarco 97]
DeMarco, T.: Warum ist Software so teuer? Carl Hanser Verlag, München, Wien, 1997.

[DeMarco 98]
DeMarco, T.: Der Termin, ein Roman über Projektmanagement. Carl Hanser Verlag, München, Wien, 1998.

[DeMarco 03]
DeMarco, T.; Lister, T.: Bärentango – Mit Risikomanagement Projekte zum Erfolg führen. Carl Hanser Verlag, München, 2003.

[DeMarco 04]
DeMarco, T.: Was man nicht messen kann ..kann man nicht kontrollieren. 2. Aufl., mitp-Verlag, Bonn, 2004 [engl. Original: Controlling Software Projects. Prentice Hall, Englewood Cliffs, 1986].

[Ebert 05]
Ebert, C.; Dumke, R.; Bundschuh, M.; Schmietendorf, A.: Best Practices in Software-Measurement – How to use Metrics to improve Project and Process Performance. Springer-Verlag, Berlin, Heidelberg, New York, 2005.

[Fehlmann 05]
Fehlmann, Th. M.: Six Sigma in der SW-Entwicklung. Umsetzung der Nullfehler-Strategie bei SW-Produkten – Messbar Wettbewerbsvorteile durch Kundenorientierung. Vieweg Verlag, Braunschweig, 2005.

[Fraikin 04]
Fraikin, F.; Hamburg, M.; Jungmayr, S.; Leonhardt, T.; Schönknecht, A.; Spillner, A.; Winter, M.: Die trügerische Sicherheit des grünen Balkens. OBJEKTspektrum, Januar/Februar 2004, Nr.1, S. 25-29.

[Gilb 96]
Gilb, T.; Graham, D.: Software Inspections. Addison-Wesley, 1996 (Nachdruck von 1993).

[Graham 00]
Graham, D.; Fewster, M.; Roden, L.: Practical Guide to Software Test Management – Task & People Issues. Tutorial, 8th European Conference on Software Testing Analysis and Review, EuroStar'00, Kopenhagen, 2000.

[Grottke 01]
Grottke, M.; Dussa-Zieger, K.: Prediction of Software Failures based on Systematic Testing. Proc. 9th European Conference on Software Testing Analysis and Review, EuroSTAR'01, 2001.

[Gutjahr 95]
Gutjahr, W.J.: Optimal Test Distributions for Software Failure Cost Estimation. IEEE Transactions on Software Engineering, Vol. 21, No. 3. März 1995, pp. 219-228.

[Gutjahr 96]

Gutjahr, W.J.: Risikogesteuerte Aufteilung von Softwaretestkapazitäten. In: Müllerburg et al. (Hrsg.): Test, Analyse, und Verifikation von Software; aus der Arbeit der Fachgruppe 2.1.7 Test, Analyse, und Verifikation von Software (TAV) der Gesellschaft für Informatik (GI). Oldenbourg, München, 1996.

[Hatton 97]

Hatton, L.: Reexamining the Fault Density-Component Size Connection. IEEE Software, März 1997, pp. 89-97.

[Hindel 06]

Hindel, B.; Hörmann, K.; Müller, M.; Schmied, J.: Basiswissen Software-Projektmanagement - Aus- und Weiterbildung zum Certified Professional for Project Management nach iSQI-Standard. 2., überarbeitete und erweiterte Auflage, dpunkt.verlag, Heidelberg, 2006.

[Hörmann 02]

Hörmann, K; Müller, M.: SPICE und CMM(I) in der Automobilindustrie. In Koch, N. (Hrsg.): Software Process Improvement – CMM & SPICE in Practice, UNI-DRUCK, München 2002.

[Imai 01]

Imai, M.: Kaizen – Der Schlüssel zum Erfolg im Wettbewerb. Ullstein Taschenbuchverlag, 2. Auflage, 2001.

[iX-Studie 06]

Illes, T.; Pohlmann, H.; Roßner, T.; Schlatter, A.; Winter, M.: iX-Studie Testmanagement. Verlag Heinz Heise, Hannover, 2006.

[Jelinski 72]

Jelinski, Z.; Moranda, P.: Software Reliability Research. In: W. Freiberger (ed.): Statistical Computer Performance Evaluation. Academic Press, 1972.

[John 05]

John, A.; Meran, R.; Roenpage, O.; Staudter, C.: Six Sigma + Lean Toolset – Verbesserungsprojekte erfolgreich durchführen. Springer-Verlag, Heidelberg, Berlin, 2005.

[Jones 98]

Jones, C.: Estimating Software Costs, McGraw-Hill, New York, 1998.

[Juran 88]

Juran, J.M.: Juran's Quality Control Handbook. McGraw-Hill, New York, 1988.

[Kaner 95]

Kaner, C.: Software Negligence & Testing Coverage. Soft-ware Quality Assurance Quarterly, Vol. 2, Nr. 2, 1995. Online unter [URL: Caner].

[Kneuper 95]

Kneuper, R.; Sollmann, F.: Normen zum Qualitätsmanagement bei der Softwareentwicklung. Informatik Spektrum, Band 18, Heft 6, 1995, S. 314-323.

[Kneuper 06]

Kneuper, R.: CMMI – Verbesserung von Softwareprozessen mit Capability Maturity Model Integration. 2., überarbeitete und erweiterte Auflage, dpunkt.verlag, Heidelberg, 2006.

[Koomen 99]

Koomen, T., Pol, M.: Test Process Improvement: a Practical Step-by-Step Guide to Structured Testing. Addison-Wesley, 1999.

[Kruchten 99]

Kruchten, P.: Der Rational Unified Process – Eine Einführung. Addison-Wesley-Longman, 1999.

[Liggesmeyer 02]

Liggesmeyer, P.: Software-Qualität – Testen, Analysieren und Verifizieren von Software. Spektrum Akademischer Verlag, Heidelberg, 2002.

[Lyu 96]

Lyu, M. R. (Ed.): Handbook of Software Reliability Engineering. IEEE Press, Los Alamitos/McGraw-Hill, New York, 1996.

[Martin 91]

Martin, J.: Rapid Application Development. Macmillan, USA, 1991

[Mellis 98]

Mellis, W.; Herzwurm, G.; Stelzer, D.: TQM der Softwareentwicklung. 2. Auflage, Vieweg Verlagsgesellschaft, 1998.

[Musa 84]

Musa, J. D.; Okumoto, K.: A Logarithmic Poisson Execution Time Model for Software Reliability Measurement. Proc. 7th International Conference on Software Engineering (ICSE'84), 1984, pp. 230-238.

[Neumann 95]

Neumann, P. G.: Computer Related Risks. ACM Press/Addison-Wesley Publishing Co., New York, NY, 1995.

[Ould 99]

Ould, M.: Managing Software Quality and Business Risk. John Wiley & Sons, Chichester, 1999.

[Petrasch 01]

Petrasch, R.: Einführung in das Software Qualitätsmanagement. Logos Verlag, Berlin, 2001.

[Poensgen 05]

Poensgen, B.; Bock, B.: Die Function-Point-Analyse. Ein Praxishandbuch. dpunkt.verlag, Heidelberg, 2005.

[Pol 02]

Pol, M., Koomen, T., Spillner, A.: Management und Optimierung des Test-prozesses – Ein praktischer Leitfaden für erfolgreiches Testen von Software mit TPI und TMap. 2., aktualisierte Auflage, dpunkt.verlag, Heidelberg, 2002.

[Rashka 01]

Rashka, J.: Test Effort Sizing. In: The Journal of Software Testing Professionals, Ausgabe März 2001.

[Rausch 06]

Rausch, A.; Broy, M.: Das V-Modell XT – Grundlagen, Erfahrungen und Werkzeuge. dpunkt.verlag, erscheint ca. IV. Quartal 2006.

[Romeike 04]

Romeike, F.: Lexikon Risiko-Management. Wiley-VCH, Weinheim, 2004.

[Sandmann 03]

Sandmann, E.: Risikobewertung für effizientes Testmanagement. SQS Anwenderkonferenz, Bamberg, 2003.

[Schaefer 96]

Schaefer, H.: Surviving under Time and Budget Pressure. Proc. EuroSTAR'96, Amsterdam, 1996.

[Schettler 05]

Schettler, H.: Precision Testing: Nutzen-Kosten-optimierte Tests planen. 22. GI-TAV-Workshop, Bremen, 2005. In: GI Softwaretechnik Trends, Band 25, Heft 1, Februar 2005.

[Schmidt 00]

Schmidt, M.E.C.: Implementing the IEEE Software Engineering Standards. SAMS Publishing, Indianapolis, 2000.

[Sherer 91]

Sherer, S.A.: A Cost-Effective Approach to Testing. IEEE Software, März 1991, pp. 34-40.

[Sneed 02]

Sneed, H.M.; Winter, M.: Testen objektorientierter Software – Das Praxishandbuch für den Test objektorientierter Client/Server Systeme. Carl Hanser Verlag, München, 2002.

[Sneed 06]

Sneed, H.M.; Jungmayr, S.: Produkt- und Prozessmetriken für den Softwaretest. Informatik Spektrum, Band 29, Nummer 1, Februar 2006, S. 23-38.

[Spillner 02]

Spillner, A.: Management des Testprozesses von Anfang an – Das W-Modell. GI-Conference Software Management 2002 – Progress through Constancy, Hamburg, 6.-8. November 2002. In: Spitta, Th.; Borchers, J.; Sneed, H.M. (Eds.): Proc. Software Management 2002 – Progress through Constancy, Lecture Notes in Informatics (LNI), Series of the Gesellschaft für Informatik (GI), 2002, pp. 65-76.

[Spillner 04]

Spillner, A.: REview & PREview – Vorausschauendes Quality Engineering. Tagungsband 9. Kongress Software-Qualitätsmanagement, Düsseldorf, 21.-23. April 2004.

[Spillner 05]

Spillner, A.; Linz, T.: Basiswissen Softwaretest – Aus- und Weiterbildung zum Certified Tester – Foundation Level nach ISTQB-Standard. 3., überarbeitete und aktualisierte Auflage, dpunkt.verlag, Heidelberg, 2005.

[Spillner 05a]

Spillner, A.: Zuerst die Anforderungen testen! Wie soll das gehen? Tagungsband Requirements Days 2005, Bad Kissingen, 14.-16. Juni 2005.

[Standish 04]

Standish Group: 2004 Third Quarter Research Report; CHAOS Demografics, West Yarmouth, M.A., 2004.

[van Veenendaal 02]

van Veenendaal, E.; Swinkels, R.: Guidelines for testing maturity: Part 1: The TMM model. Professional Tester, Vol. 3. Issue 1, March 2002, pp. 8-10.

[Voas 00]

Voas, J.: Will the Real Operational Profile Please Stand Up? IEEE Software, vol. 17, no. 2, Mar/Apr, 2000, pp. 87-89.

[Wallmüller 90]

Ernest Wallmüller: Software-Qualitätssicherung in der Praxis. Carl Hanser Verlag, München, 1990.

[Wallmüller 04]

Ernest Wallmüller: Risikomanagement für IT- und Software-Projekte. Carl Hanser Verlag, München, 2004.

[Wallmüller 06]

Wallmüller, E.: SPI – Software Process Improvement mit CMMI und ISO 15504. Carl Hanser Verlag, München, 2006.

[Winter 99]

Winter, M.: Qualitätssicherung für objektorientierte Software – Anforderungsermittlung und Test gegen die Anforderungsspezifiktion. Verlag dissertation.de, Berlin, 2000; zugl. Dissertation am Fachbereich Informatik der FernUniversität Hagen, 1999.

[Wolf 05]

Wolf, H.; Roock, S.; Lippert, M.: eXtreme Programming. Eine Einführung mit Empfehlungen und Erfahrungen aus der Praxis. 2. überarb. u. erw. Aufl., dpunkt.verlag, 2005.

[Zhu 97]

Zhu, H.; Hall, P.A.V.; May, J.H.R.: Software Unit Test Coverage and Adequacy. ACM Computing Surveys, Vol. 29, No. 4, Dezember 1997, pp. 366-427.

[Zuse 98]

Zuse, H.: A Framework of Software Measurement. Walter de Gruyter, Berlin, 1998.

Normen und Standards

[BS 7925-1]
British Standard 7925-1: Software Testing, Part 1: Vocabulary, 1998.

[BS 7925-2]
British Standard 7925-2: Software Testing, Part 2: Software Component Testing, 1998.

[DGQ 92]
Deutsche Gesellschaft für Qualität e.V.: DGQ-Schrift 12-52 – Methoden und Verfahren der Software-Qualitätssicherung. Beuth-Verlag, Berlin, 1992.

[DIN 8402]
DIN ISO 8402: Qualitätsmanagement und Qualitätssicherung – Begriffe. Beuth Verlag, Berlin, 1994; ersetzt durch [ISO 9000].

[DIN 25424-1]
DIN 25424-1: Fehlerbaumanalyse; Methode und Bildzeichen. Beuth Verlag, Berlin, 1981.

[DIN 25424-2]
DIN 25424-2: Fehlerbaumanalyse; Handrechenverfahren zur Auswertung eines Fehlerbaumes. Beuth Verlag, Berlin, 1990.

[DIN 50128]
DIN EN 50128: Bahnanwendungen – Telekommunikationstechnik, Signaltechnik und Datenverarbeitungssysteme – Software für Eisenbahnsteuerungs- und Überwachungssysteme. Beuth Verlag, Berlin, 2001.

[DIN 55350-11]
DIN 55350-11: Begriffe zu Qualitätsmanagement und Statistik – Teil 11: Begriffe des Qualitätsmanagements. Beuth Verlag, Berlin, 1995.

[DIN 60812]
DIN IEC 60812: Analysetechniken für die Funktionsfähigkeit von Systemen – Verfahren für die Fehlerzustandsart- und -auswirkungsanalyse (FMEA). Beuth Verlag, Berlin, 2001.

[DIN 61508]
DIN EN 61508-3: Funktionale Sicherheit sicherheitsbezogener elektrischer/elektronischer/programmierbarer elektronischer Systeme – Teil 3: Anforderungen an Software. Beuth Verlag, Berlin, 2002.

[DIN 62198]
DIN IEC 62198: Risikomanagement für Projekte, Anwendungsleitfaden. Beuth Verlag, Berlin, 2001.

[DIN 66241]
DIN 66241: Informationsverarbeitung; Entscheidungstabelle, Beschreibungsmittel. Beuth Verlag, Berlin, 1979.

[DIN 66271]
DIN 66271: Informationstechnik – Software-Fehler und ihre Beurteilung durch Lieferanten und Kunden. Beuth Verlag, Berlin, 1995.

[DIN 66273]

DIN 66273-1: Informationsverarbeitung; Messung und Bewertung der Leistung von DV-Systemen; Mess- und Bewertungsverfahren. Beuth Verlag, Berlin, 1991.

[DIN 69901]

DIN 69901: Projektwirtschaft; Projektmanagement; Begriffe, Beuth Verlag, Berlin, 1987.

[DO 178 B]

DO 178 B/ED-12B: Software Considerations in Airborne Systems and Equipment Certification, RTCA/EUROCAE, 1992.

[ECSS Q–80A]

ECSS Q–80A: Space Product Assurance – Software Product Assurance. European Cooperation For Space Standardization (ECSS), 1996.

[FDA 21]

21 CFR Part 11: Title 21 – Food and Drugs Chapter I –, Department Of Health And Human Services Part 11 – Electronic Records; Electronic Signatures. U.S. Food and Drug Administration, March 20, 1997.

[FDA 535]

FDA 535: Guidance for Industry, FDA Reviewers and Compliance on Off-The-Shelf Software Use in Medical Devices. U.S. Food and Drug Administration, September 9, 1999

[FDA 938]

FDA 938: General Principles of Software Validation; Final Guidance for Industry and FDA Staff. U.S. Food and Drug Administration, January 11, 2002

[IAEA NS-G-1.1]

IAEA Safety Standards Series Safety Guide No. Ns-G-1.1: Software for Computer Based Systems Important to Safety in Nuclear Power Plants. International Atomic Energy Agency, Vienna, 2000.

[IAEA TR384]

IAEA Technical Reports Series No. 384: Verification and Validation of Software Related to Nuclear Power Plant Instrumentation and Control. International Atomic Energy Agency, Vienna, 1999.

[IEEE 610.12]

IEEE 610.12-1990: IEEE Standard Glossary of Software Engineering Terminology Institute of Electrical and Electronics Engineers, Mai 1990.

[IEEE 730]

IEEE Std 730-2002: IEEE Standard for Software Quality Assurance Plans. IEEE, New York, 2002.

[IEEE 730.1]

IEEE Std 730.1-1995 IEEE Guide for Software Quality Assurance Planning. IEEE, New York, 1995.

[IEEE 828]
   IEEE Std 828-1998: IEEE Standard for Software Configuration Management Plans. IEEE, New York, 1998.

[IEEE 829]
   IEEE Std 829-1998: IEEE Standard for Software Test Documentation.
   IEEE, New York, 1998.

[IEEE 982.1]
   IEEE Std 982.1-2005: IEEE Standard Dictionary of Measures of the Software Aspects of Dependability. IEEE, New York, 2005.

[IEEE 982.2]
   IEEE Std 982.2-2003: IEEE Standard Dictionary of Measures of the Software Aspects of Dependability (z.Zt. in Abstimmung).

[IEEE 1008]
   IEEE Std 1008-1987: IEEE Standard for Software Unit Testing. IEEE, New
   York, 1987.

[IEEE 1012]
   IEEE Std 1012-1998: IEEE Standard for Software Verification and Validation. IEEE, New York, 1998.

[IEEE 1028]
   IEEE Std 1028-1997: IEEE Standard for Software Reviews. IEEE, New
   York, 1997.

[IEEE 1042]
   ANSI/IEEE Std 1042-1987: IEEE Guide to Software Configuration
   Management. IEEE, New York, 1987.

[IEEE 1044]
   IEEE Std 1044-1993: IEEE Standard Classification for Software Anomalies. IEEE, New York, 1993.

[IEEE 1044.1]
   IEEE Std 1044.1-1995: IEEE Guide to Classification for Software Anomalies. IEEE, New York, 1995.

[IEEE 1059]
   IEEE Std 1059-1993: IEEE Guide for Software Verification and Validation
   Plans. IEEE, New York, 1993.

[IEEE 1061]
   IEEE Std 1061-1998: IEEE standard for a software quality metrics methodology. IEEE, New York, 1998.

[IEEE 1062]
   IEEE Std 1062-1998: IEEE Recommended Practice for Soft-ware Acquisition. IEEE, New York, 1998.

[IEEE 1063]
   IEEE Std 1063-2001 IEEE Standard for Software User Documentation.
   IEEE, New York, 2001.

[IEEE 1209]

IEEE Std 1209-1992 IEEE recommended practice for the Evaluation and Selection of Computer-Aided Software Engineering (CASE) tools. IEEE, New York, 1992.

[IEEE 1228]

IEEE Std 1228-1994: IEEE Standard for Software Safety Plans. IEEE, New York, 1994.

[IEEE 1233]

IEEE 1233-1998: IEEE Guide for Developing System Requirements Specifications Institute of Electrical and Electronics Engineers, Mai 1998

[IEEE 1348]

IEEE Std 1348-1995 IEEE Recommended Practice for the Adoption of Computer-Aided Software Engineering (CASE) Tools. IEEE, New York, 1995

[ISO 2382]

ISO/IEC 2382-x Information Technology – Vocabulary – Part 1-33. ISO, Bern, 2002.

[ISO 9000]

DIN EN ISO 9000:2005, Qualitätsmanagementsysteme – Grundlagen und Begriffe. ISO, Bern, 2005.

[ISO 9001]

DIN EN ISO 9001:2000 Qualitätsmanagementsysteme – Anforderungen. ISO, Bern, 2000.

[ISO 9126]

DIN 66272/ISO/IEC 9126, Bewerten von Softwareprodukten, Qualitätsmerkmale und Leitfaden zu ihrer Verwendung. Teile 1–4. Beuth Verlag Berlin 2001.

[ISO 9241]

ISO 9241-1:1997 Ergonomic requirements for office work with visual display terminals (VDTs) – Part 1: General Introduction (Norm besteht aus insgesamt aus 17 Teilen). ISO, Bern, 1997.

[ISO 12119]

ISO/IEC 12119:1994: Information Technology – Software Packages – Quality Requirements and Testing. ISO, Bern, 1994.

[ISO 12207.0]

IEEE/EIA12207.0-1996 IEEE/EIA Standard Industry Implementation of International Standard ISO/IEC 12207: 1995 (ISO/IEC 12207) Standard for Information Technology Software Life Cycle Processes. ISO, Bern, 1996.

[ISO 12207.1]

IEEE/EIA12207.1-1997: Industry implementation of International Standard ISO/IEC 12207: 1995. (ISO/IEC 12207) Standard for Information Technology – Software Life Cycle Processes – Life Cycle Data. ISO, Bern, 1997.

[ISO 12207.2]

IEEE/EIA12207.2-1997: Industry implementation of International Standard ISO/IEC 12207: 1995. (ISO/IEC 12207 Standard for Information Technology – Software Life Cycle Processes – Implementation Considerations. ISO, Bern, 1997.

[ISO 14102]

ISO/IEC 14102: Information Technology – Guideline for the Evaluation and Selection of CASE Tools. ISO, Bern, 1995.

[ISO 14143]

ISO 14143: Information technology – Software measurement – Functional size measurement

Part 1:   Definition of concepts. ISO, Bern, 1998;

Part 2:   Conformity evaluation of software size measurement methods to ISO/IEC 14143-1:1998. ISO, Bern, 2002;

Part 3:   Verification of Functional Size Measurement Methods. ISO TR 14143-3:2003, ISO, Bern, 2003;

Part 4:   Reference Model. ISO, Bern, 2002;

Part 5:   Determination of Functional Domains for use with Functional Size Measurement. ISO, Bern, 2004.

[ISO 14471]

ISO/IEC TR 14471: Information Technology – Guideline for the Adoption of CASE Tools, ISO, Bern, 1999.

[ISO 14598-4]

ISO/IEC 14598-4: Software Engineering – Product Evaluation – Part 4: Process for Acquirers. ISO, Bern, 1999.

[ISO 15026]

ISO/IEC 15026: Information Technology – System and Software Integrity Levels. ISO, Bern, 1998.

[ISO 15504]

ISO/IEC 15504: Information Technology – Process Assessment (SPICE) – Part 1-5. ISO, Bern, 2004.

Part 1:   Concepts and Vocabulary;

Part 2:   Performing an Assessment;

Part 3:   Guidance on Performing an Assessment;

Part 4:   Guidance on Use for Process Improvement and Process Capability Determination;

Part 5:   An Assessment Model and Indicator Guidance.

[ISO 15910]

ISO/IEC 15910: Information Technology – Software User Documentation Process. ISO, Bern, 1999.

[ISO 15939]

ISO/IEC/IEEE 15939: Information Technology – Software Measurement Process. ISO, Bern, 2002 und IEEE, New York, 2002.

[ISO 16085]

ISO/IEC 16085: Information Technology – Software Life Cycle Processes – Risk Management. ISO, Bern, 2004.

[ISO 19759]

ISO/IEC TR 19759: Software Engineering – Guide to the Software Engineering Body of Knowledge (SWEBOK). ISO, Bern, 2005.
Online unter [URL: SWEBOK]

[ISO 90003]

DIN EN ISO 90003:2004, Qualitätsmanagement und Qualitätssicherungsnormen – Teil 3: Leitfaden für die Anwendung von ISO 9001:2000 auf die Entwicklung, Lieferung und Wartung von Software. ISO, Bern, 2004.

WWW-Seiten[1]

[URL: AGEDIS]

http://www.agedis.de/documents/AGEDIS_Methodology.pdf
Agedis Testing Methodology, Agedis – Automated Generation and Execution of Test Suites for Distributed Component-based Software (EU Forschungsprojekt)

[URL: ANSI]

http://www.ansi.org/
American National Standards Institute (ANSI)

[URL: APTEST]

http://www.aptest.com/resources.html

[URL: AUTOSAR]

http://www.autosar.org/
Automotive Open System Architecture (AUTOSAR)

[URL: BS]

http://www.bsi-global.com/
British Standards Institution (BS)

[URL: Caner]

http://www.kaner.com/coverage.htm
Cem Kaner's Artikel mit 100 Überdeckungskriterien

[URL: CEN]

http://www.cenorm.be/
European Committee for Standardization (CEN)

---

1. Die Gültigkeit der angegebenen URLs wurde mit Drucklegung überprüft. Eine Garantie für deren Gültigkeit über dieses Datum (Juni 2006) hinaus kann nicht übernommen werden.

[URL: CENELEC]

http://www.cenelec.org/
European Committee for Electrotechnical Standardization
(CENELEC)

[URL: CMMI]

http://www.sei.cmu.edu/cmmi/
Carnegie Mellon Software Engineering Institute – Capability Maturity
Model Integration (CMMI)

[URL: CMMI-Browser]

http://www.wibas.de/cmmibrowser/index_de.php
CMMI-Browser der wibas IT Maturity Services GmbH

[URL: CMMI-Modelle]

http://www.sei.cmu.edu/cmmi/models/models.html
CMMI Models and Modules

[URL: CMMI-TR]

http://www.sei.cmu.edu/publications/documents/02.reports/
02tr002.html bzw.
02tr001.html
CMMI for Systems Engineering and Software Engineering (CMMI-
SE/SW, V1.1) Staged Representation: CMU/SEI-2002-TR-002, ESC-
TR-2002-002. Continuous Representation: CMU/SEI-2002-TR-001,
ESC-TR-2002-001.

[URL: CPPUnit]

http://sourceforge.net/projects/cppunit
CppUnit – C++ port of JUnit

[URL: DIN]

http://www2.din.de/
Deutsches Institut für Normung (DIN)

[URL: DISG]

http://de.wikipedia.org/wiki/DISG-Modell
DISG-Persönlichkeitsmodell von John G. Geier (Wikipedia)

[URL: DLGI]

http://www.dlgi.de
Dienstleistungsgesellschaft für Informatik mbH (DLGI)

[URL: DOD]

http://www.dod.mil/
Department of Defense (DoD)

[URL: DSDM2]

http://www.denkwerft.de/cms/SEP/DSDM
Einstieg zur Dynamic System Development Method in Deutsch

[URL: ECMA]

http://www.ecma-international.org/
European Computer Manufacturers Association (ECMA)

[URL: EIA]

http://www.eia.org/
Electronics Industries Alliance (EIA)

[URL: ETSI]

http://www.etsi.org/
European Telecommunications Standards Institute (ETSI)

[URL: EUROCAE]

http://www.eurocae.org/
European Organisation for Civil Aviation Equipment (EUROCAE)

[URL: FDA]

http://www.fda.gov/
Food and Drug Administration (FDA)

[URL: GAMP]

http://www.ispe.org/GAMP
Good Automated Manufacturing Practice, Bestimmungen für den
Pharma-Bereich (GAMP)

[URL: GI]

http://www.gi-ev.de/
Gesellschaft für Informatik (GI)

[URL: GTB]

http://www.german-testing-board.info/
German Testing Board (GTB)

[URL: GTB CTA]

http://www.german-testing-board.info/de/downloads.shtm
Lehrplan »Advanced Level«, Version 1.2.

[URL: GTB CTF]

http://www.german-testing-board.info/de/downloads.shtm
Lehrplan »Foundation Level«, Version 2005.

[URL: GTB Glossar]

http://www.german-testing-board.info/de/downloads.shtm
Begriffs-Glossare des GTB und ISTQB sowie Links auf weitere Testbe-
griffs-Glossare

[URL: IEC]

http://www.iec.ch/
International Electrotechnical Commission (IEC)

[URL: IEEE]

http://www.ieee.org/
Institute of Electrical and Electronics Engineers (IEEE)

[URL: Imaging]

http://de.wikipedia.org/wiki/Image_(Informatik)
Begriff Image, Abbild eines Datenträgers (Wikipedia)

[URL: INTACS]

http://www.int-acs.org/web/assessorcertification.html
Internationales Assessoren Schema (Assessor Certification)

[URL: ISO]
>   *http://www.iso.org/*
>   International Organization for Standardization (ISO)

[URL: iSQI]
>   *http://www.isqi.org/*
>   International Software Quality Institute iSQI GmbH

[URL: ISTQB]
>   *http://www.istqb.org/*
>   International Software Testing Qualifications Board (ISTQB)

[URL: ITU]
>   *http://www.itu.int/*
>   International Telecommunication Union (ITU)

[URL: JTC1SC7]
>   *http://www.jtc1-sc7.org/*
>   ISO/IEC Joint Technical Committee 1/Subcommittee 7: Software &
>   System Engineering

[URL: JUnit]
>   *http://www.junit.org/*
>   JUnit-Homepage

[URL: Kostal]
>   *http://www.kostal.com/german/thecompany/quality.html*
>   Qualitätspolitik der Kostal-Gruppe

[URL: Longstreet]
>   *http://www.ifpug.com/Articles/using.htm*
>   David Longstreet: Using Function Points

[URL: MBTI]
>   *http://en.wikipedia.org/wiki/Myers-Briggs_Type_Indicator*
>   Myers-Briggs Persönlichkeitstest (Wikipedia)

[URL: MISRA]
>   *http://www.misra.org.uk/*
>   Motor Industry Software Reliability Association (MISRA)

[URL: NASA]
>   *http://www.nasa.gov/*
>   National Aeronautics and Space Administration (NASA)

[URL: NATO]
>   *http://www.nato.int/*
>   North Atlantic Treaty Organisation (NATO)

[URL: OMG]
>   *http://www.omg.org/*
>   Object Management Group (OMG)

[URL: ON]
>   *http://www.on-norm.at/*
>   Österreichisches Normungsinstitut (ON)

[URL: OSTEST]
http://opensourcetesting.org/functional.php

[URL: OVUM]
http://www.ovum.com

[URL: RAD]
http://sysdev.ucdavis.edu/webadm/document/radpeople-intro.htm
RAD-Internetseite der University of California

[URL: Rothman]
http://www.jrothman.com/Papers/ItDepends.html
Johanna Rothman: It Depends: Deciding on the Correct Ratio of Developers to Testers

[URL: S2ESC]
http://standards.computer.org/sesc/
IEEE Software and Systems Engineering Standards Committee (S2ESC)

[URL: SCAMPI]
http://www.sei.cmu.edu/collaborating/partners/lead-assessor.html
Lead Appraiser Authorization for SCAMPI Appraisal Services

[URL: Schaefer]
http://home.c2i.net/schaefer/testing/
Homepage von Hans Schäfer

[URL: Scrum]
http://www.controlchaos.com/
Dokumentation zum Scrum-Prozess

[URL: software-kompetenz]
http://www.software-kompetenz.de/?20665
Software Engineering Wissensdatenbank – Prozessverbesserung und Reifegradmodelle

[URL: Sogeti]
http://www.sogeti.de/
Homepage der Firma Sogeti in Deutschland

[URL: SPICE]
http://www.sqi.gu.edu.au/spice/
Spice-Homepage

[URL: SQATEST]
http://www.sqa-test.com/toolpage.html

[URL: Standish Group]
http://www.standishgroup.com/
Homepage der Standish Group

[URL: STTEC]
http://test-tools.technologyevaluation.com

[URL: SWEBOK]
http://www.swebok.org
IEEE Guide to the Software Engineering Body of Knowledge (SWEBOK)

[URL: Templates]

http://www.imbus.de/download/index.shtml
Download-Bereich der imbus AG

[URL: Tessy]

http://www.razorcat.com/frame_main/produkte/
unterpunkte/tessy_e.html
Tessy – Automated testing for embedded systems

[URL: TestBench]

http://www.testbench.info
Testbench – Testwerkzeug der imbus AG

[URL: TESTINGFAQ]

http://testingfaqs.org/

[URL: TM-Rad]

http://www.tms-zentrum.de/body_index/Konzepte/
Teamrollen/teamrollen.hml
Das Team Management Rad von Margerison-McCann

[URL: Tooleval-imbus]

http://www.imbus.de/download/papers/tool.zip
Anforderungen an Testwerkzeuge (Excel)

[URL: Tool-List]

http://www.imbus.de/tool-list.shtml
Liste von Testwerkzeugen

[URL: TPI]

http://www.sogeti.de/
–>Portfolio –> TPI –> Download: TPI-Zusammenfassung, TPI-Kon-
trollpunkte, TPI-Worldwide Survey

[URL: TQM-Herzwurm]

http://www.bwi.uni-stuttgart.de/fileadmin/abt9
/Publikationen_Herzwurm/tqmswe.pdf
Herzwurm, G.; Mellis, W., Stelzer, D.: Total Quality Management in
der Softwareentwicklung – Warum die ISO 9000 für Softwareprodu-
zenten höchstens ein Schritt, aber nicht das Ziel sein kann.

[URL: TTCN-3]

http://www.ttcn-3.org
Testing & Test Control Notation

[URL: VDI]

http://www.vdi.de/
Verein Deutscher Ingenieure (VDI)

[URL: Virtualization]

http://www.virtualization.info/ und
http://de.wikipedia.org/wiki/
Virtualisierung_%28Informatik%29#Weblinks
Hinweise zu Virtualisierungstechnologien (Wikipedia)

[URL: V-Modell XT]

http://www.v-modell-xt.de/
   Vorgehensmodell des Bundes und der Länder von 2005

[URL: V-Modell XT Browser]

http://ftp.uni-kl.de/pub/v-modell-xt/Release-1.2/Dokumentation/html/
   V-Modell XT Online-Dokumentation der Universität Kaiserstauern.

[URL: VM-UniBremen]

http://www.informatik.uni-bremen.de/gdpa
   Vorgehensmodell des Bundes und der Länder, GDPA (Graphical Development Process Assistant) der Universität Bremen.

[URL: W3C]

http://www.w3.org/
   World Wide Web Consortium (W3C)

[URL: XUnit]

http://www.junit.org bzw.
http://sourceforge.net/projects/junit
   Komponententest-Framework für Java
http://sourceforge.net/projects/cppunit
   Komponententest-Framework für C++
http://sourceforge.net/projects/nunit
   Komponententest-Framework für .Net

Index

iSQI®
International Software
Quality Institute

International Software Quality Institute

The International Software Quality Institute (iSQI) provides comprehensive services around software quality. Building on established programs – from personnel certification to international standardization – it seeks to advance the field by coordinating efforts aiming at new, higher industry standards. iSQI simultaneously gathers industry input and educates professionals through regularly scheduled seminars and conferences, serving as a think-tank for practice-oriented solutions in software quality. Experts from around the world come together at iSQI to make an impact on the future of the field. **(www.isqi.org)**

The Certification Program for Further Education

Since 2001, specialists in independent working groups have committed their time to setting standards for further education now applied to the iSQI certifcation program. International experts with an industry, academic, or training background collaborate in working groups to develop the syllabi and examination questions. They also decide on the accreditation of training companies. iSQI currently offers examinations in five certification programs. **(www.isqi.org)**

- ISTQB Certified Tester
- iSQI Certified Professional for Software Architecture
- iSQI Certified Professional for Project Manager
- iNTACS (International Assessor Certification Scheme)

iSQI ▪ **info@isqi.org** ▪ **www.isqi.org**

Wetterkreuz 19a   Tel. +49-9131-91910-0
91058 Erlangen ▪ Germany   Fax +49-9131-91910-10

Berlin and Erlangen, Germany

 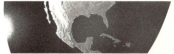

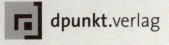

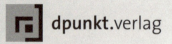

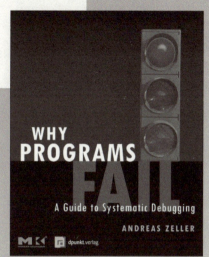
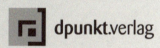

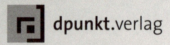

2002, 576 Seiten, gebunden
€ 52,00 (D)
ISBN 3-89864-156-2

Martin Pol · Tim Koomen · Andreas Spillner

Management und Optimierung des Testprozesses

Praktischer Leitfaden für
erfolgreiches Software-Testen
mit TPI und TMap

2. aktualisierte Auflage

Prüf- und Testmethoden sind seit langem
bekannt, werden aber nur selten optimal
eingesetzt. Anhand dieses Buches lernt der
Leser, eine Bestandsaufnahme und Bewertung
seines eigenen Testprozesses durchzuführen,
und erhält praktische Anleitungen für eine
schrittweise Verbesserung des Testprozesses,
ohne bestehende Abläufe völlig umstruk-
turieren zu müssen.
Mit TMap (Test Management Approach) wird
eine seit Jahren bewährte Vorgehensweise
beim Testen erläutert. TPI (Test Process
Improvement) bietet darüber hinaus die
Möglichkeit, einen bereits praktizierten
Testprozess zu analysieren und zu optimieren.
Das Buch setzt keine testspezifischen
Kenntnisse voraus. Es bietet sowohl Managern
einen Einstieg in das Thema als auch
detaillierte Informationen für Software-
Praktiker.

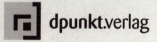

Ringstraße 19 • 69115 Heidelberg
fon 0 62 21/14 83 40
fax 0 62 21/14 83 99
e-mail hallo@dpunkt.de
http://www.dpunkt.de

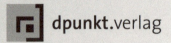

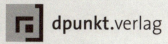

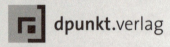